D1665911

Christian Lindtner

Geheimnisse um Jesus Christus

Das Neue Testament
ist Buddhas Testament

In Memoriam Kalle Hägglund,
† 2005 Klavreström

Allen tapferen Wissenschaftlern,
die heute für ihre uneigennützigen
einmaligen Forschungsergebnisse
inhaftiert worden sind.

Christian Lindtner

Geheimnisse um Jesus Christus

Das Neue Testament ist Buddhas Testament

Lühe-Verlag

Reihe: Internationale Literatur zur Erforschung politischer Hintergrundmächte, Band 10

Christian Lindtner: Geheimnisse um Jesus Christus
Das Neue Testament ist Buddhas Testament
[stark erweiterte und verbesserte 1. Auflage]

Dänischer Originaltitel: *„Hemmeligheden om Kristus – Det Nye Testamente er Buddhas Testamente –"*

Vom Verfasser Christian Lindtner einzig autorisierte deutsche Übersetzung.
Übersetzungen aus dem Dänischen: Thora Pedersen
Übersetzungen aus dem Englischen: Harm Menkens

Bearbeitung der deutschen Ausgabe: Harm Menkens
Umschlaggestaltung und Graphik: Frauke Ofterdinger

ISBN 10: 3-926328-06-1
ISBN 13: 978-3-926328-06-9

Printed in Germany
Druckerei am Thorsberg, Süderbrarup

Inhaltsverzeichnis

Verzeichnung der Abbildungen

[1] Abb. I und II, IVa, V und Abb. 3 aus JAMES FERGUSSON, *„Tree and Serpent Worship“*, 2 Bde., London 1868; Abb. III aus J. FER-GUSSON, *„History of Indian and Eastern Architecture“* (1876), Reprint Dehli-6 1967 (S. 92); Abb. 2 und 5 aus HERBERT PLAESCHKE, *„Buddhistische Kunst“*, Wien-Graz-Köln 1972 (S. 36 u. 38).

Vorwort des Verlages

Wie der Leser dieses Buches bald bemerken wird, gehen die Wurzeln des Christentums bis weit in die frühreligiöse Urzeit zurück. Wesentliche Vorstellungen und Glaubensannahmen des zeitlich früheren Buddhismus haben sich in der christlich-religiösen Vorstellungswelt manifestiert. Doch schon bei der Entwicklung/Entstehung des Buddhismus haben bereits vorhandene Geistesrichtungen auf diesen eingewirkt, so vor allem der frühgriechische Hellenismus mit seiner Schriftkultur und seinen geometrischen Formen.

Es ist mit Sicherheit davon auszugehen, daß die Verfasser der frühesten in Sanskrit niedergeschriebenen buddhistischen Sûtren während ihrer eigenen „Lehrzeit" die altgriechischen Werke HOMERs – *„Ilias"* und *„Odyssee"* – studiert hatten.

Aber auch frühzeitliche Religionsvorstellungen aus der indischen Vorgeschichte haben Eingang in die buddhistischen Anfänge gefunden: die Verehrung von Bäumen und Schlangen. So sollen der Kult von Schlangengottheiten [*nâga*] und Baumgöttinnen [*vrksakâ*] beispielsweise aus der Harappa-Kultur des 3. Jahrtausends v.d.Ztr. stammen.[1] Wunderheilungen und frühe Formen des Yoga-Kultes kommen aus der Verfallszeit der Indus-Kultur, und auch indoarische Vorstellungen der Zuwanderer in den Nordwesten Indiens fanden Eingang in buddhistische Glaubensvorstellungen. Aufgrund des alten Baumkultes spielt der Baum (Abb. I) neben dem Stûpa[2] (Abb. III) eine zentrale Rolle in der buddhistischen Symbolik[3].

---

[1] HERBERT PLAESCHKE: *Buddhistische Kunst – Das Erbe Indiens*, Leipzig 1971, S. 38

[2] Der Stûpa hat sich aus einer Art Hügelgrab [runder Tumulus] heraus entwickelt. Die frühesten Stûpas waren dementsprechend halbkugelförmige Grabhübel.

[3] HERBERT PLAESCHKE: ebenda, S. 38

Abb. I: Baumverehrung (Sanchi, ca. 200 v.d.Ztr.). Es handelt sich hier um einen *Pipal*-Baum [Ficus religiosa], dem wahren *Bodhi*-Baum des gegenwärtigen Buddha, um den herum ein Tempel gebaut wurde und dessen Äste durch die Fenster wachsen. Im Vordergrund befindet sich ein Altar mit dem *Trisûla*-Emblem[4] über einem Kreissymbol [Sonne/Lotusblüte/Rad des Gesetzes].

Ein besonders heiliges Symbol des Buddhismus ist die sogenannte *Trisûla*, die auf vielen buddhistischen Heiligtümern vor über 2000 Jahren abgebildet wurde (siehe Abb. I, IV a und IV b). Zwei derartige *„Trisûla"*-Symbole befanden sich z.B. an höchster Stelle über dem Haupteingangstor zum Stûpa von Sânchi (siehe Abb. IV b).

---

[4] Es ist schwierig, die Bedeutung der *Trisûla* zu verstehen, wenn sie nicht *„Buddha"* oder *„für Buddha heilig"* bedeutet [JAMES FERGUSSON, 1868]. Sanskr. *trisûla* = „Dreiersäule", „Dreizack". Der Name erinnert in gewisser Weise an die im vorchristlichen Europa bis ins vorgeschichtliche Palästina verbreitete „Irminsul".

Abb. II: Schlangenverehrung (Sanchi, ca. 200 v.d.Ztr.). Die Schlangenfigur im Vordergrund bildet mit ihrem mit einer Klapperschlange vergleichbaren Kopf einen Schutzschild, der Ähnlichkeit mit einer Muschel hat. (M.E.)

Wohl aufgrund der Heiligkeit von Bäumen fanden viele wichtige Ereignisse im Leben des Buddha unter Bäumen statt. Vier heilige Bäume wuchsen aus der Asche des Tathâgata [= Name des Buddha]. Heilige Tiere und die Pflanzenwelt spielten eine wichtige Rolle. Doch von der Schönheit der Natur haben die Evangelisten bei der Übersetzung der buddhistischen Sûtren aus dem Sanskrit ins Altgriechische nicht viel übriggelassen. Es ist überhaupt völlig in Vergessenheit geraten bzw. absichtlich geheim gehalten worden, daß die Grundlagen der vier Evangelien des Neuen Testaments, und somit des Christentums an sich – wie der dänische Sanskritforscher Dr. CHRISTIAN LINDTNER in diesem Buch nachweisen kann – aus buddhistischen Schriften des *Mahâyâna* [„große Fahrzeug"], insbesondere aus dem *Lotus-Sûtra* stammen. Der Verfasser geht aber noch einen Schritt weiter: Er kann nachweisen, daß das Neue Testament (N.T.) ursprünglich als in Verkleidung auftretender *Mahâyâna*-Buddhismus für Juden gedacht war. Wenn die Evangelisten Matthäus, Markus, Lukas und Johannes in Wirklichkeit nicht geheime missionierende buddhistische *Mahâyâna*-Mönche gewesen wären, könnte man sogar von Raubkopien sprechen. Das N.T. ist tatsächlich, wie CHRISTIAN LINDTNER es ausdrückt, in Verkleidung auftretender Buddhismus, *„ein volkstümliches Mahâyâna, das sich in erster Linie an die Juden wendet"*.

Abb. III: Stûpa bei Chakpat (Holzschnitt). **Ein später darüber gebauter zweiter Stûpa ist bereits zur Ruine zerfallen.**

In der Frühzeit des Christentums muß es noch Priester bzw. Kirchenfürsten gegeben haben, die gewußt haben, daß das Christentum ursprünglich aus buddhistischen Originalquellen abgeleitet wurde. Wie ist es sonst vorstellbar, daß es in Europa alte Kirchen gibt, an denen rein buddhistische Symbole zu bewundern sind. So befindet sich am Eingang zur St. Petri-Kirche in Soest ein Menschenkopf (siehe Abb. 1 auf der Seite 2), aus dessen weit geöffnetem Mund eine offensichtlich buddhistische Symbolfigur heraustritt, die von dem englischen Forscher JAMES FERGUSSON in seinem 1868 erschienen Buch *„Tree and Serpent Worship“*, Bd. 1, ebenso wie im Sanskrit als *„Trisûla“* = „Dreisäule“, „Dreizack“ bezeichnet wird (vgl. Abb. I, IV a und IV b).[5] Die hier auf der Seite 2 abgebildete *Trisûla* von Soest sollte dem Besucher der Kirche sicherlich kundgeben, daß alles das, was in dieser Kirche aus dem Munde christlicher Priester gepredigt wird, letztendlich auf buddhistischem Geistesgut beruht.

Der Schutzschirm der frühbuddhistischen Schlangengottheit kehrt in den verschiedenen Ausgestaltungen der Muschel als christliches Symbol wieder. Bei dem seit frühester Zeit immer wieder im Christentum in verschiedenen Formen auftretende Muschelsymbol, sei es in kirchlichen Fresken, auf dem Gewand der Priester, als Zeichen für den sogenannten Jakobsweg, im Wappen des Papstes Benedikt XVI. usw., dürfte es sich um eine Nachbildung des Schutzschirmes der indischen Schlangengottheit handeln. Dies würde bedeuten, daß die christlichen Pilgerer unter der Schutzhaube der indischen Schlangengottheit *Muci-lindas* stehen.

Und die vier 29 Meter hohen Baumsäulen über dem Petrus-Grab im Petersdom in Rom, die den darüber befindlichen Baldachin tragen, scheinen an die vier heiligen Bäume zu erinnern, die aus der Asche des verbrannten Leichnams des Buddha Tathâgata wuchsen. Auch auf einem Gewande des Papstes BENEDIKT XVI. sind vier gewundene Baumsäulen zu erkennen.

Ohne im N.T. erwähnt zu werden, haben sich buddhistische Überlieferungen in der frühen christlichen Heiligenliteratur erhalten. So gibt es z.B. in Vézelay in Frankreich ein berühmtes Kloster, dem nach der Legende in den Jahren 882, 1870 und 1876 Reliquien der Maria Magdalena zugeführt wurden, die – wie das Kloster Vézelay selbst hervorhebt – die erste und glaubhafteste Zeugin der Auferstehung Jesu gewesen sein soll. Wie LINDTNER in diesem Buch nachweist, ist diese Maria identisch mit der Dirne Âmra Pâlir aus

---

[5] KLAUS MYLIUS, *Langenscheidts Handwörterbuch Sanskrit-Deutsch*, 70.000 Stichwörter, 7. Auflage, 2001: sanskr. *trisûla* = 1. n. „Dreizack“, 2. Adj. „mit einem Dreizack versehen“ (Attribut des Schiwa, einer der Hauptgottheiten des Hinduismus)

der indischen Stadt Vaisâlî, so daß der Ort Vézelay in Frankreich seinen Namen von der Stadt Vaisâlî in Indien erhalten hat.

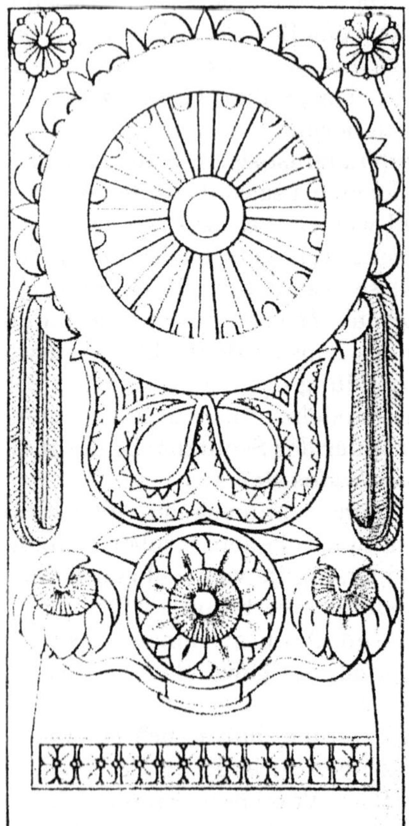

Abb. IV b: *Trisûla* über dem Haupttor von Sanchi

Abb. IV a: Wichtige Symbole des Buddhismus: das Rad des Gesetzes (oben), die *Trisûla* (mitte) und die Lotusblüte (unten)

Oder hatte sich der Buddhismus schon einmal – *vor* der gewaltsamen katholischen Christianisierung – bis nach Soest und Vézelay ausgebreitet?

Doch dann warf das dunkle, unduldsame katholische Mittelalter seinen undurchdringlichen Schleier über die Geschichte Europas, so daß fast alle europäischen Völker von ihren früheren Kulturepochen – zu denen auch sicherlich schon buddhistische Einflüsse gezählt haben mögen – abgeschnitten wurden. So konnte der angeblich allein selig machende Katholizismus die Mär verkünden, daß die keltischen und germanischen Vorfahren der europäischen Völker – und das galt für Franzosen, Deutsche, Russen u.a. gleichermaßen – unzivilisierte Wilde und Analphabeten gewesen seien, denen das Christentum erst die Kultur gebracht hätte. In Wirklichkeit hat der Katholizismus jedoch jahrhundertelang die arteigenen Kulturen der verschiedenen europäischen Völker und Volksstämme – wie dies zuletzt mit den vielen verschiedenen Indianerkulturen in Amerika geschehen ist – vernichtet.

Aber in Verbindung mit den Türken-Kriegen (etwa ab 1453) kamen das verlorene Wissen des klassischen Altertums und die von den Arabern bewahrten früheren europäischen Kulturleistungen allmählich nach Europa zurück. Erst nach und nach konnten sich die Wissenschaften *gegen* den Widerstand der katholischen Kirche entwickeln. Insbesondere wurden beispielsweise Forscher verfolgt, die sich zum kopernikanischen Weltsystem bekannten oder zu intensiv nach den sogenannten „christlichen" Ursprüngen forschten.

Schon in der Mitte des 19. Jahrhunderts mehrten sich die Hinweise auf gewisse Ähnlichkeiten zwischen christlichen und buddhistischen Heilsgeschichten.

Doch erst die indischen Studien LOUIS JACOLLIOTs führten zu wesentlich neuen Einsichten. JACOLLIOT bekleidete im indischen Tschandernagor lange Jahre das Amt eines französischen Gerichtspräsidenten und fand dort Gelegenheit, mit gelehrten indischen Priestern zu verkehren, die ihm Einblikke in ihre alte religiöse Literatur gewährten.[6] Das Ergebnis seiner Studien hatte JACOLLIOT in 14 Bänden niedergeschrieben, darunter einige Übersetzungen indischer Werke und das ganze Gesetzbuch Manus. Dabei machte er schon früh (um 1865) auf Zusammenhänge zwischen der indischen, der jüdischen und der christlichen Religion aufmerksam.

[6] Heute geht man davon aus, daß diese Priester Jacolliot gegenüber nicht immer ehrlich und korrekt berichtet haben, so daß in sein literarisches Werk hierdurch erhebliche Fehler eingeflossen sind.

Da die Macht der christlichen Kirchen, ihrer Beamten und der von ihr abhängigen Politiker im 19. Jahrhundert noch ungebrochen war, gab es für aufgeklärte Lehrer, Pfarrer und Wissenschaftler kaum Möglichkeiten, ihre religionsvergleichenden Forschungen zum Abschluß zu bringen, geschweige denn der Öffentlichkeit vorzustellen.[7] Mehr als hundert Jahre später muß sich der Verfasser dieses Buches, Dr. CHRISTIAN LINDTNER, in Dänemark immer noch mit vergleichbaren Behinderungen bei seinen Forschungsarbeiten auseinandersetzen.[8]

Obwohl JACOLLIOT als Phantast und Schwärmer verschrien wurde, haben sich immer mehr Forscher mit den von ihm angesprochenen Fragen beschäftigt.

Um weiteren Kreisen die Forschungen JACOLLIOTs zugänglich zu machen, verfaßte TH. J. PLANGE im Jahre 1906 sein Buch *„Christus – ein Inder?“*[9]

Eine weitere wichtige Schrift *„Indien und das Christentum – Eine Untersuchung der religionsgeschichtlichen Zusammenhänge“* wurde 1914 von RICHARD GARBE veröffentlicht.[10] Er zeigt anhand vieler Beispiele die aus Indien stammenden Einflüsse auf das Christentum. Seitdem hat sich auf diesem Forschungsgebiet – soweit denn überhaupt

---

[7] So zeigt beispielsweise MATHILDE LUDENDORFF, die Verfasserin des Buches *„Erlösung von Jesu Christo“*, in ihren Lebenserinnerungen *„Statt Heiligenschein oder Hexenzeichen – Mein Leben“*, I. Teil (München 1937), mit welchen großen Schwierigkeiten ihr Vater, der Orientologe und Pfarrer Bernhard Spieß, in der zweiten Hälfte des 19. Jahrhunderts zu kämpfen hatte (S. 198-210).

[8] Der Verfassser dieses Vorwortes, HARM MENKENS, durfte noch in den Jahren 1954-1956 am Mariengymnasium in Jever kein Abitur machen, da der Direktor Dr. Gerwin Vorsitzender der Landessynode des Landes Oldenburg war und seine Eltern nicht in der Kirche waren.

[9] TH. J. PLANGE: *„Christus – ein Inder? Versuch einer Entstehungsgeschichte des Christentums unter Benutzung der indischen Studien Louis Jacolliots“*, 1. Aufl., Stuttgart 1906, 266 Seiten; Nachdruck: Lühe-Verlag GmbH, Süderbrarup 2003.

[10] RICHARD GARBE: *„Indien und das Christentum. Eine Untersuchung der religionsgeschichtlichen Zusammenhänge“*, Tübingen 1914, 310 Seiten; Nachdruck mit einem Vorwort von CHRISTIAN LINDTNER: Lühe-Verlag GmbH, Süderbrarup 2004, 330 Seiten.

geforscht wurde – in den nachfolgenden 70 Jahren kaum etwas Neues ergeben.

Es ist an dieser Stelle nicht erforderlich, die gesamte Forschungsgeschichte zu wiederholen, die jetzt leicht in dem zuvor genannten und kürzlich als Nachdruck erschienenen Buch von RICHARD GARBE, *„Indien und das Christentum"*, nachgelesen werden kann.

Die moderne wissenschaftliche Forschung hinsichtlich der buddhistischen und indischen Quellen des Neuen Testamentes (N.Ts.) begann mit der Arbeit des deutschen Professors RUDOLF SEYDEL: *„Das Evangelium von Jesu in seinen Verhältnissen zu Buddha-Sage und Buddha-Lehre"* (Leipzig 1882). Der Titel sagt bereits alles. Natürlich rief die Arbeit SEYDELs erhebliche Aufregung unter den traditionellen Theologen hervor, die daran glaubten, daß das N.T. Gottes Wort sei. Dennoch gab es Indologen und Religionshistoriker, die die Herausforderung annahmen. Es entstand diesbezüglich eine Unmenge Literatur; viele Parallelen und Motive aus dem N.T. wurden auf buddhistische und indische Quellen zurückgeführt.

In jüngster Zeit kam der wichtigste Beitrag aus der Hand des britischen Sanskrit- und N.T.-Forschers J. DUNCAN M. DERRETT: *„The Bible and the Buddhists"* (Italien 2000). Wichtig sind auch die Arbeiten von ZACHARIAS THUNDY, *„Buddha and Christ"* (Leiden 1993) und H. GRUBER & HOLGER KERSTEN, *„Der Ur-Jesus – Die buddhistischen Quellen des Christentums"* (München 1994). All diese Titel sprechen für sich selbst: Es kann nicht länger in Abrede gestellt werden, daß das N.T. auf buddhistischen Quellen beruht.

Die *„vergleichende Evangelien-Forschung"* [Comparative Gospels Studies] wurde – um einen erstmals von CHRISTIAN LINDTNER eingeführten Begriff zu verwenden – auf eine völlig neuartige und feste Basis gestellt, nachdem LINDTNER erstmals nachweisen konnte, daß viele Wörter und Textpassagen des N.Ts. tätsächlich auf buddhistische Sanskrit-Quellen zurückgeführt werden können. Einige dieser Sanskrittexte standen den Forschern erst in den letzten Jahrzehnten – also erst *nach* dem Zweiten Weltkrieg – zur Verfügung. Sie wurden in den Jahren 1957 bzw. 1977 von dem deutschen Indologen ERNST WALDSCHMIDT bzw. dem Italiener RANIERO GNOLI in verschiedenen Ausgaben im sanskritischen Originaltext veröffentlicht.

Religionshistoriker waren lange Zeit nicht in der Lage, viel Neues auf diesem Gebiet beizutragen. Dies lag hauptsächlich am Fehlen von Originaltexten. Die zuvor genannten erstmals von WALDSCHMIDT und GNOLI veröffentlichten Schriften liegen in Sanskrit vor. Doch ohne gute Kenntnisse des Sanskrit ist es kaum möglich, seriöse Arbeiten auf dem Gebiet der *„vergleichenden Evangelien-Forschung“* beizubringen.

Gleichzeitig darf nicht vergessen werden, daß es immer Autoren gegeben hat, die darauf bestanden, daß Jesus und Buddha wahrscheinlich keine historischen Personen, sondern lediglich mythische Figuren waren. Vor kurzem griff aus gutem Grund eine junge amerikanische Wissenschaftlerin, bekannt unter dem Namen ACHARYA S., eine alte Tradition auf, indem sie argumentierte, daß Jesus, Buddha und Krishna *„Suns of God“* [„Sonnen von Gott“] seien, – um den Titel ihres vor kurzem erschienenen Buches (Kempton, Illinois 2004) zu nennen. Es gibt andere moderne Autoren, die darauf bestehen, daß *„Jesus never existed“* [„Jesus niemals existierte“], – so der Titel eines ausgezeichneten Buches des britischen Forschers KENNETH HUMPHREYS (Uckfield, East Sussex 2005). Aus Italien haben wir das Buch *„The Fable of Christ“* [„Das Märchen/die Fabel von Christus“], eine Anklageschrift, in der der Autor LUIGI CASCIOLI behauptet, daß es Jesus niemals gegeben hat.[11]

Traditionsbewußte und konservative Theologen, für die das N.T. Gottes Wort ist, wollen von all diesem natürlich nichts hören. Ihre Welt würde zusammenbrechen, falls Jesus niemals existierte. Diese Theologen haben die Behauptungen der frühen Schriftsteller, daß die Erzählungen von Jesus und Buddha von Anfang an auf Sonnen-Mythen beruhten – wie jene von Apollo(n), Zeus usw. – nie ernst genommen.

---

[11] Daß Matthäus und seine anonymen Mitarbeiter auch reichlich jüdische Quellen benutzt haben, wird natürlich von niemandem bestritten.

Abb V: Der Würfel (Sanchi) war im alten Indien ein heiliges Symbol; auf der rechten Seite des Würfels befindet sich die sogenannte *Trisûla* über einem Kreissymbol auf einer Stange.

Aber heute, im Jahre 2006, ist die Situation eine andere, und die Verhältnisse werden sich schnell ändern. Auf rein philologischer Basis kann man Schritt für Schritt nachweisen, wie die Verfasser des N.Ts. nicht nur aus dem Alten Testament (A.T.) – dies ist seit langem bekannt –, sondern auch aus buddhistischen Schriften abgeschrieben haben. Hierbei erfanden sie die Gestalt Jesus Christus, die es nie gegeben hat. Des weiteren kann LINDTNER in diesem Buch anhand verschiedener Beispiele zeigen, daß die Anwendung der Gematrie bei der Erstellung des N.Ts. – wie dies OSKAR FISCHER bereits vor fast 100 Jahren für die Erstellung des Alten Testaments nachweisen konnte[12] – eine wesentliche Rolle spielte.

---

[12] Siehe OSKAR FISCHER: *„Der Ursprung des Judentums im Lichte alttestamentarischer Zahlensymbolik"*, 1917-20, Nachdruck Lühe-Verlag GmbH, Süderbrarup 2004.

Es gibt noch viel Arbeit, die auf dem neuen Gebiet der *„vergleichenden Evangelien-Forschung“* geleistet werden muß. Doch die Grundlagen sind jetzt solide und zuverlässig. Die Wissenschaftler befinden sich auf festem Boden. Traditionelle Theologen werden – früher oder später – kapitulieren und erkennen müssen, daß Jesus niemals existierte, und sie müssen erklären, wie und weshalb dieser große Betrug an der Menschheit in die Welt gesetzt werden konnte.

Wie bereits erwähnt, waren die Jahre 1957 und 1977 Sternstunden der Wissenschaft, da der Welt bis dahin nicht bekannte Sanskritschriften zugänglich gemacht wurden und seitdem neue revolutionäre Forschungen möglich sind. – Aber es passierte zunächst nichts! Die zuständigen orientalischen bzw. asiatischen Institute an den europäischen Universitäten verhielten sich passiv. Ja, beginnende neue Forschungsansätze wurden sogar unterdrückt, geschmäht, Fördermittel entzogen, Forschungsmittel an anderer Stelle vorsätzlich vergeudet usw.

An dieser Stelle setzt nun dieses Buch ein, um dem Forschungsboykott der europäischen Universitäten und christlichen Institute eine Ende zu bereiten. Es besteht zur Zeit die Tendenz, daß die Forschungen auf geisteswissenschaftlichen Gebieten in Europa in Zukunft in immer stärkerem Maße an den Universitäten und Instituten vorbeilaufen werden[13], wo Wahrheit suchende Studenten nur noch mit einer vom Steuerzahler finanzierten Scheinwissenschaftlichkeit abgespeist werden. Diplome sind nur noch Bescheinigungen für „politische Korrektheit“ und „Angepaßtheit“, und viele Studenten müssen sich dem unterwerfen, wenn sie einen Universitäts-

---

[13] So werden z.B. die philosophischen Werke der großen deutschen Philosophin MATHILDE LUDENDORFF, deren Arbeiten auf Freud, Kant und Schopenhauer aufbauen, an deutschen Universitäten völlig verschwiegen, obwohl es z.B. MATHILDE LUDENDORFF war, die in ihrem Werk *„Schöpfungsgeschichte“* als Zwischenstufe zwischen festem Kristall [unbelebter Materie] und erstem Protoplasma-Einzeller eine besondere Art von flüssigem Kristall philosophisch beschrieben hatte, – etwa 13 Jahre *vor* seiner Entdeckung durch amerikanische Forscher.

abschluß benötigen, um ihre Familien später ernähren zu können.

Für den Wahrheit suchenden Forscher eröffnet dieses Buch viele interessante neue Perspektiven!

Es wurde in diesem Vorwort beispielsweise schon darauf hingewiesen, daß die vier 29 Meter hohen gedrehten Säulen an den vier Ecken des Petrusgrabes im Petersdom von Rom den vier Bäumen nachempfunden sein könnten, die aus der Asche des Tathâgata – also des Buddha – emporgewachsen sind (vgl. Seite 128).

Abb. VI: Das Petrusgrab: Die vier gedrehten 29 Meter hohen Baumsäulen über dem Petrusgrab in der Petruskirche von Rom erinnern an die vier Bäume die aus der Asche des verbrannten Leichnams des Tathâgata = Sâkyamuni = Buddha emporwuchsen.

Eine andere Auswirkung dieses Buches besteht darin, daß alle bisher erschienen literarischen Auseinandersetzungen um die Bedeutung der Zahl 666 (Offenbarung des Johannes 13:18) wertlos geworden sind, wenn sie nicht die ursprünglich zugrunde liegenden Sanskrittexte berücksichtigten.

Die wichtigste Erkenntnis, die sich aus diesem Buch ergibt, ist LINDTNERs Nachweis, daß das *Lotus-Sûtra* des *Mahâyâna*-Buddhismus die wesentlichste Grundlage der Evangelien des N.Ts. darstellt.

Der in Japan an der Sophia-Universität in Tokio lehrende Jesuit Prof. HEINRICH DUMOULIN rechnet das *Lotus-Sûtra* in seinem Geleitwort zur Übersetzung MARGARETA VON BORSIGs wegen seiner Symbolsprache *„zu den religiösen Klassikern der Weltliteratur“*.[14] Er begleitet die erste deutsche Übersetzung des Lotus-Sûtra aus dem chinesischen Originaltext mit der großen Hoffnung, daß sich das *Lotus-Sûtra „als eine Verständnisbrücke zwischen Buddhismus und Christentum erweisen“* möge.[15] Das hier vorliegende Werk CHRISTIAN LINDTNERs bildet eine solche bisher noch nie dagewesene Verständnisbrücke für das N.T.

Der erste Auslandsbesuch führte den neuen, aus Deutschland stammenden Papst BENEDIKT XVI. in das Heimatland seines polnischen Vorgängers VOITILA. Dort ermahnte BENEDIKT XVI. die Polen auf der Hauptkundgebung entsprechend den ersten Worten Jesu (Matth. 3:15), *„alle Gerechtigkeit zu erfüllen“*. Gerade dies ist das Hauptanliegen von Buddhas Dharma. Ob dem Papst wohl bewußt war, daß die Evangelisten diese Forderung Jesu direkt aus der buddhistischen, in sanskrit verfaßten Schrift *Prajnâ Pâramitâ* [„Vollkommenheit der Erkenntnis“] abgeschrieben hatten? (vgl. Seite 210 f.)

Man kommt nicht in das „Himmelreich“, wenn man nicht *„sein Kreuz auf sich nimmt“* und Jesus folgt. CHRISTIAN

---

[14] MARGARETA VON BORSIG, *„Lotos-Sutra. Das große Erleuchtungsbuch des Buddhismus“*, Herder spektrum, 3. Aufl., Freiburg i.Br. 2004, Seite 11-14.

[15] *ebenda*, Seite 14

LINDTNER erklärt und zeigt (vgl. S. 225), daß mit dieser Forderung in Wirklichkeit gemeint ist, *„daß man das Sûtra nehmen soll, und zwar vor allem das beste Sûtra der ganzen Welt, das Lotus-Sûtra"*. Wenn man dessen Worte über Tathâgata hört, wird man erlöst!

Und gerade dieses *Lotus-Sûtra* ist – wie in diesem Buch ausführlich bewiesen wird – die Hauptvorlage bei der Erstellung der Evangelien gewesen. Es ist die wichtigste Quelle der Evangelien des Neuen Testaments. Ohne das *Lotus-Sûtra* bleiben viele Textpassagen des N.Ts. unerklärbar.

Es war daher nur folgerichtig, daß der deutsche Kardinal Prof. Dr. JOSEPH RATZINGER im Jahre 1991 – etwa 14 Jahre bevor er später zum Papst BENEDIKT XVI. gewählt wurde – einen Zuschuß zu den Druckkosten der ersten vollständigen Übersetzung des *Lotus-Sûtra* aus dem Chinesischen ins Deutsche der MARGARETA VON BORSIG gab.[16]

Am Schluß seines Buches kommt Dr. CHRISTIAN LINDTNER zu der Feststellung, daß das Lotus-Sûtra die wichtigste – aber nicht einzige – Quelle der Evangelien und somit die wichtigste Schrift des Christentums sei. Es ist daher auch gar nicht mehr ganz so überraschend, wie es zunächst den Anschein hatte, daß der heutige Papst BENEDIKT XVI. während seiner Zeit als Kardinal JOSEPH RATZINGER – wie MARGARETA VON BORSIG Silvester 1991 dankend in ihrer Einleitung erwähnt – *„im Geist der Ökumene und der Weltkirche"* einen Zuschuß zu den Druckkosten ihrer Übersetzung des *Lotus-Sûtra* gab.[17]

Das hier vorliegende Buch gehört in die Hand jedes christlichen Theologen. Erst durch die Forschungsarbeiten des dänischen Verfassers Dr. CHRISTIAN LINDTNER[18] ist es möglich geworden, bisher umstrittene Auslegungen des N.Ts. nun-

---

[16] *ebenda*, Seite 25

[17] *ebenda*, Seite 25

[18] Dr. CHRISTIAN LINDTNER hat sich mit der Einreichung des Manuskriptes zu diesem Buch bei der theologischen Fakultät der Universität Arhus im Frühjahr des Jahres 2006 erneut um eine Professur beworben.

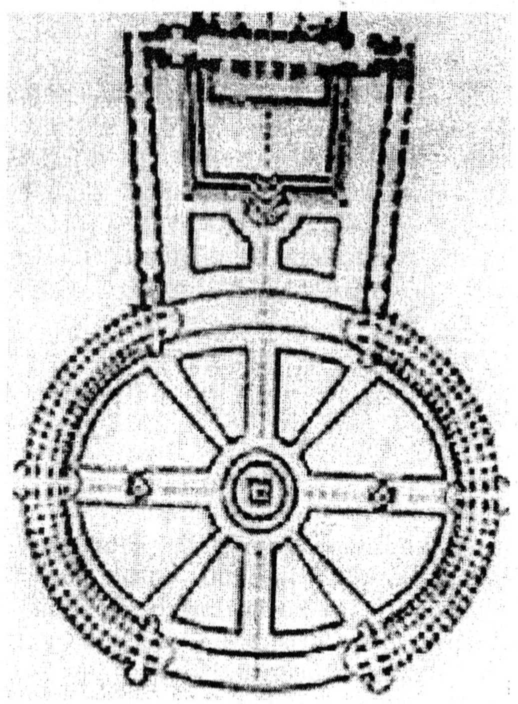

Abb. VII: Der Petersplatz in Rom: Der als Ellipse angelegte Petersplatz in Rom (Durchmesser 273 bzw. 226 m) erinnert in gewisser Weise an das buddhistische Rad des Gesetzes.

mehr entsprechend den ursprünglichen sanskritischen Originalquellen des *Mahâyâna*-Buddhismus, insbesondere des *Lotus-Sûtra*, zu begreifen und entsprechend auszulegen.

Für die gläubigen „Christen" ändert sich kaum etwas: Wer es wissen möchte, weiß in Zukunft, daß Jesus in Wirklichkeit Sâkyamuni, also Buddha in Verkleidung ist, und woher der Mythus Jesus Christus tatsächlich gekommen ist.

Dieses Buch wird eine Bereicherung für jeden sein, der es in die Hand nimmt, – ganz gleich ob er Heide, Buddhist oder gläubiger Christ ist.

Harm Menkens,
im Mai 2006

Hinweise für den Leser:

Damit sich Zitate in Sanskrit oder Altgriechisch besser vom durchgehenden Text abheben, werden diese kursiv gedruckt. In der Mehrzahl der Fälle ergibt sich aus dem Zusammenhang, ob es sich um griechische oder sanskritische Wörter handelt. Im Zweifelsfalle wird dieses jeweils angemerkt.

Von Personennamen, die im Sanskrit ein Endungs-s besitzen, entfällt dieses meistens in der deutschen Literatur. Sollte es jedoch auf das Endungs-s, z.B. in bezug auf den Zahlenwert eines Namens ankommen, wird das „s" beibehalten und das entsprechende Wort kursiv gedruckt.

Für Leser, die die angeführten Zahlenwerte nachprüfen möchten, befindet sich auf der Seite 262 eine Aufstellung über die Zahlenwerte der griechischen Buchstaben [für die Zahlenwerte der Sanskritwörter gilt das Entsprechende].

Auf den Seiten 285–368 enthält das Buch ein ausführliches Stichwortverzeichnis, das dem Leser den Zugang zu den verschiedenen Themenkreisen erleichtert.

Schließlich folgt am Ende des Buches noch eine numerisch geordnete Aufstellung der in diesem Buch abgehandelten bzw. erläuterten Zahlenwerte.

H.M.

Hinweise für den Leser

Vorwort des Verfassers

Das Christentum ist in großen Teilen eine – wenn auch überaus geschickte – Kopie des Buddhismus, die das Original merkwürdig frei und oft auch verdreht wiedergibt. Man könnte also von einer Raubkopie oder einem Plagiat sprechen, denn das Neue Testament, auf dem das Christentum beruht, wurde von buddhistischen Mönchen geschaffen.

Das Neue Testament ist eine Propagandaschrift für den späten Buddhismus, das *Mahâyâna*, das „große Fahrzeug" [der Erlösung]. Es ist ein volkstümliches *Mahâyâna*, das sich in erster Linie an die Juden wendet.

In der ganzen Welt lauscht die Gemeinde in der Kirche der Verkündung des Evangeliums, die Gemeinde nimmt an den Ritualen teil – nämlich Taufe und Abendmahl – und in vielen Kirchen kann der Besucher immer noch die alten Fresken mit Motiven betrachten, deren Ursprung buddhistisch ist [Siehe Abb. 1 auf Seite 2]

Die Abmessungen früher christlicher Kirchen lassen erkennen, daß die ältesten Kirchengebäude sogar die gleichen Proportionen wie buddhistische Klöster haben [siehe Abb. 2 auf der Seite 3].[1]

---

[1] Das sog. Bodhighara [HERBERT PLAESCHKE, *„Buddh. Kunst"*, Leipzig 1974, S. 38] wird nachgeahmt im späteren christlichen Baptisterium [siehe Zeichnung in FRANZ XAVER KRAUS, *„Gesch. der christlichen Kunst"*, Freiburg im Br. 1896, Erster Bd., S. 353 u. S. 366]. Anmerkung des Verfassers: Von sanskrit *sambodhis*, „Erleuchtung", „Aufklärung", erhalten wir griechisch ***baptismos*** (Markus 7:4), ein Synonym des gebräuchlichen ***baptisma***, was Taufe bedeutet.

Die „buddhistische Kirche" von Kârlâ in der Nähe von Mumbai (Bombay) [PLAESCHKE, S. 36] wird wiedergegeben im Grundplan der viel späteren christlichen Heiligengrabkirche [KRAUS, S. 365]. Anzumerken ist, daß die Anzahl der Säulen beim Original 15 + 15 + 7 = 37 beträgt, einer „heiligen" buddhist. Zahl. In der Heiligengrabkirche ist eine Extrasäule hinzugefügt worden. Man siehe auch den Grundplan der Geburtskirche in Bethlehem.

Aber alle diese Dinge sind den meisten Menschen unbekannt.

Um das Christentum zu verstehen, muß man den Buddhismus kennen. Man versteht eine Kopie nämlich erst dann, wenn man auch das Original kennt.

Bild: Anga u. Herbert Helmecke

Abb. 1: Das Bild gibt ein buddhistisches Symbol von der St. Petri-Kirche in Soest wieder. Es will darauf hinweisen, daß das in der christliche Kirche gesprochene Wort buddhistischen Geistes ist. [Me.]

Für die meisten Menschen dürfte meine Behauptung, das Christentum sei eine Kopie des Buddhismus, ebenso neu wie unerhört und schwer zu begreifen sein. Mancher wird sich möglicherweise fragen, ob ich nicht vielleicht eine verborgene Zielsetzung verfolge, ob ich Mission für den Buddhismus betreiben will, mit dessen Schriften ich mich über dreißig Jahre lang fast täglich in den Originalsprachen befaßt habe.

Die Antwort lautet: nein. Ich bin Historiker, und ich betrachte es als meine vornehmste Aufgabe und schlichtweg als meine Pflicht, entsprechend der Forderung LEOPOLD VON RANKEs so über die Gegebenheiten zu berichten, wie sie sind und wie sie waren. Ich möchte nichts anderes, als Unklarheiten und Mißverständnisse beseitigen. Ich möchte nur die Dinge in ihrem richtigen logischen und geschichtlichen Zusammenhang darstellen.

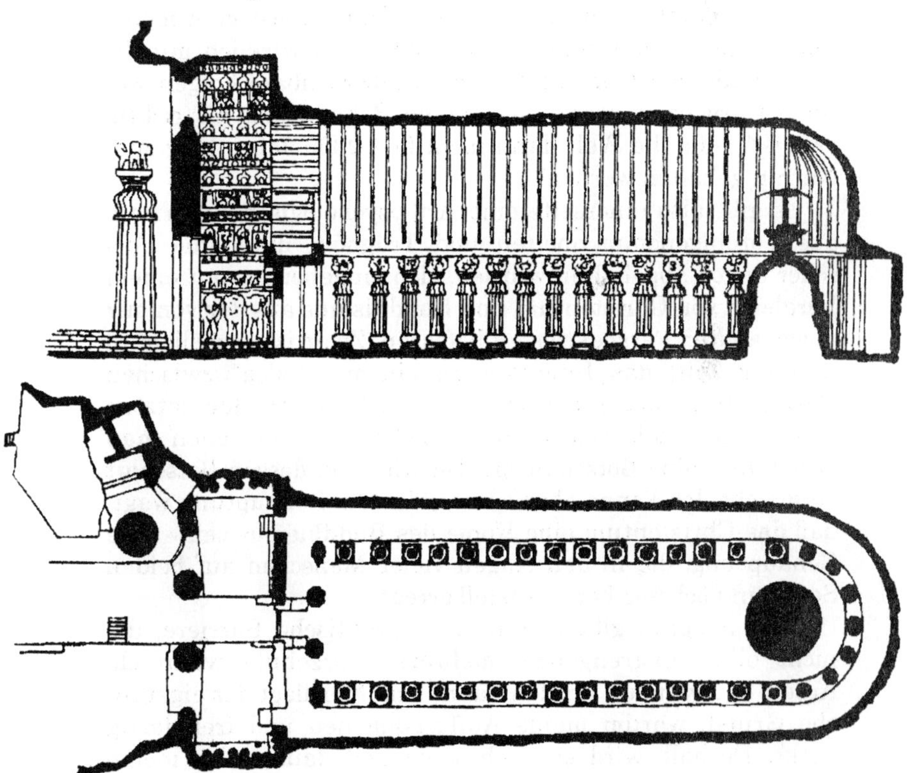

Abb. 2: Eine der schönsten „buddhistischen Kirchen" ist die große Caitya-Halle von Kârlâ in der Nähe von Bombay (1. Jahrh. n.d.Ztr.).

Sollte ich mit meiner Behauptung, daß das Christentum eine Kopie des Buddhismus sei, recht behalten, – wie kommt es dann, daß Forscher nicht schon früher etwas Derartiges gedacht oder geäußert haben? Es gibt zwar viele Forscher, die mit guten Argumenten den Standpunkt vertreten haben, das Christentum sei vom Buddhismus beeinflußt, aber niemand hat bis heute eine so radikale Auffassung vorgetragen – geschweige denn begründet –, wie ich es hier tue. Wie kommt es, daß diese Behauptung erst jetzt geäußert wird?

Die Erklärung hierfür ist ganz einfach. Einerseits gibt es Vorurteile und die gewaltige Macht der Gewohnheit. Man hat nie gehört, daß das Christentum, die Grundlage der westlichen Kultur, auf dem Buddhismus beruhen soll. Das kann doch einfach nicht wahr sein! Daher weist man meine unbequeme Behauptung zurück, ohne sich wirklich mit ihr auseinanderzusetzen. Und welch unübersehbare Folgen wären zu erwarten, wenn sich meine Behauptung als richtig erweist? – Ist die Welt dann nicht fast 2000 Jahre lang zum Narren gehalten worden?

Es gibt also einerseits eine Art psychologischer Barriere aus Voreingenommenheiten und Trägheit, durch die Forscher davon abgehalten wurden, sich eingehender mit einem Vergleich von Christentum und Buddhismus aus der von mir angewandten Perspektive zu befassen. Zwar ist, vor allem in jüngster Zeit, das Interesse an einem „Dialog" zwischen Christentum und Buddhismus gewachsen. In den letzten Jahren sind viele Bücher herausgekommen, in denen man Jesus und seine Botschaft mit Buddha und dessen Botschaft vergleicht. Ich kenne aber keines, das die Behauptung wagt, daß das Christentum eine Kopie des Buddhismus sei, – eine Behauptung, die in den Augen vieler Menschen auf beiden Seiten in höchster Form Anstoß erregt.

Zum anderen gibt es eine rein praktische Barriere, die nicht ohne anstrengende, mehrere Jahrzehnte währende Arbeit überwunden werden kann. Und hier liegt der eigentliche Grund, warum meine Auffassung neu und fremdartig wirkt. Deshalb wird es auch seine Zeit dauern, bis meine These allgemeine Anerkennung gefunden hat. Aber – es ist nur eine Frage der Zeit, bis sie als Selbstverständlichkeit angesehen werden wird.

Wenn ich die Behauptung aufstelle, das Christentum sei eine Kopie des Buddhismus, so meine ich damit in erster Linie, daß die vier Evangelien, die das Neue Testament einleiten, eine Art Übersetzung dessen sind, was ich kurz als *Buddhas Evangelium* bezeichnen möchte. Eine nähere Definition und Erklärung folgt natürlich.

Die Evangelien liegen auf griechisch vor. Gute Ausgaben des griechischen Textes[2] sind nicht schwierig zu beschaffen. Es fehlt nicht an guten Wörterbüchern, Konkordanzen, Kommentaren usw. Das Neue Testament ist zum Glück recht leicht zugänglich.

Mit den Sanskrittexten verhält es sich ganz anders. Einer der wichtigsten Quelltexte auf sanskrit, das *„Saṃghabhedavastu“* [abgekürzt: **SBV**], wurde erst 1977 in gedruckter Form zugänglich. Es wurde bisher noch in keine moderne Sprache übersetzt, und es gibt nur sehr wenige Menschen, die selbständig einen nicht übersetzten Sanskrittext lesen können. Man braucht mindestens 10 Jahre, um Sanskrit zu erlernen. – Wer nimmt sich schon die Zeit dazu? Außerdem braucht man auch Kenntnisse des Tibetischen und Chinesischen. Die Zahl der Wissenschaftler – Philologen – die über die erforderlichen Kenntnisse verfügen, kann man an einer oder vielleicht zwei Händen abzählen.

Die schon hierdurch bedingte kleine Anzahl Philologen verringert sich noch weiter, wenn dazu auch noch Kenntnisse des Griechischen und der neutestamentlichen Forschung erforderlich sind. Unsere moderne Gesellschaft bietet einem Forscher mit einem so breit gefächerten Wissensgebiet wenig Arbeitsmöglichkeiten. Die Theologen wollen von ihm nichts wissen, weil seine Forschungen ihren Broterwerb gefährden könnten. Zwar gibt es einen Forschungsrat und Universitäten, die angeblich neue und grundlegende Forschungsarbeiten unterstützen. Aber die Erfahrung hat gezeigt, daß selbst diese Kreise einer derartig bahnbrechenden Grundlagenforschung recht wenig Verständnis entgegenbringen.

Es bestehen aber nicht nur psychologische Barrieren. Es

---

[2] Empfehlenswert: Nestle-Aland, *„Das Neue Testament – Griechisch und Deutsch“*, 27. Auflage, 8. korrigierter und um die Papyri 99-116 erweiterter Druck, Stuttgart 2003, 812 Seiten.

gibt auch keine Existenzgrundlage für eine wissenschaftliche Erforschung der buddhistischen Grundlagen des Christentums.

Das ist in kurzen Zügen die andere Seite des Problems. Dazu kommen weitere Schwierigkeiten.

Die wichtigste Quelle der Evangelien ist das berühmte Lotus-Sûtra, – *„Saddharmapundarîka-Sûtra"* (**SDP**) lautet sein Titel auf sanskrit. Bei diesem Werk, *„Asiens Neuem Testament"*, sind wir in der glücklichen Lage, daß es verhältnismäßig leicht zugänglich ist, weil es sowohl moderne Übersetzungen von den originalen Sanskrittexten als auch von einer späteren, sehr berühmten chinesischen Übersetzung gibt.

Das Lotus-Sûtra ist ein Hauptwerk des *Mahâyâna*. Welche unermeßliche Bedeutung dieses Evangelium noch immer für viele Gläubige in Asien hat, sieht man am besten, wenn man ins Internet schaut.

Die englische Übersetzung von H. KERN aus dem Jahre 1884 findet man als *Saddharma-pundarîka* oder *The Lotus of the True Law* im Internet unter

http://www.sacred-texts.com/bud/lotus.

Das SDP umfaßt in KERNs Übersetzung insgesamt 27 Kapitel.

Das SDP wird sicher auf viele heutige Leser fremdartig wirken. Es handelt sich um eine Art Schauspiel mit tragischen wie auch komischen Elementen. Das SDP entstand vor etwa 2000 Jahren auf sanskrit, anscheinend unter dem Einfluß der griechischen (hellenistischen) Schauspieltradition. Der Verfasser ist völlig unbekannt.

Das SDP spiegelt eine ganz neue Form des Buddhismus wieder, nämlich das *Mahâyâna* [„das große Fahrzeug"], das in entscheidender Weise mit dem älteren Buddhismus bricht, der herabsetzend als *Hînayâna*, „das kleine Fahrzeug", vom frühen *Mahâyâna* bezeichnet wird.

Der große Held im Schauspiel heißt Tathâgata. Er stirbt nie, sein Leben ist ewig [unendlich], aber niemand kann ihn so, wie er ist, erkennen. Dazu sind die Menschen *„in der letzten Zeit"* schlichtweg zu dumm oder eingebildet. Das ist der Ausgangspunkt für den Glauben. – Was man nicht weiß, kann man eben nur glauben.

Es wird scharf zwischen Tathâgatas Erkenntnis einerseits und dem Glauben an Tathâgata andererseits unterschieden. Wir leben in den letzten Zeiten. Wenn man die Menschen dazu bringen kann, an Tathâgata zu glauben, werden sie von allem Elend befreit und von allen Krankheiten geheilt.

Tathâgata ist wie ein liebender Vater, seine Jünger sind seine Kinder.

Damit nun alle seine Söhne erlöst werden, bedient sich Tathâgata aller möglichen taktischen Kniffe und Tricks. Im Mahâyâna sollen die Menschen verleitet werden, an etwas zu glauben, was sie nicht mit dem Verstand und der Vernunft erfassen können. Tathâgata lügt und erzählt Geschichten, er bewirkt Wunder und tritt in allen möglichen Verkleidungen auf. Er spielt mit den Worten, er droht den Hochmütigen mit der Hölle und lockt die Demütigen mit Versprechungen über den Himmel. Er spricht in Gleichnissen, erzählt Rätsel und gebraucht Zauberworte, die beschützend wirken sollen.

Sâkyamuni ist der Name des Tathâgata, der im SDP die Heldenrolle spielt.

Er hat viele Vorgänger gehabt und wird viele Nachfolger haben. Er ist nur *ein* Tathâgata unter vielen. Jeder Tathâgata tritt in verschiedenen Rollen auf, je nach den Verhältnissen der jeweiligen Zeit und den unterschiedlichen Voraussetzungen des Publikums.

Tathâgata tritt also als großartiger Schauspieler in vielen Verkleidungen auf. Er tut, als ob er geboren wird, als ob er getauft wird, als ob er eine große Bergpredigt hält, und schließlich, als ob er stirbt. Aber das Ganze ist nur ein gewaltiges Schauspiel, das immer wieder aufgeführt werden kann. In Wirklichkeit wird er niemals geboren, und daher stirbt er in Wirklichkeit auch niemals.

Aber es sieht so aus! Genau genommen ist die ganze Sache ganz banal. Was versteht man unter einem Schauspieler? Wenn man vergißt, zwischen dem Schauspieler und der Rolle, die er spielt, zu unterscheiden, dann geht es schief. Eine und dieselbe Person kann in vielen verschiedenen Rollen auftreten und trotzdem die gleiche Person bleiben. Viele verschiedene Personen können in genau der gleichen Rolle auftreten, und trotzdem bleiben sie viele verschiedene Personen.

Wenn wir uns diesen einfachen Sachverhalt vor Augen halten, so kommen wir zum springenden Punkt: Jesus ist kein anderer als Tathâgata in der Hauptrolle als König der Juden und deren neuer Gesetzgeber. Er opfert, genau wie jeder andere Tathâgata, seine Seele und sein Blut, damit die anderen erlöst werden können.

Daß er geboren und getauft wird, daß er predigt und heilt, leidet und stirbt, nur um wieder aufzuerstehen, – das ist alles nur ein Schauspiel, eine uralte literarische Fiktion. Jesus ist nicht *eine Person*, er stellt viele Personen dar.

Das gleiche gilt für die Jünger. Hinter dem Apostel Petrus verbirgt sich z.B. nicht nur *ein* Buddhist, sondern er repräsentiert viele Buddhisten, deren Namen – bezogen auf die Konsonanten – in ähnlicher Weise geschrieben werden.

Verkleidung! Man muß wirklich gründlich über den Begriff Verkleidung nachdenken, wenn man überhaupt eine Chance haben soll, die Hauptpersonen in den Evangelien historisch richtig zu verstehen.

In den Evangelien werden Jesus und der Täufer als zwei verschiedene Personen beschrieben. Im Original sind die beiden jedoch die gleiche Person in verschiedenen Rollen. Im Original gibt es außerdem zwei Personen, die Gautama heißen. Der eine Gautama wird hingerichtet, indem er an einem Holzpfahl aufgehängt wird, mit einer Eierschale [sanskrit: *kapâlam* = „Eierschale", oder auch: „Schädeldecke"; griechisch: *kranion* = „Kopfschale"; hebräisch: *golgata*] auf jeder Seite. Der andere Gautama stirbt zwischen zwei Bäumen eines natürlichen Todes. In den Evangelien wird aus den zwei Personen eine, die an einem Kreuz zwischen zwei Räubern stirbt.

Sammelt man alles, was die Evangelien über Petrus berichten, dann offenbart das Original, daß all diese Dinge bereits in den buddhistischen Quellen gesagt werden – aber in bezug auf verschiedene Personen mit dem gleichen Namen.

Eine weitere wichtige Person – oder besser: zwei Personen – ist auch einer der bekanntesten Jünger Buddhas: *Kolitas*, besser bekannt als *Mahâ-Maudgalyâyanas*. In den Evangelien wird sein Name wörtlich übersetzt als *„der hieß Mat-*

thäus“ (Matthäus 9:9), und später als *„Maria Magdalênê“* (Matthäus 27:61). Die Wiedergabe beider Namen ist insofern originalgetreu, als sie die Konsonanten des Originals beibehalten. Maria Magdalena am Grab ist, wenn ich das so ausdrücken darf, *Mahâ-Maudgalyâyanas* als Transvestit. Hier wird ein wichtiger Buddhasohn in eine wichtige weibliche Anhängerin Jesu verwandelt. Hier wurden aus einer Person zwei.

Die Schlußfolgerung ist zwingend: Die Evangelien stellen keine historischen Ereignisse dar, sondern eine literarische Fiktion.

Die Evangelien bieten keine Grundlage, um von einem „historischen Jesus“ zu sprechen. Das gleiche gilt für die sonstigen Personen und Orte, von denen in den Evangelien die Rede ist. Sie sind fiktiv.

Für eine gelungene Verkleidung ist es notwendig, daß sie ganz echt wirkt, und zwar so sehr, daß der Leser oder Zuschauer eine Zeitlang ganz vergißt, daß es sich nur um eine Verkleidung handelt. Die Evangelien strotzen von Zitaten aus dem Alten Testament. Bekannte Römer und Juden werden namentlich genannt. Dem naiven Leser wird damit vorgegaukelt, daß die Begebenheiten ursprünglich unter Kaiser Augustus und Pontius Pilatus in Galiläa und Jerusalem usw. stattgefunden hätten. Aber das ist alles nur Inszenierung, Kulisse und Maskerade.

Der Beweis? Die Maskerade und Inszenierung kann man nur durchschauen, wenn man das Original kennt.

Es gab keine Schlagzeilen auf den Titelseiten der Zeitungen, als 1977 die Sanskrit-Originale der Evangelien – das *Samghabhedavastu* (SBV) – endlich in gedruckter Form veröffentlicht wurden, obwohl das durchaus berechtigt gewesen wäre.[3] Die Sanskrit-Originale geben den Forschern die Instrumente in die Hand, durch die es schließlich möglich wurde, zwischen Original und Kopie zu unterscheiden. Deshalb war dies ein epochemachendes Ereignis, das aber praktisch mit völligem Schweigen übergangen wurde.

---

[3] Siehe unter GNOLI (Hrsg.) Seite 274.

Als Kommentar zu der Sensation, die sich in aller Stille vollzog, paßt das Wort des Evangelisten: *„Die Ernte ist groß, aber wenige sind der Arbeiter."* (Matthäus 9:37)

Niemand las die Texte und erkannte ihre epochale Bedeutung.

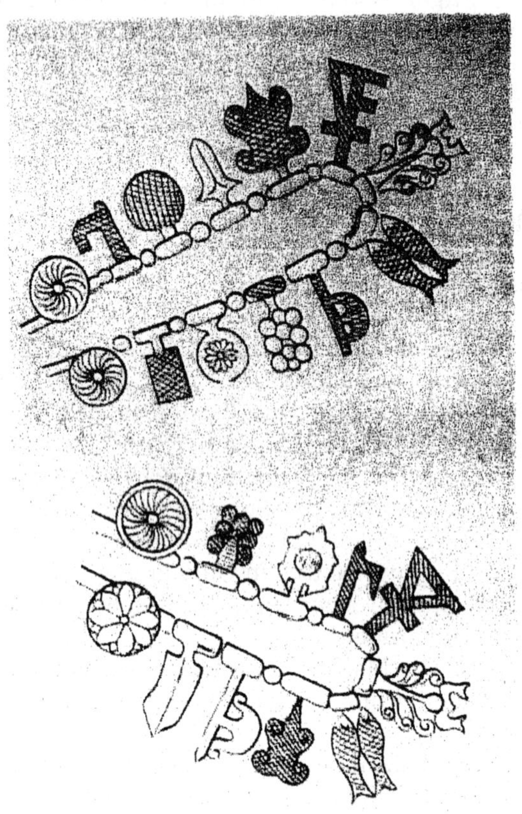

Abb. 3: Buddhistische Symbole von Sânchi.

Ein Buch zu diesem Thema kann man auf verschiedene Weisen schreiben, und ich habe lange geschwankt, wie ich diese Aufgabe am besten zu lösen versuche. Meine These, daß das Christentum eine Kopie des Buddhismus ist, habe ich erstmals 1998 einer größeren Öffentlichkeit vorgelegt, teils gedruckt, teils durch einen Vortrag anläßlich der Festlichkeiten in Sarnath, „*Bauddha mahotsava*", zu denen mich die indische Regierung als Gast eingeladen hatte. Dieser Vortrag erschien in Indien in gedruckter Form unter dem Titel: „*Buddhism in Relation to Science and World Religions*" [„Buddhismus in Beziehung zu Wissenschaft und Weltreligionen"], einer kleinen Schrift, die bald in gewissen Kreisen eine gewaltige Entrüstung weckte. Zum damaligen Zeitpunkt beschränkte ich mich indessen auf bloße Andeutungen.

Als ich in demselben Jahre in der dänischen Reihe *Hauptwerke der Weltreligionen* meine beiden Bücher in dänischer Sprache „*Hînayâna*" (der frühe indische Buddhismus) und „*Mahâyâna*" (der spätere indische Buddhismus) veröffentlichte, gipfelte die Entrüstung in einer Flut von Diffamierungen, die von der Forderung von 23 Universitätsmitarbeitern begleitet wurde, der Verlag SPEKTRUM solle die zwei Bände zurückziehen. Da jedoch eine ganze Reihe qualifizierter ausländischer Besprechungen diese beiden Bände mit vielen anerkennenden Worten und dem Wunsch nach einer Übersetzung ins Deutsche und Englische begrüßte, verstummte die kleinkarierte dänische Entrüstung für eine Weile. In bezug auf die Ablehnung in Dänemark gilt das Wort: „*Der Prophet gilt nichts im eigenen Lande.*" Seitdem habe ich mir Gedanken darüber gemacht, wie ich meine Aufgabe erledigen könnte. Ich wollte mich bestimmt nicht damit begnügen, wie Jesus den Propheten Jesaja zu zitieren, der da sagt: „*Mit den Ohren werdet ihr hören und werdet es nicht verstehen; und mit sehenden Augen werdet ihr sehen und werdet es nicht vernehmen.*" (Matthäus 13:14)

Es wäre gut, mit einem vollständigen Kommentar zu Matthäus zu beginnen, der, wie sich herausstellte, der erste Evangelist war. Es wurde mir nämlich sehr bald klar, daß es im Prinzip bei Matthäus möglich ist, fast jedes einzelne Wort, jeden Satz auf die ursprüngliche Sanskrit-Vorlage zurückzuverfolgen. Manchmal gab Matthäus die Bedeutung wieder, dann wieder den Wortklang oder auch die Silbenzahl der Worte oder Sätze. Manchmal entweder das eine oder das andere, in seltenen Fällen auch alles zugleich. Wenn man beide Texte, den Sanskrittext und den griechischen Text [der Evangelien], gleichzeitig mit gleicher Geschwindigkeit liest, zeigt sich, daß der Rhythmus meistens übereinstimmt. Matthäus zerlegte das Original in kleine Stückchen, fügte sie wieder zusammen und kombinierte auf Teufel komm heraus; er änderte die ursprüngliche Reihenfolge. Als Ganzes stellt sein Evangelium daher ein Mosaik dar. Die Aufgabe lautet also, seinen Text so wiederherzustellen, daß das Original erneut zum Vorschein kommt. Wenn man Matthäus verstehen will, muß man zu allererst nachvollziehen können, wie er – bildlich ausgedrückt– mit Schere, Leim und Rechenbrett an seinem Arbeitstisch saß.

Das gleiche gilt auch für die anderen drei Evangelisten. Hier müssen wir unser Augenmerk vor allem auf die Varianten richten, auf den „Sonderstoff" der drei anderen, insbesondere der „Synoptiker" Markus und Lukas. Bei Markus gibt es nur wenig Sonderstoff, Lukas hat viel mehr. Aber alles kann auf sanskritische Originale oder darüber hinaus auch auf tibetische und chinesische zurückgeführt werden.

Auch für den vierten Evangelisten, Johannes – der seinen Namen nach dem Jünger *Ânandas* hat – gilt, daß er aus den gleichen Quellen geschöpft hat wie die drei ersten Evangelisten. Johannes sollte man, wie sich herausgestellt hat, zum Schluß vornehmen. Er ist durchgehend komplizierter als seine Vorgänger. Betrachtet man die übrigen 23 Schriften des Neuen Testaments als Ganzes, so beruht keine von ihnen so sehr auf buddhistischen Vorlagen wie die letzte, nämlich die Offenbarung des Johannes.

Die Aufgabe samt Vorgehensweise ist also klar, aber die Zeit erlaubt mir nicht, diese Arbeit alleine durchzuführen. Hinzu kommt, daß ein derartiger Kommentar zu umfangreich würde, als daß man dafür einen Verleger oder auch Leser finden würde. Ich habe mich daher dafür entschieden, einige der interessantesten Themen und Personen der Evangelien besonders herauszustellen. Es könnte noch viel mehr dazu gesagt werden, aber ich hoffe, daß meine Auswahl zu einem fesselnden und verläßlichen kleinen Buch führt, das den Weg zu neuen Horizonten aufzeigt.

Für die kleine Gruppe von Lesern, die sowohl Griechisch als auch Sanskrit beherrschen, bereite ich ein vergleichendes Lesebuch zum Selbststudium und zum Gebrauch an den

Universitäten vor. Darin werde ich 108 Beispiele für direkte Übersetzungen aus dem Sanskrit ins Griechische vorlegen.

Das Vorwort eines Buches wird gerne dazu benutzt, um den Personen und Institutionen Dank zu sagen, die dem Verfasser auf verschiedene Art und Weise behilflich waren und ihn ermutigt haben.

Sollte ich die Namen all der Personen und Institutionen nennen, die meiner Forschung nicht nur keinerlei Unterstützung zuteil werden ließen, sondern darüber hinaus ungeheuer viel getan haben, um mich überhaupt daran zu hindern, dieses Buch zu schreiben und herauskommen zu lassen, dann würde die Liste lang, sehr lang werden.

Aber ich sehe davon ab, die Verleger und Lektoren an den Pranger zu stellen, die ohne Begründung Originalartikel und Manuskripte abgewiesen haben. Ich will nicht die Hetze beschreiben, die erbärmliche und unqualifizierte Universitätsangestellte und Journalisten in Gang gesetzt haben. Ich will nicht den Namen des Universitätsrektors nennen, der mir untersagte, die Bibliotheken der Universität zu benutzen. Ich benenne nicht die Verleger, die sich veranlaßt sahen, meine anderen Bücher über den Buddhismus einstampfen zu lassen. Ich konstatiere nur, daß im heutigen Dänemark eine ernsthafte und selbständige Forschung in den humanistischen Fächern seit etwa 1968 mit sehr schwierigen Verhältnissen zu kämpfen hat. Die Öffentlichkeit kann sich kaum eine Vorstellung davon machen, in welchem Umfang auf dem Gebiet der humanistischen, theologischen und gesellschaftswissenschaftlichen Forschung hierzulande Ressourcen vergeudet werden!

Ein aktuelles und bedeutsames Beispiel: Der staatliche Humanistische Forschungsrat Dänemarks hat derzeit (2002-2003) einen Betrag von 3.670.000 Kronen[4] für ein Projekt bewilligt, das

> *„versuchen soll zu überprüfen, ob das Christentum bereits in seiner frühesten schriftlichen Überlieferung, dem Neuen Testament, in wesent-*

---

4 Der Betrag von 3.670.000 dänischen Kronen entspricht etwa 490.000 Euro.

lichem Umfang auf griechisch-römische Philosophie zurückgeht.“

Man muß es schon als Mißbrauch öffentlicher Mittel bezeichnen, wenn ein derartig großer Betrag für ein Projekt ausgegeben wird, das eine These *„versuchen soll zu überprüfen“*, deren Richtigkeit schon von vornherein durch die Tatsache ausgeschlossen werden kann, daß das Neue Testament *„Buddhas Leib“* ist.

Es ist mir dagegen eine große Freude, dem kleinen Kreis von wirklich tüchtigen und selbständig denkenden Forschern, mit denen ich viele Jahre hindurch regelmäßig in Verbindung stand, meinen Dank zukommen zu lassen.

J. DUNCAN M. DERRETT ist Verfasser des Buches *„The Bible and the Buddhists“*, Bornato in Franciacorta, 2000. Der Verfasser, der 1922 geboren wurde, hat sich von 1945 bis 1982 mit Sanskrittexten und seit 1957 mit dem Neuen Testament beschäftigt.

Er liest alle Texte in der Originalsprache und ist ein ungeheuer scharfsinniger Philologe und Theologe. Ich habe sein Buch in *„Buddhist Studies Review“* besprochen [Band 18/2 (2001), S. 229-242]. Seither habe ich einen sehr umfassenden wissenschaftlichen Briefwechsel mit diesem unglaublich fähigen Forscher geführt. DERRETT bestätigt einen buddhistischen Einfluß auf das Neue Testament. Von der ersten Stunde an hat er mich bei meiner Arbeit in jeder Hinsicht ermutigt. Seine sechs Bände *„Studies in the New Testament“*, die zwischen 1977 und 1995 bei E.J. BRILL in Leiden herauskamen, sind eine Fundgrube an Erkenntnissen und scharfsinnigen Beobachtungen.

Über viele Jahre hindurch habe ich auch vom Redakteur der *„Buddhist Studies Review“*, RUSSELL WEBB, viel Unterstützung erhalten. Sein Name soll auch deshalb genannt werden, weil ihn die Veröffentlichung meiner Besprechung von DERRETTs Buch einem enormen Druck ausgesetzt hat, der ihn fast seine Stellung als Redakteur dieser wichtigen Zeitschrift gekostet hätte. Ich habe in den letzten Jahren in *„Buddhist Studies Review“* eine Reihe längerer Besprechungen von Büchern veröffentlicht, die sich mit den Beziehungen zwischen Hellas und Indien befassen. In Verbindung damit habe ich nebenbei mehrmals Beispiele für den Einfluß des Buddhismus auf das Christentum gegeben.

ZACHARIAS P. THUNDY, pensionierter Professor der Universität von Notre Dame (U.S.A.) und der Northern Michigan University, ist Verfasser des Buches *„Buddha and Christ. Nativity Stories and Indian Traditions"*, Leiden 1993. THUNDYs vortreffliches Buch kann man als eine Art Einführung zu meinem eigenen lesen. Zu Recht sieht THUNDY die christlichen Schriften als *„orientalische Religionsschriften"* an. Er hat aber – wie DERRETT – übersehen, daß wir es mit direkten Übersetzungen zu tun haben. Sein Buch enthält, wie das von DERRETT, eine umfassende Bibliographie, auf die ich hier verweise. Dank THUNDY und seinen Kollegen gelang es im September 2002 auf dem Saint Mary's College, Notre Dame, Indiana, ein internationales Seminar zum Thema *„Sanskrit-Quellen der Evangelien des Neuen Testaments"* durchzuführen.[5] Für diese Reise gewährte mir der Dänische Humanistische Forschungsrat ein Stipendium, sozusagen als die berühmte Ausnahme zur Bestätigung der Regel.

Prof. Dr. Dr. KLAUS MYLIUS ist ein herausragender deutscher Indologe und Sanskritforscher der alten Schule. Seine Wörterbücher sind unentbehrliche Hilfsmittel. Seine scharfe und konstruktive Kritik war immer nützlich und förderlich. Ein ganz besonderer Dank gebührt Prof. Dr. Dr. MYLIUS dafür, daß er diese deutsche Übersetzung vor der Drucklegung durchgelesen hat.

Prof. E. BANGERT (alias BHIKKHU PÂSÂDIKA), Arolsen und Marburg/Lahn, kennt sich mit den buddhistischen Quellen in den Originalsprachen aus. Er war einer der ersten, der meiner These seine vorbehaltslose Unterstützung und viel qualifizierte Kritik gab. Leider hat ihm die Unterstützung meiner Arbeit einige kollegiale Probleme bereitet, was ich sehr bedauere und auch nicht verschweigen will.

---

[5] Zusammen mit Prof. THUNDY bereite ich zur Zeit ein Buch über die Sanskritquellen bezüglich der Verurteilung Jesu und seines Todes vor.

Der verstorbene Professor J.W. DE JONG war ein ungewöhnlich fähiger Philologe und ein unübertroffener Kenner der buddhistischen Schriften auf sanskrit, pâli, tibetisch und chinesisch. Er repräsentierte die alten Gelehrtenideale und unterstützte mich von Anfang an getreulich mit Rat und Tat, auch in bezug auf mein neues Forschungsgebiet, das er jedoch vor seinem Tod im Jahre 2000 nicht mehr im einzelnen kennenlernen konnte. In seiner Rezension meiner beiden dänischen Bücher über den Buddhismus unterstrich DE JONG meine Charakterisierung des Christentums als *„judaisierten Buddhismus"*, ein Schlagwort, das mehrere Facetten hat, an dem ich nach wie vor festhalte.

K. KUNJUNNI RAJA († 2005) ist indischer Professor emeritus in Sanskrit. Bei seinem letzten Besuch in Kopenhagen im Mai 1999 hatte ich Gelegenheit, ihm einige Entdeckungen vorzulegen. In wenigen Minuten erfaßte er die Richtigkeit meiner These und welche Bedeutung ihr zukam. Mein gelehrter Freund war Herausgeber von *„The Adyar Library Bulletin"*, in dem ich auf seine Aufforderung hin meinen ersten längeren Artikel *„Âmrapâli in the Gospels"*, 2000, S. 151-170, veröffentlichte.

In letzter Zeit sind mehrere meiner Artikel in dieser Zeitschrift abgedruckt worden.

Dem amerikanischen Theologen und Historiker Dr. ROBERT H. COUNTESS († 2005), Huntsville, Alabama, mit dem Spezialgebiet Neutestamentliches Griechisch danke ich für seine Gastfreundschaft, für guten Rat und aktive Unterstützung. Dr. COUNTESS hat sich u.a. Verdienste erworben durch die Neuherausgabe von JAMES W. DALES' klassischem Werk in fünf Bänden über die Bedeutung des Wortes *baptizô* – „ich taufe". Ich hatte das ausgesuchte Vergnügen, mit Dr. COUNTESS „schwierige Stellen" im griechischen Text des Neuen Testaments durchzusprechen. Der gewöhnliche Leser des Neuen Testaments weiß meistens leider nicht, daß die *„autorisierten"* Übersetzungen oftmals sehr ungenau sind.

Prof. Dr. GREGOR PAUL, Karlsruhe, lud mich im September 1999 ein, vor einer Gruppe deutscher Theologen und Buddhologen in Düsseldorf einen Vortrag zu halten mit dem Titel: *„Comparative Gospel Studies: The Buddhist Sources of*

Matthew 27:45–28:20 par" [„Vergleichende Evangelienstudien: Die buddhistischen Quellen von Matthäus 27:45–28:20"].

KLARA PREBEN-HANSEN, eine getreue Schülerin aus meiner Zeit als Universitätsdozent, hat mehr als jeder andere meine Arbeit Schritt für Schritt verfolgt, da sie zu den wenigen gehört, die sowohl die Materie als auch die Originalsprachen kennen. Der katholische Bischof möge mir vergeben, wenn sich die Herde des Hirten um ein Schaf verringert hat!

Schließlich möchte ich drei qualifizierte Neutestamentler nennen, die Professoren MOGENS MÜLLER (Kopenhagen), BIRGER GERHARDSSON (Lund) und J. SMIT SIBINGA (Amsterdam), mit denen ich einen angenehmen Gedankenaustausch und Briefwechsel hatte. Leider brach die Verbindung ab, als es immer deutlicher wurde, daß es nicht möglich ist, diese Studien ohne Kenntnis der originalen Sanskrit-Quellen auf wissenschaftlich vertretbare Weise durchzuführen.

Ein ganz besonderer Dank gebührt meiner deutschen Übersetzerin THORA PEDERSEN. Für das freundliche Korrekturlesen der deutschen Übersetzung sage ich PETER HAUER und HARM MENKENS meinen herzlichsten Dank.

Dr. Phil. Christian Lindtner,
im Dezember 2005

Einleitung – Sind die Evangelien eine Nachahmung?

Enge sprachliche Ähnlichkeit und numerische Identität

Die Übersetzung der Evangelien aus buddhistischen Originalquellen ins Altgriechische geschah unter Beibehaltung *enger sprachlicher Ähnlichkeit* bei den Eigennamen und unter Berücksichtigung *numerischer Identität,* – man könnte auch von *Nachahmung* sprechen.

Dieses kleine Buch handelt von dieser Nachahmung. Es befaßt sich mit der wohl geheimnisvollsten und überraschendsten Nachahmung der Weltgeschichte: Es bringt den Nachweis, daß das *Neue Testament* eine Nachahmung von *Buddhas Testament* darstellt.

Buddha hat noch zwei andere Namen: *Tathâgatas* und *Sâkyamunis.*[1] Mehr zu diesen Namen, die von den Evangelisten oft genannt werden, folgt später.

Um die Bedeutung dieser verblüffenden Behauptung zu verstehen, muß man sich darüber klar werden, was unter *enger sprachlicher Ähnlichkeit* zu verstehen ist. Wenn ich behaupte, daß das Neue Testament eine Nachahmung von Buddhas Testament ist, so meine ich damit eine Nachbildung, bei der die Worte und Sätze eng mit dem Original verknüpft sind, also eine Nachbildung in Form einer Übersetzung.

---

[1] Diese beiden Namen für Buddha werden im Sanskrit durchgängig am Ende mit einem s geschrieben. Da es in der deutschen Literatur üblich geworden ist, diese oder auch andere Eigennamen ohne Endungs-s wiederzugeben, wird sich auch diese Buchausgabe daran halten. Lediglich wenn es um den *Zahlenwert* dieser Namen geht, werden sie kursiv und mit Endungs-s geschrieben.

Was bedeutet „Nachbildung" oder „Nachahmung"?

Das Neue Testament ist uns durch Niederschriften in einem besonderen Dialekt des Altgriechischen überliefert. Buddhas Testament wurde in der altindischen Sprache Sanskrit niedergelegt und überliefert.

Vor gut 2000 Jahren begannen die Buddhisten mit der Übersetzung ihrer heiligen Schriften aus dem Sanskrit und anderen altindischen Sprachen, die dem Sanskrit ähneln, in viele fremde Sprachen, zum Beispiel ins Chinesische, später auch ins Tibetische. Aber bereits lange davor hatte man kleinere Teile von Buddhas Testament ins Griechische, ins Aramäische und in andere Sprachen übersetzt.

Die Initiative hierzu ging vor allem von König Asoka aus. Aus zeitgenössischen Inschriften auf Felsen und Säulen wissen wir genau, daß König Asoka sehr darum bemüht war, Buddhas Lehre, den/das *Dharma*[2] [sanskrit: *der Dharma*, m. = „sittliche Pflicht"; das Gesetz, die Lehre; insbesondere die „ewige Lehre des Buddha"], in der ganzen damaligen Welt zu verbreiten. In diesem Zusammenhang bedeutet Dharma *„Tugend"*. Buddhas Lehre ist also eine Lehre von der Tugend.

König Asoka sandte Missionare zu den Nachfolgern Alexanders des Großen in die hellenistischen Reiche. Da er selbst die Namen der hellenistischen Fürsten nennt, befinden wir uns auf dem Boden chronologisch gesicherter Tatsachen. Die Inschriften König Asokas sind also ein „felsenfester" Ausgangspunkt. Sie liegen auch in deutscher, englischer und dänischer Übersetzung vor.

---

[2] Der/das Dharma ist in sanskritischen Originaltexten männlichen Geschlechts. Daher wird es von Wissenschaftlern vielfach in der Nominativ-Form *„der* Dharma" benutzt. In der deutschen Literatur hat es sich jedoch vielfach – auch vom deutschen Sprachgefühl her – als Neutrum *„das* Dharma" durchgesetzt [ebenso z.B. bei RICHARD A. GARD, Yale University, in *„Der Buddhismus"*, Stuttgart 1972, Seite 135-225], so daß in der hier vorliegenden Buchausgabe [Buddha sagte selbst, daß er sein Dharma den Voraussetzungen seiner Zuhörer anpasse.] der Ausdruck *„Dharma"* in der Form des Neutrums, also *„das* Dharma", verwendet wird.

Vergleicht man nun Buddhas Testament Wort für Wort, Satz für Satz, Motiv für Motiv, Geschehnis für Geschehnis und Person für Person mit dem Neuen Testament, dann erkennt man mehr und mehr, daß man es mit einer Übersetzung, einer Übertragung im Sinne einer Nachbildung zu tun hat.

Lassen Sie mich hier klarmachen, was mit Nachahmung – sprachlicher Nachbildung – bei einer Übersetzung gemeint ist.

Nehmen wir ein beliebiges Wort, z.B. den Namen *Peter*.

Zwei Buchstaben, oder genauer: einer – nämlich *e* – ist ein Vokal. Drei Buchstaben sind Konsonanten, nämlich *p-t-r*. Hier muß gleich erwähnt werden, daß *r* in manchen Sprachen als *„Halbvokal"* aufgefaßt wird – was gewisse praktische Folgen hat, auf die ich später zu sprechen komme. Das *r* wird manchmal als Vokal, manchmal als Konsonant aufgefaßt.

Wenn man das Neue Testament mit Buddhas Testament vergleicht, muß man Altindisch und Altgriechisch beherrschen. Man muß auch etwas Hebräisch und Aramäisch verstehen. Lateinkenntnisse sind auch nicht schädlich. Manchmal trifft man auf lateinische oder aramäische Worte in griechischer Aufmachung.

Im Altgriechischen sowie im Hebräischen/Aramäischen haben die Buchstaben neben ihrem Lautwert auch jeweils einen festen Zahlenwert. Zum Beispiel hat Peter den Zahlenwert [vgl. Zahlenwerte der Buchstaben auf Seite 262]:

$$p + e + t + e + r = 80 + 5 + 300 + 5 + 100 = 490.$$

Man könnte also *„Peter"* durchaus mit *„490"* übersetzen.

Die Griechen schrieben also Zahlen mit Buchstaben. Ein gutes Beispiel hierfür gibt es von einer Wandinschrift, die bei den Ausgrabungen in Pompeji gefunden wurde. Ein unbekannter Mann erklärt seine Liebe zu einem Mädchen, deren Namen den Zahlenwert 545 hat: *„Ich liebe die, deren Zahl 545 ist."* Wie ihr Name tatsächlich lautete, wissen wir nicht. Aber wir können sicher sein, daß er bestimmt wußte, wer dieses Mädchen hinter dem Zahlenrätsel war.

Nehmen wir ein anderes Wort aus einer ganz anderen Sprache: sanskrit *„putras"*, was auf deutsch schlicht und einfach „*Sohn*" bedeutet. *Putras* hat den Zahlenwert

$$80 + 400 + 300 + 100 + 1 + 200 = 1081.$$

Wenn wir nun *putras* übersetzen und wiedergeben wollen, können wir das auf mehrere Arten tun:

Putras kann von der *Bedeutung* her mit dem deutschen Wort „*Sohn*" übersetzt werden. Übersetzen wir ins Englische, heißt es „*son*". Übersetzen wir ins Aramäische, heißt es „*bar*". Die Wiedergabe auf lateinisch lautet „*filius*". Von allen diesen Übersetzungen kann man sagen, daß sie die ursprüngliche Bedeutung ganz richtig wiedergeben.

Vergleicht man die deutsche und die englische Wiedergabe, dann wurden bei beiden die zwei Konsonanten bewahrt, nämlich *s* und *n*. Auch der Vokal *o* blieb erhalten.

Das aramäische *bar* ähnelt *putras* lautmäßig, indem *b* und *p* beides Labiale sind, und außerdem das *r* erhalten blieb. Beide beinhalten zudem den Vokal *a*. Ansonsten ähneln sich *bar* und *putras* nur wenig; letzteres hat zwei Silben, sowie ein *u*, ein *t* und ein *s*, was alles bei *bar* fehlt.

Lateinisch *filius* hat drei Silben, während *putras* nur zwei hat. Das lateinische Wort endet mit *s*, wie *putras*. Und wenn man *l* als eine Art Halbvokal auffaßt – was man im Altindischen darf – dann gibt es auch eine gewisse Verbindung zum *r*. Ansonsten hat *filius* nur die Bedeutung mit *putras* gemeinsam.

Moderne Übersetzer sind in der Regel damit zufrieden, wenn ihre Arbeit durch richtige und getreue Wiedergabe der ursprünglichen Bedeutung gekrönt wird. Heutzutage legt man bei Übersetzungen selten Wert darauf, den Lautwert des Originals wiederzugeben, und schon gar nicht dessen Zahlenwert. (Wenn es um Poesie geht, können die Dinge etwas anders liegen.)

Und damit unterscheidet sich das Ideal moderner Übersetzungen ganz drastisch von den Leitlinien, denen die Übersetzer des Neuen Testaments gefolgt sind.

Putras kann auch mit seinem numerischen Wert wiedergegeben werden, nämlich 1081.

Putras kann auch lautgemäß übersetzt werden, wobei das Wort unverändert bewahrt wird, z.B. *Putras*. Das wäre angemessen, wenn man z.B. Personennamen wiedergeben will.

Zusammenfassend kann man also feststellen, daß ein ehrgeiziger Übersetzer versuchen wird, drei Dinge wiederzugeben: den Sinn des Originals, seinen Zahlenwert und seinen ursprünglichen Lautwert.

Das stellt den Übersetzer selbstverständlich vor eine oftmals unglaublich schwierige Aufgabe.

In den folgenden Kapiteln werde ich einige typische Beispiele anführen, wie die Übersetzer von *Buddhas Testament* sowohl die Bedeutung, den Zahlenwert als auch den Lautwert nachgeahmt haben, als sie das *Neue Testament* zusammenstellten. Recht häufig ahmt der griechische Text außerdem den Rhythmus des Originals nach.

Doch zunächst ist noch folgendes zu beachten: *Putras* hat ja den Zahlenwert 1081. Man kann also sagen, daß *1081* eine gute „Übersetzung" von *Putras* ist, weil *1081* zahlenmäßig gesehen *Putras* wiedergibt. Es gibt aber auch viele andere Worte, Substantive, Adjektive usw., die den gleichen Zahlenwert aufweisen. Um diese Worte zu finden, muß man nur eine kleinere oder größere Anzahl Buchstaben zusammenstellen, und zwar Konsonanten wie auch Vokale, die zusammengenommen den Zahlenwert 1081 wiedergeben. Man kann auch mehrere aufeinanderfolgende Worte zusammennehmen; die Hauptsache ist, daß der Zahlenwert insgesamt 1081 ausmacht.

Man muß sich hier vor Augen halten, daß sowohl die griechischen als auch die indischen Handschriften die Worte ohne einen deutlichen Zwischenraum aneinanderfügen. Ja, es macht nicht einmal etwas aus, wenn man *Putras* mit einer wunderlichen Worterfindung wie z.B. *mustram* übersetzt. Das einzige worauf es ankommt ist nur, daß der Zahlenwert von *mustram* (= 40 + 400 + 200 + 300 + 100 + 1 + 40) genau der gleiche wie der von *Putras* ist – nämlich 1081.

Wenn man also den Zahlenwert von *mustram* weiß, muß man anerkennen, daß *mustram* eine vortreffliche Wiedergabe von *Putras* ist. Wenn man jedoch nicht „eingeweiht" ist, – kann man sich dann überhaupt vorstellen, daß *mustram* eine Wiedergabe von *Putras* darstellen soll?

Im folgenden werde ich einige Beispiele für derartige Übersetzungen aus dem Sanskrit ins Griechische anführen.

Es gibt aber noch mehr Fallen, in die ein nichtsahnender Leser ganz von selbst, blind und unwillkürlich fällt, wenn er nicht die Geheimnisse über die Anwendung der *Gematrie/Gematria* kennt, – dies ist nämlich der Fachausdruck für die Übersetzungstechnik, mit der wir es hier zu tun haben. Es folgen anschließend noch weitere Ausführungen zum Thema Gematrie, zunächst aber zurück zu *Putras*:

Läßt man die Vokale weg, dann bleiben die Konsonanten *p-t-r-s*. Die vier Konsonanten haben einen bestimmten Zahlenwert und einen bestimmten Lautwert. Tauscht man die Reihenfolge der Konsonanten untereinander, so ergibt sich daraus weder eine Änderung des Zahlenwertes noch des Lautwertes. So wird z.B. *p* weiterhin als Labial, nämlich *p*, ausgesprochen. Und *p* behält auch seinen Zahlenwert 80 [vgl. Seite 261 f.], ganz gleich, wo man es anbringt.

Wenn wir die vier Konsonanten in *Putras* z.B. beibehalten, können wir durchaus die Reihenfolge der Konsonanten untereinander vertauschen und dürfen trotzdem guten Gewissens behaupten, daß wir dem Original sowohl in bezug auf den Zahlen- als auch den Lautwert treu geblieben sind.

Ich habe mich bisher zumeist auf einzelne Worte bezogen. Man kann aber durchaus auch ganze Sätze in genau der gleichen Weise wiedergeben.

Das Neue Testament – vor allem in den vier Evangelien – enthält nicht nur unzählige Wiedergaben von Bedeutung, sondern auch Zahlen- und Lautwerte einzelner Worte des sanskritischen Originals. Das Neue Testament ahmt auch ganze Sätze nach, indem die gleiche Anzahl Silben und die gleichen Lautwerte wie im Original verwendet werden.

Äußerst verwirrend wird die Sache – wie man sich leicht vorstellen kann –, wenn die Übersetzer den Schwerpunkt auf die Wiedergabe der Laut- und Zahlenwerte legen und dadurch gezwungen sind, den ursprünglichen Sinn zu vernachlässigen. Das kann leicht eine sogenannte *„Untersetzung“* [siehe die Fußnote auf Seite 119] zur Folge haben. Ich werde nachfolgend einige paradoxe Beispiele hierfür geben:

Nehmen wir zwei einfache Sätze, einen auf englisch und einen auf deutsch: *„This is a house“* heißt auf deutsch: *„Dies ist ein Haus“*.

Zu dieser Wiedergabe ist folgendes zu bemerken: Die Anzahl der Silben beträgt 5 bzw. 4. Die Anzahl Worte ist gleich, nämlich 4. Auch die Wortstellung ist gut wiedergegeben:

Zuerst ein Demonstrativ-Pronomen: *this/dies*, dann ein Verb: *is/ist*, dann ein unbestimmter Artikel: *a/ein* und schließlich das Substantiv: *house – Haus*, und zugleich blieben bei diesem Wort zwei Konsonanten – *h* und *s* – bewahrt. Eine Schwäche ist, daß *house* zwei Silben [die aber wie *eine* Silbe gesprochen werden] hat, während *Haus* nur eine besitzt.

Die deutsche Wiedergabe ist damit in Hinblick auf die Bedeutung, den Lautwert und den Zahlenwert eine recht geglückte Nachahmung des englischen Originals.

Dieses kleine Beispiel veranschaulicht, wie die Evangelisten bei der Übersetzung vom Sanskrit ins Griechische vorgingen. Sie waren bemüht, das Ganze zu übertragen: sowohl den Laut- als auch den Zahlenwert und die Bedeutung.

Nicht immer ist ihnen das geglückt. Oftmals suchten sie eine absurde Bedeutung, eine *„Untersetzung"*. Und damit wurden die auf diesem Prinzip beruhenden Übersetzungsprobleme entscheidend für die Kulturgeschichte Europas! Normalerweise haben die Theologen nämlich versucht, tiefgründige Erklärungen für Vorgänge zu finden, bei denen wir es in Wirklichkeit lediglich mit recht unseriösen Wortspielen zu tun haben.

Gematrie bzw. *Gematria* ist ein Wort, ein Begriff, den man nicht in allen gängigen Konversationslexika und Nachschlagewerken findet. Und wenn man schließlich in Bibelhandbüchern oder dergleichen einen Eintrag unter *„Gematria"* findet, so sind die dort gegebenen Definitionen sowohl unzureichend als auch irreführend. Nirgends erfährt man, daß *Gematrie* in gewisser Weise der Schlüssel zum Verständnis wichtiger Teile sowohl des Alten als auch des Neuen Testaments ist.

Daher ist es notwendig, bereits in der Einleitung auf diesen ungeheuer wichtigen Begriff einzugehen, über den die künftige Forschung noch erheblich mehr auszusagen haben wird.

Gematria stammt vom hebräischen *gmtry*, was seinerseits

eine Nachahmung des griechischen *geômetria* ist, ein Wort, das bekanntlich Erd- und Landvermessung bedeutet. Unser Wort „Geometrie" stammt hiervon ab.

In einem dänischen Bibellexikon (*Gads Danske Bibel Leksikon* von 1981) findet man unter *„Gematri, gematria"* unter anderem die Angabe, das Wort sei eine Hebräisierung von griechisch *grammateia* (nicht von *geômetria*) = Schreiberamt, Literatur.

Diese Ableitung ist völlig verkehrt, denn *gematria* ist, wie schon angeführt, eine Hebräisierung des griechischen *geômetria*, nicht des griechischen *grammateia*. Mehr über die richtige Ableitung von Gematrie im folgenden.[3]

Bezüglich *gematri, gematria* gibt die genannte Quelle weiter an, daß dies

> *„entweder darin bestehen kann, daß ein Wort gemäß dem Zahlenwert seiner Buchstaben gedeutet wurde, oder daß man Buchstaben nach einem bestimmten System vertauschte (z.B. an Stelle des ersten Buchstaben des Alphabets las man den letzten, anstelle des zweiten den vorletzten usw.)".*

Das ist nicht unrichtig, aber gänzlich unzureichend. Schließlich heißt es an gleicher Stelle zu *gematri, gematria*:

> *„Diese höchst phantasievolle und willkürliche Deutungsmethode fand erst gegen Ende des 2. Jahrhunderts n. Chr. Verbreitung und wurde nur im Rahmen der Haggada[4] angewandt."*

---

[3] Im vom Chefredakteur JOHN F. OPPENHEIMER, New York, herausgegebenen *„Lexikon des Judentums"* (2. Aufl. 1971) liest man (Seite 234): ***„Gematria*** (grch.), talmud.-kabbalist. Wortbedeutung auf Grund des Zahlenwertes der Buchstaben: exegetische Methode hellenistischer Herkunft, Beispiel: sullam [„Leiter"] im Zahlenwert (130) gleich Sinai, weist auf den Zusammenhang zwischen Jakobs Traum von der Himmelsleiter u. Mosis Offenbarung hin."

Im *„Duden-Fremdwörterbuch"*, 8. Aufl., Mannheim 2005, heißt es (Seite 357): „***Gematrie*** ... (gr.-hebr.): Deutung u. geheime Vertauschung von Wörtern mit Hilfe des Zahlenwertes ihrer Buchstaben (bes. in der Kabbala)"

[4] Ein Begriff, mit dem im rabbinischen Sprachgebrauch *„alle nicht*

Genau wie bei anderen gängigen und renommierten Bibelnachschlagewerken fehlt also der Hinweis, daß Gematrie bereits im Neuen Testament eine ganz außergewöhnliche Rolle einnimmt. Durch die unzutreffende Zeitangabe und die unvollständige Definition, die den Anwendungsbereich einengt, wird der Leser gefährlich irregeführt.

Wie hängt nun Gematrie mit der Tatsache zusammen, daß man den Buchstaben von Worten und Sätzen einen bestimmten Zahlenwert zuordnet?

Wir finden die Antwort auf diese Frage, indem wir uns den betreffenden Zahlenwert genauer ansehen. Es zeigt sich nämlich schnell, daß durchaus nicht alle Zahlenwerte von gleichem Interesse sind. Ganz häufig ist es so, daß die betreffenden Zahlenwerte, die den Worten ohne Zweifel eigen sind, eine direkte Beziehung zu geometrischen Figuren besitzen.

Ein vorzügliches Beispiel hierfür haben wir, wenn Jesus in Johannes 1:42 Petrus als *Kêphas* bezeichnet. Der numerische Wert von *Kêphas* ist [siehe auch Erläuterungen zu den Zahlenwerten des griechischen Alphabets Seite 262 f.]:

$$20 + 8 + 500 + 1 + 200 = 729.$$

Die Zahl *729* ist etwas Besonderes. Sie ist nämlich 9 x 9 x 9, was einem Würfel mit den Maßeinheiten 9 x 9 x 9 entspricht. Mit anderen Worten: Wenn man 729 würfelförmige kleine Bausteine hat, erhält man einen vollkommenen großen Würfel, indem man ein Quadrat aus 9 x 9 Bausteinen bildet, und darauf 8 weitere Schichten aufbaut, so daß es insgesamt 9 Schichten sind.

Daß dies kein Zufallstreffer ist, zeigt sich anhand von Matthäus 16:18, wo Jesus den gleichen Petrus als *„Felsen“* bezeichnet, auf den er seine Gemeinde, also seine Kirche bauen will.

Das griechische Wort für Fels oder Stein ist hier *petra*. Der Zahlenwert von *petra* beträgt:

$$80 + 5 + 300 + 100 + 1 = 486.$$

Was hat der Zahlenwert von *Kêphas* = *729* mit dem Zahlen-

---

religionsgesetzliche Literatur“ des Judentums bezeichnet wird.

wert von *petra* = *486* zu tun?

Das ist ganz einfach: Der große Würfel, der aus 729 kleinen Klötzen besteht, hat natürlich sechs Flächen. Jede dieser sechs Flächen besteht aus 81 Bausteinen. Wenn man die 81 Bausteine mit 6 multipliziert, also 81 x 6, ergibt dies genau 486 – den Zahlenwert von *petra*.

Wenn man die aus sechs Quadraten bestehende Oberfläche dieses *Petra*-Würfels auf einer ebenen Fläche abwickelt, erhält man eines der wichtigsten Symbole des Christentums, das Kreuz:

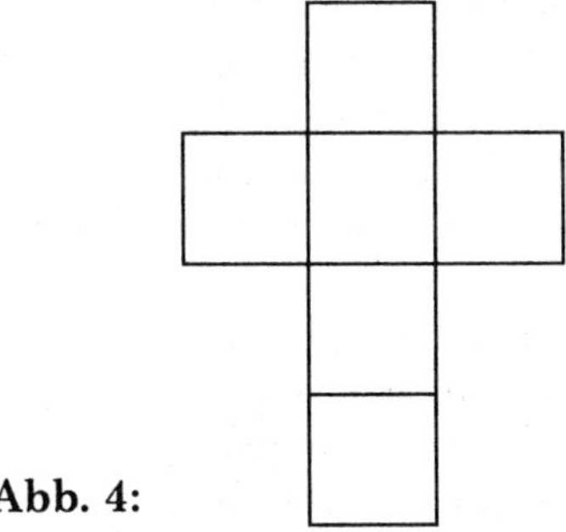

Abb. 4:

Dieses Christenkreuz zeigt hinsichtlich der Evangelien symbolisch an, daß der Umfang, das Äußere – d.h. die Verpackung – „christlich" ist, der eigentliche Inhalt des Verkündeten jedoch buddhistischen Geistes.

Diese Beispiele – auf die ich zurückkommen werde – zeigen deutlich den Zusammenhang zwischen Buchstaben, Zahlen und geometrischen Gebilden.

Eine bestimmte Person hat einen bestimmten Namen, oder genauer: mehrere verschiedene Namen. Jeder dieser Namen hat eine gewisse Bedeutung und einen bestimmten Zahlenwert. Jedem Zahlenwert kann wiederum eine geometrische Figur mit einem bestimmten Raum- oder Flächenmaß zugeordnet werden.

Also nochmals: *Kêphas* entspricht mit dem Zahlenwert 729 dem Rauminhalt des Würfels, während *petra* mit dem Zahlenwert 486 der Oberfläche desselben Würfels entspricht.

Dieses Beispiel berechtigt zu der Annahme, daß die Namen wichtiger Personen im Neuen Testament vielleicht im

Hinblick auf einen ganz bestimmten Zahlenwert konstruiert wurden, der seinerseits wiederum ganz sinnreich ist, wenn man berücksichtigt, daß er ganz bestimmte geometrische Flächen- und Raumverhältnisse wiedergibt.

Das hier gegebene Beispiel ist durchaus nicht das einzige seiner Art. Es gibt weitere Fälle, in denen sich hinter den Buchstaben und Zahlenwerten von Namen hübsche geometrische Figuren verbergen.

Geometrie hat indessen nicht nur Flächen- und Raummaße zum Gegenstand. Geometrie befaßt sich auch mit Linien und Längenmaßen in einer, zwei und drei Dimensionen.

Nimmt man sich die Zeit, in irgendeinem bestimmten Abschnitt des Neuen Testaments, der vom Sinn her eine selbständige Einheit darstellt, Worte und Buchstaben zu zählen, so gelangt man oft zu sehr überraschenden Ergebnissen.

Nicht selten enthüllt eine genaue Zählung sowohl der Silben als auch der Worte, daß es einen Zusammenhang zwischen der „Länge" bzw. dem Zahlenwert eines Namens und der Länge eines Textabschnitts gibt, in der die betreffende Person die Hauptrolle darstellt. Das folgende, ganz beliebig ausgewählte Beispiel, verdanken wir dem holländischen *„Neutestamentler"* J. SMIT SIBINGA, dem *„zählenden Holländer"*, wie dieser verdiente Forscher wegen seiner Bemühungen genannt wird. Als er erstmals seine Entdeckung über die Zahlenwerte beim Evangelisten Matthäus vorlegte, verlachten ihn seine theologischen Kollegen [Mitteilung von Prof. BIRGER GERHARDSSON].

Aber die trockenen Zahlen geben wenig Anlaß zum Spott: Kap. 26 der Apostelgeschichte beinhaltet Paulus' Rede, als er sich vor Agrippa verantwortete. Der ganze Abschnitt besteht aus 1275 Silben. Die Hauptpersonen sind der Herr – griechisch *kurios* – und Agrippa.

Der Zahlenwert von *Agrippas* [griechisch mit Endungs-*s*] beträgt:

$$1 + 3 + 100 + 10 + 80 + 80 + 1 + 200 = 475.$$

Der Zahlenwert von „Herr", griechisch *kurios*, ergibt:

$$20 + 400 + 100 + 10 + 70 + 200 = 800.$$

Addiert man 475 und 800, erhält man 1275, also genau die Gesamtzahl der Silben des betreffenden Abschnittes, in welchem diese beiden Namen die Hauptpersonen darstellen. Das kann unmöglich nur ein Zufall sein.

Es besteht also ein enger Zusammenhang zwischen dem Zahlenwert eines Namens und der Länge des betreffenden Abschnittes.

Hier kann man erwähnen, daß die Griechen ein Wort benutzten, das unserem Wort *„Zahlenwert"* entspricht, nämlich *psêphos*, womit eigentlich ein kleiner Stein zum Zählen oder Abstimmen bezeichnet wurde. Bezeichnenderweise findet man das Wort *psêphos* genau hier in der griechischen Apostelgeschichte 26:10. Paulus gibt also zu erkennen, daß er die Silben gezählt hat. Leider haben die gängigen theologischen Kommentare zu diesen Stellen dieses Signal nicht erfaßt.

Ein weiteres ähnliches Beispiel verdanken wir einem Schüler des *zählenden Holländers*, M.J.J. MENKEN, der dies ans Licht gebracht hat.

Eine genaue Zählung ergibt, daß die Verse, die Johannes in 17:1b-26 Jesus in den Mund legt, eine sinngemäße Einheit bilden, die im griechischen Text genau 486 Worte umfaßt. Die Hauptperson ist der „Vater", der von Jesus sechsmal in diesem Text angerufen wird. Das griechische Wort ist *pater*, und der Zahlenwert von *pater* beträgt:

80 + 1 + 300 + 5 + 100, also ebenfalls genau 486.

Die Anzahl Worte ist also festgelegt durch den Zahlenwert des Namens der Hauptperson des betreffenden Abschnitts. (Was MENKEN dagegen übersehen zu haben scheint, ist, daß *pater* außerdem den gleichen Zahlenwert wie *petra* hat, nämlich ebenfalls 486.)

MENKEN hat auf die gleiche Weise und mit dem gleichen Ergebnis durch Zählen herausgefunden, daß Johannes 1:19 bis 2:11 aus genau 1550 Silben besteht. Die Hauptperson ist „der Christus", griechisch: *ho khristos*. Der numerische Wert von *ho khristos* ist

70 + 600 + 100 + 10 + 200 + 300 + 70 + 200 = 1550.

Es gibt also wieder eine Übereinstimmung zwischen dem

Zahlenwert, der sich aus dem Namen der Hauptperson ergibt, und der „Länge", d.h. der Anzahl der Silben [oder Worte] des betreffenden Textes.

Muß man nicht sehr voreingenommen sein, wenn man behaupten wollte, daß diese Beispiele nur reine Zufälle darstellen?

Somit können wir „Gematrie" zusammenfassend wie folgt definieren: Gematrie ist die Bezeichnung eines Übersetzungs- oder Deutungsprinzips, demzufolge Namen wichtiger Personen so konstruiert sind, daß ihre Zahlenwerte ganz bestimmten geometrischen Maßen entsprechen, sei es eine Linie, eine Fläche oder ein Rauminhalt.

Mit anderen Worten: Wichtige Namen haben einen bestimmten Zahlenwert, der eine bestimmte geometrische Bedeutung hat. Die Namen sind so konstruiert, daß sich ein bestimmter Zahlenwert ergibt, der einer ein-, zwei- oder dreidimensionalen geometrischen Eigenschaft entspricht.

Im Neuen Testament finden wir viele Beispiele für einzelne Namen und Wortreihen mit Laut- und Zahlwerten, die nicht unmittelbar auf geometrische Figuren zurückgeführt werden können. Dagegen zeigt eine Analyse, daß die Laut- und Zahlenwerte der betreffenden Namen und Wortreihen unmittelbar entsprechende Namen und Wortreihen in Buddhas Testament widerspiegeln.

Wenn es möglich ist, eine ausreichende Anzahl überzeugender Beispiele hierfür nachzuweisen, dann ist die direkte Abhängigkeit des Neuen Testaments von Buddhas Testament wissenschaftlich bewiesen.

In diesem Sinne stellt der Verfasser hier zum ersten Mal die These auf, daß das Neue Testament eine Kopie bzw. Nachbildung von Buddhas Testament darstellt.

Es handelt sich um eine Nachahmung

Das Phänomen, daß jemand einen anderen nachahmt, daß etwas eine Nachbildung von etwas anderem ist, hat nichts Ungewöhnliches an sich, wenn man ansonsten in der Lage ist, zwischen Original und Kopie zu unterscheiden, also zwischen der Vorlage und der Nachbildung. Imitationen sind alltäglich – sei es in der Mode, in der Unterhaltungsindustrie, in der Kunst usw. Eine Nachbildung – ein Plagiat – ist oftmals ein kürzerer Weg zum Erfolg.

Die Literatur des Altertums bietet viele Beispiele für Nachahmungen und Plagiate. Das gilt sowohl für die indische als auch die griechische Literatur – fast ungeachtet der Literaturgattung [z.B. Tragödie oder Erzählung usw.]. Der eine schreibt vom anderen ab, aber zugleich gilt es, die Spuren zu verwischen. Das kann man tun, indem man die Namen etwas ändert, indem man die Reihenfolge der Ereignisse ändert, indem man etwas ausläßt oder etwas hinzufügt usw. Auch Übersetzungen in eine andere Sprache sind eine Art Nachbildung.

Der römische Komödiendichter TITUS MACCIUS PLAUTUS, geboren um 254 v.d.Ztr., könnte den Evangelisten als Vorbild gedient haben. A. BRICKA schreibt in der Einleitung zu seiner dänischen Übersetzung von *„Mostellaria"* [*„Det forheksede hus"*, Kopenhagen 1935] unter anderem, daß alle Stücke des PLAUTUS Bearbeitungen griechischer Originale sind, die zur sogenannten *„neueren Komödie"* gehören, die wir ansonsten nur durch lateinische Nachdichtungen kennen:

> *„Aber während Terenz einfach aus dem Griechischen übersetzte, hat Plautus auf verschiedene Weise seine Originale verändert, durch Auslassungen, Hinzufügungen und durch Verschmelzen mehrerer Komödien, und er hat mit seinem unbestreitbaren Talent, seinem Humor und seiner ausgelassenen Laune Arbeiten zustande gebracht, die man durchaus als selbständige Werke bezeichnen kann."*

Diese Beschreibung könnte auch das Verhältnis der Evangelien zu ihren buddhistischen [und alttestamentarischen] Originaltexten wiedergeben.

Wir haben es mit Nachbildungen zu tun, bei denen etwas ausgelassen oder hinzugefügt oder die Reihenfolge geändert wurde.

Schon die indischen Buddhisten waren Meister in der Kunst der Nachahmung. Die buddhistische Literatur ist außerordentlich umfangreich. Die spätere Literatur baut auf der früheren auf; es gibt feste Muster, und neue Namen und neue Orte kommen hinzu. Die gleichen Personen treten in neuen Rollen auf. Wenn die Buddhisten Mission betrieben, paßten sie ihre Botschaften den neuen und fremden Verhältnissen an. Sie assimilierten. Der Buddha sagt selbst an einer Stelle im *Mahâparinirvâna-Sûtra* (**MPS**), daß er in vielen Verkleidungen auftrete, daß er viele Sprachen spreche, daß er sein Dharma den Voraussetzungen seiner Zuhörerschaft anpasse usw. Es geht hier um bewußte Kniffe [sanskrit: *upâyas*], die alle darauf abzielen, das Wissen um das buddhistische Dharma auszubreiten.

Der Zweck der Evangelien bestand eindeutig darin, unter den Juden Mission zu betreiben. Damit ihr Werk mit Erfolg gekrönt würde, ließen die Missionare den Buddha daher in der Verkleidung eines jüdischen Messias auftreten, als jüdischen Propheten, als jüdischen Gesetzgeber usw. Jesus wird dargestellt, als ob er Jude sei.

Es handelt sich hier also um eine Aufgabe mit zwei Seiten: Etwas Neues sollte geschaffen werden. Das Buddhistische sollte mit dem Jüdischen in einer größeren Einheit aufgehen. Die Evangelien werden daher einerseits zu Nachahmungen der buddhistischen Überlieferungen, andererseits wird der buddhistische Stoff mit der jüdischen Tradition assimiliert. Die Evangelien wimmeln von Verweisen auf das Alte Testament und von Zitaten aus demselben. Man kann sie mit einem Mosaik vergleichen. Beim Leser wird bewußt der falsche Eindruck erweckt, daß die Evangelien geradezu *aus* den jüdischen Traditionen erwachsen seien. In Wirklichkeit sind die Evangelien *in* die jüdische Tradition *hinein*geschmuggelt worden. Sie sind nicht aus ihr hervorgekommen, sondern sie wurden auf die jüdische Überlieferung aufgepfropft. Das hat man, kurz ausgedrückt, durch Imitation und Assimilierung erreicht.

Kapitel 1

Die vier Hauptbegebenheiten

Für die Buddhisten spielt die Zahl vier eine außerordentlich große Rolle: Die buddhistische Lehre – das Dharma – handelt von vier „edlen" Wahrheiten. Die Zahl vier ist Ausdruck für eine Ganzheit. Man sagt gern, *„Das Dharma geht auf vier Beinen"*.

Die Legende über Buddhas Leben und Lehre wird in der Literatur und in der Bildkunst so wiedergegeben, daß vier Hauptbegebenheiten im Mittelpunkt stehen. Jede dieser Hauptbegebenheiten ist mit einem bestimmten Ort verknüpft. Diese vier Hauptorte wurden bereits zur Zeit Buddhas das Ziel frommer Pilgerreisen.

Mit den vier Hauptereignissen sind also vier Wallfahrtsorte verbunden.

Die heiligen Schriften der Buddhisten werden oftmals nach ihrer Länge in vier Hauptgruppen eingeteilt. Im Neuen Testament gibt es vier Evangelisten und vier Evangelien.

Der erste der Evangelisten ist Matthäus.

Viele moderne Forscher meinen jedoch, Markus sei der erste Evangelist gewesen und Matthäus und Lukas sollen sich des Stoffes bei Markus bedient und dann selbst neuen Stoff hinzugefügt haben. Die Quelle, aus der sie dabei geschöpft haben sollen, hat niemand gesehen. Man vermutet nur, daß es eine solche Quelle gegeben haben müsse. Die Forscher bezeichnen diese seltsame Quelle, die niemand gesehen hat, und die niemand ausdrücklich benennt, mit Q [Q von Quelle].

Vergleicht man die vier Evangelien mit Buddhas Testament, so erkennt man schnell, daß die christliche Überlieferung Recht hat, nach der Matthäus der erste Evangelist war.

Vergleicht man die vier Evangelien mit dem buddhistischen Original, dann kommt Matthäus dem Original meistens am nächsten.

Die christliche Überlieferung [PAPIAS] hat ganz recht, wenn es heißt, daß Matthäus Worte und Sätze im hebräischen Dialekt sammelte – und zwar im hebräischen Dialekt der griechischen Sprache.

Matthäus selbst sagt, daß Matthäus Zöllner war. Diese Bezeichnung ist durchaus nicht zufällig. Die Aufgabe eines Zöllners besteht darin, zu zählen und einzusammeln. Es ist durchaus amüsant, den ersten Evangelisten zum Zöllner oder Steuereinzieher zu machen. Zugleich klingt bei dem griechischen Wort *telônai (Pl.)* für „Steuereinnehmer" lautmäßig einer der Bezeichnungen für den Buddha-Jünger an, der hier nachgebildet wird. Mehr dazu später.

Matthäus war der erste, der Worte und Silben zählte und Bruchstücke von Buddhas Testament sammelte.

Das Resultat liegt in Form des Matthäus-Evangeliums vor. Matthäus war Vorreiter, und die anderen Evangelisten taten es ihm dementsprechend nach. Alle Varianten bei Markus und Lukas versteht man leicht im Lichte des Originals. Matthäus wurde von ihnen korrigiert, ergänzt oder verkürzt.

Aber Matthäus imitierte nicht nur den Laut- und Zahlenwert von Worten und Sätzen. Matthäus ahmte auch den übergeordneten Rahmen nach – die vier Hauptbegebenheiten in der Legende von Buddhas Leben und Lehre. Es bietet sich daher an, mit einer Übersicht über diese vier Hauptbegebenheiten zu beginnen, um anschließend kurz aufzuzeigen, wie Matthäus seine buddhistische Vorlage nachgeahmt hat.

Dabei ist es ganz wichtig, daß man sich nicht in Einzelheiten verliert. Man muß sich die weite Perspektive bewahren und die große Linie sehen. Tatsächlich vertauscht Matthäus nämlich bisweilen die ursprüngliche Reihenfolge der einzelnen Ereignisse. Oftmals kombiniert er zwei oder mehrere ganz verschiedene Sätze oder Abschnitte miteinander. Die Verklärung auf dem Berg kann hierfür als Schulbeispiel dienen (siehe Kapitel 12).

Es bedurfte wirklich einer Herkulesarbeit, Ordnung in dieses Durcheinander zu bekommen! Die vielen Einzelheiten werden daher am besten in eigenständigen Studien behandelt.

Die vier Hauptbegebenheiten

Die vier Hauptbegebenheiten und die zugehörigen Orte werden – um den Überblick zu bewahren – nachfolgend in aller Kürze dargestellt:

a) Buddhas Geburt, Kindheit und Jugend

Matthäus beginnt mit einem Stammbaum [griechisch *biblos geneseôs* = sanskrit *kulasya vamsas*]. Das sanskritische Original wird mit zwei verschiedenen Stammbäumen eingeleitet. Der eine Stammbaum enthält 42 Personen, verteilt über drei Zeiträume. Diese Zahlen werden von Matthäus übernommen, die Namen [des Stammbaumes] jedoch dem Alten Testament (A.T.) entlehnt.

Buddha wird als Königssohn geboren. Er ist daher ein *Ksatriyas*, ein Adliger und Kronprinz. Sein Vater ist König in der Stadt Kapilavastu. Der Vater wird als *deva*, „Gott", angeredet. Buddha selbst ist ein Gottessohn, *deva-putras*. Er hat auch viele andere Namen, und diese Namen tauchen alle ohne Ausnahme wieder auf, wenn von Jesus die Rede ist. Bei Kapilavastu liegt der Park Nyagrodha, in welchem sich Buddha später gerne aufhielt, nachdem er in seine Vaterstadt – sanskrit: *nagaram* – zurückkehrte.

Seine Mutter heißt *Mâyâ* (*y* wird wie j ausgesprochen und ist Halbvokal zu i). Das Buddhakind, das genau wie eine Wolke, die von einem Windstoß getrieben wird, von Brahmas Himmel zur Erde niederstieg, wird von Mâyâ geboren, als sie unterwegs zu dem Ort Lumbinî ist.

Die Evangelisten imitieren das Original auf folgende Weise:

Der indische *Ksatriyas* wird zu Christus – griechisch *khristos*. Alle Konsonanten werden perfekt bewahrt:

k-s-t-r-s = kh-r-s-t-s.

Damit haben wir bereits das Geheimnis von Christus verraten: Christus ist kein anderer als *Ksatriyas*. Mehr dazu später (siehe u.a. Seite 63 und 104).

Dieser *Ksatriyas* ist auch ein Gottessohn, und er ist Davids Sohn. Beide Bezeichnungen, die ja in bezug auf Christus angewendet werden, gehen auf sanskrit *deva-putras* zurück, also „Sohn“ [= *putras*] von „Gott“. Aber *deva* bedeutet auch „König“. Sanskrit *deva(s)* wird also von der Bedeutung her zu „Gott“, lautmäßig aber zu „David“. Jesus ist also ein *deva-putras*.

Die Mutter *Mâyâ* wird zur Mutter Maria. Die Namen werden fast gleich ausgesprochen.

Die Vaterstadt *Kapila-vastu* wird zur Vaterstadt *Kaphar-naoum* (so die griechische Schreibweise). Das Wort wurde in zwei Teile geteilt. Der erste Teil: *k-p-l* wird zu k-ph-r assimiliert. Wie so oft haben r und l den gleichen Wert. Der zweite Teil ist *-vastu*, was „Ort“ bedeutet, genau wie *naoum* „Ort“ bedeutet. Die Übersetzung gibt also teils den Laut, teils die Bedeutung wieder.

Der Ort *Nyagrodha* wird zu *Nazareth* assimiliert, das auch *Nazara* geschrieben wird. Mit *Nazareth* bleiben alle drei Silben des Originals und vier Konsonanten erhalten, außer *g*, das durch z ersetzt wird. [Der Halbvokal *y* wird ausgelassen; *dh* und th sind beides Dentale.] Außerdem gibt *Nazara* – sanskrit: *nagara* – „Stadt“ wieder.

Der Geburtsort *Lumbinî* wird zum Geburtsort *Bêth-leem* assimiliert. Bei *Bêth-leem* werden die drei Silben und vier Konsonanten des Originals bewahrt, nur das Dental-*n* wird durch th ersetzt.

Der Windhauch, der das Buddhakind von Brahmas Himmel herabbringt, wird zu einem „heiligen Wind“ – dem sogenannten *„Heiligen Geist“*. Im griechischen Text ist nicht von einem „Geist“, sondern von einem „Hauch“ die Rede.

Das Buddhakind, das von *Brahmas* Himmel herabstieg, war *Brahmas* Sohn. Daher wird auch Jesus zu *Abrahams* Sohn.

Brahma wurde also assimiliert zu *Abraham*:

b-r-h-m = b-r-h-m.

Das sind die wichtigsten Punkte in bezug auf die erste Hauptbegebenheit. Die Widersprüche und Rätsel in den Evangelien verschwinden auf einmal durch den Windhauch des Sanskrittextes.

b) Buddhas Taufe am Fluß

Dies ist die zweite Hautbegebenheit in der Legende von Buddha alias Jesus.

Bevor sich der indische *Ksatriyas* zum Buddha wandelt, wird er konsequent als *bodhi-sattvas* bezeichnet, was sich aus *bodhi* und *sattvas* zusammensetzt.

Bodhisattva(s) versucht vor allem, der Gerechtigkeit Genüge zu tun. Und auch Jesu erste Worte (Matthäus 3:15) haben die Erfüllung der Gerechtigkeit zum Thema. Das griechische Wort für „Gerechtigkeit" ist *dikaiosunê*, ins Sanskrit übersetzt: *Dharmas*.

Bodhisattva entflieht in der Nacht von zu Hause aus in einen Büßerwald, sanskrit *tapo-vanam*.

Jesus flieht nachts als Kind (mit seinen Eltern) aus seinem Heim nach Ägypten, griechisch *Aigupton*.

Auch Moses floh nach Ägypten. Sanskrit *tapo-vanam* wird zu *Aigupton* assimiliert, wobei drei Konsonanten des Originals bewahrt bleiben.

Bodhisattva flüchtete in der Nacht. Die Flucht erfolgte deshalb nachts, weil der König – der zu König Herodes assimiliert wird – um den Palast, in dem Bodhisattva eingesperrt war, Wachtposten aufgestellt hatte.

Jesus flüchtet ebenfalls in der Nacht. Aber niemand versteht, warum, – denn es gab ja keine Wachposten rings um das Haus.

Jesus kehrt nach Nazareth zurück, genau wie Buddha später nach Nyagrodha zurückkehrt.

Bodhisattvas Suche nach dem Dharma erreicht ihren Höhepunkt, als er beim Fluß Nairanjanâ, der in Urubilvâ liegt, seine Erweckung, sanskrit *abhisambodhi*, erlangt. Damit wird Bodhisattva endgültig zu einem Buddha verwandelt. Er wird danach nicht mehr als Bodhisattva bezeichnet.

Jesu Bestrebungen, der Gerechtigkeit Genüge zu tun, endet, als er am Fluß Jordan, griechisch *Iordanês*, die Taufe empfängt. Das griechische Wort für Taufe ist *baptisma*: *b-p-t-s-m*.

Urubilvâ wird zu Galiläa, griechisch *Galilaia*, assimiliert. Der Fluß *Nairanjanâ* wird zum Fluß *Iordanês* angeglichen.

Durch *abhisambodhi* [= Erweckung] wurde Bodhisattva zum Buddha verwandelt.

Sanskrit *abhisambodhi*: *bh-s-m-b-dh* wird umgedeutet zu „Taufe", griechisch *baptisma*: *b-p-t-s-m*. Der Lautwert wird genau wiedergegeben: *bh-s-m-b-dh* = *b-p-t-s-m*, aber der Sinn wird geändert. Das Wasser stammt in beiden Fällen aus dem gleichen Fluß, *Nairanjanâ*, der zu *Iordanês* wurde.

Buddhas Erwachen zum *Dharma* wird umgewandelt in Jesu Taufe zur Gerechtigkeit.

Johannes der Täufer, griechisch *ho baptistês*, war eine historische Gestalt.

Bodhi-sattvas wird umgewandelt zu *ho baptis-tês*, „der Täufer". Sanskrit *bodhi(s)* wird zuerst zu griechisch *bapti(s)*. Danach wird sanskrit *sa(t)-tvas*, das „sein" bedeutet, assimiliert zu *ho* und *tês*, was die gleiche Bedeutung wie „sein" hat.

Jesus wird auch „das Kind" genannt, griechisch *to paidion*. Dies entspricht auch einer Wiedergabe von sanskrit *bodhi-sattvas*. *Paidi* steht für *bodhi*, und *to* und *on* sind wieder ein Ausdruck für „sein", also *sattvas*.

Jesus löst den Täufer ab. Der Täufer wurde durch *baptisma* von Jesus abgelöst. Ursprünglich war es *bodhi-sattvas*, der durch *abhisambodhi* zum *buddhas* wurde.

Es ist unverständlich, wie jemand aller Gerechtigkeit Genüge tun kann, indem er in einen Fluß eintaucht. Dagegen ist es für jedermann verständlich, daß man zum Buddha wird, weil man bei einem Fluß die Erleuchtung, *abhisambodhi*, erlangte.

Die Evangelisten haben imitiert und assimiliert. Der Leser glaubt fälschlich, daß Jesus den Täufer ablöste, als er dank seiner Taufe am Jordanfluß aller Gerechtigkeit genüge tat.

Die Schilderung wird für den Leser erst verständlich, wenn man sich vor Augen führt, daß Buddha den Bodhisattva ablöste, nachdem dieser dank seiner Erkenntnis/Erleuchtung [*abhisambodhi*] beim Fluß Nairanjanâ aller Gerechtigkeit genüge tat.

Dies sind die wesentlichen Punkte der zweiten Hauptbegebenheit in der Legende über Buddhas Leben und Lehre.

Die dritte Hauptbegebenheit kann sich nur um die Verkündung des Dharma drehen, dessen er sich durch die Erweckung/Erleuchtung [*abhisambodhi*-Taufe] am Fluß Nairanjanâ bewußt wurde.

c) Die Verkündung des Dharma[1]

Nach der Erkenntnis des Dharma begibt sich Buddha, nach schwierigen Erwägungen und viel Zaudern, in den Tierpark bei Benares. Hier verkündet er seine Entdeckung des Dharma zuerst vor einer Gruppe von fünf Mönchen, die ursprünglich seine Diener gewesen waren.

Im Verlauf der Ereignisse begibt sich Buddha etwas später zu einem Berg nahe bei Râjagrha, wo er vor einer neuen Schar wieder sein Dharma verkündet.

Mit diesem dritten Hauptereignis des Buddha wird auch der Grund für die Legende von Jesus und seiner Lehre von der Gerechtigkeit gelegt, die sogenannte Bergpredigt (Matthäus 5:1–7:29).

Buddhas berühmte Benares-Predigt handelt vom Dharma. Sie wird als Lehre [*desanâ*] vom Dharma bezeichnet. Das Sanskritwort *desanâ* wird in Matthäus 7:28 mit dem griechischen *didakhê*, „Lehre", wiedergegeben. Noch genauer könnte es wohl kaum sein.

Als Ganzes gesehen stellt Jesu Bergpredigt annähernd ein Potpourri von Worten und Sätzen dar, die größtenteils auf verschiedene Stellen in Buddhas Testament zurückgeführt werden können.

Das Hauptthema ist ohne Zweifel „Gerechtigkeit" – also sanskrit *Dharma*.

Jesu *didakhê* über *dikaiosunê* [= Gerechtigkeit] ist also sowohl als Ganzes als auch in den Details – es besteht hier kein Anlaß, sich in Einzelheiten zu verlieren – eine Nachahmung von Buddhas *desanâ* über das *Dharma*.

Matthäus schreibt, daß ihm Volksscharen aus fünf verschiedenen Gegenden folgten und daß er oben auf einem Berg oder von einem Berg zu ihnen sprach.

Ursprünglich erfolgte die Rede vor einer Schar von fünf Mönchen, und der Berg, den Matthäus nicht näher bezeichnet, lag bei Râjagrha, der Hauptstadt in Magadha, also in Indien.

Nach seiner Benares-Predigt wandert Buddha weiter, vollzieht mehrere Bekehrungen usw. und kehrt nach Kapila-

---

[1] Siehe zu der/das Dharma die Anmerkung auf der Seite 19

vastu zurück usw.

Fast alle diese Begebenheiten haben ihre Spur in den Evangelien hinterlassen – oft an ganz verschiedenen Stellen. Es werden die gleichen Verben benutzt, um die Wanderungen Buddhas und Jesu zu beschreiben. Dabei haben die Evangelisten oftmals die Reihenfolge der ursprünglichen Ereignisse und Zusammenhänge geändert.

Man liest über die Heilungen Buddhas, wie er seine Jünger ausschickt, über seinen Besuch in Kapilavastu und den Nyagrodha-Hain, über Bekehrungen und über Bekenntnisse usw.

d) Buddhas letzte Tage

Die vierte und letzte Hauptbegebenheit in der Legende über das Leben des Buddha und sein Dharma beschreibt die Umstände vor, während und nach seinem sogenannten *Parinirvâna* – seinem Tod in Kusinagarî. Die Hauptquelle ist das berühmte *Mahâparinirvâna-Sûtra* (**MPS**), das glücklicherweise einigermaßen gut auf sanskrit überliefert vorliegt.

In der Schilderung der Evangelien über die letzten Tage Jesu gibt es nur ganz wenig, was nicht auf diesen oder andere Texte zurückverfolgt werden kann, die das darstellen, was ich als *Buddhas Testament* bezeichne.

Das *Mahâparinirvâna-Sûtra* beginnt mit einer Schilderung von Buddhas Aufenthalt in Pâtaliputra in Magadha.

Auf die Örtlichkeit *Pâtaliputra(s/m)* wird bei den Evangelisten mehrmals Bezug genommen, z. B. wenn es in Markus 13:1 heißt: „welche Steine", griechisch *potapoi lithoi*; oder wenn die fünf Jungfrauen aufgefordert werden, „gehet aber hin zu den Krämern", griechisch *pros tous pôlountas* (Matthäus 25:9).

In Matthäus 15:39 finden wir das indische Magadha in Form von *Magadan*[2] wieder – einem Ort, der natürlich auf der zeitgenössischen Landkarte Palästinas nicht existierte.

Matthäus folgt seiner Vorlage in großen Zügen – aber

---

[2] Bei MARTIN LUTHER [19. Aufl. 1902] und in anderen modernen Übersetzungen wird dieser Ort falsch mit *Magdala(s)* (Genetiv) übersetzt; der griech. Text kennt dieses Wort nicht. NESTLE-ALAND [Ausg. 2003] übersetzen richtig mit *Magadan*.

eben nur grob. Oft schiebt er Legenden, Gleichnisse usw. ein, die man in Buddhas Testament an ganz anderen Stellen findet.

Einer der Vorväter Buddhas, der auch *Gautamas* hieß, starb unter den gleichen Umständen wie Jesus. Er wurde an einem Pfahl [sanskrit *sûle*] aufgehängt – nicht an einem Kreuz. Man kann leicht erkennen, wie Matthäus – der erste Evangelist – seiner Vorlage Wort für Wort und Satz für Satz gefolgt ist.

Aber es wirkt doch sehr verwirrend, daß er diese „Kreuzigung" mit der Schilderung im *Mahâparinirvâna-Sûtra* (MPS) verbunden hat.

Im MPS liest man über Buddhas letzte Mahlzeit (MPS 26), – ebenso wie bei Matthäus.

Im MPS liest man über Buddhas Einzug in Kusinagarî (MPS 31), – genau so wie bei den Evangelisten.

Buddha stirbt zwischen zwei Bäumen. Jesus stirbt zwischen zwei Räubern, die an zwei Bäumen an jeder Seite von ihm hängen (MPS 42 und SBV I, S. 21-26).[3]

Buddha verspricht seinem letzten Jünger, daß er unverzüglich ins Paradies komme (MPS 41). Jesus tut das gleiche usw.

Buddhas Leiche wird in Leinen eingewickelt und in einen Sarg gelegt. Jesu Leiche wird auf die gleiche Weise behandelt und in ein Steingrab eingebracht. Es heißt ausdrücklich, daß es sich um *indisches* Leinen handelt (MPS 36).

Buddhas Leiche wurde verbrannt. – Das durfte mit der Leiche Jesu jedoch nicht geschehen, da die Leichenverbrennung für die Juden eine Schmach war. Also ist eine Änderung gegenüber dem Original notwendig.

Buddhas Leiche steigt in Form von Rauch hoch zum Himmel. Jesus ersteht auf und lebt weiter und fährt selbst auf zum Himmel.

Nachdem Buddhas Leiche kremiert ist, entsteht ein Streit um die Reliquien. Bei den Evangelisten wird dieser Streit zu

---

[3] SBV = das *Samghabhedavastu* (vgl. Seite 5); einer der wichtigsten sanskritischen Quelltexte, der der Wissenschaft erst seit 1977 zugänglich ist.

einem Streit um Jesu Leiche.

Der Mann, der die Reliquien Buddhas an sich nimmt, hat den gleichen Namen wie der Mann, der sich der Überreste Jesu annimmt (MPS 51). Da er aus der *Dhûmrasa*-Familie stammt, wird von dem Mann, der sich um die Leiche Jesu kümmert, gesagt, daß er aus *Arimathaias* [Genetivform] komme (*dh-m-r-s* = *r-m-th-s*).

Dies sind nur ein paar der vielen Einzelheiten, die im vierten Hauptabschnitt der Legende über die letzten Tage des Buddha berichtet werden, und die von den Evangelisten sorgfältig kopiert wurden, – wobei diese gleichzeitig versucht haben, die Spuren zu ihren Quellen zu verwischen.

Mit dieser groben Skizzierung beschließe ich die Übersicht über die vier Hauptbegebenheiten in der Legende über Buddhas Leben und Lehre usw. Ich vertrete den Standpunkt, daß die vier Evangelisten – jeder auf seine Weise – diese Vorlage imitiert und assimiliert haben.

Im folgenden verlasse ich die Vogelperspektive und werde den Blick auf einige ausgewählte Geschehnisse richten, die aus dem einen oder anderen Grund von besonderem Interesse sind. Es geht dabei in erster Linie um Gematrie.

Kapitel 2

Wen heilte Jesus?

Hier muß man genau betrachten, wer wen heilt, – und wovon und auf welche Weise.

In Buddhas Testament ist der Sachverhalt ziemlich einfach: Buddha heilt seine Zuhörer von ihrer angeborenen Unwissenheit – ihrer Unwissenheit über das Dharma. Das geschieht durch Unterweisung über das Dharma – *desanâ* –, über Gerechtigkeit.

Im Mahâyâna heilt Tathâgata (Buddha) auch die Blinden, die Tauben, die Besessenen usw., genau wie Jesus. Dies geschieht einfach dadurch, daß man an Tathâgata glaubt und seinen Namen anruft, genau wie in den Evangelien.

Buddhas Anhänger sind meist Söhne aus guter Familie, auf sanskrit: *kula-putras*. Sanskrit *kula* bedeutet „Geschlecht, Familie, gute Familie". Buddhas Botschaft wendet sich vor allem an die Vernunft. Wenn man das *Dharma* anerkennt, erlangt man geistige Freiheit. Ein *Kulaputras* muß natürlich Vertrauen zu Buddha und dem Dharma haben. Hier kommt der Glaube ins Spiel. Es ist aber nicht davon die Rede, daß der Glaube an sich jemanden von seiner ererbten Unwissenheit über das Dharma befreit.

Im Mahâyâna ist das, wie wir sehen werden, ganz anders, – genau wie in den Evangelien. Jesus heilt nämlich nicht, indem er lange und komplizierte Erklärungen darüber abgibt, wie die Dinge miteinander zusammenhängen. Bei Jesus wird man einfach durch den Glauben, durch Berührung oder dergleichen geheilt. Was das eigentlich bedeutet, erfährt man nicht.

Wen heilte Jesus?

Zum einen heißt es oft, daß Jesus „Besessene" heilt, die zu ihm kommen. Das griechische Wort ist *paralutikos*.

Es kommt auch vor, daß Jesus einen Aussätzigen, der zu ihm kommt, heilt oder von seiner Krankheit befreit. Das griechische Wort ist *lepros*, etwa wenn es heißt: „Und siehe, ein Aussätziger kam und betete ihn an ...", *kai idou lepros proselthôn prosekunei autô* ... (Matthäus 8:2).

In einem Fall gelingt es Jesus, vier Gruppen auf einmal zu heilen: Lahme, Blinde, Stumme, Krüppel – und viele andere. Der griechische Text bei Matthäus 15:30 lautet: *khôlous, kullous, tuphlous, kôphous* ...

Man sieht zum einen, daß sanskrit *kula-putras* zu griechisch *paralutikos* wurde. Die Wiedergabe ist in Bezug auf den Laut- und Zahlenwert perfekt:

k-l-p-t-r-s = *p-r-l-t-k-s*.

Aber der Sinn ist radikal verändert, – wenn auch nicht vollständig. Das Original spricht von Söhnen aus guter Familie, die von ihrer Unwissenheit geheilt werden. Beim Evangelisten wird aus *k-l-p-t-r-s* ein Besessener: *p-r-l-t-k-s*. Wovon der Betreffende besessen ist, wird nicht ausdrücklich gesagt.

Hier besteht ein Gegensatz. Buddha wendet sich gerne – wenn auch nicht immer – an *„die Kinder besserer Leute"*. Jesus wendet sich dagegen gerne an die schlichten Leute ohne höhere Bildung. Buddha heilt kurz und gut geistige Krankheiten, während Jesus körperliche Leiden heilt.

Aber nicht nur hinter dem griechischen *paralutikos* finden wir sanskrit *kula-putras*.

Untersucht der Leser die beiden anderen Zitate über den Aussätzigen, die Lahmen, die Krüppel, die Blinden und die Stummen im griechischen Text, dann wird er ohne Probleme die Konsonanten wiederfinden, aus denen *kula-putras* zusammengesetzt ist! Er versteht dann auch den Grund für die sechs *u* in den vier Worten *khôlous, kullous, tuphlous* und *kôphous*, – sie kopieren die beiden *u* in *kula-putras*. Das Sanskritwort besteht aus vier Silben. Multipliziert man mit 2, bekommt man 8, die gleiche Anzahl Silben wie in den vier Worten *khôlous, kullous, tuphlous* und *kôphous*.

Buddha befaßt sich nicht nur damit, die Kinder besserer Leute von deren geistigen Krankheiten zu heilen. Er heilt auch Fabeltiere, die wir aus der griechischen Mythologie kennen, vor allem Kentauren.

Die griechischen Kentauren sind in der indischen Mythologie teils als *gandharvas*, teils als *kinnaras* bekannt. Ein weiblicher Kentaur heißt auf sanskrit *kinnarî*.

Und natürlich vermag Buddha als Jesus verkleidet auch Kentauren, also *gandharvas* und *kinnaras*, zu heilen, – und vor allem *kinnarî*.

Wie denn das, fragt sich der Leser? Die Evangelisten behandeln doch mit keinem Wort Kentauren?

Doch, und zwar an mehreren Stellen. Matthäus 8:28 will wissen, daß Jesus zwei Besessene im Lande der Gadarener heilt.[1] Aber niemand weiß, wo dieses Land lag.

Das gesuchte Land war das Land der *Gandharvas*. Man braucht sich nicht mehr darüber zu wundern, daß sich die Evangelisten in Bezug auf die Schreibweise der mystischen Leute und Wesen uneinig sind. Das sind nämlich nur verschiedene Nachahmungen von sanskrit *gandharvas*. Jesus heilte also Kentauren.

Wer hieran immer noch Zweifel hat, möge in Matthäus 15:22 nachsehen, als Jesus ein *kananäisches Weib* heilt – eine merkwürdige Geschichte. Die griechische Schreibweise ist *khananaia*.

Es geht um eine wohlbekannte buddhistische Geschichte, bei der Buddha eben genau einen weiblichen Kentaur heilt – eine *Kinnarî*.

Die indischen Kentauren wurden also kurz und gut in ein wunderliches kananäisches Weib verwandelt, ebenso wie die – was waren es? – Gadarener oder Gergesener.

Sowohl als auch. In allen Fällen ging es nämlich um *Gandharvas*, also Kentauren.

Schließlich besaß Jesus die besondere Eigenschaft, daß er die Menschen „vom Tode“ erlösen oder erwecken konnte. Wieder eine Behauptung, die den Glauben vieler auf eine harte Probe gestellt hat.

---

[1] MARTIN LUTHER, 1902: *„Gegend der Gergesener“*. Markus 5:1 spricht vom Land der Gerasener [M.L., 1902: *„Gegend der Gadarener“*]. Lukas 8:26 spricht auch vom Land der Gergesener [M.L., 1902: *„Gegend der Gadarener“*]

Um das zu verstehen, muß man wissen, daß das griechische Wort für „ein Toter" *nekros* heißt, also *n-k-r-s*.

Buddhas Testament ist voll von wunderlichen Berichten über Leute, die im Himmel wiedergeboren werden, wenn sie sich rechtschaffen benommen haben. Haben sie dagegen ein schlechtes Leben geführt, werden sie in der Hölle wiedergeboren, – aber mit der Möglichkeit, von den Toten (also von der Hölle) aufzusteigen. Das Sanskritwort für die „Hölle", aus der man selbst oder mit kHilfe anderer aufsteigen kann, ist *narakas* = *n-r-k-s*.

Wenn Jesus also eine Person weckt, die *nekros* [„ein Toter"] ist, dann bedeutet das in Wirklichkeit – oder in der Fantasie –, daß Buddha jemandem hilft, von *narakas* [der „Hölle"] aufzusteigen.

Es geht somit gar nicht darum, daß Jesus Menschen vom Tode auferwecken kann. Er hilft ihnen, aufzusteigen von der Hölle.

Durch Anwendung der Gematrie wurde *narakas* also zu *nekros* verwandelt. Zahlenwert und Lautwert sind unverändert. In diesen beiden Beziehungen ist die Wiedergabe perfekt. In bezug auf die Bedeutung erfolgte eine Verschiebung. Es besteht ein Unterschied zwischen Tod und Hölle.

Die Wiedergabe ist somit in jeder Hinsicht gelungen.

Zusammenfassend kann man daher sagen, daß Buddha von Unwissenheit und der Hölle befreit. Jesus, der ihn nachahmt, macht genau genommen das gleiche.

Wie immer klarer wird, kann man sagen, daß Jesus den Buddha ersetzt bzw. ein Buddha in Verkleidung ist. Man kann daher auch sagen, daß Jesus „geheilt" sei.[2] Somit ist Jesus auch ein *kula-putras* = 1532.

Matthäus 1:23 enthält ein Zitat aus dem Alten Testament (Jesaja 7:14). Es besagt, daß er *Emmanouêl* [= 644] genannt werden wird. Aber seltsamerweise wird Jesus später im Neuen Testament (N.T.) niemals *Emmanouêl* geheißen!

Wenn wir uns jedoch die Zahlenwerte ansehen, wird dies verständlich, denn 888 [= Iêsous] + 644 = 1532 = *kula-putras*. Er war somit ein Schüler des Buddha.

---

[2] Wer geheilt wurde, wurde durch die Heilung zum Buddha.

Kapitel 3

Wer ist dieser Jesus?

Die Antwort auf diese Frage hängt fürwahr vom Namen ab. Jesus tritt nämlich mit vielen verschiedenen Namen und Titeln und in vielen verschiedenen Rollen auf.

Jesus stellt nicht nur eine Person dar, sondern viele verschiedene, und wen er jeweils darstellt, muß man von Fall zu Fall entscheiden.

Nach buddhistischer Auffassung stellt es keine Merkwürdigkeit dar, daß eine Person zu vielen wird und daß viele zu einer werden.

Als Bodhisattva zum Buddha verwandelt wurde, erlangte er die Fähigkeit, sich selbst von einem in viele zu verwandeln und von vielen in einen.

Dieser Gedanke kommt in der buddhistischen Bildkunst klar zum Ausdruck. Es gibt viele Buddhastatuen desselben Buddha. Einer wurde zu vielen.

Buddha ist der große Verwandlungskünstler – genau wie so viele andere Gestalten der griechischen oder indischen Mythologie.

Diese im allgemeinen höchst verwirrende Eigenschaft erbte natürlich sein Nachahmer: Jesus.

Was nun den Namen *Jesus* angeht, so kann man in jedem Handbuch lesen, daß *Iêsous* die griechische Form von Joshua sei. Aber das ist nicht die volle Wahrheit.

Die griechische Form *Iêsous* ist nämlich keine regelmäßig gebildete Form. Sie wirkt gekünstelt. Hinzu kommt, daß Jesus oft mit dem bestimmten Artikel *ho* angesprochen wird, also *ho Iêsous*, „der Jesus", was drei Silben ergibt. Moderne Übersetzungen des Neuen Testaments bekommen diese Nuance selten mit. Sie übersetzen *„Jesus"*, selbst wenn es auf griechisch – wie schon erwähnt – *„der Jesus"* heißt.

Die Lösung ergibt sich aus der Gematrie. Erst wenn man sich die Anwendungsbeispiele der Gematrie in Erinnerung ruft, wird die unregelmäßige Form *Iêsous* verständlich.

Der Zahlenwert – die griechische Bezeichnung hierfür ist *psêphos* – von *Iêsous* beträgt

10 + 8 + 200 + 70 + 400 + 200, also = 888.

Diese Zahl ist alles andere als zufällig. Sie hat eine tiefere Bedeutung, auf die wir bald zurückkommen werden.

Jesus hat mehrere Namen und Titel.

Der Name Jesus kann auch bedeuten: *„Der Herr erlöst."* Mit genau diesem Titel wird auch Buddha bezeichnet.

Jesus wird *Gottes Sohn* genannt. Es ist abgeleitet von sanskrit *deva-putras*, einer Zusammensetzung von *devas*, „Gott", und *putras*, „Sohn". Sanskrit *deva-putras* bedeutet also sowohl „Gottes Sohn" als auch „Gottessohn" und „Göttersohn".

Er wird *Davids Sohn* genannt; dies geht gleichfalls auf sanskrit *devas* und *putras* zurück. Dabei ist *David* eine lautmäßige Nachahmung von *devas*. Es wurde nur ein *s* durch ein *d* ersetzt, ansonsten ist die Assimilierung perfekt.

Jesus wird auch *Abrahams Sohn* genannt. Das ist nicht sonderbar, denn wie bereits früher aufgezeigt wurde, war der Bodhisattva, der vom Himmel herabkam, der Sohn von Brahma. Und da Brahma so einleuchtend zu Abraham assimiliert wird, folgt daraus, daß Abrahams Sohn in Wirklichkeit einfach Brahmas Sohn in Verkleidung ist – noch dazu in einer ziemlich schlechten Verkleidung, die leicht durchschaut werden kann.

Jesus ist auch als *Christus* bekannt – griechisch *khristos*. Und *khristos* ist, wie bereits gezeigt wurde (Seite 35), eine perfekte Wiedergabe von sanskrit *ksatriyas*:

k-s-t-r-s = kh-r-s-t-s.

Bisweilen wird ein kleines *ho* vor *khristos* eingefügt, was „der Christus" ergibt. [Dieser Artikel wird in modernen Übersetzungen oft ausgelassen, ebenso wie das kleine *ho* vor Jesus weggelassen wird.] Der Grund dafür ist, daß sanskrit *ksatriyas* ja aus drei Silben besteht. Fügt man dem griechischen *khristos* die eine Silbe *ho* hinzu, erlangt man die drei Silben, die *ksatriyas* hat.

Als Einleitung zum sogenannten Bekenntnis des Petrus, das in Matthäus 16:13-20 zu lesen ist, erfahren wir, daß etliche sagen, des Menschen Sohn – ein weiterer Titel Jesu (siehe unten) – sei Johannes der Täufer, andere sagen, er sei Elia(s), und wieder andere, er sei Jeremia(s) oder einer der Propheten.[1]

Keiner von diesen hatte Unrecht. Alle hatten Recht: Tathâgata tritt unter vielen Namen auf.

Ich habe bereits erwähnt, daß der Täufer, griechisch *ho baptistês*, eine Wiedergabe von *bodhi-sattvas* war. Wenn also der Landesfürst Herodes zu seinen Knechten sagte, Jesus sei Johannes der Täufer (Matthäus 14:2), dann hatte er von Grund auf Recht.

Sogar der altbekannte König Herodes hat hier seinen Namen von jemand anderem entliehen. Der indische König, der hier namensgebend war, hieß nämlich *Ârâdas*. Hinter *Hê-rô-dês* finden wir also ohne Probleme *Â-râ-das*.

Auch diejenigen, die Jesus für Elia(s) ansahen, hatten Recht. Als Jesus am Kreuz hing, rief er einige Worte, die etliche so deuteten, er habe den Elia(s) angerufen (Matthäus 27:47).

Bei Elia(s) hören wir das griechische Helios – Sonne – heraus. Es war dunkel, mitten am Tag, die Sonne war verschwunden. Selbstverständlich rief Jesus die Sonne an!

Die Sonne, die Menschensonne, ist einer der vielen gebräuchlichen Titel des Buddha.

Vergleicht man dies mit einer anderen Stelle bei Matthäus, nämlich 17:10-13, dann versteht man, daß es keinen großen Unterschied zwischen Elia(s) und dem Täufer gibt. Und wenn es keinen großen Unterschied zwischen dem Täufer und Jesus gibt – wie kann es dann einen großen Unterschied zwischen Jesus und Elia(s) geben?

Und da Jesus einen Buddha in Verkleidung darstellt, ist Jesus auch Elia(s) in Verkleidung. Oder besser: Er ist zweimal Elia(s), sowohl der alttestamentliche als auch der bud-

---

[1] Die Namen der bibl. Propheten Elia(s) [auch: Elija] und Jeremia(s) werden in den deutschen Bibelübersetzungen oftmals ohne Endungs-s geschrieben. Wir schreiben diese Name entsprechend der deutschen Umgangssprache mit Endungs-s.

dhistische. Diejenigen, die Jesus mit Elia(s) identifizierten, hatten also in mehrfachem Sinne Recht.

Andere sagten, daß er Jeremia(s) sei. Die griechische Form hierzu ist *Ieremian*.

Einer der vielen Namen Buddhas ist *sramanas* [„Wanderasket"]. Wenn man ruft, heißt es im Vokativ: *sramana!*

Sanskrit *sramana* wird zu *Ieremian* assimiliert. Der Sibilant [Zischlaut, Reibelaut] *s* wird so zum griechischen ' [Hauchlaut].

Sanskrit *sramanas* findet man auch in Salomos Weisheit (Matthäus 12:42). Das ist jedoch nur zu erkennen, wenn man das griechische *Solomônos* kennt. Hier wurde

s-r-m-n-s zu *s-l-m-n-s*,

wobei das ursprüngliche *r* wieder durch ein *l* ersetzt wird.

Schließlich wird Buddha immer wieder als „Prophet", d.h. „Vor-sager, Voraus-sager, Ver-künder" bezeichnet. Das Sanskritwort ist *pra-vak-tâ*, das auf Griechisch zu *pro-phê-tês* wird, wobei der Lautwert mit der Bedeutungswiedergabe im letzten Glied kombiniert wird. Drei Silben mit der gleichen Vorsilbe [*pra*/*pro*].

Buddha verkündete das Dharma, das Jesus in seiner Verkündung unter Anpassung an das jüdische Gesetz nachahmte.

Der Zahlenwert von Jesus beträgt, wie schon angeführt, 888. Der Zahlenwert – griechisch *psêphos* – von *Hêlios*[2] ist

$$8 + 30 + 10 + 70 + 200 = 318.$$

Ich werde später auf die Zahlen 888 und 318 zurückkommen.

Alle wichtigen Namen und Titel Jesu wurden bereits auf Buddha angewandt.

Es gibt noch mehr Namen, auf die ich zurückkommen werde: Tathâgata usw.

---

[2] Für den Hauchlaut *h* wird kein Zahlenwert eingesetzt.

Kapitel 4

Und der Menschensohn?

Nachdem wir gesehen haben, daß Jesus sowohl Abrahams als auch Davids und Gottes Sohn ist, – wie ist es dann möglich, daß er sich selbst als „Menschensohn", griechisch *ho huios tou anthrôpou* bezeichnet? An was für einen Menschen denkt er? Nach den Gesetzen der Logik müßte dieser Mensch Abraham, David oder Gott sein – oder alle drei zugleich? Wie kann jemand Sohn eines Gottes und zugleich eines Mensch sein?

Gewöhnlich wird „Sohn des Menschen" mit „Menschensohn" wiedergegeben, – was den schon von vornherein dunklen Sachverhalt jedoch auch nicht weiter aufhellt.

Bei Matthäus findet man den rätselhaften Ausdruck, der den Forschern viel Kopfzerbrechen bereitet hat, erstmals unter 8:20. Er kommt bei Matthäus nicht weniger als 32mal vor.

Ein führender dänischer Theologe, MOGENS MÜLLER, der 1984 eine gelehrte Abhandlung über den Ausdruck *„Menschensohn"* in den Evangelien veröffentlichte, sagt zusammenfassend, dies sei

> *„eine in sich selbst inhaltsleere Umschreibung des Sprechers, die sich ausnahmslos in Jesus-Worten findet, wenn er von seinem Schicksal spricht, seinem Los auf Erden und von seiner Stellung als der Erhöhte und der, der wiederkommen wird ..."*.

Diesen Ausdruck findet man in der vorchristlichen griechischen Literatur überhaupt nicht, auch nicht in der *Septuaginta* (LXX)[1], der griechischen Übersetzung des Alten Te-

[1] Lateinisch LXX = 70. Mit LXX = *Septuaginta* wird die [angeblich] von 70 Gelehrten angefertigte Übersetzung des A.T. ins Griechische bezeichnet.

staments. Es wird gerne behauptet, dies sei eine Übersetzung des aramäischen *bar nash(a),* was wie das hebräische *ben adam* „Mensch" bedeutet.

Aber stimmt denn das?

Wenn „Menschensohn" eine Übersetzung des aramäischen *bar nash(a)* wäre – was zwar richtig „Sohn des Menschen" oder einfach „Mensch" bedeutet –, dann müßte man doch die aramäische Quelle der 32 Stellen angeben können, in der Jesus bei Matthäus diesen Ausdruck verwendet. Aber wo ist der aramäische Text, der hierdurch übersetzt wird?

Den gibt es gar nicht!

Und wie kann man dann behaupten, daß etwas eine Übersetzung von einem Original sei, das es gar nicht gibt, und über dessen Existenz es kein bekanntes Zeugnis gibt?

Die Sache ist ganz einfach: Die rätselhafte Formulierung ist eine direkte Übersetzung von mehreren verschiedenen Ausdrücken, die über und von Buddha oder Tathâgata verwendet werden, und zwar auf genau die gleiche Weise und in genau dem gleichen Zusammenhang wie der Beiname „Menschensohn" aus dem Munde Jesu angewandt wird.

Um das Rätsel von *ho huios tou anthrôpou* zu lösen, muß man sich der einzigen sicheren Methode bedienen, die überall Geltung hat.

Worte und Sätze in den Evangelien sind Nachahmungen der Bedeutung sowie des Lautwertes und des Zahlenwertes von Buddhas Testament. Manchmal werden nur der Zahlen- oder Lautwert, andere Male nur die Bedeutung, in seltenen Fällen alle drei zugleich wiedergegeben.

Tathâgatas ist die Bezeichnung, die Buddha in bezug auf sich selbst anwendet, also in der dritten Person Einzahl, wenn er *„von seinem Schicksal spricht, von seinem Los auf Erden und von seiner Stellung als der Erhöhte und der, der wiederkommen wird..."*, um MOGENS MÜLLER über die Verwendung dieses Ausdrucks durch Jesus zu zitieren.

Die Bezeichnung *Tathâgatas* selbst kann, sprachlich gesehen, auf mehrere Arten gedeutet werden, darunter auch *„der, der gekommen ist"*, und *„der, der kommen wird"*. Auf diese doppelte Bedeutung spielt Matthäus gekonnt an, wenn er im Abschnitt über *des Menschensohn* (Matthäus 17:9-13) Jesus erklären läßt, daß er – Elia(s) – einerseits *„kommen wird"*, aber andererseits auch bereits *„gekommen ist"*.

Und wie verhält es hier mit den Zahlenwerten? Der Ausdruck *ho huios tou anthrôpou* beträgt:

$$70 + 400 + 10 + 70 + 200 + 300 + 70 + 400 + 1$$
$$+ 50 + 9 + 100 + 800 + 80 + 70 + 400 = 3030.$$

Der Ausdruck *tathâgatas* hat den Zahlenwert:

$$300+1+9+1+3+1+300+1+200 = 816.$$

Beide Zahlenwerte haben eine große Bedeutung, auf die ich später zurückkommen werde.

Der Lotus ist eines der gebräuchlichsten Symbole in bezug auf Buddhas und Bodhisattvas. Bodhisattvas und Buddhas werden in einem Lotus geboren und sie werden auf einem Lotus sitzend durch die Lüfte befördert.

Es gibt viele Sanskritworte für den Lotus, – einer der gebräuchlichsten ist *pundarîka*, genauer gesagt, der weiße Lotus. Dieses Wort ist Bestandteil des Titels des bekanntesten und verbreitetsten Evangeliums des Mahâyâna-Buddhismus: des *Saddharmapundarîka-Sûtra*. Diese Schrift ist die Hauptquelle des Matthäus-Evangeliums.

Der Ausdruck *ho huios tou anthrôpou* spielt – wie auch andere Bezeichnungen für Jesus – auf *pundarîka* an.

Wie das?

Das Sanskritwort kann aufgeteilt werden in *pundar-* und *îka*, wobei das Suffix [Nachsilbe] *-îka* die Bedeutung „der abstammt von", „der Sohn ist von" hat.

Bodhisattvas und Buddhas – im Mahâyâna gibt es davon unzählige – sind also jeweils „Sohn des *pundar*". Sie sind „Lotus-Söhne", „Blumenkinder".

Damit wird leicht ersichtlich, wie „Sohn des Menschen" auf „Sohn eines Lotus" zurückgeht. Sanskrit *pundar* wird zu griechisch *anthrôpou*. Es sind die gleichen Konsonanten:

p-n-d-r = n-th-r-p.

Hier muß man sich ins Gedächtnis rufen, daß *d* und *th* dentale Laute sind. Der Lautwert der Konsonanten in *anthrôpou* und *pundar* ist also der gleiche. Das griechische Wort für „Sohn“ gibt also sanskrit *-îka* wieder.

Daß Jesus der „Menschensohn“ ist, bedeutet also, daß er ein Bodhisattva, ein Buddha ist, – eben jemand, der von einem Lotus geboren wurde.

Wenn wir uns vor Augen führen, daß der „Menschensohn“ also von einem Lotus geboren wurde, haben wir zugleich den Schlüssel zur Lösung mehrerer anderer Rätsel, und somit können alle Fragen in bezug auf die Abstammung Jesu beantwortet werden (siehe auch Abb. 7a auf Seite 154).

Laut Matthäus wird Jesus von einer Jungfrau – griechisch *parthenos* – geboren. Die Vorstellung, daß er „von einer Jungfrau“ – griechisch *ek parthenou* – geboren worden sei, hat im Laufe der Zeit Anlaß für viel Verwirrung gegeben.

Wie man sieht, ist die Erklärung ganz einfach. Das griechische *ek parthenou* bewahrt den Lautwert von *pundarîka* perfekt:

p-n-d-r-k = k-p-r-th-n.

Dazu kommt, daß eine indische Frau oft durch einen Lotus symbolisiert wird. Jesus wurde also nicht nur lautmäßig, sondern auch im übertragenen Sinne vom Lotus geboren, der zugleich auch eine Frau repräsentiert.

Böse Zungen wollen wissen, daß Jesus außerehelich geboren wurde, daß Maria eine Affäre mit einem römischen Soldaten namens Panthera hatte.

Man sieht sofort, wo dieses Märchen seinen Ursprung hat. Daß Jesus auch der Sohn von Panthera sein soll, ist gleichbedeutend damit, daß er von einem *Pundar* [= Lotus] abstammt:

p-n-d-r = p-n-th-r.

Andere gebräuchliche Sanskritausdrücke für Lotus sind *padminî* und *padma*. Behält man das im Auge, dann ergibt sich die Lösung anderer Probleme ganz von selbst:

Man liest in Matthäus 1:18 und 20, daß Maria auf die eine oder andere Weise – es ist ganz unklar, wie – von einem heiligen Wind [griechisch: *pneumatos hâgiou*] schwanger war. Hiervon stammt der merkwürdige Ausdruck *„Heiliger Geist“*.

Im griechischen Text ist von *pneuma* die Rede, was „Wind, Hauch“ bedeutet. Die Genetivform von *pneuma* ist *pneumatos*.

Und was bedeutet *pneumatos*, wenn es in Matthäus 4:1 heißt, daß Jesus vom *„Geist“* – also „einem Windhauch“ – in die Wüste geführt wurde?

Es bedeutet, daß Jesus in die Wüste hinaus*flog*! – So steht es da, – aber die Theologen änderten bei der Übersetzung des griechischen Textes den ursprünglichen Inhalt. Jesus machte einen Flug in einem Lotus – wie der Bodhisattva, der er war. Denn Bodhisattvas fliegen nun einmal in einem Lotus umher – in einem *padminî*, der im Genetiv auf *-s* endet.

Hier haben wir also wieder den gleichen „Wind“, – nämlich einen Lotus. Bodhisattva, alias Jesus, wird von einem Lotus geboren und fliegt in einem Lotus hinaus in die Wüste.

Das griechische *pneumatos* gibt also perfekt sanskrit *padminyâs* wieder:

p-d-m-n-s = p-n-m-t-s.

Es heißt, der Wind sei „heilig“, griechisch *hagios*. Natürlich, denn der Lotus, der hier gemeint ist, ist das heilige Lotus-Sûtra. Das Sanskritwort, das diesbezüglich gebraucht wird, ist *âryas*, „arisch“, was zu „heilig“ wird.

Der Evangelist Lukas legt großen Wert darauf, daß der kleine Junge – Bodhisattva – in einer Krippe liegt. Das griechische Wort ist *phatnê*.

Im Lotus-Evangelium liest man, daß sich Bodhisattvas in einem Lotus aufhalten – in einem *padme*.[2]

Sanskrit *padme* wurde also hervorragend mit griechisch *phatnê* wiedergegeben. Der Laut- und Zahlenwert blieb erhalten, die Bedeutung ist verändert, aber nicht vollständig: Man muß nur den Code kennen, dann ist es klar, daß sich das Jesuskind ebenso wie alle Buddhakinder in einem Lotus befindet.

Wir können somit zusammenfassend feststellen,

- daß Jesus von einer Jungfrau geboren wurde,

[2] Anmerkung: Das *e* von *padm-e* bedeutet eigentlich Lokativ von *padmam* [= Lotus] mit der Bedeutung „in“.

- daß er Sohn eines römischen Soldaten namens Panthera sein soll,
- daß er von einem Wind, einem Geist, einem Hauch geboren wurde, bedeutet [für denjenigen, der das Sanskrit-Original kennt], daß er der Sohn eines Lotus ist;
- daß sich das Buddhakind in einer Krippe befindet,
- daß das Buddhakind – Bodhisattva – im Winde fliegt; – beide Ausdrücke bedeuten gleichfalls, daß er [Jesus] von einem Lotus befördert wird.

Welcher Leser kennt nicht die Figuren von Buddhas und Bodhisattvas, die in der „Lotusstellung" in dem Lotus sitzen, in welchem sie geboren wurden?

So lösen sich die Widersprüche bei Matthäus auf, wenn man das Sanskrit-Original kennt.

Doch wie verhält es sich nun mit dem Zahlenwert von pundarîka?

Den Zahlenwert erhält man durch das Zusammenzählen der Buchstabenwerte; und die Sanskrit-Buchstaben von *pundarîka* ergeben:

$$80 + 400 + 50 + 4 + 1 + 100 + 10 + 20 + 1 = 666.$$

Und 666 ist ja eine höchst interessante Zahl! Man denke an die Stelle in der Offenbarung des Johannes 13:18:

> *„Hier ist Weisheit. Wer Verstand hat, der überlege die Zahl des Tiers (psêphisato); denn es ist eines Menschen (anthrôpou) Zahl, und seine Zahl ist **666**."*

Diese zentrale Stelle, die so oft mißverstanden wurde, weist ausdrücklich mit Worten auf den Zahlenwert hin und stellt dazu fest, daß 666 die Zahl eines Menschen [griechisch: *anthrôpos*] ist.

Aber hier stimmt augenscheinlich etwas nicht, denn der Zahlenwert von *anthrôpos* beträgt

$$1 + 50 + 9 + 100 + 800 + 80 + 70 + 200 = 1310,$$

– und nicht 666! Es hilft auch nichts, den Wert von *anthrôpou* zu berechnen, der 1510 beträgt.

Bedenkt man aber, daß *pundarîka*, das ja auch den Zahlenwert 666 hat, eben einen Menschen bezeichnet, und zwar den Menschensohn, dann ist es klar, daß die berühmte Stelle über eines Menschen Zahl in der Offenbarung des Johannes nur dann einen Sinn ergibt, wenn man an sanskrit *pundarîka* mit dem Zahlenwert 666 denkt.

In Wirklichkeit ist das gar nicht überraschend, denn eine genauere Untersuchung – die ich auf einen späteren Zeitpunkt verschieben muß – zeigt, daß gerade das Lotus-Evangelium eine der wichtigsten buddhistischen Quellen für die Offenbarung des Johannes ist, welche die 27 Schriften des Neuen Testaments abschließt.

Wenn man also Verstand und Weisheit hat und rechnen kann, dann erkennt man leicht, daß 666 der Zahlenwert von *pundarîka* ist, also des Menschen, der in einem Lotus geboren und umherbefördert wurde. Darüber hinaus ist 666 auch der Zahlenwert „des großen Tieres", auf griechisch: *to mega thêrion.*

Im Vorwort zum Nachdruck des Buches von RICHARD GARBE, *„Indien und das Christentum"* (Seite V)[3], habe ich weitere Einzelheiten dargelegt:

Der griechische Text lautet:

a-rith-mos gar an-thrô-pou es-tin.

Der Sanskrit-Titel des SDP ist:

Sad-dhar-ma-pun-da-rî-ka-sûtram.

Beide Sätze enthalten die gleiche Anzahl Silben, nämlich neun. Auch die Anzahl der Konsonanten ist die gleiche, und zwar 13. Darüber hinaus sind die Konsonanten dieselben [wobei wir uns daran erinnern, daß die Dentale *ddh* = *th* und *n* = *m* sind]. Die Anzahl der Vokale ist ebenfalls die gleiche, nämlich neun.

---

[3] Nachdruck des Buches von RICHARD GARBE, *„Indien und das Christentum – Eine Untersuchung der religionsgeschichtlichen Zusammenhänge"* (von 1914) mit einem 15seitigen Vorwort von Chr. Lindtner (Okt. 2004), 328 Seiten, Lühe-Verlag GmbH, Süderbrarup 2004.

Dies bedeutet auch, daß sanskrit *saddharma(s)* eine Übersetzung von griechisch *arithmos* [was „Zahl" bedeutet] ist. Der Sanskrit-Titel kann daher auch bedeuten: Das Sûtra des Mannes der richtigen Zahlen. Dies ist ein eindeutiger Hinweis auf die Anwendung von Gematrie.

Das SDP hat, kurz gesagt, seine eigenen griechischen Quellen. Am Ende können all die Namen und Titel Buddhas auf griechische Quellen zurückgeführt werden.

Somit ist *Buddhas* = 612 = Zeus. So ist 666 *ho Dios aggelos* [„der Gottesengel"] nämlich Hermes. Gleichfalls beträgt der Zahlenwert von *Sâkyamunis* = 932, der auch Hermes als Sohn der *Maia* ist, und griechisch *Maias huios* = 932.

Und *Siddhârthas* = 530 = *Poimnios*, einer der vielen Namen des *Apollôn*.

Der numerische Wert von „der Menschensohn" beträgt – wie auf Seite 53 dargestellt – 3030.

Vier der gebräuchlichsten Namen des Sohnes der indischen Königin *Mâyâ* sind:

Munis	=	700 [Kurzform von *Sâkyamunis* = 932]
Siddhârthas	=	530
Buddhas	=	612 [*ddh* = *th* = 9]
Bodhisatvas	=	1188 [in sanskritischen Originalen ist *satvas* gebräuchlicher als *sattvas*!]

Wenn wir die Namenswerte 700 + 530 + 612 + 1188 zusammenzählen, erhalten wir genau 3030.

Wenn Jesus sich selbst also „der Menschensohn" nennt, schließt er gleichfalls diese vier Namen des Sohnes der *Mâyâ* [= *Sâkyamunis* = 932] ein. Daher bezieht er sich auch auf „mein Blut": *to haima mou* = 932.

Bevor er zum *Buddhas* wurde, wurde er *Bodhisatvo Bhagavân* [= 1515] genannt, dessen Zahlenwert genau die Hälfte seines späteren vollen Ranges von 3030 beträgt.

Des weiteren: Einer der heiligsten Plätze des Buddhismus ist Srâvastî = 1212. Dieser Zahlenwert entspricht auch „Jesus aus Nazareth" [griechisch: *Iêsous apo Nazareth*] = 1212.

Kapitel 5

Und Simôn Petros?

Auch Jesus umgab sich, ebenso wie der Buddha, mit einer Reihe von Jüngern. Es ist meistens von 12 Jüngern die Rede, aber Lukas kennt mehr, nämlich ganze 72.

Buddhas Testament nennt auch viele Jünger. Oftmals ist die Rede von 1200 Jüngern, auch die Zahl 72 mit vielen nachfolgenden Nullen [*koti-niyuta*] wird genannt.

Die Evangelisten reduzieren verständlicherweise die astronomische Zahl auf 12 und 72, indem die Nullen einfach gestrichen werden. Damit werden die Zahlenwerte überhaupt nicht verändert, denn

$$1 + 2 \text{ ist z.B.} = 1 + 2 + 0 + 0 + 0 = 3.$$

Der führende Jünger Tathâgatas ist *âyusmân Sâri-Putras*. Bisweilen wird *Sâri* ausgelassen, dann verbleiben *âyusmân* und *Putras*.

Er hat mehrere andere Namen, z.B. *Upatisyas*, – ein Name, der anscheinend dadurch zustande kam, daß man sich einen Spaß daraus gemacht hat, die ursprünglichen Buchstaben von *Sâri-Putras* etwas umzustellen. Wenn ich also sage, daß *Sâri-Putras* zu *Upa-tisyas* wird, muß man nur bedenken, daß *r* und *y* beides Halbvokale sind, die miteinander auswechselbar sind.

Das Phänomen, daß die gleiche Person mit verschiedenen Namen und verschiedene Personen mit dem gleichen Namen bezeichnet werden, wirkt auf uns anfangs recht verwirrend. Diese Erscheinung ist aber in Buddhas Testament recht verbreitet und hieraus entstammen wohl ohne Ausnahme die Personenvertauschungen im Neuen Testament.

Putras, wie ich ihn hier der Kürze halber nenne, wird außerdem als *„Sohn des Jina“*, bezeichnet, wobei *Jina* ein verbreiteter Titel für Tathâgata ist. Das Sanskritwort ist *jina-putras*, „Jina-Sohn“.

Putras ist Tathâgatas führender Jünger.

Petros, wie die griechische Form von „Petrus“ lautet, ist der führende Jünger Jesu.

Im griechischen Text gibt es ein Wortspiel, wenn *Petros* der „erste“ genannt wird. Das griechische Wort für „erster“ ist *prôtos* – ein deutlicher Anklang an *petros* [*p-t-r-s* = *p-r-t-s*] und an *putras*.

Wenn man sich die Zeit nimmt und die verschiedenen Dinge zusammenträgt, die im Neuen Testament über Petrus gesagt werden, dann gibt es kaum etwas, das nicht bereits in Buddhas Testament über Putras gesagt wurde.

Es gibt aber Dinge – das muß hier hervorgehoben werden –, die über Petros berichtet werden, nicht jedoch über Putras. In diesen Fällen ist die Quelle aber trotzdem Buddhas Testament. Die Dinge werden jedoch in bezug auf andere Personen – oder Orte – berichtet, die auch *p-t-r-s* geschrieben werden. Um den Leser nicht unnötig zu ermüden, halte ich mich hier an die wichtigsten Punkte:

Sehen wir uns einige der Namen etwas genauer an, zunächst mit ihrem Lautwert.

Es ist leicht zu ersehen, daß *âyusmân Putras* geschickt und elegant zu *Simôn Petros* verwandelt wird: Alle Konsonanten bleiben unverändert erhalten, sogar in unveränderter Reihenfolge:

s-m-n-p-t-r-s = *s-m-n-p-t-r-s*.

Was *Sâri* betrifft, sollte man sich erinnern [vgl. Seite 59], daß ein *r* bereits in *Upa-tisyas* als *y*, dem Halbvokal zu *i* auftrat.

Jesus sagt zu *s-m-n-p-t-r-s*, „du bist“, griechisch *su ei*. Damit klingt *Sâri* an.

Der Sachverhalt ist in beiden Testamenten der gleiche. Im sanskritischen Original offenbart Tathâgata sein Geheimnis dem Putras. Das Geheimnis besteht darin, daß niemand die wahre Identität Tathâgatas erfassen kann. Sie besteht nämlich in unfaßbarer Weisheit. Diese ist so unbegreiflich tief, daß es nichts nützt, sie jemandem zu offenbaren. Tathâgata verbietet daher seinen Jüngern, mit Putras an der Spitze, dies jemandem zu verraten.

Im Matthäus-Evangelium wird das zu dem unbegreiflichen Geheimnis über Christus. Jesus sagt, daß die Jünger es niemandem verraten dürfen. Man begreift eigentlich nicht weshalb und warum, da Matthäus den eigentlichen Grund nicht verraten darf: Daß Jesus nämlich eine so tiefe Weisheit besitzt, daß es sinnlos wäre, sie vor jemandem zu offenbaren.

Das, was niemand verraten darf, ist natürlich, daß *ho khristos* = *ksatriyas* ist, daß also der Juden König [oder: König der Juden] in Wirklichkeit ein indischer Königssohn ist.

Tathâgata redet hier Putras mit dem Titel *jina-putra* an, wobei *jina* die Anredeform (Vokativ) von *jinas* (Nominativ) ist.

Von Matthäus wird Petros *bar-jôna*, „Sohn des Jôna", genannt. Aber niemand weiß, wer dieser Jôna denn sein könnte. Bei Johannes heißt es, daß Petros nicht der Sohn von Jôna, sondern von Johannes sei!

Das aramäische *bar* bedeutet schlicht und einfach „Sohn". Damit wird klar, daß *bar-jôna* eine Übersetzung von *jina-putra* ist: Wobei *bar* also mit *putra* die Bedeutung wiedergibt und *jina* lautlich durch *jôna* wiedergegeben wird.

Es geht also um eine durchaus nicht ungewöhnliche Doppelwiedergabe, wobei Laut und Bedeutung vereint werden, wie z.B bei *Kapar-naoum* [vgl. Seite 138], das von *Kapila-vastu* Laut und Bedeutung [*naoum* = *vastu* = „Stelle"] wiedergibt.

Wie sieht es denn mit den Zahlenwerten – griechisch *psêphos* – von *Simôn Petros* usw. aus? Wie steht es, rein *psephologisch* gesehen, um *Petros*, – also im Hinblick auf den Zahlenwert –, wenn der Leser mir diese Neuschöpfung erlaubt?

Zuerst die Form *Simôn Petros* – oder besser: *Simôn ho Petros* [„Simôn der Petros"] –, die merkwürdige Formulierung, die wir im Johannes-Evangelium finden. – Warum hat man dort wohl ein zusätzliches und völlig überflüssiges *ho* zwischen *Simôn* und *Petros* eingefügt? Das ist die Frage!

Die Antwort lautet: Wegen des Zahlenwertes. Psephologisch gesehen erhalten wir für *Simôn ho Petros*:

200 + 10 + 40 + 800 + 50 + 70 + 80 + 5 + 300 + 100 + 70 + 200 = 1925.

[Der Hauchlaut *h* von *ho* wurde wie immer nicht mitgezählt!]

Auf die tiefere Bedeutung hinter der Zahl 1925 wurde von DAVID FIDELER in seinem wichtigen Buch *„Jesus Christ, Sun of God"* [Wheaton, Illinois 1993, S. 291 ff.] hingewiesen, auf das ich den interessierten Leser aufmerksam machen möchte.

Nun zu *Petros*, dieser Name hat natürlich den gleichen Zahlenwert wie das Original *Putras*, wenn die Vokale nicht mitgezählt werden.

In Johannes 1:42 bezeichnet Jesus den Petros als *Kêphas* – und nur an dieser Stelle. *Kêphas* steht aramäisch für „Stein" oder „Fels".

Der Zahlenwert von *Kêphas* beträgt:

20 + 8 + 500 + 1 + 200 = 729.

Bevor wir die Zahl 729 näher betrachten, werfen wir einen Blick auf Matthäus 7:24, wo Jesus *Petros* zu dem „Fels" ernennt, auf dem er seine Kirche bauen will.

Das griechische Wort für „Fels" ist *petra*, was natürlich ein direktes Wortspiel mit *Petros* beinhaltet.

Aber das ist nur die lautliche Seite der Angelegenheit. Wie sieht es mit den Zahlen aus? Der Zahlenwert von *petra* ist:

80 + 5 + 300 + 100 + 1 = 486.

Zurück zur Zahl 729, die ja auch eine Zahl für Petros war! Wie hängen die Zahlen 729 und 486 zusammen? Haben sie überhaupt eine Beziehung zueinander?

Gematrie hängt ja mit Geometrie zusammen. Nimmt man 729 kleine Würfel und ordnet sie richtig an, dann erhält man einen großen Würfel mit den Volumen von 9 x 9 x 9 = 729. Dieser große Würfel figuriert wiederum als ein großer Baustein.

Dieser große Würfel, der Grundstein, besitzt sechs Seiten, und jede dieser sechs Seiten bildet ein Quadrat aus 9 x 9 kleinen Bausteinen.

Die Oberfläche des großen Würfels besteht daher insgesamt aus sechs Quadraten von je 9 x 9 Einheiten, also 6 x 9 x 9 = 486 Bausteinen.

Mit anderen Worten: Die verschiedenen Namen *Kêphas* und *petra* wurden gebildet, um ein Bild des Steines oder Felsens hervorzurufen, auf den Jesus seine Kirche bauen will.

Dieses Beispiel ist somit ein Schulbeispiel dafür, wie Gematrie in der Praxis gehandhabt wurde: Der Lautwert eines Namens, seine Bedeutung (Sinn) und sein Zahlenwert hängen eng zusammen.

Namen werden im Hinblick darauf konstruiert, einen bestimmten Lautwert zu erlangen, der seinerseits in manchen Fällen, direkt oder indirekt, einer oder mehreren bestimmten geometrischen Figuren entspricht.

Und zwar werden nicht nur einzelne Namen zwecks Erlangung eines bestimmten geometrischen Zahlenwertes konstruiert, sondern auch zusammengesetzte Namen, ganze Sätze und ganze Abschnitte.

Jeder, der zählen und rechnen kann, möge sich von der Richtigkeit dessen überzeugen.

Das Geheimnis von Jesus

Wenn wir von dem Geheimnis von Jesus sprechen, denken wir gewöhnlich an das Bekenntnis des Petrus (Matthäus 16:13-20). Er identifiziert hier seinen Meister als „Christus, des lebendigen Gottes Sohn" (Matthäus 16:16). Dieses ist eine Anspielung auf *Ksatriyas* und auf Suddhodanas, den Vater des indischen *Ksatriyas*.

Der Ksatriyas [*ho Khristos*] beendigt das Gespräch natürlich mit dem Befehl an seine Jünger, niemandem zu sagen, daß er der *ksatriyas* – nämlich *Buddhas*, *Siddhârthas*, *Sâkyamunis* usw. – sei.

Die direkte Quelle hiervon ist das zweite Kapitel des SDP. Sâri-putras bittet Tathâgata dreimal, seine wahre Identität zu offenbaren. Die Natur des Buddha ist so tiefsinnig und sein Wissen so tiefgründig, daß es gewöhnliche Menschen nicht begreifen können. Doch schließlich erklärt Sâkyamuni gegenüber Putras:

> *„Du brauchst nicht den geringsten Zweifel und die geringste Unsicherheit darüber zu haben; ich erkläre, daß ich der König des Dharma bin."*

Und er sagt:

> *„Behalte dieses Geheimnis für dich, Sâri-putras, für alle meine Jünger und für die großen Bodhisattvas, die dieses Mysterium bewahren müssen."* (SDP II, 138-139)

Der ursprüngliche Grund für das Geheimnis bestand darin, daß das Wissen so tiefsinnig war. Im Matthäus-Evangelium liegt der Grund des Geheimnisses darin, daß niemand wissen soll, daß Jesus Sâkyamini in Verkleidung ist.

Kapitel 6

Und die anderen Jünger?

Gematrie dreht sich um die Wiedergabe von Laut- und Zahlenwerten; die inhaltliche Bedeutung kann beibehalten werden, sich aber auch verändern. Auch die Reihenfolge der Buchstaben kann verändert werden; der Laut- und Zahlenwert der Buchstaben und Wörter bleibt dabei erhalten, die Bedeutung kann sich aber verändern. Diese Zahlenwerte können auch in Beziehung zu Maßen und Proportionen geometrischer Figuren stehen.

Wenn man beispielsweise einen Kreis mit einem Umfang von 891 Einheiten konstruiert hat, beträgt der Durchmesser desselben 284 Einheiten. Der Zahlenwert 891 entspricht auch der Summe der Buchstabenwerte des griechischen Wortes *ouranos*, „Himmel", und der Zahlenwert 284 kann für griechisch *theos* = „Gott" stehen. Die Bedeutung wäre: „Gott im Himmel". Die Evangelien enthalten eine Unmenge derartiger geometrischer Rätsel. Das ist Gematrie.

Man kommt zu einem ganz verblüffenden Ergebnis, wenn man die Liste mit den Namen der Jünger beim Evangelisten Markus betrachtet. Wenn man alle Zahlenwerte der Namen der zwölf Jünger addiert, kommt man auf 12.387 Einheiten. Dies bedeutet, daß wir einen Wert von ca. 12 x 1000 erhalten; und 1000 ist die Summe aus „Zeus" [= 612] und Jesus als „die Sonne" [*ho hêlios* = 70 + 318 = 388]. So ist Jesus, die große Sonne, umgeben von 12 Sonnensöhnen bzw. Jüngern.

Die psephologische Frage – d.h. die Frage nach dem Zahlenwert – ist jetzt, ob die Zahlenwerte und Namen der Jünger Jesu auch durch Nachahmung von Namen der Jünger Tathâgatas zustande kamen, oder lediglich im Hinblick auf die Erlangung geometrisch interessanter Zahlenwerte gewählt wurden.

Man kann versuchen, diese Frage auf verschiedene Weisen zu beantworten. Es würde die Geduld der Leser sicher zu sehr auf die Probe stellen, wenn man alle Namen der Jünger durchgehen und die zugehörigen Zahlen- und Lautwerte deuten würde. Ich will mich daher darauf beschränken, lediglich einige ausgewählte Beispiele vorzulegen:

Die Evangelien unterscheiden ja zwischen Jüngern und Aposteln. Das Wort Apostel, griechisch *apo-stolos*, kommt in den Evangelien eigentlich sehr selten vor. Vom ersten Evangelisten wird *apostolos* zum ersten und einzigen Male in Matthäus 10:2 gebraucht. Erst später wird es ein sehr verbreiteter Ausdruck.

Bei Matthäus bedeutet *apostolos* zweifellos „Gesandter". Das griechische *apostolos* stellt eine Nachahmung der Bezeichnung dar, die im Sanskrit in bezug auf Tathâgatas ersten fünf Jünger verwendet wird, nämlich *upa-sthâyakas*, was schlicht und einfach „Diener" bedeutet. Das Suffix *-kas* gibt an, daß es sich um ein männliches Substantiv handelt. Die grundlegende Bedeutung enthält *upa-sthâya*: „dienen, helfen, zur Hand gehen; Dienst".

Griechisch *apo-stolos* ist daher eine perfekte lautliche Wiedergabe von *upa-sthâya(ka)s*:

p-s-th-y-s = *p-s-t-l-s*.

Wie bereits angeführt, sind *l*, *r* und *y* Halbvokale, weshalb *l* in *apostolos* eine korrekte Wiedergaben von *y* in *upa-sthâya(ka)s* ist. Die Wiedergabe ist im Hinblick auf Lautwert und Silbenzahl also richtig. Es ist aber, wie so oft, eine Bedeutungsverschiebung von „Diener" zu „Gesandter" erfolgt. Dennoch ist die ursprüngliche Bedeutung etwas bewahrt, da ein Gesandter ja auch eine Art Diener ist.

Es besteht daher kein Zweifel, daß der seltene Ausdruck *apostolos* eine direkte Wiedergabe von sanskrit *upa-sthâya(ka)s* ist.

Von Tathâgatas 1200 Jüngern heißt es ferner, sie seien „Bevollmächtigte", sanskrit *vasîbhûtas*. Auch dieses Sanskritwort verbirgt sich hinter dem griechischen *apostolos*:

v-s-bh-t-s = *p-s-t-l-s* [wobei *v* = *l*].

Simon, genannt Petros

Als ersten in der Reihe der zwölf Apostel finden wir in Matthäus 10:1-4 den bereits erwähnten *„Simon, genannt Petros"*. Man beachte das kleine *„genannt"*. Das ist ja eine Bezeichnung, die ihm Matthäus gibt, sein richtiger Name war ja nicht *Petros*, sondern *Putras*.

Hier wie überall, wo Matthäus in Verbindung mit Personen- oder Ortsnamen ein kleines *„genannt"* oder *„wird genannt"* einfügt, kann man ganz sicher sein, daß er aus dem Sanskrit übersetzt hat.

Andreas

Danach folgt sein Bruder, Andreas. Das Wort Bruder gibt das Sanskritwort für Ordensbruder wieder, oder Bettelmönch. Mit *„Bruder"* ist also nicht gemeint, daß die beiden die gleichen Eltern haben. Sie sind Ordensbrüder.

Der Apostel Andreas ist in Wirklichkeit – also historisch gesehen – Tathâgatas berühmter Apostel *Aniruddhas*. Andere buddhistische Quellen erwähnen ihn unter dem Namen *Anuruddha(s)*.

Es ist nicht schwer zu sehen, wie *Aniruddhas* zu *Andreas* umgewandelt wurde. Der Evangelist wollte *Aniruddhas* zu einem bekannteren Namen assimilieren, zugleich wollte er aber das Original nachahmen. Auf diese Weise wurde *Aniruddhas* zu *Andreas*:

n-r-ddh-s = n-d-r-s.

Anzumerken ist, daß der Doppelkonsonant *ddh* des Originals zu einem einfachen Konsonanten *d* reduziert wurde. Der Lautwert wird hierdurch aber kaum geändert.

Der Jünger Jakob

Der nächste in der Reihe, der dritte der zwölf Jünger, ist Jakob, griechisch *Iakôbos*.

Dem *Iakôbos* liegt ein weiterer, einer der bekanntesten Jünger des Tathâgatas zugrunde, nämlich *Kâsyapas*. Also: *k-s-y-p-s = j-k-b-s*. Sanskrit *y* wird wie unser *j* ausgesprochen. Der griechische Name hat nur ein *s*, während in der sanskritischen Vorlage zwei *s* enthalten sind.

Vergleicht man die Wiedergabe von *Kâsyapas* mit derjenigen von *Aniruddhas*, so bekommt man den Eindruck, daß es erlaubt ist, einen Doppelkonsonanten mit dem gleichen Einzelkonsonanten wiederzugeben. Die zwei Konsonanten *p* und *b* haben den gleichen Lautwert, da beide Labiale sind.

Wer ist Philippos?

Philippos gehört nicht zu den Aposteln oder Jüngern, von denen in den Evangelien viel die Rede ist.

Hinter *Philippos* verbirgt sich noch ein bekannter Jünger Tathâgatas, nämlich *Pippalas*. Hier sind sowohl die Silbenzahl als auch der Lautwert perfekt wiedergegeben: *p-p-p-l-s* = *ph-l-p-p-s*.

Aber wie steht es mit der Bedeutung, – ist sie erhalten geblieben? Das griechische *Philippos* bedeutet „Pferdeliebhaber“ oder *„mag Pferde“*.[1]

Auf sanskrit bedeutet *pippalas* „Feigenbaum“; großgeschrieben – so wie hier – wird der Ausdruck aber auch als Eigenname verwendet: *Pippalas*.

Der Evangelist Johannes bringt einen wunderlichen Wortwechsel (1:47-51), bei dem Philippos zusammen mit einem anderen Jünger auftritt – der aber von Matthäus, Markus oder Lukas nirgends erwähnt wird –, nämlich Nathanael, griechisch *Nathanaêl*.

In diesem Zusammenhang spricht Jesus *auch* von einem „Feigenbaum“, was von der Bedeutung her eine richtige Wiedergabe von sanskrit *pippalas*, „Feigenbaum“, ist, die Philippos entspricht.

Die Evangelisten geben also sowohl den Lautwert als auch die Bedeutung des Sanskritwortes *pippalas* mit *Philippos* wieder.

Aber wie steht es mit Nathanael?

Ein weiterer berühmter Jünger des Tathâgata kam ausgerechnet von einem bekannten Ort, der *Nâlandâ* heißt.

Der Ort *Nâlandâ* war also auch namengebend für den

---

[1] Daß Philippos diese Bedeutung hat, ist den Evangelisten völlig egal, da es ihnen mehr auf den Laut bzw. Klang als auf den Sinn ankommt.

ansonsten recht unbekannten *Nathanaêl*:

n-l-n-d = n-th-n-l.

Auf diese Weise könnte man mit den Namen aller Jünger und Apostel fortfahren, – sie alle ahmen Sanskritnamen von Personen und Orten nach.

Da ich *Sâri-Putras* bereits oben genannt habe [vgl. Seite 59], und wir uns jetzt mit den ersten Jüngern beschäftigen, die in Johannes 1:35-51 aufgeführt werden, kann ich der Versuchung nicht widerstehen, das Wort „Israelit" in Johannes 1:47 genauer zu untersuchen.

Das Wort „Israelit", griechisch *israêlitês*, kommt in den Evangelien nur hier in Johannes (also 1:47) vor. Und zwar geht es darum, daß Jesus in bezug auf Nathanael sagt, er sei *„ein rechter Israelit, in welchem kein Falsch ist"*.

In Buddhas Testament ist es genau dieser erste seiner Jünger, Sâri-Putras, der dafür bekannt ist, *ohne Falsch zu sein*. Aber was hat Nathanael mit Sâri-Putras zu tun?

Die Antwort liegt in dem einzigartigen Wort *israêlitês*, das in etwa „Sohn Israels" bedeutet.

Und damit sieht man schnell, daß *israêlitês* eine Wortbildung nach der gleichen Art wie *bar-jôna* ist. Die Bezeichnung *israêlitês* ist also schlicht und einfach ein neuer Versuch, den Namen Sâri-putras nachzuahmen, genau wie *bar-jôna* der Versuch war, den Titel *jina-putra(s)* für Sâri-Putras wiederzugeben. Die beiden ersten Konsonanten *s* und *r* findet man in den zwei ersten Silben von *isra-êlitês*. Der Rest übersetzt die Bedeutung von *putras*, „Sohn". *Sâri* wurde also zu *Isra-*.

Jetzt erst versteht man, warum Nathanael *ohne Falsch ist*. Er übernimmt diese seltene Eigenschaft von einem berühmten Buddhisten.

Diese Beispiele dürften genügen, um zu veranschaulichen, wie sich Matthäus und seine Mitarbeiter damit vergnügt haben, die Namen und Rollen des Originals abzuschauen und nachzuahmen. Als sie mit den Namen der Jünger spielten, folgten sie der gleichen Weisung wie beim Spiel mit den vielen Namen des Meisters: Einer wird zu vielen, viele werden zu einem.

Dies ist eine Art Spiel; aber dieses Spiel folgt doch Regeln in bezug auf die Zahlenwerte.

Tathâgata lobt an einer Stelle einen seiner Jünger wegen seiner Vollkommenheit beim Zählen [*ganite krtâvî*]. Er erlangte diese Fähigkeit durch sein früheres Studium der griechischen Astronomie [*horâsâstram*] (SBV II, S. 57). Die buddhistischen Texte stecken ebenfalls voller Gematrie.

Im Lichte dieser bemerkenswerten Äußerung sollte man erwarten, daß Buddhas Testament – ebenso wie das Neue Testament – Beispiele für eine besondere Zahlengewandtheit bietet. Und dies ist auch tatsächlich der Fall.

Wir haben bereits an mehreren Beispielen gesehen, wie die Evangelisten diese Fähigkeit übernommen haben; sie müssen sich selbst als wahre Rechenkünstler betrachtet haben. Sie beherrschten *Psêphos* hervorragend.

Die Ehre, als erster das folgende Beispiel angeführt zu haben, kommt dem bemerkenswerten russischen Forscher IVAN PANIN (1855–1942) zu, der angeblich fast sein ganzes Leben darauf verwendete, Worte und Silben sowohl im Alten als auch im Neuen Testament zu zählen. Mehr darüber unter:

http://asis.com/~stag/numerics.htlm.

PANIN hat mit den Zahlenwerten der Namen der zwölf Jünger gerechnet, die Markus anführt. Er gelangte zu der Zahl 9639[2] = 7 x 9 x 153. Das scheint kein Zufall zu sein. Sowohl die 7 als auch die 9 kommen oft in den Evangelien als Teiler vor. – PANIN zeigt die verblüffendsten Ergebnisse, die es verdienen, im Licht aller griechischen Ausgaben überprüft zu werden.

[2] Anmerkung zur Zahl 12.387 (Markus 3:16-19 = 1925 + 1103 + 1119 + 361 + 980 + 603 + 340 + 1050 + 1103 + 299 + 1100 + 2404 = 12.387): Es scheint ein Widerspruch gegenüber der Zahl 12.387 auf der Seite 65 vorzuliegen. Die Ursache könnte darin bestehen, daß einmal mit und einmal ohne bestimmte Artikel gerechnet wurde. Daß PANIN zu der Zahl 9639 gelangt, muß kein Widerspruch sein, denn es ist durchaus möglich, daß hier nach verschiedenen Zählweisen vorgegangen wurde.

Die Zahl 153 ist von größter Bedeutung; hierauf werde ich in einer späteren Veröffentlichung zurückkommen.

Wenn von den Jüngern Jesu oder Aposteln die Rede ist, dann besteht also kein Zweifel, daß die Anzahl der Namen, sowie deren Zahlen- und Lautwerte mit der Absicht so zustande kamen bzw. konstruiert wurden, daß entweder das buddhistische Original nachgeahmt, oder gewisse Zahlenwerte mit geometrischer Bedeutung geschaffen wurden.

Abschließend noch eine Probe aus IVAN PANINs Werkstatt: Das zweite Kapitel des griechischen Originaltextes von Matthäus besteht aus 238 verschiedenen Wörtern = 7 x 34. Der numerische Wert soll insgesamt = 123529 = 7 x 17647 betragen [nicht nachgeprüft] usw.

Alles dies und vieles mehr von gleicher Art kann unmöglich nur auf Zufall beruhen! Daß PANIN hieraus die willkürliche Schlußfolgerung zieht, das Ganze sei eben Gottes Werk, ist eine ganz andere Sache. In Wirklichkeit muß man annehmen, daß das Neue Testament das Ergebnis einer lange anhaltenden Arbeitsgemeinschaft ist, an der sehr viele hervorragende Rechenkünstler unermüdlich mitgewirkt haben.

Das Neue Testament muß das Ergebnis einer ganz einzigartigen Gemeinschaftsarbeit sein.

Es ist wohl auch kein Zufall, daß es aus genau 27 Büchern besteht. Viele buddhistische Schriften bestehen aus 27 Kapiteln bzw. Büchern, z.B. das SDP. Und 108 [= 4 x 27] ist eine der heiligen Zahlen des Buddhismus.

Kapitel 7

Matthäus und Maria Magdalena

Es ist sicher ungewöhnlich, daß die beiden Namen Matthäus und Maria Magdalena in einem Atemzug genannt werden. Aber in Wirklichkeit haben die beiden weit mehr Gemeinsamkeiten als sich irgendein Christ vorstellen kann.

Wie man sich erinnert, umgab sich Jesus mit Zöllnern und Dirnen. Die Hauptgestalt unter den Zöllnern ist ohne Zweifel Matthäus. Die Hauptgestalt unter den Dirnen ist ohne Zweifel Maria Magdalena, – vorausgesetzt, daß diese Maria mit der berühmten Sünderin identisch ist, die kostbares Öl über Jesus ausgießt. Die Meinungen hierüber sind geteilt. Und, wie sich jetzt zeigt, durchaus zu Recht.

Über Matthäus berichtet Matthäus 9:9:

> *„Und da Jesus von dannen ging, sah er einen Menschen am Zoll sitzen, der hieß Matthäus; und sprach zu ihm: Folge mir! Und er stand auf und folgte ihm."*

Es gibt keine klaren Angaben darüber, ob dieser Matthäus, der beim Zoll saß, mit dem Evangelisten Matthäus identisch ist, nach dem das Matthäus-Evangelium seinen Namen erhalten hat. Daher sind die Meinungen der Gelehrten hierüber geteilt.

Matthäus liebt es, von Frauen mit Namen Maria zu berichten. Sie können alle auf buddhistische Quellen zurückverfolgt werden.

Hier befasse ich mich nur mit der Frau, die Maria Magdalena genannt wird.

Maria Magdalena wird in dieser Form nur dreimal von Matthäus erwähnt, nämlich in 27:56, 27:61 und 28:1. Ihre besondere Bedeutung für die Christen liegt darin, daß sie angeblich eine wichtige Zeugin für die Auferstehung Jesu ist, wie in Matthäus 28:1-7 beschrieben wird.

Im Matthäus-Evangelium wird ihr Name in der griechischen Urschrift alle drei Male *Maria hê Magdalênê* geschrieben.

In Lukas 8:2 tritt sie als *Maria ê kaloumenê Magdalênê* [„Maria, die sogenannte Magdalênê"][1] auf. Lukas 24:10 nennt sie dagegen *hê Magdalênê Maria.*[2]

In Johannes 19:25 und 20:1[3] heißt sie wiederum *Mariam hê Magdalênê.*

Dies deutet darauf hin, daß die Reihenfolge der Namen von untergeordneter Bedeutung ist. Entscheidender ist dagegen, daß alle drei Silben vorkommen.

Der Beiname – oder was es auch sei – *Magdalênê* wird oft als ein Eigenschaftswort gedeutet, das von Magdala – dem Namen einer Örtlichkeit – abgeleitet worden sein soll. Das Problem bei dieser Deutung liegt einerseits darin, daß eine Örtlichkeit namens Magdala im Neuen Testament gar nicht erwähnt wird, und es zum anderen nur Vermutungen [reine Spekulationen] gibt, wo Magdala auf der Landkarte liegen könnte.

Die vielen anderen Versuche, das Wort *Magdalênê* zu erklären, sind nur vage und aus der Luft gegriffene Mutmaßungen.

Der Name eines führenden Jüngers des Sâkyamuni [also Buddhas] ist *Mahâ-Maudgalyâyanas*, mit sieben Silben.

Mahâ-Maudgalyâyanas spielt in zwei der wichtigsten Quellen des Matthäus-Evangeliums eine führende Rolle.

Aus dem einen *Mahâ-Maudgalyâyanas* wird Matthäus, der beim Zoll sitzt. Der andere *Mahâ-Maudgalyâyanas* wird zu Maria Magdalena am Grab verwandelt.

„Mûlasarvâstivâda-vinaya" (MSV) ist der Titel der Hauptquelle der Evangelisten für die Schilderung der vier Hauptbegebenheiten im Leben und der Lehre des Sâkyamuni. Dieser Text kam erst 1977 in Buchform heraus.

---

1 Bei Luther: *„... Maria, die da Magdalena heißet, ..."*

2 Bei Luther: *„Maria Magdalena"*

3 Bei Luther beide Male: *„Maria Magdalena"*

Das MSV wird damit eingeleitet, daß Sâkyamuni den *Mahâ-Maudgalyâyanas* auffordert, das Evangelium über Buddhas Geburt, Taufe, Dharma und Tod zu verkünden. *Mahâ-Maudgalyâyanas* gerät in Trance, um seine Gedanken zu sammeln. Dann wacht er aus der Trance auf und folgt der Aufforderung. Diese Vorgänge liegen den Worten in Matthäus 9:9 zugrunde.

In den Sanskrittexten (MSV, Seite 6) lesen wir:

> *Mahâ-Maudgalyâyanas tasyâm eva parisadi samnisanno 'bhût.*
> [„Mahâ-Maudgalyâyanas in genau (eva) dieser (tasyâm) Versammlung (parisadi) war ('bhût = abhût) sitzend (samnisanno)."]

Mahâ-Maudgalyâyanas sitzt also in der Versammlung, als ihn Sâkyamuni auffordert, das Evangelium zu verkünden. Der Jünger erhebt sich und folgt der Aufforderung.

Der griechische Text besagt, Jesus sah

> *anthrôpon kathêmenon epi to telônion,*
> *Maththaion legomenon.*
> [„den Mann sitzend beim Zollhaus,
> Matthäus wird genannt"].

Der griechische Text ist eine direkte Nachahmung des Sanskrit-Originals.

Wenn wir hier eine Analyse durchführen, müssen wir zwischen dem Namen der Person, ihrer Handlung und ihrem Aufenthaltsort unterscheiden. Ferner müssen wir die Anzahl der Silben zählen und die Konsonantenwerte beachten.

Beide Sätze bestehen aus genau 21 Silben. Sie sind „gleich lang".

Die ersten sieben Silben auf sanskrit geben den Namen der Personen an: *Mahâ-Maudgalyâyanas.* Diese sieben Silben werden mit den letzten sieben Silben im griechischen Satz wiedergegeben, der den Namen der Person angibt: *Maththaion legomenon*, „Matthäus wird genannt".

Das sanskritische Original beinhaltet folgende Konsonanten: *m-m-d-g-l-n-s.*

Die griechischen Konsonanten sind: *m-th-th-n-l-g-m-n-n,*

haben also den gleichen Lautwert. Auf griechisch fehlt nur ein *-s*, das wir erhalten hätten, wenn wir *Maththaios* im Nominativ lesen würden, wie dies auf sanskrit der Fall ist.

Im Original befindet sich diese Person „sitzend", *samnisanno 'bhût*. Dies wird bedeutungsmäßig genau ins Griechische übersetzt mit *kathêmenon*, „sitzend". Die Konsonanten von *'bhût* [= *abhût*] werden auf griechisch schön durch *epi to* (*bh-t* = *p-t*) wiedergegeben, an der gleichen Stelle nach dem Partizip.

Im Originaltext sitzt die Person „in genau der Versammlung", sanskrit: *tasyâm eva parisadi*.

Der Ausdruck „in genau der Versammlung" wird auf griechisch in „beim Zollhaus" verwandelt. Aus der *Versammlung* wird also ein *Zollhaus*.

Die vier Silben von *parisadi* werden in die vier Silben von *telônion* verwandelt, aber nur die Hälfte der vier ursprünglichen Konsonanten, nämlich *t* und *l*, bleiben erhalten (*r-d* = *t-l*). Das erste Wort auf griechisch, *anthrôpon*, bewahrt drei der Konsonanten von *parisadi*, nur das *s* fehlt.

In bezug auf *Mahâ-Maudgalyâyanas* heißt es konsequent und ausdrücklich, er sei *âyusmân*. Dieser Titel wird immer unmittelbar vor dem Namen selbst geschrieben, also *â-yusmân Mahâ-Maudgalyâyanas*.

Es besteht daher kein Zweifel, daß das erste Wort im griechischen Satz mit den 21 Silben, also *anthrôpon*, eine Wiedergabe von sanskrit *âyusmân* [„Leben habend"] sein soll.

Matthäus 9:9 ist also in bezug auf Silbenzahl, Lautwert und Bedeutung eine ganz hervorragende Wiedergabe des Sanskrit-Originals.

Der Jünger Mahâ-Maudgalyâyanas ist, wie erwähnt, der Evangelist, der im *Mûlasarvâstivâda-vinaya* (**MSV**) das Evangelium über Sâkyamuni verkündet.

Hinter Matthäus, dem Verfasser des Evangeliums gleichen Namens, finden wir also mit Sicherheit den buddhistischen Jünger Mahâ-Maudgalyâyanas.

Daß bis heute niemand diesem einleuchtenden Zusammenhang Aufmerksamkeit geschenkt hat, hängt, wie gesagt, unter anderem damit zusammen, daß der betreffende Sanskrittext erst 1977 veröffentlicht wurde.

Dieser Sanskrittext wurde – wie bereits angemerkt – bis

heute noch in keine moderne Weltsprache übersetzt.[4]

Kommen wir nun vom Zöllner zu der Dirne!

Sehen wir uns die Maria Magdalena näher an, die sich am Grabe – griechisch *taphos* – aufhielt.

Die zweite ganz wichtige Sanskritquelle der Evangelien war, wie bereits erwähnt, das Saddharmapundarîka-Sûtra **(SDP)**, also das berühmte Lotus-Sûtra.

Mahâ-Maudgalyâyanas ist eine der Hauptpersonen im siebten Kapitel des SDP.

Es ist ein grundlegendes, zugleich aber auch für uns verwirrendes Merkmal der unglaublich bunten Personengalerie des SDP, daß die gleiche „Person" oder das gleiche Phantom unter vielen verschiedenen Namen auftritt, und daß umgekehrt die gleichen Namen ganz verschiedene Personen bezeichnen. Hierauf habe ich schon mehrmals hingewiesen, und es muß hier nochmals betont werden.

Die Evangelisten des N.T. haben, wie wir nun zu verstehen beginnen, diese verwirrende – fatal verwirrende – Gepflogenheit übernommen.

Sâkyamuni Tathâgata wendet sich an die Versammlung seiner Mönche und macht Prophezeiungen bezüglich deren vier „ältesten", nämlich Kâsyapas, Subhûtir, Mahâ-Kâtyâyanas und Mahâ-Maudgalyâyanas.

Das ganz Besondere bei Mahâ-Maudgalyâyanas ist nun, daß er in Zukunft eine sehr große Anzahl Buddhas anbeten und ehren soll. Wenn diese Buddhas dann schließlich ins Nirwana eingegangen sind, soll er Stûpas für sie errichten, und diese Stûpas bestehen aus sieben Arten Juwelen [*saptaratna-maya*]. Wenn er zum letzten Mal wiedergeboren wird, wird er, der älteste, Mahâ-Maudgalyâyanas, ein Tathâgata mit dem Namen *Tamâla-patra-candana-gandhas*, „Tamâlablatt-Sandelduft".

Das Sanskritwort *tamâlas* ist der Name für einen Baum mit einer sehr dunklen Rinde [möglicherweise Xanthochymus pictorius]. Mahâ-Maudgalyâyanas wird also auch

[4] Eine kurze Besprechung der Sanskrit-Ausgabe habe ich vor zwanzig Jahren in *Acta Orientalia* 43 (1983), S.124-126 vorgenommen.

Tamâlas = *t-m-l-s* genannt werden. Wenn man nun weiß, daß Matthäus gerne die Namen des Originals sowohl lautmäßig als auch von der Bedeutung her wiedergibt, haben wir hiermit die Erklärung dafür, daß Matthäus als „Zöllner" – griechisch *telônês* = *t-l-n-s* – bezeichnet wird (Matthäus 10:3). Dem griechischen *telônês* liegt also auch sanskrit *tamâlas* (*t-m-l-s* = *t-l-n-s*) zugrunde.

Der nächste Jünger in der Reihenfolge in Matthäus 10:3 ist Jakob, griechisch *Iakôbos*, also sanskrit *Kâsyapas*. Dann folgen „der (Sohn) des Alphaios", griechisch *ho tou Alphaiou*, und „Simôn der Kananaios", also *Subhûtir* und *âyusmân* (= Simôn) *Kâtyâyanas*. Sanskrit *Kâtyâyanas* wird zu dem wunderlichen griechischen *Kananaios*.

Die Liste nennt auch *Bar-tholomaios*, – wieder ein Wortspiel mit sanskrit *Tamâla-patra*, fünf Silben und fast genau den gleichen Konsonanten (*t-m-l-p-t-r* = *b-r-th-l-m-s*).

Tathâgata hat noch einen anderen wichtigen Jünger, Pûrnas, auch bekannt als Sohn der Maitrâyanî, sanskrit *Maitrâyanî-putras*. Sein Schicksal wird im Lotus-Sûtra beschrieben. Dieser Jünger liegt auch dem *Bar-tholomaios* zugrunde, indem *putras* zu *bar* wird, und *Maitrâyanî* zu *tholomaios* [*mai* = *mai* usw.].

Aber zurück zu Maria Magdalena, die gerade in Verbindung mit Jesu *taphos*, „Grab", auftritt. Man darf sie jedoch nicht mit einer anderen Maria verwechseln!

Maria Magdalena war ursprünglich niemand anders als *Mahâ-Maudgalyâyanas*, der in Verbindung mit den *Stûpas* für die vielen Buddhas auftritt, die in das Nirwana eingegangen sind.

Dem griechischen *taphos* liegt sanskrit *stûpa* (*s-t-p* = t-*ph-s*) zugrunde.

Maria Magdalênê – sieben Silben – wird von *Mahâ-Maudgalyâyanas* – ebenfalls sieben Silben – abgeleitet.

Erst jetzt versteht man die oben genannten, ansonsten ganz unbegreiflichen Varianten bei Lukas und Johannes:

In Lukas 8:2 tritt sie – bzw. er – als *Maria hê kaloumenê Magdalênê*, „Maria die sogenannte *Magdalênê*", auf. Die Beifügung *kaloumenê* entspricht dem Zusatz *legomenon* im Zusammenhang mit *Matthäus beim Zoll*. Wir haben hier die gleichen Konsonantenwerte: *k-l-m-n* = *l-g-m-n*, die alle, außer *d*, im Original *Maudgalyâyana(s)* zu finden sind. *Magdalênê* gibt alle Konsonanten von *Maudgalyâyana-* im Original (*m-d-g-l-n* = *m-g-d-l-n*) wieder. *Mahâ-* wird zu *Maria*.

In Lukas 24:10 tritt sie/er mit veränderter Wortstellung auf: *hê Magdalênê Maria*. Der Konsonantenwert ist der gleiche. Auch hier ist von *Mahâ-Maudgalyâyanas* die Rede.

Johannes 19:25 und 20:1 bevorzugen es, sie/ihn mit einem extra *m* als *Mariam hê Magdalênê* auftreten zu lassen. Das extra *m* stützt sich auf das *m* im nachfolgenden *Magdalênê*. Eine andere Möglichkeit ist, daß *Mahâ* wie ein selbständiges Wort gelesen wird, womit man im Hinblick auf die gängigen Sanskrit-Regeln die Form *mahân* erhält. [Mit anderen Worten: *mahâ-* ist die Form des Kompositums von *mahân*.] Somit erhält man *n* = *m*.

Es besteht also kein Zweifel darüber, daß *Mahâ-Maudgalyâyanas in der Versammlung* in *Matthäus am Zoll(haus)* verwandelt wurde. Das war der Zöllner, *telônês*, *tamâlas*. Er ist für das erste Evangelium verantwortlich.

Es gibt auch keinen Zweifel darüber, daß *Mahâ-Maudgalyâyanas bei dem Stûpa* in *Maria Magdalênê am Grab* – griechisch *taphos* – umgewandelt wurde.

In bezug auf den Sanskritnamen *Maudgalyâyanas* ist schließlich festzustellen, daß er von dem Eigennamen *Mudgala* abgeleitet ist. Maudgalyâyanas bedeutet *„der von Mudgalas abstammt"*. In diesem Sinne liegt also eine gewisse Wahrheit in der Aussage, Maria stamme aus dem Ort Magdala.

Mudgala wird also zu *Magdala*. Für sich genommen könnte *Magdala* als eine griechische Form des hebräischen *mighdôl*, „Wachtturm", aufgefaßt werden. Auf diese Weise ließ sich der indische Eigenname zu einer den Juden bekannten Örtlichkeit assimilieren [deren genaue Lage immer ungewiß bleiben wird].

Lukas 8:2 enthält eine rätselhafte Nebenbemerkung über diese Maria Magdalena, die im Laufe der Zeit Anlaß für viele phantasievolle Auslegungen gegeben hat. Es war die Maria mit dem Beinamen Magdalena, *„aus der sieben Dämonen gefahren waren"*, – arme Maria!

Der griechische Text lautet: *aph' hês daimonia hepta exelêluthei;* er besteht insgesamt aus dreizehn Silben.

Dies ist eine lautliche Nachahmung des Sanskritsatzes: *stûpân kârayisyati sapta-ratna-mayân*, „er wird Stûpas aus sieben (Arten) Juwelen errichten lassen". Dieser Satz, in welchem Sâkyamuni voraussagt, was Mahâ-Maudgalyâyanas tun wird, besteht gleichfalls aus dreizehn Silben.

Matthäus hat die Anzahl Silben und die Lautwerte wiedergegeben, – jedoch mit dem Ergebnis, daß sich die inhaltliche Bedeutung vollständig gewandelt hat. Eine hübsche „Untersetzung"!

Die vier ersten Konsonanten auf griechisch sind *ph-s-d-m*, die *s-t-p-n* von *stûpân* wiedergeben. Sanskrit *-mayân* wird mit *-monia* (*m-n* = *m-n*) wiedergegeben. Sanskrit *sapta-*, „sieben" wird zu griechisch *hepta*, „sieben". Sanskrit *ratna-* bedeutet „Juwelen", und wird zusammen mit *-mayân* [„bestehend aus"] zu griechisch *daimonia*, wobei *r* wie so oft als Halbvokal wegfällt. Schließlich kommt das Verb sanskrit *kârayisyati*, „er wird machen lassen", also fünf Silben mit den Konsonanten *k-r-s-t*, die auf griechisch zu *x* [= k+s] *-l-l-th* werden. Der Sanskrittext hat die zwei Halbvokale *y* und *y*, die auf griechisch durch zwei entsprechende Halbvokale, *l* und *l*, ersetzt werden. Beide Verben bestehen aus fünf Silben.

Wenn es in Lukas 8:2 auf griechisch heißt,

> *Maria hê kaloumenê Magdalênê, aph' hês daimonia hepta hexelêluthei*
> [„*Maria mit dem Beinamen Magdalena, aus der sieben Dämonen gefahren sind*"],

dann bedeutete das auf sanskrit ursprünglich eigentlich: *„Mahâ-Maudgalyâyanas, der Stûpas bauen wird, die aus sieben (Arten) Juwelen bestehen"*.

Wenn man nicht den originalen Sanskrittext kennt, dann hat man nicht die geringste Chance, dieses Geheimnis zu lüften!

Es wird immer deutlicher, daß die griechische Wiedergabe eine Art Codesprache für die Sanskrittexte darstellt.

Kapitel 8

„Sein Kreuz nehmen"

Es braucht hier kaum näher erläutert zu werden, daß dem Kreuz im Neuen Testament und im Christentum grundsätzlich eine ganz außerordentliche Bedeutung zukommt.

Nichtsdestoweniger ist der Gebrauch des Wortes „Kreuz" im Neuen Testament wenig aufgehellt. Im folgenden halte ich mich vorwiegend an Jesu eigene Worte im Evangelium.

Jesus stellt an den, der ihm folgen will, mehrere Anforderungen:

Man soll *sein Kreuz auf sich nehmen*, heißt es in Matthäus 10:38 und 16:24. In Markus 8:34 wird die Forderung, *sein Kreuz auf sich zu nehmen*, wiederholt. Gemäß Lukas 9:23 soll man *täglich sein Kreuz auf sich nehmen*; und laut Lukas 14:27 soll man *sein Kreuz tragen*.

Ein guter Jünger soll also sein Kreuz nehmen und tragen. Aber was bedeutet das eigentlich?

Jesus spricht weder von einem Kreuz auf dem Rücken, noch von einem Kreuz an einer Halskette.

Das griechische Wort ist immer *stauron*. Soll also ein Jünger sein *stauron* in konkreter oder im übertragenen Sinne nehmen?

Wenn man es konkret nimmt: Soll es bedeuten, daß der Jünger sein Kreuz vielleicht jeden Tag nehmen und tragen sollte? Wozu denn, fragt man sich. Wozu soll es der Jünger überhaupt gebrauchen? Etwa als Waffe? Das klingt merkwürdig; und es ist ja auch nicht die Rede davon, daß die Jünger Jesu mit einem Kreuz in den Händen herumliefen, in den Armen oder auf dem Rücken, um den Hals oder in der Tasche.

Soll man den Ausdruck also im übertragenen Sinne verstehen? Wohl kaum, denn warum sagt Jesus dann nichts davon, daß man das nicht wörtlich nehmen solle?

Um den Sachverhalt zu verstehen, muß man scharf zwischen zwei ganz verschiedenen Bedeutungen von „Kreuz“ in den Evangelien unterscheiden.

Das Kreuz, das die Jünger aufnehmen und tragen sollen, hat nichts mit dem Kreuz zu tun, an dem Jesus angeblich aufgehängt wurde. Die Jünger wurden ja nicht jeden Tag gekreuzigt.

Daß es sich wirklich um zwei ganz verschiedene Bedeutungen von „Kreuz“ handelt, wird nicht nur klar, wenn man seinen Verstand gebraucht, sondern vor allem, wenn man sich die Originalquellen ansieht.

Das griechische Wort für „Kreuz“, ist, wie angeführt, *stauros*, als direktes Objekt im Akkusativ immer *stauron*.

Tathâgata stellt auch Anforderungen an die Jünger, die ihm folgen wollen: Als buddhistischer Mönch muß man besondere Kleider, einen besonderen Mönchsumhang – sanskrit *vastrâni* – nehmen und tragen.

Wenn also Jesus dazu auffordert, *stauron* zu nehmen und zu tragen, dann war es in Wirklichkeit Tathâgata, der dazu aufforderte, *vastrâni* zu nehmen und zu tragen.

Die Wiedergabe ist perfekt: *v-s-t-r-n* = *s-t-u-r-n*. Griechisches *u* entspricht dabei sanskritischem *v*, wobei *v* ein Halbvokal zu *u* ist.

Tathâgata fordert auch, daß die Jünger die heilige Schrift – sanskrit *sûtra,* im Akkusativ *sûtram* – nehmen und tragen sollen, – also wieder *s-û-t-r-m*.

Das griechische *s-t-u-r-n* bedeutet also zwei Dinge zugleich: Man soll seine Mönchstracht und man soll das buddhistische Sûtram tragen.

Im Hînayâna soll der Mönch *vastrâni* tragen – im Mahâyâna soll er das *Sûtram* tragen. Im Mahâyâna werden also in gleicher Weise Wortspiele mit alten Begriffen gemacht, wie die Evangelisten auf griechisch Wortspiele mit dem Sanskrit vornehmen!

Um es dem Leser leichter zu machen, greife ich mit meiner Schlußfolgerung vor: Die Jünger sollen nämlich das Lotus-Sûtra nehmen und *allen* Völkern bringen.

Wenn Jesus davon spricht, sein Kreuz zu nehmen und zu tragen, womöglich gar jeden Tag, dann denkt er überhaupt nicht an irgendein Holzkreuz oder dergleichen, sondern an die Kleidung der Jünger und die zu verkündende Schrift.

Damit ist ein ganz bestimmtes Sûtra gemeint, nämlich das berühmteste aller Mahâyâna-Evangelien, das Saddharmapundarîka-Sûtra (**SDP**).

Die nächste Frage ist, ob die Jünger Jesu tatsächlich der Aufforderung gefolgt sind, dieses Sûtra zu tragen, d.h. es aufzunehmen und in die ganze Welt zu tragen, u.a. durch Rezitieren, Kopieren und Übersetzen in fremde Sprachen.

Diese Frage kann man bejahen. Im Laufe der Zeit wurde das Saddharmapundarîka-Sûtra in fast alle Sprachen des Buddhismus übersetzt, oft sogar mehrfach in die gleiche Sprache, sei es als Ganzes oder in Auszügen.

Der Titel bedeutet wörtlich: *„Gute-Lehre-Lotus-Evangelium"*, kurz Lotus-Evangelium.

Der Titel kann auf verschiedene Weisen ausgelegt werden, die gleichermaßen richtig sind:

Als das Evangelium über den Lotus der guten (oder wahren) Lehre; oder: das Evangelium über den Lotus, der das gute oder wahre Dharma verkündet; oder: das Evangelium über das wahre Dharma und über den Lotus, – wobei der hier gemeinte Lotus Sâkyamuni oder Tathâgata (also die Hauptperson im SDP) ist. Somit ist das SDP Buddhas Evangelium.

Das Lotus-Evangelium hat bei Matthäus zahlreiche Spuren hinterlassen. Das Lotus-Sûtra geht praktisch wie ein roter Faden durch das ganze Neue Testament, ebenso wie durch den Buddhismus in China, Korea und Japan. Mehr hierzu später.

Diese Spuren bestehen – wie immer – sowohl in Laut- und Zahlenwerten als auch im eigentlichen tieferen Sinn. Ich möchte an ein paar Beispielen zeigen, wie im Matthäus-Evangelium mit Lautwerten des Saddharmapundarîka-Sûtra gespielt wird.

Doch zunächst möchte ich erklären, wie Matthäus vermutlich auf die Idee kam, diese Art Wortspiele vorzunehmen.

Der Grundgedanke des Lotus-Evangeliums besteht darin, daß Tathâgatas wirkliche Identität unbegreiflich ist und daher für immer ein Geheimnis bleiben wird – außer für die engsten Jünger.

In Wirklichkeit stirbt Tathâgata nie. Daß er anscheinend zwischen zwei Bäumen starb und ins Nirwana einging, ist nur ein Schauspiel. In Wirklichkeit ist Tathâgata ewig, und er hält sich auf einem Berg bei seinen engsten Jüngern auf.

Das Sanskritwort für dieses „Schauspiel" ist *darsana*, das mit dieser Bedeutung oft im SDP gebraucht wird. Das ganze sei Tathâgatas Schauspiel, heißt es. Mit einem Wort, das man in den Evangelien nur in Matthäus 17:9 findet, wird angedeutet, daß es auch hier um ein „Schauspiel" geht, griechisch *to horama*. Das griechische *horama* ahmt mit seinen drei Silben sanskrit *darsana*, „Anblick, Schauspiel", nach.

Dieser Widerspruch – daß Tathâgata starb, aber dennoch nicht starb – ist für einen gewöhnlichen Sterblichen unverständlich.

Um eine derartig paradoxe Botschaft in der ganzen Welt zu verbreiten, hilft es den Jüngern wenig, an die Vernunft zu appellieren. Sie sollen aber mit allen Mitteln versuchen, alle Lebewesen zu dem Gauben zu bringen, daß es sich so verhalte.

Mahâyâna ist also eine gewaltige Volksbewegung, die nicht an die kritische Vernunft appelliert, sondern an den blinden Glauben.

Die nächste Frage ist daher, wie bringt man die Menschen dazu, blind etwas zu glauben.

Gerade in diesem Zusammenhang führt das Lotus-Evangelium den Begriff „Kriegslist" ein, sanskrit *upâya-kausalyam*. Der buddhistische Missionar soll pfiffig sein und die richtigen Mittel anwenden. Alle Kniffe sind erlaubt, wenn es darum geht, einfache Menschen dazu zu bringen, an das Geheimnis von Tathâgatas Unbegreiflichkeit zu glauben.

Die Kriegslist, die Propaganda, besteht vor allem darin, daß man Märchen erzählt, daß man in Gleichnissen redet, daß man Wortspiele und Übersetzungen sowie Schauspiele verwendet.

Auf diese Weise weckt man bei den Zuhörern Verwunderung – nicht Verständnis. Je mehr sich die Leute über alle diese Wortspiele und paradoxen Gleichnisse wundern, um so eher hören viele von ihnen auch begierig zu. All das Interesse, das den Evangelien im Laufe der Zeit zuteil wurde, zeigt, daß diese Strategie durchaus erfolgreich war. Gewöhnliche Menschen fühlen sich bekanntlich mehr zum Mystischen und Rätselhaften hingezogen als zum Vernünftigen und Wissenschaftlichen. Also verspricht man ihnen Erlösung von Tod und Elend und Heilung von allen Krankheiten. Die einzige Bedingung hierfür ist, daß man an Tathâgata glauben muß, daß man seinen Namen nennt, daß man seine Sûtras vervielfältigt und rezitiert, und daß man kleine Buddhafiguren anfertigt usw.

Das Lotus-Sûtra gibt Brot und Spiele.

Das Mahâyâna verspricht also, daß man früher oder später erlöst wird, wenn man nur Tathâgatas Namen ausspricht und seine Sûtras verbreitet und rezitiert.

Angesichts dieses unglaublich wichtigen Glaubensbekenntnisses können wir zu der Frage zurückkehren, warum das Matthäus-Evangelium so viele Wortspiele auf Tathâgata, auf Sâkyamuni und auf seine Sûtras enthält.

Die Antwort ist einfach: Wenn man diese Zauberworte liest oder ihnen zuhört, wird man erlöst. Auch wenn man diese Zauberworte abschreibt und wiederholt, wird man von Tod und Elend erlöst, – so lautet das Versprechen.

Zurück zu den Wortspielen mit dem Saddharmapundarîka-Sûtra im Matthäus-Evangelium!

Überall, wo Matthäus von *ho huios tou anthrôpou*, „Sohn des Menschen", spricht, geht es, wie bereits ausgeführt, teils um eine Wiedergabe von Tathâgata, teils um ein Wortspiel mit *pundarîka*.

Hier sind zwei weitere Wortspiele sowohl auf Tathâgata als auch auf das Saddharmapundarîka-Sûtra beim ersten Evangelisten:

„Ein guter Mensch bringt Gutes hervor aus seinem guten Schatz des Herzens", heißt es in Matthäus 12:35. Der griechische Text lautet: *ho agathos anthrôpos ek tou agathou thêsaurou ekballei ta agatha.*

Die zehn griechischen Worte geben sowohl die Bedeutung als auch die Lautwerte von *Tathâgatas* und *Saddharmapundarîka-Sûtram* wieder:

Zuerst *ho agathos*, „der Gute“. Das gibt sowohl *Tathâgata(s)*, vier Silben, und *sad-dharmas*, „das gute dharmas“ wieder. Griechisch *agathos* bedeutet „gut“, was auch die Bedeutung von sanskrit *„sad“* ist. Sanskrit *dharmas*, „Lehre, Gesetz“, stellt die Konsonanten für [*agatho*]*s anthr*[*ôpos*], also *dh-r-m-s* = *s-n-th-r*. Dem griechischen *anthrôpos ek*, vier Silben, liegt sanskrit *pundarîka*, also *p-n-d-r-k* = *n-th-r-p-k* zugrunde. Das griechische *ek tou agathou*, und griechisch *tou agathou thês-*, sowie griechisch *ta agatha* beruhen auf sanskrit *Tathâgatas*, im Genitiv *Tathâgatasya*, im Vokativ *Tathâgata*.

Zugleich ist das griechische *thêsaurou*, „Schatzkiste“, eine perfekte sinngemäße und lautliche Wiedergabe von sanskrit sûtra, wobei *s-t-r* = *th-s-r* ist. Griechisch *ou* gibt sanskrit *û* [ein langes u] wieder.

Der kurze Satz enthält zugleich ein kleines Selbstportrait von „Matthäus“. *Er* ist der gute Mensch, der gute Dinge hervorbringt, nämlich Tathâgata aus dem Sûtra – und zwar dem Lotus-Evangelium –, das gute Dinge beinhaltet, – nämlich über Tathâgata.

Etwas später (Matthäus 12:40) versucht sich der gute Mann mit einem ähnlichen Wortspiel:

> *„Also wird des Menschen Sohn drei Tage ... mitten in der Erde sein“.*

Der griechische Text lautet:

> *houtôs estai ho huios tou anthrôpou en tê kardia tês gês treis hêmeras. ...*

Das griechische *houtôs estin* – vier Silben – ist eine wörtliche Übersetzung von *Tathâgatas*, was neben vielem anderen im Sankrit auch die Bedeutung *„so ist das“* [*tathâ*, „so“ und *gatam*, „ist das“] hat. Das nachfolgende *ho huios tou anthrôpou* ist, wie immer, eine lautliche und sinngemäße Wiedergabe von *pundarîka*.

Das griechische *-pou en tê kar-* – vier Silben – ergibt ein neues Wortspiel mit *pundarîka* (*p-n-d-r-k* = *p-n-t-k-r*).

Ferner enthält griechisch *-dia tês gês t-* ein neues Wortspiel mit *Tathâgatas*.

Der unklare griechische Satz wird verständlich, wenn man seinen Ursprung, nämlich das erlösende Sanskrit-Zauberwort heraushört.

Es gibt im Matthäus-Evangelium an zahlreichen weiteren Stellen ähnliche Wortspiele mit *Tathâgatas* und *pundarîka* usw. (3:5; 6:21; 9:37-38; 11:29; 13:45; 15:30 usw.).

Jesu Aufforderung, man solle sein *Stauron* nehmen und tragen, ist also die Aufforderung, sein *Sûtram* in die große Welt hinauszutragen.

Sanskrit *sûtram* wird bisweilen als Zusammensetzung aus *su* und *uktam* gedeutet, wobei *su* „gut“ bedeutet und *uktam* „gesagt, verkündet“. Das Wort *„Evangelium“* hat genau diese Bedeutung.

Das Evangelium, um das es hier vor allem geht, ist also das Saddharmapundarîka-Sûtra, das vorwiegend von Tathâgata handelt, der den „Baumtod“ erlitt – und dennoch oben auf dem Berg weiterlebte.

Dies leitet über zu der zweiten Bedeutung, die sich mit dem Kreuz verbindet – die berühmte Kreuzigung Jesu. – Was hat sich da eigentlich ereignet?

Kapitel 9

Die Kreuzigung

Aus dem 11. Kapitel des Lotus-Sûtra:

Ein Stûpa kam durch die Luft geflogen, und aus dem Inneren des Stûpa ertönte lauter Beifall:

Sâdhu, sâdhu... Sâkyamune! [1]
„Gut, gut, Sâkyamuni!"

Um herauszufinden, wem die Stimme gehörte, öffnete Sâkyamuni den Stûpa, so daß er in zwei Teile gerissen wurde. Innen im Stûpa saß ein Tathâgata namens Prabhûtaratna [auf deutsch ohne Endungs-s] auf einem Lotusthron, abgemagert und erschöpft. Er war fliegend in seinem Stûpa hergekommen, um der Verkündung des Lotus-Evangeliums durch Sâkyamuni zuzuhören.

Dieses Sûtra, heißt es, sei das wichtigste aller Sûtras, und wer dieses Sûtra trägt, trägt auch Tathâgatas Leib. Weiter heißt es: Für dieses Sûtra solle man sowohl Leib und Leben opfern.

Etwas später beginnt die Erde zu beben, die Felsen tun sich auf, und aus den Spalten der Erde strömen unzählige Bodhisattvas, die versprechen, dieses Sûtra in der ganzen Welt zu verkünden. Die unzähligen Bodhisattvas fliegen hoch in den Stûpa, der in der Luft schwebt.

Der Stûpa wird zu einem Symbol für Tathâgata. Selbst wenn Tathâgatas Reliquien vielleicht gar nicht in ihm enthalten sind, reicht es aus, daß darin das beste Sûtra oder auch nur ein paar Blätter des Sûtra als Manuskript oder in Buchform vorhanden sind. Selbst wenn der Stûpa völlig leer ist, so ist er trotzdem ein Symbol für Tathâgata, dessen Le-

---

[1] Engl. Übersetzung von H. Kern (1884), Internet: *„Excellent, excellent, Lord Sâkyamuni!"* [Chapter XI, Apparition of a Stûpa]

ben unendlich ist. Alle Stûpas der ganzen Welt sind gleichfalls Symbole für den ewigen Tathâgata, der sich zu allen Zeiten auf dem heiligen Berg Grdhrakûta aufhält, umgeben von seinen Jüngern mit den 1200 Mönchen an der Spitze.

All das kann jedermann selbst im Lotus-Sûtra nachschlagen.

Der Stûpa mit dem Sûtra wird also das große Symbol für den ewigen Tathâgata, dessen Tod nur ein Schauspiel war.

Erst im Lichte dieser Vorkommnisse bekommt die rätselhafte Schilderung der Evangelisten von Jesu Kreuzigung, Tod und Auferstehung und seinem Aufenthalt auf dem unbekannten Berg einen Sinn. Die Beschreibung Tathâgatas und des Stûpa im Lotus-Evangelium ist eine Weiterentwicklung der klassischen Beschreibung von Tathâgatas Tod in Kusinagarî zwischen den zwei Sal-Bäumen[2]. Tathâgatas Leib wurde in Laken eingehüllt und in einen Sarg mit Öl gelegt.

Schließlich wurde Tathâgatas Leiche verbrannt und der Rauch stieg hoch zu Brahmas Welt.

Darauf entstand ein Streit über die Verteilung der Reliquien. Der Streit wurde beigelegt durch einen Mann aus dem Dhumra-Geschlecht.

Dieser Mann wird zu dem reichen Mann von *Arimathaia*: *dh-m-r* = *r-m-t*, dem Mann, der sich Jesu Leib annahm.

Bekannt ist auch die Beschreibung des *Gautama(s)*, der Vorfahr „unseres" berühmteren Gautamas war. Dieser Gautama wurde gekreuzigt, nachdem er für einen Mord verurteilt wurde, den er nicht begangen hatte. Die Kreuzigung, oder richtiger das Aufspießen [sanskrit *sûle*], fand an einem Ort statt, der „Schädelstelle" [sanskr. *kapâlâny avasthitâni*; wörtlich: „die Schädel liegen da"] genannt wurde – dem Hintergrund für Golgata (die ganze Geschichte: SBV I, S. 21-26).

Die Evangelisten haben also die verschiedenen Legenden vermischt und eine ganz neue Einheit geschaffen.

Wenn wir heute aus diesem Durcheinander den Sinn herauslesen wollen, dann müssen wir erst die einzelnen Fäden entwirren.

---

[2] Sal-Baum = Vatica robusta, ein großer stattlicher Baum

Der Versuch, alle Fäden zu entwirren, würde hier zu weit führen. Fast jedes griechische Wort, jeder griechische Satz läßt sich auf eine Vorlage auf sanskrit zurückführen.

Es ist z.B. verwunderlich, daß Dunkelheit über die Erde fällt, als Jesus zur neunten Stunde des Tages stirbt. Das Sanskrit-Original besagt, daß Tathâgata, nachdem er die neunte Stufe der Meditation erlangt hatte, ins Nirwana eingeht, und zwar des Nachts, während es dunkel ist. Zu diesem Zeitpunkt, heißt es ausdrücklich, hatte sich die Dunkelheit über ganz Indien gesenkt.

Matthäus hat sein Original also sorgfältig nachgeahmt. Indem er die Nacht zum Tage macht, erzielt er eine paradoxe und wunderliche Wirkung, die zweifellos beabsichtigt ist. Er *will* Verwunderung und Glauben wecken.

Zu Recht sagen manche, Jesus habe Elia(s) gerufen – aus dem man das griechische *Hêlios* – Sonne – heraushört. Natürlich ruft Jesus nach der Sonne und dem Licht, – denn es ist ja dunkel!

Im Original war es Tathâgata innen im Stûpa, der Sâkyamuni rief. Einer der vielen Beinamen des Sâkyamuni ist nämlich *Narâdityas*, „Menschensonne", von sanskrit *naras*, „Mensch", und *âdityas*, „Sonne".

Jesus, der vom Kreuz aus Elia(s) anruft, war also in Wirklichkeit ein Tathâgata namens Prabhûtaratnas, der Sâkyamuni rief und ihn lobte, weil er das Lotus-Evangelium verkündet hatte. Beide rufen die Sonne an.

Der „Gottessohn", der zweimal aufgefordert wird, vom Kreuz herunterzusteigen (Matthäus 27:40[3] und 27:42[4]), ist also eine ganz andere Person als diejenige, die gekreuzigt wurde.

Es geht hier also um drei ganz verschiedene Ereignisse:

Erstens: den Vorvater Gautamas, der unschuldig verurteilt und an der Schädelstelle [auf dem Schädeldecken-Platz] gekreuzigt wurde. Der Ort ist nach zwei Schädeln [Schädeldecken] – von zwei Räubern – benannt.

---

[3] Matthäus 27:40: *„... Bist du Gottes Sohn, so steig herab vom Kreuz!"*

[4] Matthäus 27:42: *„... Ist er der König Israels, so steige er nun vom Kreuz, so wollen wir ihm glauben."*

Zweitens: Tathâgata, der zwischen zwei Sal-Bäumen ins Nirwana einging – zwischen zwei Räubern.

Aus zwei verschiedenen Geschichten wird eine Räubergeschichte!

Drittens: Tathâgata, der im Stûpa angeflogen kam, um Sâkyamuni seinen Beifall zu spenden, als dieser das Lotus-Sûtra verkündet hatte.

Wenn Matthäus in 27:51 schreibt, daß der Tempelvorhang von oben nach unten in zwei Teile gerissen wurde, dann handelte es sich ursprünglich um den Stûpa, der von oben nach unten in zwei Teile gerissen wurde. Dies geschah, damit die Jünger sehen konnten, wer aus dem Stûpa herausrief.

Wenn bei Matthäus an der entsprechenden Stelle die Rede von Erdbeben ist, so daß die Felsen zerrissen und sich die Gräber auftaten und viele Leiber der Heiligen aufstanden und in die heilige Stadt kamen, dann handelte es sich ursprünglich im sanskritischen Original um ein Erdbeben und unzählige Bodhisattvas, die aus den Spalten der Erde kamen und hinauf zum Stûpa flogen, der in der Luft schwebte.

Der Stûpa, um den es sich hier handelt, ist ein „Juwelen-Stûpa", sanskrit *ratna-stûpam*. Wie gesagt ruft der abgemagerte Tathâgata namens Prabhûtaratnas aus diesem *ratna-stûpam* den *Sâkyamunis*, die Menschensonne.

Es wird bei Matthäus ausdrücklich gesagt, daß Jesus, alias Tathâgata, Elia(s) = *Hêlios* = die Sonne = *Sâkyamunis* anruft, nachdem er zweimal aufgefordert worden war, vom Kreuz herabzusteigen. Beim zweiten Mal wird ein kleines „nun", griechisch *nun* hinzugefügt: also: *nun apo tou staurou*, – wörtlich: „nun von dem Kreuz".

Dem griechischen *nun apo tou staurou* liegt also sanskrit *ratna-stûpam* zugrunde (*r-t-n-s-t-p-m* = *n-n-p-t-s-t-r*).

Tathâgata befand sich also nicht an einem „Kreuz", sondern in einem Juwelen-Stûpa.

Überspringen wir hier die Episoden mit der Grablegung und der Grabeswache (Matthäus 27:57-66), die von anderen Stellen in Buddhas Testament stammen, so kommen wir schließlich zum letzten Kapitel des Matthäus.

Hat denn dieses Kapitel etwas mit einem Stûpa zu tun? –

Sogar in hohem Grade!

Meistens kommt in modernen Übersetzungen nicht die Tatsache zum Ausdruck, daß der griechische Text für „Grab" zwei völlig verschiedene Wörter verwendet.

Wenn der Mann aus Arimathaia den Leib Jesu in ein Grab legt und einen Stein vor den Eingang des Grabes rollt, dann ist das griechische Wort hier *mnêmeion*, etwa „Monument". Das Wort *mnêmeion* taucht wieder in Matthäus 28:8 auf.[5]

Ursprünglich war hier die Rede von Tathâgatas Sarkophag.

Das Sanskrit-Original unterscheidet genau zwischen Tathâgatas Sarkophag und Tathâgatas Stûpa.

Wenn dagegen die Frauen und Soldaten das Grab bewachen und es sich zeigt, daß es leer ist, wird ein ganz anderes griechisches Wort gebraucht, nämlich *taphos*.

Aus Matthäus 28:1-7 geht hervor, daß ein solcher *taphos* offenbar ein Ort ist, wo sich mehrere Personen gleichzeitig aufhalten können. In Matthäus 28:6 wird genau der Ort – griechisch *topos* – beschrieben, wo der von den Toten Auferstandene lag.

Die beiden griechischen Worte *taphos* und *topos* verdienen es, genauer betrachtet zu werden.

Es ist völlig paradox, daß der Leichnam in einen *taphos* eingebracht wurde, sich aber trotzdem nicht an dem betreffenden Ort befand.

Für denjenigen aber, der den historischen Hintergrund kennt, ist die Sache klar: Griechisch *taphos* und *topos* übersetzen die Bedeutung und den Lautwert von sanskrit *stûpa*.

Auch den Engel des Herren, der vom Himmel herabsteigt, kennen wir aus Buddhas Testament. Das war(en) ursprünglich Bodhisattva und Tathâgata.

Mit dieser quellenkritischen Untersuchung schließt sich der Ring.

---

[5] Siehe auch *taphos* in Matth. 27:7 und *mnêmeion* in Matth. 27:60, sowie wiederum *taphos* in Matth. 27:66.

Jesus, der am Kreuz ruft, und Jesus im Grab war ursprünglich Tathâgata im Stûpa.

Aber nicht genug damit! Jetzt sehen wir auch, daß es dennoch einen Zusammenhang mit der anderen Verwendung des Wortes „Kreuz" gibt.

Wenn Jesus seine Jünger oben aufforderte, ihr „Kreuz" zu nehmen und zu tragen, womöglich gar täglich, dann bedeutet das ja, daß sie das Sûtra, das Lotus-Evangelium, in die ganze Welt hinausbringen sollten. Es ergibt keinen Sinn, sich jeden Tag an einem „Kreuz" aufhängen zu lassen, – was sie ja auch nicht getan haben.

Im Lotus-Evangelium wird ausdrücklich gesagt, daß Tathâgata in ihm enthalten ist. Das ist ganz einfach zu verstehen, da ja das Lotus-Evangelium vor allem von Tathâgata handelt, der seinerseits in unzähligen Formen, an unzähligen Orten und zu unzähligen Zeitpunkten auftritt.

Ein anderes Symbol für Tathâgatas Leib ist der Stûpa. Auch das ist nicht schwer zu verstehen. Wer also zu einem Stûpa betet, betet zu Tathâgata.

Tathâgata anzubeten bedeutet, zum Lotus-Evangelium zu beten oder einen Stûpa anzubeten; – die drei Dinge laufen letztendlich auf genau das gleiche hinaus.

Das Kreuz ist daher, wenn man alles zusammenfaßt, ein Symbol für das Buch, *Sûtra*, und das Bauwerk, *Stûpa*, das Tathâgatas Leib enthält. Die Botschaft lautet also, daß man sein *Sûtra* nehmen und in einen *Stûpa* tragen soll, – denn so zeigt man seinen Glauben an Tathâgata.

Aus dem folgendem Zitat aus dem 10. Kapitel des Lotus-Sûtra geht sehr deutlich hervor, daß Tathâgatas Leib eins ist mit dem Lotus-Sûtra und mit dem Stûpa:

> *„Wieder* [again], *Bhaishagyarâga, auf jeder Stelle* [spot] *der Erde, wo dieses Dharmaparyâya erläutert, gepredigt, geschrieben, studiert oder im Chor vorgetragen wird, auf jener Stelle, Bhaishagyarâga, sollte man einen Tathâgata-Schrein errichten* [build], *prachtvoll, aus kostbaren Materialien bestehend, hoch* [high], *geräumig* [spacious]; *es ist jedoch nicht notwendig, darin Reli-*

quien von Tathâgata niederzulegen [depose]. *Denn der Körper Tathâgatas ist dort, sozusagen, auf kollektive Weise* [engl. Adv. *collectively* von sanskr. *eka ghanam eva*] *niedergelegt* [deposited]. *Jeder Ort* [spot] *der Erde, an dem dieses Dharmaparyâya erläutert oder gelehrt oder rezitiert oder im Chor gesprochen* [rehearsed] *oder geschrieben oder in einem Buch aufbewahrt* [kept in a volume] *wird, muß geehrt, geachtet, verehrt, angebetet werden, als ob es ein Stûpa wäre, mit allen Arten von Blumen, Weihrauch, Wohlgerüchen, Blumengewinden, Salbe, Puder, Kleidern, Schirmen, Flaggen, Fahnen ...*" [6]
[Übers. aus dem Engl. von H. Menkens]

Zum Vergleich nachfolgend die Übersetzung des entsprechenden aber leicht abweichenden Textes aus dem chinesischen Lotus-Sûtra von Kumârajîva:

„An allen Orten, wo man das Sûtra predigt, liest rezitiert, schreibt oder wo die Sûtrenbände liegen, soll man einen Stûpa von sieben Juwelen bauen, und zwar sehr hoch und breit und glänzend geschmückt. Aber es ist nicht notwendig, dort Reliquien zur Ruhe zu legen. Warum ist es so? In diesen ist schon der ganze Leib [eka-

---

[6] Englischer Original-Text von H. Kern (1884):

„Again, Bhaishagyarâga, on any spot of the earth where this Dharmaparyâya is expounded, preached, written, studied or recited in chorus, on that spot, Bhaishagyarâga, one should build a Tathâgata-shrine, magnificent, consisting of precious substances, high, and spacious; but it is not necessary to depose in it relics of the Tathâgata. For the body of the Tathâgata is, so to say, collectively (*eka-ghanam eva*) deposited there. Any spot on earth where this Dharmaparyâya is expounded or taught or recited or rehearsed in chorus or written or kept in volume, must be honoured, respected, revered, worshipped as if it were a Stûpa with all sorts of flowers, incense, perfumes, garlands, ointment, powder, clothes, umbrellas...".
(H. Kern: „Saddharma-Pundarîka (The Lotus Sutra)", Übersetzung ins Englische von H. Kern (1884), Sacred Books of the East, Bd. 21, Kapitel X)

ghanam eva] des Tathâgata. Diesem Stûpa sollte man mit allen Blumen und Düften, Girlanden, Seiden-Baldachinen, Bannern und Flaggen, Musik und Hymnen Verehrung darbringen, ihn preisen und loben."

(Margareta von Borsig: *„Lotos-Sûtra – Das große Erleuchtungsbuch des Buddhismus"*, vollständige Übersetzung nach dem chinesischen Text von Kumârajîva, ins Deutsche übersetzt von Margareta von Borsig, Herder spektrum Bd. 5372, 3. Aufl., Freiburg 2003, Seite 214-215)

Man soll also überall auf der Erde ein Heiligtum, ein Denkmal [*caitya*] für Tathâgata errichten. Auch wenn das Heiligtum, dieser *caitya*, vielleicht gar keine Reste von Tathâgatas irdischem Leib enthält, so ist Tathâgatas Leib dennoch darin enthalten. Das Schlüsselwort ist hier, daß Tathâgatas Leib im Denkmal „in Gänze", sanskrit *eka-ghanam*, enthalten ist.

Das Schlüsselwort wird auf griechisch zu dem wohlbekannten und geheimnisvollen *mono-genês*, das in Johannes 1:14 und 18 zu dem *„eingeborenen Sohn"* wird.

Das ist beinahe unbegreiflich. Hat Gott nur einen Sohn, oder wie soll man das verstehen?

Das griechische *mono-genês* ist eine genaue Wiedergabe von sanskrit *eka-ghanas*. Der erste Teil, wo *eka-* zu *mono-* wird, ist vom Sinn her eine genaue Wiedergabe. Der zweite Teil, wo *-ghanas* zu *-genês* wird, ist eine genaue lautliche Wiedergabe, die aber vom Sinn her irreführend ist, – wenn man nämlich das Sanskrit-Original hinter der Codesprache nicht kennt.

Wörtlich bedeutet sanskrit *eka-ghanas* etwa „eine kompakte Masse". Das umschreibt im Original Tathâgatas Leib. KERN übersetzt dieses mit *„collectively"*. Besser wäre wohl *„in seiner Gesamtheit, in Gänze, unversehrt"* oder Ähnliches. Im Sinne der Göttlichkeit Tathâgatas könnte man den Ausdruck vielleicht auch mit *„allgegenwärtig"* übersetzen, ganz gleich ob Tathâgata körperlich anwesend ist oder nicht. Der paradoxe Gedanke ist auch nicht leicht auszudrücken: Selbst wenn Tathâgatas Leib nie in ein Denkmal, *caityas*, eingebracht wurde, so ist er doch „in Gänze“ dort, könnte man auch „im übertragenen Sinne“ sagen. Jede Stelle der Erde, an der das Lotus-Evangelium genannt, gelehrt, gelesen oder im Chor gesungen wird, wird in einen Stûpa verwandelt.

Der Grundgedanke ist also der, daß das Erklingen der Worte und des Inhalts des Lotus-Evangeliums diese Orte in ein Heiligtum für Tathâgata verwandelt.

Dieser eigentümliche Gedanke besagt letztendlich, daß man sowohl auf Tathâgata als auch auf Denkmäler und Heiligtümer gut verzichten kann.

Das Erklingen des Lotus-Evangeliums ist das Grundlegende und Entscheidende.

Deshalb nennen Matthäus und die anderen Evangelisten so oft und gerne den Namen des Tathâgata und des Saddharmapundarîka-Sûtra. Daher die zahlreichen Wortspiele und Wiedergaben von *pundarîka* und *sûtra*.

Ich habe einleitend betont, daß das Kreuz im Matthäus-Evangelium in mehreren ganz verschiedenen Bedeutungen verwendet wird.

Ich habe gezeigt, daß es auch eine buddhistische Legende über Gautama gibt, der an einem Pfahl aufgespießt wurde.

Das Sanskritwort ist *sûlam* und wird sowohl sinngemäß als auch lautgemäß genau durch griechisch *xulon*, ein Pfahl, wiedergegeben. Es stimmt also, wenn es in der Apostelgeschichte 5:30 und 10:39 heißt, daß sie ihn töteten, indem sie ihn an das Holz – einen Pfahl – gehängt haben.

Es ist dabei nicht die Rede von einem Kreuz.

Überall, wo die Rede davon ist, sein Kreuz, *stauron*, zu nehmen und zu tragen, und wo eine Stimme vom „Kreuz“, *stauron*, ertönt, ist ein Sûtra gemeint – nämlich das Lotus-Sûtra (*s-t-r* = *s-t-r*).

Auf das Wesentlichste konzentriert lautet die Botschaft: Man wird einfach dadurch erlöst, daß man Tathâgatas Namen nennt, wie er vor allem im Lotus-Sûtra vorkommt.

Das Lotus-Sûtra könnte daher auch das Lotus-Kreuz genannt werden. Und da dieser Lotus, *Pundarîka*, Tathâgata selbst darstellt, entspricht das Bild von Jesus am Kreuz dem Bilde von Tathâgata im Stûpa, wie es im 11. Kapitel des Lotus-Sûtra beschrieben wird.

Die letzten Worte von Jesus („Jesu Kreuzworte")

Die letzten Worte Jesu vom Kreuz, d.h. aus dem Stûpa, lauteten, wie in Matthäus 27:46 berichtet:

êlei êlei lema sabakhthanei,

die Matthäus mit der vermuteten Bedeutung ins Griechische übersetzte:

„Mein Gott, mein Gott, warum hast du mich verlassen?"

Es geschah in der neunten Stunde und es war im ganzen Lande dunkel. Die Sonne war von Dunkelheit bedeckt. So wird es im MPS 42 berichtet, als Tathâgata nach der neunten Stufe der Versenkung ins Nirwana eingeht und es über ganz Indien dunkel wird.

Die letzten Worte Jesu wurden, wie gesagt, aus einer anderen sanskritischen Quelle abgeschrieben, nämlich dem SDP:

sâdhu sâdhu ... Sâkyamune.

Es ist völlig klar, daß das *„sâdhu sâdhu"* zu *„êlei êlei"* wird, und das *„Sâkyamune"* zu *„sabakhthanei"*, ebenfalls vier Silben. Jeder Buddhist würde das Wortspiel am Klang erkennen.

Die numerischen Werte unterscheiden sich jedoch. Der Zahlenwert von Jesu Kreuzeswort beträgt:

$$8 + 30 + 5 + 10 + 8 + 30 + 5 + 10 + 30 + 5 + 40 + 1$$
$$+ 200 + 1 + 2 + 1 + 600 + 9 + 1 + 50 + 5 + 10 = 1061$$

Damals wußten alle griechischen Schulknaben, daß 1061 der numerische Wert von *Apollôn* war:

$$1 + 80 + 70 + 30 + 30 + 800 + 50 = 1061$$

Und wie bekannt ist, identifizierten fast alle Griechen *Apollôn* mit der Sonne [*Hêlios*].[7]

Jene, die anwesend waren, behaupten, daß Jesus *Hêleias* anrief. Das Wortspiel auf *Hêlios* ist offensichtlich. Dies bedeutet ohne jeden Zweifel, daß Jesu Gott *Apollôn* war, die Sonne.

---

[7] PLUTARCH, *„Das E in Delphi"*, Kap. 4.

Aber widerspricht diese Indentifizierung nicht all dem, was über das SDP und das MPS bezüglich der buddhistischen Quellen des Matthäus usw. gesagt wurde? Nicht im geringsten. Wie bereits angedeutet, gibt es auch noch die Frage nach den Ursprüngen der buddhistischen Quellen.

Am Ende können Buddha, Sâkyamuni, Siddhârthas usw., und die Legenden und die Lehren des Buddhismus auf griechische Quellen zurückgeführt werden. Dies bedeutet, daß Buddha sowohl *Zeus* als auch *Apollôn*, *Hermês* usw. in Verkleidung ist.

Wenn Jesus mit seinem Kreuzeswort *Apollôn* als seinen Gott offenbart, stimmt dies sehr gut mit der Tatsache überein, daß er sich selbst ebenfalls mit Sâkyamuni usw. identifiziert. Sie sind dieselben.

Gleichzeitig erkennen wir die wunderbare Fähigkeit des Matthäus und der anderen Evangelisten, wenn es darauf ankam, verschiedene Quellen miteinander zu vereinigen. Der Text ist als Ganzes ein Mosaik, und so ist Jesus die Hauptfigur in diesem Mosaik. Das literarische Vorgehen beweist die fiktive Natur des Helden der Geschichte.

Kapitel 10

Die Zahlen 153, 612 und 1224

Viele Namen und Sätze ergeben Zahlenwerte, die unmöglich willkürlich oder zufällig sein können.

Sucht man nach den Hauptpersonen sowohl in Buddhas Testament als auch im Neuen Testament, so scheinen die Verfasser den Zahlen 153 und 1224 und den in ihnen enthaltenen Faktoren eine ganz besondere Bedeutung beigemessen zu haben.

Die beiden Zahlen 153 und 1224 hängen zunächst insofern zusammen, als 8 x 153 = 1224 beträgt.

Auch die Zahl 612 ist wichtig, denn 4 x 153 = 612 und 2 x 612 = 1224.

Die Methode ist hier wieder die übliche:

Zuerst werden die Zahlenwerte der Hauptperson in Buddhas Testament bestimmt, dann die Zahlenwerte der Hauptperson im Neuen Testament ermittelt. Zeigt es sich, daß die Zahlenwerte übereinstimmen, hat man einen weiteren Beweis für die Abhängigkeit des Neuen Testaments von Buddhas Testament gefunden.

Beginnen wir also mit einigen wichtigen Zahlenwerten, die mit Buddhas Testament verbunden sind!

Fangen wir mit *Buddhas* an – also der ursprünglichen Namensform, die auf sanskrit mit *-s* endet:

Der Zahlenwert von *Buddhas* **(*b-u-ddh-a-s*)** ergibt sich aus[1]:

2 + 400 + 9 + 1 + 200 = 612.

Der Zahlenwert von Buddha(s) beträgt somit 612, also die Hälfte von 1224.

---

[1] Es ist zu beachten, daß die Konsonantengruppe *ddh* gewöhnlich wie ein einfacher dentaler Konsonant gezählt wird, ebenso wie bei *Aniruddhas*, das zu *Andreas* wurde, usw.

Buddhas wichtigster und am häufigsten vorkommender Titel ist zweifellos Tathâgata. Der Zahlenwert von *Tathâgatas (t-a-th-â-g-a-t-a-s)* ergibt sich aus:

300 + 1 + 9 + 1 + 3 + 1 + 300 + 1 + 200 = 816.

Der Zahlenwert von Tathâgata(s) beträgt somit 816, also zwei Drittel von 1224.

Das Dharma von Buddha oder Tathâgata wird gemeinsam als *kalyânam*, „Gut", bezeichnet. Der Zahlenwert von *kalyânam* ist:

20 + 1 + 30 + 10 + 1 + 50 + 1 + 40 = 153.

Das Dharma des Buddha oder Tathâgatas wird als Weg mit acht Ecken [sanskrit: *anga*] bezeichnet, – was oftmals frei und irreführend als der *achtteilige Pfad* übersetzt wird.

Dieser Ausdruck zielt deutlich auf eine geometrische Figur hin – nämlich ein Achteck. Wir finden dieses Achteck in früher buddhistischer Architektur (PLAESCHKE, S. 38) und später in den christlichen Baptisterien [Taufkapellen, Taufsteinen].

Multipliziert man 8 mit 153, kommt man wieder zur Zahl 1224.

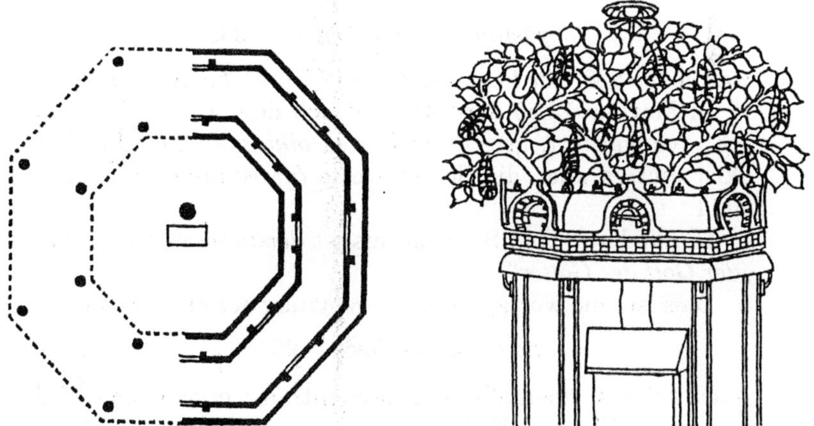

Abb. 5: Grund- u. Aufriß eines achtseitigen Bodhigrhas vom Osttor des Stûpas I von Sânchi (PLAESCHKE, S. 38).

Zusammenfassend kann man also festhalten, daß die Zahl 1224 und deren Faktoren Bestandteile des Hauptnamens des Buddha und seiner Lehre, des Dharma, sind.

In Johannes 14:6 identifiziert sich Jesus selbst mit „dem Weg" [*hê hodos* = 352] und der Wahrheit [*hê alêthera* = 72], – zwei typisch buddhistischen Fachausdrücken.

Kann es sein, daß sich Jesus selbst zum buddhistischen achtfachen [*oktogonalen*; wörtlich: achteckig(en)] Weg bekennt?

Lassen Sie uns einen Blick in das sanskritische Original werfen. Dort gibt es zwei oder drei Ausdrücke für den edlen, oktogonalen Weg:

âryâstângas + *mârgas* [„Weg"] = 867 + 345 = 1212.

Jesus ist bekannt als „Jesus von Nazareth", griechisch *Iêsous apo Nazareth* = 1212.

Jesus wird ebenfalls mit Elia(s) indentifiziert, griechisch *ho Êleias* = 324. Und da 888 [= Jesus] + 324 = 1212 beträgt, folgt daraus, daß Jesus von Nazareth mit dem achtfachen buddhistischen Weg identisch ist; auf die Architektur bezogen, kommt der oktogonale Weg als Baptisterium vor.

Im Sanskrit haben wir im selben Sinne auch

âryâstângikas + *mârgas* = 1242,

was Jesus 888 + 354 entspricht, „der Gute", *ho agathos*.

In Markus 13:35 wird Jesus durch den „Herrn des Hauses" symbolisiert, griechisch *kurios oikias* = 1111. Im Sanskrit gibt es auch die Schreibweise *âryâstângiko mârgas* = 1111.

Ein anderer Titel Sâkyamunis ist *devânâm devas* = 1111, *„der Gott der Götter"*.

Dies ist eine wortgetreue Übersetzung des griechischen

ho theos tôn theôn = 2368.

Aber 2368 ist ebenfalls, wie bekannt, der numerische Wert von *Iêsous Khristos*. Er ist also „der Gott der Götter".

Hieraus folgt daher, daß Jesus oder Jesus Christus sich selbst auf verschiedene Weisen mit dem arischen oktogonalen [achtfachen] Pfad identifiziert.

Im Sanskrit kennen wir auch *âryâstângo mârgas* = 1081 = Putras.

Dieser Putras wird, wie wir gesehen haben, zu *Petros* [Petrus], der mit dem Stein oder Fels [griechisch *petra* = 486] verglichen wird, auf den Jesus seine Kirche bauen will. Dieser Stein weist daher auf den achteckigen Taufstein [Baptisterium] hin.

Aber nun zur Untersuchung der anderen Hälfte des Neuen Testaments.

Der Evangelist Johannes gibt in Kapitel 21:11 die Anzahl großer Fische im Netz mit 153 an.

Die Zahl 153 ist durchaus nicht zufällig gewählt. Bekanntlich ergibt sich die Zahl 153 unter anderem dadurch, daß man die Zahlen von 1 bis 17 zusammenzählt.

Was die Zahl 153 in diesem Zusammenhang bedeutet, wird erst klar, wenn man geometrisch denkt.

Die Ehre, als erster die tiefere Bedeutung der Zahlen hier erkannt zu haben, kommt wohl dem Engländer JOHN MICHELL zu [„*City of Revelation*“, London, 1972].

Wenn man nun die Zahlenwerte der „Fische“ und des „Netzes“ ermittelt, gehen einem sozusagen ein paar ganz große Fische ins Netz:

Das griechische Wort für Fische ist *ikhthues*

= 10 + 600 + 9 + 400 + 5 + 200 = 1224.

Das griechische Wort für „das Netz“ ist *to diktuon*

= 300 + 70 + 4 + 10 + 20 + 300 + 400 + 70 + 50 = 1224.

Da wir bereits aus anderen Beispielen mit Sicherheit wissen, daß Johannes größten Wert auf die Zählung von Worten und Silben gelegt hat, kann kein Zweifel darüber bestehen, daß er auch hier an den Zusammenhang zwischen 153 und 1224 gedacht hat.

So besteht Johannes 17:16-26 z.B. aus 486 Worten, was genau dem Zahlenwert der Hauptperson des Abschnittes, nämlich „Vater“, griechisch *pater*, entspricht

= 80 + 1 + 300 + 5 + 100 = 486.

Man kann wohl ohne Übertreibung feststellen, daß die Zahlen 153 und 1224 bei Johannes eng mit Jesus und seinem Dharma zusammenhängen.

Und gerade das war unsere Schlußfolgerung, als wir zuvor die Zahlen 153 und 1224 usw. im Zusammenhang mit Buddhas Testament betrachteten.

Ohne Zweifel hängen beide Testamente direkt zusammen, – doch wie kann man auch sicher sein, daß dem buddhistischen das Erstgeburtsrecht zukommt?

Ja, – das kann man unter anderem daran erkennen, daß man beim Zählen der Silben bei den Evangelisten zu dem Ergebnis gelangt, daß die jeweilige Anzahl der Silben in einem bestimmten Abschnitt durch die entsprechenden Zahlenverhältnisse in der jeweiligen buddhistischen Sanskritquelle vorgegeben wird.

Für die Christen steht der Zahlenwert 1224 auch für *Kurios Daueid* – der „Herr David" –, ebenso wie für *ho kurios ho theos*, „der Herr der Gott".

Nachfolgend werden zwei Beispiele angeführt, in denen die Zahlenwerte der Evangelien von der buddhistischen Vorlage bestimmt werden.

Im bekannten Gleichnis über das anvertraute Vermögen – die anvertrauten Zentner [Luther-Rev. 1984] bzw. fünf, zwei und ein Talente Silbergeld [Einheitsübers. 1979] – in Matthäus 25:14-30 steht zweifellos der Mann im Mittelpunkt, der zehn Talente hat, was auf griechisch *ta deka talanta* heißt. Der ganze Satz lautet: „Gib ihm, der die zehn Talente [Zentner] hat", *dote tô ekhonti ta deka talanta.*

In Buddhas Testament geht es darum, Tathâgata und sein Dharma zu empfangen und aufzunehmen, wie es vor allem im Lotus-Sûtra verkündet wird.

Der griechische Satz besteht aus zwei Teilen mit je sechs Silben, *dote tô ekhonti* und *ta deka talanta*. In jedem der beiden Sätze findet man die Konsonanten von *Tathâgatam* wieder, also Tathâgata als Akkusativobjekt: *Tathâgatam* (*t-th-g-t-m*) wird erst zu *d-t-t-kh-n*, dann zu *t-d-k-t-n* (wobei *l* als Halbvokal wegfällt; *k* und *g* haben den gleichen Konsonantenwert, da beides Gutturale sind; *n* und *m* sind beides Nasale). Jeder der beiden kleinen Sätze kann natürlich mit dem gleichen Ergebnis von hinten gelesen werden [ein sogenanntes Palindrom, z.B. Nebel – Leben].

Der ganze Abschnitt von Matthäus 25:14-30 besteht aus genau 612 Silben. Die Hauptperson ist teils Tathâgata, teils der Mann, der Tathâgata besitzt, also der Gläubige, der Tathâgata anruft. Tathâgata ist kein anderer als Buddha, und der Zahlenwert von *Buddhas* ist ja genau 612, wie oben gezeigt wurde. *Tathâgatam* zu haben ist das gleiche wie Buddha zu besitzen.

Mit anderen Worten: Der Evangelist ahmt das Original in drei Beziehungen nach. Von der Bedeutung her steht Tathâgata oder Buddha im Mittelpunkt. Der Laut- oder Konsonantenwert von *Tathâgatam* wird mindestens zweimal in dem Satz *dote tô ekhonti – ta deka talanta* nachgeahmt. Und schließlich wird der Zahlenwert der Hauptperson [*Buddhas* = 612] durch die Gesamtzahl der Silben dieses Abschnittes – nämlich 612 – wiedergegeben.

Darüber hinaus ist der numerische Wert von *Tathâgatam* = 656 = *Messias!*

Das andere Beispiel hängt mit dem Namen *Sâkyamunis* zusammen, dessen Zahlenwert sich, wie gesagt, auf 932 beläuft.

Sâkya-munis bedeutet, daß Buddha alias Tathâgata ein *munis*, ein „Weiser" des Sâkya-Geschlechts ist, das in der Stadt *Kapila-vastu*, das wiederum zu *Kap(h)er-naoum* verwandelt wurde, herrschte.

Matthäus betreibt mehrere Wortspiele mit den Konsonanten von *Sâkya-munim* (Sâkyamuni als Akkusativobjekt), wenn er z.B. in einem anderen Gleichnis Jesus „einen Feigenbaum", griechisch *sukên mian*, sehen läßt (Matthäus 21:19). Hier handelt es sich sogar um ein doppeltes Wortspiel. Tathâgata wird oft mit einem Feigenbaum verglichen. Der Feigenbaum wird zum Symbol für Tathâgata. Wenn Jesus also einen *sukên mian* erblickt, dann sieht er nicht nur *Sâkya-munim* (*s-k-m-n-m* = *s-k-n-m-n*), sondern auch den Feigenbaum. (Matthäus überträgt somit drei der vier ursprünglichen Vokale!)

Der Evangelist schreibt oft, daß Jesus „einzig", griechisch *monos*, sei, ein neues Wortspiel mit sanskrit *Munis* (*m-n-s* = *m-n-s*), einem weiteren Namen des Tathâgata.

Sâkyamunis Vater, der König in Kapilavastu war, hieß Suddhodanas.

Daher kommt es, daß Simôn Petros in Matthäus 16:16 sagte, daß „der Christus", griechisch *ho khristos*, „der Sohn des lebendigen Gottes" sei, griechisch *theou tou zôntos*. Diese Worte bedeuten genau genommen, daß Ksatriyas [= *ho khristos*], der Königssohn, Sohn des Suddhodanas, (im Genitiv: *Suddhodanasya*) ist. Das griechische *theou tou zôntos* gibt nämlich den Namen des Königs wieder: *s-d-dh-d-n-s* = *th-t-z-n-t-s*. In jeder Sprache gibt es zwei Dentale, drei Sibilanten, und einen Nasallaut [vgl Seite 261].

Da Matthäus mehrmals mit dem Klang der Worte *Munis* und *Sâkyamunis* usw. spielt, ist zu erwarten – so viel wissen wir inzwischen über seine Nachahmungsmethode –, daß er auch den Zahlenwert von *Sâkyamunis*, also 932, in seinem Text an einer zentralen Stelle wiedergibt. Und das ist tatsächlich der Fall[2]:

An der vielleicht zentralsten Stelle – nicht nur bei Matthäus, sondern des Neuen Testament als Gesamtheit – identifiziert sich Jesus, dessen Zahlenwert 888 beträgt, mit *„dieses mein Blut"*.

Während des Abendmahls, auf das ich zurückkommen werde, lassen sowohl Matthäus als auch Markus Jesus wörtlich sagen:

„Das Blut, meines, des Testamentes".

Freier übersetzt wird es zu dem berühmten Wort:

„Dies ist mein Blut, das Blut des Paktes."

Der griechische Text lautet:

to haima mou tês diathêkês;
„das [*to*] Blut [*haima*] mein [*mou*] des [tês]
Paktes [diathêkês]".

In mehr oder weniger unklarer Weise – über deren rechte

2 Man erinnere sich an das Schulbeispiel (Seite 28 f.) aus der Apostelgeschichte 26, wo der gemeinsame Zahlenw. aus den Namen der beiden Hauptpersonen *Agrippas* + *Kurios* [= 1275] der Gesamtzahl der Silben des entsprechenden Abschnittes entspricht, nämlich 1275.

Deutung die Theologen sich sehr uneinig sind – identifiziert sich Jesus also mit diesem „Blut des Paktes".

Kennt man das Sanskrit-Original, dann steht die Lösung direkt bevor. – Es ist ganz leicht, den Code zu knacken:

Der Zahlenwert von *to haima mou* beträgt:

300 + 70 + 1 + 10 + 40 + 1 + 40 + 70 + 400 = 932,

ist also genau der gleiche wie der Zahlenwert von *Sâkyamunis* = 932.

Der zweite Teil, *tês diathêkês*, beinhaltet ein herrliches Wortspiel mit Tathâgata, von dessen Genitiv *Tathâgatasya* der griechische Ausdruck *tês diathêkês* [„des Testamentes"] abgeleitet ist.

Jesus identifiziert sich genau genommen also selbst mit Sâkyamuni und Tathâgata.

War das denn nicht eigentlich zu erwarten?

Fassen wir zusammen: Die Evangelisten ahmen den Sinn des Originals zusammen mit dessen Laut- und Zahlenwerten nach. Der Zahlenwert wird sowohl mit einzelnen Wörtern als auch in ganzen Sätzen ausgedrückt.

Die Zahl, die im Mittelpunkt steht, entspricht in der Regel einer bestimmten geometrischen Figur.

Wenn z.B. der Umfang eines Kreises 10 x 932 = 9320 Einheiten umfaßt, dann beträgt der Durchmesser 2968, was *Iêsous Khristos* + *Kosmos* = 2368 + 600 = 2968 ergibt.

Ein anderes Beispiel findet man in Johannes 4:6, wo Jesus an „Jakobs Brunnen" sitzt; auf griechisch: *pêgê [tou] Iakôb* = 932. So haben wir hier wieder *Sâkyamunis* = 932.

Im Römerbrief 11:1 sagt Paulus: „Ich bin ein Israelit", griechisch: *[egô] Israêlitês eimi* = 932.

In der griechischen Mythologie ist Hermes der „Sohn der Maia", *Maias huios* = 932. Aus demselben Grunde war *Sâkyamunis* = 932 im sanskritischen Text ursprünglich der Sohn der *Mâyâ*. So ist Sâkyamuni hier Hermes in Verkleidung.

Kapitel 11

Die Frau im Leben Jesu

Sagen wir es gleich gerade heraus, grob und brutal: Die Frau im Leben Jesu war eine indische Dirne mit Namen *Âmrapâlir*.

Beim Evangelisten Matthäus lesen wir im Gleichnis über die zwei Söhne im Weingarten nicht ohne Verwunderung, daß es Zöllner und Dirnen waren, die Johannes Glauben schenkten, als er sie den Weg zur Gerechtigkeit lehrte, und Jesus selbst ist der Meinung, daß Zöllner und Dirnen vor anderen in Gottes Reich eingehen (Matthäus 21:31-32).

Das griechische Wort *pornê* ist ziemlich vulgär; es ist auch bei uns durch die Ausdrücke *Pornografie* und *Porno* in der Regenbogenpresse bekannt.

Es geht also um Freudenmädchen oder schlichtweg Prostituierte. Viele Frauen *„taten ihm Handreichungen"*, heißt es in Lukas 8:1-3; und man muß selbst Mutmaßungen darüber anstellen, von was diese Frauen eigentlich lebten, – ganz zu schweigen davon, wovon Jesus selbst eigentlich lebte.

Der Leser, der immer noch vermutet, daß die Evangelisten ernste und humorlose Menschen gewesen seien, sollte auch hier an den römischen Lustspieldichter PLAUTUS denken. Es geht um die gleiche Art Humor.

Als der junge Sâkyamuni noch zu Hause im Schloß in Kapilavastu lebte, sorgte der Vater dafür, daß der Sohn von einer großen Anzahl Freudenmädchen umgeben war, die ihn außerdem noch mit Tanz, Gesang und Musik unterhielten. Von einem der jungen Mädchen, Yaso-dharâ, bekam er seinen Sohn Râhulas.

Eines Tages hatte Bodhisattva genug vom Haremsleben. Voller Abscheu über den Anblick der schlafenden Freudenmädchen kam ihm plötzlich der Gedanke, daß sie einem Lotusbett glichen, das sich neigt, wenn der Wind darüber weht.

Das Sanskritwort für Lotus ist hier *kamalam*.

Dieses sehr bekannte und anschauliche Bild liegt in Matthäus 11:7-19 dem rätselhaften Ausspruch Jesu über den Täufer zugrunde.

Johannes wird mit *„einem [Schilf-]Rohr, das sich im Wind beugt"*, verglichen. Das griechische Wort für „Schilf" ist *kalamon*.

Auf diese Weise wurde sanskrit *kamalam*, „Lotus", zu griechisch *kalamon*, „Schilf", verwandelt (*k-m-l-m = k-l-m-n*). Zwar ist von zwei verschiedenen Pflanzen die Rede, die aber nicht ohne Gemeinsamkeiten sind. Die Wiedergabe ist daher ganz richtig und für Matthäus typisch. Er behält die Silbenzahl, den Lautwert und etwas von der Bedeutung bei.

[Ich werde später auf ein weiteres Beispiel zu sprechen kommen, in welchem sanskrit *kûrmas*, „Schildkröte", auf die gleiche Weise zu griechisch *kamêlos*, „Kamel", verwandelt wird. Während es zuvor um die Umwandlung von zwei verschiedene Pflanzen ging (sanskrit *kamalam*, „Lotus", zu griechisch *kalamon*, „Schilf"), handelt sich hier um zwei verschiedene Tiere.]

Der gesamte anschließende Abschnitt (Matthäus 11:8-19), in welchem die Rede von Menschen in vornehmen Kleidern ist, von Königsschlössern, von Kindern, die auf der Flöte spielen, obwohl niemand danach tanzen wollte, oder von Klageliedern, entstand auf der Grundlage von Stichworten aus dem sanskritischen Original (SBV, I, S. 81).

Bodhisattva – der Täufer – umgab sich also wirklich mit Freudenmädchen.

Als Bodhisattva zum Buddha wurde, kam eine andere Frau in sein Leben: Die berühmte Dirne [*ganikâ*] *Âmra-pâlir*, deren Namen auch zu *Âmra* verkürzt wurde. Für Tathâgata spielte kein Freudenmädchen eine so große Rolle wie gerade Âmrapâlir.

Die wichtigste Quelle für unser Wissen über ihr Verhältnis zueinander ist das berühmte Mahâparinirvâna-Sûtra (**MPS**), – das Evangelium über Tathâgatas letzte Tage. Dieser Text ist, ganz grob gesagt, die Hauptquelle der zweiten Hälfte des Matthäus-Evangeliums.

Bevor ich darauf näher eingehe, möchte ich ein paar Worte über die Textausgaben der buddhistischen Sûtras anmerken:

Oft liegt ein bestimmtes buddhistisches Sûtra in verschiedenen Bearbeitungen vor, außerdem in verschiedenen indischen Sprachen. Auch wenn es sich vom Grundgehalt her um das gleiche Sûtra handelt, so ergeben sich doch bei einem Vergleich – Wort für Wort, Sinngehalt für Sinngehalt – zahlreiche Abweichungen, Auslassungen, Hinzufügungen usw. Vereinfachend ausgedrückt hat jede Schule ihre eigene Version [Rezension] des jeweiligen Sûtra. Wie Vergleiche ergeben, sind die anonymen Bearbeiter nicht davor zurückgeschreckt, Textpassagen „mit der Schere herauszuschneiden" und diese an anderer Stelle wieder einzufügen. Dadurch bekommt das buddhistische Sûtra leicht den Charakter eines Mosaiks oder Flickwerkes. Ich kam schon auf Chinesisch und Tibetisch zu sprechen und hätte diesbezüglich ebenso gut viele weitere Sprachen anfügen können, Mongolisch, Japanisch, Khotan-Sakisch, Alttürkisch, Soghdisch usw., – Sprachen also, in die die Sûtras infolge der buddhistischen Mission übersetzt wurden. Dies zeigt, daß die buddhistischen Missionare von Anfang an, d.h. seit der Zeit des Königs Asoka [gesprochen: *Aschoka*; um 270-235 v.d.Ztr.], großen Wert auf Übersetzungen in fremde Sprachen legten.

Wenn wir uns dieser Tatsachen bewußt werden, erscheint das Neue Testament als ganz natürliches Produkt einer typischen und traditionellen buddhistischen Bearbeitungs- und Übersetzungstätigkeit. Von Inschriften in Südindien wissen wir, daß es Haine für buddhistische Missionare gab, die auf ihre alten Tage nach vielen Jahren im Ausland in ihre Heimat zurückkehrten.

Aber zurück zu unserem Hauptthema!

Die Dirne Âmrapâlir wohnt in der Stadt Vaisâlî, wo auch das Licchavis-Volk beheimatet ist.

Als sie hört, daß Tathâgata zusammen mit seiner Schar Mönche in Vaisâlî angekommen ist, geht sie ihnen mit ihren besten Kleidern entgegen.

Die Mönche sind vom Anblick ihrer Schönheit geblendet und bitten Tathâgata, sie zu lehren, wie sie der Versuchung entgehen können. Das „Gebet", das er sie lehrt, bildet die

Grundlage des berühmten Vaterunsers, wo es ja unter anderem darum geht, nicht versucht zu werden.[1]

Dabei ist bemerkenswert, daß das Vaterunser nicht anführt, von welcher Art Versuchung die Rede ist. Welcher Versuchung fürchten die Betenden zu verfallen?

Die Versuchung trat ursprünglich in Gestalt der indischen Dirne Âmrapâlir auf.

Âmrapâlir lädt Tathâgata und die Mönchsschar zu einer Mahlzeit ein. Auf die ihm eigene Weise nimmt Tathâgata die Einladung schweigend entgegen. Dieser charakteristische Zug – mit Schweigen zu antworten – wird von Jesus in mehreren Fällen übernommen.

Nachdem sich Tathâgata eingefunden und sich niedergesetzt hat usw., serviert ihnen die Dirne die für sie bereitete Mahlzeit. Das Essen, das sie anbietet, wird mit einer festen Floskel als „*fein* [und] *ausgesucht*" beschrieben.

Diese beiden Sanskritworte werden wieder im Zusammenhang mit dem „sehr kostbaren" Öl verwendet, das die merkwürdige Frau während der sogenannten „Salbung" in Bethanien über dem Haupte Jesu ausgießt.

Das Geschehen, das eigentlich voller Humor ist, wird mit etwas unterschiedlicher Wortwahl sowohl in Matthäus 26:6-13 als auch in Markus 14:3-9 und Lukas 7:36-50 beschrieben.

Vergleicht man die Wiedergabe der drei Evangelisten mit dem Originaltext, ist leicht zu ersehen, wie alle drei auf verschiedene Weise mit dem Namen und der Handlung der Dirne ihr Spielchen treiben.

Bei Lukas setzt sich die Frau zu Füßen des Meisters, genauso wie sich Âmrapâlir im buddhistischen Original zu Tathâgatas Füßen setzt.

Lukas bezeichnet sie als „eine gewisse/bestimmte Frau", griechisch *gunê hêtis*, und als „die Frau", griechisch *gunaika*.

Daß *gunaika* ein direktes Wortspiel mit sanskrit *ganikâ* darstellt, ist einleuchtend (*g-n-k* = *g-n-k*). Daß auch *gunê hêtis* ein Wortspiel beinhaltet, erfordert einige Sanskritkenntnisse. Aus den zwei ersten Silben, also *ga-ni*, wird *gunê*, das ist klar. Aber wie steht es mit der Endung *-kâ*? Auf sanskrit ist *kâ* – für sich genommen – ein Fragepronomen.

---

[1] Wörtlich im Vaterunser: „*... und führe uns nicht in Versuchung*"

Fügt man *api* hinzu, bekommt man die zwei Silben *kâpi*, was „ein gewisser" bedeutet. Daher wird sanskrit *kâpi* kunstvoll als das unbestimmte griechische Pronomen *hêtis*, „ein gewisser" ausgelegt. Die Wiedergabe ist also perfekt.

Bei Matthäus und Markus findet die Episode bei einer ansonsten ganz unbekannten Person statt, die leprakrank war, griechisch *leprou* (Genitiv). Ursprünglich fand sie im Hause statt, das Âmrapâlir gehörte. Somit hat der Leprakranke, *leprou*, also die zweite Hälfte ihres Namens, nämlich *pâlir* (*p-l-r* = *l-p-r*), zur Grundlage.

Bei Matthäus sind die Jünger über „diese Vergeudung", griechisch *apôleia*, verärgert. Sie ärgern sich also über diese *Pâli(r)*!

Bei Lukas salbt die Frau, die eine Sünderin war, griechisch *hamartôlos* (*m-r-t-l-s*), die Füße Jesu mit „Öl", griechisch *murô* (*m-r*). Bei Matthäus und Markus erscheint sie auch mit einem Alabasterkrug voll Öl, *murou* (*m-r*).

Diese und viele andere Worte spielen auf den ersten Teil ihres Namens an: *Âmra* (*m-r*).

Die Sünderin mit dem feinen und ausgesuchten Öl war also ursprünglich die Dirne mit dem feinen und ausgesuchten Essen.

Wie zu erwarten war, tritt Âmrapâlir in vielen Verkleidungen auf.

Nur der Evangelist Lukas weiß – kurz vor dem Vaterunser – etwas vom Besuch Jesu bei Martha und Maria (Lukas 10:38-42). Lukas beginnt mit einer floskelhaften Beschreibung:

> *„Es begab sich aber, da sie wandelten, ging er in einen Markt. Da war ein Weib mit Namen Martha, die nahm ihn auf in ihr Haus."* (Lukas 10:38, Luther-Ausg. 1902)

Diese einleitende Floskel enthält im griechischen Original genau die gleiche Anzahl Silben – nämlich 46 – wie der floskelhaft einleitende Sanskritsatz, dessen direkte Nachbildung sie darstellt:

> *„Es begab sich aber, da sie wandelten, daß Bhagavat nach* [dem Dorf] *Vaisâlî hineinkam,*

> *wo er sich in Âmrapâlis Park aufhielt.*" (MPS 10:3 = 11:1 und 15:4; Hrsg. WALDSCHMIDT, Seite 172)

Lukas hat also die Satzstruktur, die Silbenzahl und einen Teil der Lautwerte bewahrt. Die Bedeutung der Erzählung wurde aber assimiliert, damit sich der Leser nicht an einen Ort in Indien versetzt fühlt.

> *e-ge-ne-to de en tô po-reu-es-thai au-tous kai au-tos eis-êl-then eis kô-mên ti-na, gu-nê de tis o-no-ma-ti Mar-tha hup-e-dex-a-to au-ton eis tên oi-ki-an.* [Lukas 10:38][2]

> *a-tha bha-ga-vân Vr-ji-su ja-na-pa-de-su câ-ri-kâm ca-ran Vai-sâ-lîm a-nu-prâp-to. Vai-sâl-yâm vi-ha-ra-ti Mar-ka-ta-hra-da-tî-re kû-tâ-gâ-ra-sâ-lâ-yâm.* [Sanskrit-Original: MPS 10:3 = 11:1 und 15:4; Hrsg. WALDSCHMIDT, Seite 172]

Lukas imitiert, und Lukas assimiliert. Bei den 46 Silben von Lukas muß deutlich *câ-ri-kâm* statt *car-yâm* gelesen werden. Die Lesart *câ-ri-kâm* wird von WALDSCHMIDT in der Ausgabe von 1951, S. 172, in der Fußnote Nr. 2 angegeben.

Aber was hat dies nun mit der Martha zu tun? Das Original weiß nichts von einer Frau mit Namen Martha. Es wird nicht berichtet, daß Âmrapâlir etwa eine Schwester gehabt hätte. – Und doch! Wo kommt diese Martha überhaupt her?

Auf griechisch wird Lukas 10:40 mit vier Silben eingeleitet: *hê de Martha*, „ ... Martha ...".

Auf sanskrit wird der entsprechende Satz mit vier Silben eingeleitet: *atha Âmra*, „Dann Âmra ...".

Das kleine Sanskritwort *atha* bedeutet „dann, darauf". Gewöhnlich steht es am Satzanfang und bleibt daher unübersetzt.

Hier haben wir die Quelle der „Martha". Zwei der Konso-

---

[2] *e-ge-ne-to* bei Nestle-Aland (N.-A.) im Apparatus criticus und statt *de en* heißt es dort anschließend *en de*; *kai* fehlt in N.-A.; *eis tên oi-ki-an* fehlt bei N.A. in Lukas 10:38.

nanten in Marthas Namen, nämlich *m* und *r*, stammen von den zwei Konsonanten im Namen *Âmra*, nämlich *m* und *r*, wohingegen der Rest von Martha, nämlich *a*[r]*tha*, von *atha* geholt wurde.

Auf diese Weise wurde die Dirne Âmra zur „Schwester" Martha verwandelt.

Die Wiedergabe bei Lukas ist wirklich ein kleines Meisterwerk.

Martha ist also „Schwester" von Maria – eine weitere und einfachere Form von Âmra (*m-r* = *m-r*), – sie ist also in gewissem Sinne eine Art „Doppelgängerin".

Maria und Martha sind also eine und dieselbe Frau in zwei verschiedenen Darstellungen.

Johannes will wissen, daß die beiden Frauen einen „Bruder" mit Namen Lazaros hatten.

Aber wer war in Wirklichkeit – oder in der Legende – dieser Lazaros? – Die Antwort wird an der gleichen Stelle in der buddhistischen Quelle gegeben, nämlich im Mahâparinirvâna-Sûtra.

Âmra wohnte in der Stadt Vaisâlî, und in dieser Stadt wohnte auch der Licchavis-Stamm. Licchavis wird verwandelt zu Lazaros: *l-cch-v-s* = *l-z-r-s*.

Und wie steht es mit der Stadt Vaisâlî? – Sie wird im Neuen Testament doch nicht erwähnt! Dennoch taucht die Stadt Vaisâlî später in der christlichen Überlieferung auf.

Geht man im Internet auf die Seite

http://vezelay.cef.fr,

kann man die Legende über einen Mönch namens Badilon lesen, der im Jahre 882 die Reliquien Maria Magdalenas von Saint-Maximin in der Provence nach Vézelay gebracht haben soll, wo es immer noch ein berühmtes Kloster gibt. Verwunderlich ist auch, daß der Kirche 1870 und 1876 neue Reliquien von Maria Magdalena zugeführt wurden, – woher diese auch immer stammen mögen!

Eine überzeugende Erklärung des Namens Vézelay konnten die verschiedenen Nachschlagewerke bis heute nicht bieten. Ruft man sich aber in Erinnerung, daß diese Maria ursprünglich mit Âmra – die in Vaisâlî wohnte – identisch war, ist es einleuchtend, daß Vézelay in Frankreich seinen Namen von Vaisâlî in Indien hat.

Diese Tatsache, daß eine christliche Überlieferung offenbar *„um das Neue Testament herum“* Reste der ursprünglichen buddhistischen Legende über die Sünderin *Âmra-pâlir-ganikâ* bewahrt hat, macht es wahrscheinlich, daß es noch weitere Spuren gibt, die bisher übersehen wurden.

Diese Vermutung wird zur Gewißheit, wenn man sich an die Quellen hält. Ein paar Beispiele:

Pelagia ist der Name einer oder mehrerer berühmter Sünderinnen aus der frühen christlichen Überlieferung. Der interessierte Leser kann in jedem Nachschlagewerk über Heilige nähere Angaben über Pelagia und ihre Verdienste finden. Diese Legenden enthalten Ähnlichkeiten mit der Legende über *Âmra-pâlir-ganikâ.*

Welch merkwürdigen Namen hat diese Sünderin! In Pelagia finden wir die Reste von *Pâlir-ganikâ.*

Die christliche Heiligenliteratur ist ungeheuer umfangreich. Dasselbe kann ebenfalls von der buddhistischen Heiligenliteratur gesagt werden.

Es ist eine bekannte Tatsache, daß indische Märchen schon sehr früh nach Europa „wanderten“ Die moderne Märchen- und Völkerkunde hat sich große Verdienste erworben und auf gleichartige Motive usw. aufmerksam gemacht und damit auf eine geschichtliche Verbindung zwischen vielen indischen und europäischen Märchen hingewiesen. Die Wanderungen erfolgten mit Sicherheit von Ost nach West und nicht in umgekehrter Richtung. Die vielen Märchen änderten naturgemäß entsprechend den jeweiligen verschiedenen Einflüssen ihren Charakter. Der deutsche Märchenforscher THEODOR BENFEY hat sich durch das Aufzeigen dieser Wanderungen besonders ausgezeichnet.

Wir benötigen einen neuen Forschungsbereich: eine vergleichende Heiligenforschung. Diese könnte mit der Zeit tiefergehende Kenntnisse des buddhistischen Heiligenlebens enthüllen, u.a., daß viele christliche Heilige ursprünglich buddhistische Heilige waren.

Hier will ich mich indessen nicht mit diesem Thema befassen, aber der kleine Abstecher untermauert meine These von dem buddhistischen Ursprung des Christentums. Mehr über die buddhistischen Legenden kann der Leser in dem Buch von Richard Garbe, „*Indien und das Christentum*“ finden.

Kapitel 12

Die Verklärung auf dem Berg

So lautet die Überschrift einer bekannten Stelle im Matthäus-Evangelium 17:1-13. Der Bericht, den man mit etwas anderer Wortwahl in Markus 9:2-10 und Lukas 9:28-10 wiederfindet, besitzt deutlich die Charakterzüge eines Märchens.

Die fantastische Erzählung ist aber durchaus nicht frei erfunden. Sie stützt sich ganz und gar auf bestimmte buddhistische Quellen, die zum Teil 1957 von ERNST WALDSCHMIDT (**MPS**, Seite 123) und teilweise 1977 von R. GNOLI (**SBV**) herausgegeben wurden.

Zunächst sollte man die Einbringung der einzelnen Episoden in den Text als Ganzes beachten. Matthäus und die zwei anderen Synoptiker haben Reihenfolge und Zusammenhang der ursprünglichen Fassung verändert.

Es geht, wie schon gesagt, um die vier Hauptbegebenheiten in der Legende über Tathâgata. Die zweite Hauptbegebenheit handelt von seiner Erweckung, seiner Taufe am Fluß Nairanjanâ, der buddhistischen Entsprechung des Flusses Jordan.

Matthäus hat nun diese Episoden hinter der Textstelle eingefügt, wo Jesus zum ersten Mal seinen Tod und seine Wiederauferstehung voraussagt (Matthäus 16:21-23). Er hat – anders ausgedrückt – Vorkommnisse, die in der Legende ursprünglich Bestandteile des zweiten Hauptereignisses waren, mit Textpassagen verbunden, die im zugrunde liegenden Original zum vierten Hauptereignis in der herkömmlichen Legende gehörten.

Das ist also die erste Besonderheit bei den Evangelisten: Sie ändern die ursprüngliche chronologische Reihenfolge einzelner Episoden.

Der nächste Punkt betrifft die Quellen der einzelnen Vorkommnisse, der Wörter und Sätze der Ereignisse als Ganzes.

Man sieht nun, wie Matthäus einzelne Sätze usw. herausgepflückt und damit ein neues Mosaik geschaffen hat.

[Hier empfehle ich dem wissenschaftlich interessierten Leser, eine Synopse[1] der drei Evangelien zur Hand zu haben und Abschriften mit WALDSCHMIDTs Texten und Übersetzungen.[2]]

Zunächst ist von einer Zeitangabe die Rede: Matthäus und Markus sprechen von sechs Tagen, Lukas von ungefähr acht Tagen.

Das Original, das Catusparisat-Sûtra (CPS 2:4 und 6:2) spricht von einer ganzen Woche, wörtlich „sieben Tage". Man gelangt also zur richtigen Zeitbestimmung, indem man von den Angaben der drei Evangelisten den „Mittelwert" nimmt.

Anschließend wird über drei Personen berichtet, nämlich über Petrus, Jakobus und seinen Bruder Johannes.

Das Original (CPS 2:2) spricht hier von zwei Kaufleuten, *Tripusa(s)* und *Bhallika(s)*. *Tripusa(s)* wird zu *Petros* (*t-r-p-s* = *p-t-r-s*); *Bhallika(s)* wird zu griechisch *Iakôbos*, und das Sanskritwort für „zwei Kaufleute", *vanijau*, wird zu seinem Bruder „Johannes". Sanskrit *vanijau*, eine Dualform – drei Silben –, wird also zum Bruder Johannes verwandelt. Die beiden Kaufleute sind „Brüder", d.h. Arbeitskollegen.

Dann sprechen die Evangelisten von einem hohen Berg. In seinem Kommentar hierzu schreibt MOGENS MÜLLER (S. 380), daß eine nähere Feststellung des Berges keinen Sinn ergibt. Aber der griechische Ausdruck „hoher Berg", *oros hupsêlon*, ist eine Wiedergabe von sanskrit *Uru-bilvâyâm* (CPS 2:4). Die ersten zwei Silben, *u-ru(s)*, die „breit, groß, gewaltig" bedeuten, werden zu griechisch *o-ros*, „Berg". Der zweite Teil, *hupsêlon*, gibt nicht nur die drei Silben von *bilvâyâm* wieder, sondern auch die Bedeutungen des ersten Teils.

Die Begebenheit fand also in Urubilvâ statt (*ebenda*, CPS 1-10).

---

[1] Vergleichbare, wörtliche Nebeneinanderstellung der drei Evangelien von Matthäus, Markus und Lukas.

[2] ERNST WALDSCHMIDT, *„Das Catusparisat-Sûtra"*, Berlin 1962, Seite 432 ff.

Doch nun erfolgt eine Verwandlung: Die Person, die verwandelt wird, ist Jesus. Sein Antlitz und seine Kleider werden verwandelt.

Das Original spricht gleichfalls – zweimal – von einer Verwandlung. Zuerst verwandelt Bhagavat vier Steinschalen in eine Steinschale (*ebenda*, CPS 3:6). Etwas später tritt er selbst ganz verwandelt auf (*ebenda*, CPS 10:2). Sein Gesicht strahlt, und seine Haut ist ganz weiß. Der griechische Text folgt dem Sanskrit-Original wörtlich.

Ursprünglich war es also Bhagavat, der nach dem großen Erlebnis in Urubilvâ hell [sein Gesicht und seine Haut] und abgeklärt wurde.

Darauf tauchen zwei seltsame Gestalten auf, keine geringeren als Mose(s) und Elia(s). Sie unterhalten sich mit Jesus.

Im Original tauchen zwei Gottheiten auf und zeigen Interesse an Bhagavat (*ebenda*, CPS 1). Ihr Name wird nicht genannt.

Warum wählt Matthäus gerade die Namen Mose(s) und Elia(s)? Die Antwort wird im Original gegeben (*ebenda*, CPS 6), wo Bhagavat sich beim Schlangenkönig *Muci-lindas* aufhält, dessen Name an anderer Stelle [in den buddhistischen Sûtras] auch die Benennung eines mythischen Berges ist.

Die Namen Mose(s) und Elia(s) spielen also auf *Muci* und *Lindas* an (Matth. 17:3).

Darauf bietet Petrus an, drei Hütten zu bauen. Das griechische Wort für „Hütte“ ist *skênê*, was ganz genau „Zelt, Decke“ bedeutet. Die Wortwahl ist bedingt durch sanskrit *phana*, nämlich die „Haube“, die der Schlangenkönig entfaltet, um Bhagavat vor Kälte, Wärme und Insekten u.a. zu beschützen (*ebenda*, CPS 6). Das gleiche Bild.

Petrus spricht, genau genommen, von drei Hütten, eine für Jesus, eine für Mose(s) und eine für Elia(s). Was bedeutet das?

Hier wird auf eine bekannte Stelle in der Legende angespielt, in der es heißt, daß ein *Kula-putras* namens *Yasas* (das wird fast wie Jesus ausgesprochen) drei Paläste hatte, einen für den Winter, einen für den Sommer, und einen für die Regenzeit.[3]

---

[3] *Kula-putras* = 1532 = *Iêsous* [888] + *Emmanouêl* [644] = 1532!

Matthäus kombiniert also zwei ganz verschiedene Stellen, die beide mit dem Aufenthaltsort einer Person mit gleichem Namen (*Yasas* = Jesus) zu tun haben. Er behält den Rhythmus und die Struktur des Originals bei, aber die Bedeutung ändert sich.

Dann kommt eine *leuchtende* Wolke. Warum wird sie als leuchtend beschrieben?

Im Original (*ebenda*, CPS 6:3) breitet der Schlangenkönig gerade seine Haube aus, um Bhagavat vor dem Regen zu (be)schützen, der von einer Wolke außerhalb der Saison [gemeint ist: außerhalb der Regenzeit] kommt. Auf sanskrit heißt es: *a-kâla-megha*, eine Wolke [*megha*], die nicht [*a*-] gehört zur Zeit [*kâla*].

Das Sanskritwort *a-kâla* hat laut Wörterbuch zwei ganz verschiedene Bedeutungen:

1. *a-kâla*, „was nicht zur Zeit gehört, unzeitgemäß, außerhalb der Saison", und
2. *a-kâla*, „nicht schwarz, leuchtend".

Der ursprüngliche Sinn erfordert natürlich die erste Bedeutung. Es ist die Rede von einer Regenwolke am sonst klaren Himmel. Daher entfaltet der Schlangenkönig seine Haube.

Aber Matthäus wählt die formal richtige, aber vom Sinn her falsche Wiedergabe von *a-kâla*: „leuchtend".

Infolgedessen bekommt der Leser natürlich nicht mit, daß Petrus ursprünglich anbot, die Zelte als Regenschutz zu errichten!

Diese Verwirrung und Unklarheit *muß* vom Evangelisten beabsichtigt sein. Er will seine Leser verwirren. Damit schafft man Verwunderung, die wiederum Interesse weckt.

Dann hört man eine Stimme aus der Wolke. Sie stammt von Gott, der erklärt, daß er Wohlgefallen an seinem geliebten Sohn finde.

Hier wird wieder auf bekannte Stellen im Alten Testament angespielt, – was uns hier nicht weiter beschäftigen soll. Die Stimme befiehlt, daß man auf Jesus hören solle. Auf welche Äußerungen von Jesus man hören soll, sagt die Stimme nicht.

Aber das tut sie im Original (*ebenda*, CPS 8). Ursprünglich ist es Brahmâ Sabhâpati, der vom Himmel herabsteigt, um seinen Sohn, Bhagavat, anzuspornen, dem Volk das Dharma zu verkünden. Als Sugatas endlich beschließt, der Aufforderung der himmlischen Stimme Folge zu leisten, wird Gott froh und zufrieden (*ebenda*, CPS 8:18). Wenn Gott von „Wohlgefallen" spricht, griechisch *eu-dokêsa*, wird auf sanskrit *su-gatas* [„gut gegangen"] angespielt, ein Name von Bhagavat, der an dieser Stelle genannt wird (*ebenda*, CPS 8:18). Sanskrit *su-* wird zum griechischen Synonym *eu-*, „gut". Die drei Konsonanten *g-t-s* werden nach den üblichen Regeln zu den drei Konsonanten *d-k-s*.

Die Jünger reagieren, indem sie auf ihr Antlitz fallen und von großer Furcht ergriffen werden. Hier klingt wieder der Wortlaut des Originals an, mit der Bedeutung, daß die Jünger höflich das Haupt neigen und sich wegbegeben (*ebenda*, CPS 8:18 usw.). Matthäus gibt den Laut und den Rhythmus wieder, aber der Sinn leidet darunter. Wieder eine *„Untersetzung"*.[4]

Jesus sagt: *„Erhebt euch und fürchtet euch nicht."* Das ist die wörtliche Übersetzung einer feststehenden Floskel auf sanskrit und ebenfalls auf griechisch.

Hiernach bezeichnet sich Jesus selbst als *„Menschensohn"*. Dies beruht darauf, daß er sich im Original selbst als *„Tathâgatas"* bezeichnet (*ebenda*, CPS 10-11).

Danach spricht er davon, von den Toten wieder aufzustehen. Das griechische Wort für „tot" ist *nekros* (*n-k-r-s*). Im sanskritischen Original sieht Bhagavat während seines Aufenthalts in *Uru-bilvâ*, „dem hohen Berg", wie lebende Wesen als Folge ihrer schlechten Handlungen in den Höllen, sanskrit *narakesu* [Plural], auftauchen (CPS 0:15). Das Sanskritwort für „Hölle" ist *narakas* (*n-r-k-s*).

Nekros zu sein bedeutet also ursprünglich, sich in *Narakas*, der Hölle, (*n-r-k-s* = *n-k-r-s*) zu befinden.[5]

---

[4] Mit *„Untersetzung"* ist gemeint, daß es sich um eine bewußt unrichtige Übersetzung handelt, die man gewollt in Kauf nimmt.

[5] *Narakas* = „Hölle"; *nârakas* = eine Person, ein Mensch in der Hölle. Der Sanskrittext bedeutet: *„steigt auf in der Hölle"*. Dies wird im Neuen Testament zu: *„aufersteht"* (von den Toten), *„ist wiederbelebt"*, *„kehrt ins Leben zurück"*.

Dann wird von Elia(s) gesprochen, der zugleich kommen soll und bereits gekommen ist. Dieses Wortspiel ist ganz unbegreiflich, wenn man nicht weiß, daß Tathâgata beides bedeutet. *Tathâgatas* ist entweder aus *Tathâ* und *a-gatas* zusammengesetzt – „der nicht gekommen ist, der kommen soll" –, oder aus *Tathâ* und *â-gatas*, „der schon gekommen ist".

Das bestätigt, daß Tathâgata auch mit „Menschensohn" wiedergegeben wird.

Schließlich wird Johannes der Täufer[6] mit Tathâgata identifiziert. Wenn man den Originaltext (CPS) gelesen hat, dann weiß man, weshalb. Zuerst war er [unser Held] lediglich ein *Bodhisa(t)tvas*, später ein Buddha.

Dem Täufer, *ho baptistês*, liegt *Bodhi-sattvas* zugrunde: *bodhi(s)* wird zu *bapti(s)*, und *ho* und *-tês* geben *sa(t)-tvas* wieder.

Mit der Zeit wird – dank der „Verklärung auf dem Berg" – Bodhisattva zu Tathâgata verwandelt. So werden zwei unterschiedliche Epochen zu zwei verschiedenen Personen.

Daher sind Jesus, Elia(s) und der Täufer eine und dieselbe Person, – aber nicht zur gleichen Zeit.

Matthäus vertauscht also die natürliche und ursprüngliche Reihenfolge der Ereignisse.

---

[6] Griech. *onoma* [„Name"] + *Iêsous* = 231 + 888 = 1119 = Iôannês [= „Johannes"].

Kapitel 13

Feigenbaum und Weinstock

Die Evangelisten stellen Jesu Beziehung zu Feigenbaum und Weinstock so seltsam dar, daß man Jesus, wenn das Ganze nicht ein Märchen wäre, für mehr oder weniger verwirrt halten müßte.

Viele werden sich über die Episode in Matthäus 21:18-22 gewundert haben. Jesus sieht einen Feigenbaum am Wege, er geht zu ihm hin, findet an ihm nur Blätter und verflucht ihn, so daß der Feigenbaum auf der Stelle verwelkt. Die Jünger ersuchen ihn verwundert um eine Erklärung, aber anstatt den Grund für die Verfluchung zu geben, behauptet Jesus, daß man einen Feigenbaum verwelken lassen kann, wenn man nur den Glauben hat.

In Matthäus 24:32-33 fordert Jesus die Jünger auf, vom Feigenbaum ein Gleichnis zu lernen: *„Sobald seine Zweige weich werden und Blätter treiben, so wißt ihr, daß der Sommer nahe ist."* Ebenso sollen die Jünger auch wissen, wenn sie all dieses sehen, daß *„er*[1] *nahe vor der Tür steht"*. Man wundert sich über den Sinn dieses Gleichnisses, ohne jedoch eine Erklärung zu bekommen.

Dann ist da noch Jesus und der Weinstock.

In Matthäus 26:29 beschließt Jesus das Abendmahl mit den merkwürdigen Worten, wann und wo er wieder vom Gewächs des Weinstocks trinken werde:

> *„Ich werde von nun an nicht mehr von diesem Gewächs des Weinstocks trinken, bis zu dem Tag, an dem ich es mit euch erneut trinken werde in meines Vaters Reich."*

---

[1] In der Einheitsübersetzung von 1979 heißt es statt *„er"* in unzutreffender Weise *„das Ende"*.

Die Leute schalten den Menschensohn, er sei ein Fresser und Weinsäufer, griechisch *oino-potês* (Matthäus 11:19).

Beim Evangelisten Johannes 15:5 bezeichnet sich Jesus selbst als einen Weinstock; sogar als den echten Weinstock (Johannes 15:1). *„Ich bin der Weinstock"*, sagt er. *„Ich bin der wahre Weinstock."*

In Matthäus 7:16 werden Weintrauben und Feigen im gleichen Atemzug genannt, als gefragt wird: *„Kann man denn Trauben lesen von den Dornen oder Feigen von den Disteln?"*

Im Jakobusbrief 3:12 treten die zwei Bäume wieder in enger Verbindung auf: *„Kann ein Feigenbaum Ölbeere*n [Oliven] *oder ein Weinstock Feigen tragen?"*

Dieses Durcheinander kann man nur entwirren, wenn man die Sanskritquelle kennt. Sowohl im Hînayâna als auch im Mahâyâna ist der Feigenbaum ein Symbol für Tathâgata.

Sâkyamuni ist nur ein Tathâgata unter unzähligen. Doch kommt ein Tathâgata nur außerordentlich selten zur Welt.

Es ist bei den Indern eine geläufige poetische formelhafte Redewendung, daß der Feigenbaum nur sehr selten blüht.

In einer feststehenden Redewendung heißt es, daß Tathâgatas ebenso selten in diese Welt kommen, wie eine Blüte an den Feigenbaum.

Dieses Wort wird auch zum Abschluß der letzten Mahlzeit des Tathâgata, also des Sâkyamuni, gebraucht.

Auf diese Weise ist Tathâgata, Sâkyamuni, mit dem Feigenbaum zu vergleichen.

Eine weitere verbreitete Vorstellung besagt: Sollte Tathâgata ins Nirwana eingehen, dann welke der Feigenbaum.

Somit ist der Feigenbaum im Buddhismus ein gebräuchliches Symbol für Tathâgata.

Das Sanskritwort für Feigenbaum – ebenso wie für seine Frucht, die Feige – ist *udumbaras;* dies entspricht den Konsonanten *d-m-b-r-s*.

Indem wir dies im Auge behalten, können wir zu der rätselhaften Aussage im Neuen Testament über den Feigenbaum und den Weinstock zurückkehren.

Das griechische Wort für Feigenbaum ist *sukê*. Eine Feige heißt auf griechisch *sukon*.

Das griechische Wort für Weinstock, Weinranken, Weinrebe heißt *ampelos*.

Jetzt erst verstehen wir den tieferen Sinn der von Matthäus, Johannes und im Jakobusbrief angeführten Stellen. Nehmen wir uns die sieben Textstellen der Reihe nach vor:

Matthäus 21:18-22: Der Feigenbaum ist Symbol für Sâkyamuni. Der Feigenbaum welkt zum Zeichen, daß Sâkyamuni bald ins Nirwana eingeht.

Der griechische Text beinhaltet ein feines Wortspiel mit dem Namen Sâkyamuni, im Akkusativ *Sâkyamunim*. In Vers 19 steht, er sehe „einen Feigenbaum", griechisch *sukên mian* = *s-k-n-m-n*. Er sieht also *Sâkyamunim* = *s-k-m-n-m*.

Dann heißt es, daß er „nur" Blätter vorfand. Das griechische Wort für „nur" ist *monon* = *m-n-n*. Hier liegt also ein direktes Wortspiel mit dem zweiten Teil von *Sâkya-munim* vor, also *Munim* = *m-n-m*. Griechisch *monon* ist also sanskrit *Munim*. Damit wird bestätigt, daß es sich um Sâkyamuni handelt, der oft einfach nur *Munis* genannt wird.

Ein weiterer Name für Sâkyamuni ist *Gautamas*, im Vokativ *Gautama* = *g-t-m*. Jesus sagt in Vers 19 „nimmermehr", griechisch *mêketi* = *m-k-t*. Griechisch *mêketi* ist also dekkungsgleich mit sanskrit *Gautama* (*g-t-m* = *m-k-t*). Nimmermehr sollte daher eigentlich als Eigenname groß geschrieben werden: *Nimmermehr*.

Die versteckte Bedeutung ist: Jetzt ist die Epoche von Tathâgata in der Gestalt des Gautama abgelaufen.

Damit ist Sâkyamuni „verwelkt". Er wurde durch einen neuen Tathâgata, nämlich Jesus, abgelöst, der jedoch auch bald „welkt". Doch nur, um später wieder aufzutauchen – genau wie Tathâgata.

Das Bild vom Feigenbaum ist das Bild eines jeden Tathâgata, einschließlich Jesus.

Matthäus 24:32-33 ist ein Gleichnis, griechisch *parabolê*, über den Feigenbaum, griechisch *sukê*. Das Sanskritwort für „Gleichnis" ist *paryâyas*, das zu *parabolê* wird. Der erste Teil *pari/pary-* wird zu *para-* (*p-r* = *p-r*), und der zweite Teil wird dem Sinne nach übersetzt.

Jede von Jesus verkündete *parabolê*, „Parabel“, war ursprünglich eine *paryâyas* aus dem Munde Buddhas.

Jetzt geht es nicht mehr darum, daß der Feigenbaum welkt, sondern daß seine Zweige weich werden und Blätter bekommen. Dann weiß man, daß der Sommer nahe ist. Der griechische Satz, *hoti eggus to theros*, „daß der Sommer nahe ist“, enthält mehrere Anspielungen auf Tathâgata. Es ist nämlich Tathâgata, der nahe ist.

In der buddhistischen Quelle heißt es, daß der Feigenbaum welkt, bevor Tathâgata weggeht, daß er aber zu blühen beginnt, wenn er bald zurückkommt.

Der Gedanke ist also einfach und klar. Der Feigenbaum, der welkt und blüht, versinnbildlicht Tathâgata, der welkt oder blüht, – stirbt oder lebt. Die Buddhisten meinen ja, daß Tathâgata ewig ist, daß er aber trotzdem kommt und geht, „lebt und stirbt“.

Wenn man die modernen Übersetzungen von Vers 33 vergleicht, stellt man fest, daß Uneinigkeit darüber besteht, wer oder was denn „gerade vor der Tür steht“. Der griechische Text lautet: *hoti eggus estin epi thurais*, wörtlich: „daß nahe ist bei den Türen“. Welchen Türen er oder es nahe ist, wird auch nicht mitgeteilt.

Wer Matthäus kennt, sieht schnell, was sich hinter der Fassade der Worte abspielt.

Sanskrit *udumbaras* wurde zu griechisch *epi thurais* (*d-m-b-r-s* = *p-th-r-s*; das *n* von *estin* entspricht dabei dem Nasal *m*). Das Subjekt im Satz ist also *epi thurais*, „bei den Türen“. Die richtige Übersetzung wäre also: „Bei den Türen ist nahe.“

Aber was hat es dann mit *hoti eggus esti(n)*, „daß nahe ist“, auf sich? Das Sanskritwort *Tathâgatas* bedeutet auch „so ist er gekommen, er ist nahe gekommen“.

Der griechische Satz ist also eine Art Codesprache, in der sich *Tathâgatas* mit *udumbaras* deckt.

Jetzt erst versteht man, daß das Gleichnis vom Feigenbaum ein Gleichnis über Tathâgata, der nahe ist, darstellt. Zuerst wird sanskrit *udumbaras* [Feigenbaum] von der Bedeutung her korrekt mit griechisch *sukê* [Feigenbaum], wiedergegeben. Dann wird *udumbaras* lautlich korrekt mit *-n epi thurais* wiedergegeben. Und da *udumbaras* ein Symbol für Tathâgata ist, kann es nicht verwundern, daß sowohl mit der Formulierung *„daß der Sommer nahe ist“* als auch *„daß bei den Türen ist nahe“* Tathâgata gemeint ist.

In Vers 34 sagt Jesus, daß dieses Geschlecht nicht vergehen soll, bevor all dieses geschehen ist. Der griechische Ausdruck für „all dieses was geschieht“ ist *panta tauta genêtai*. In *-ta tauta gen-* finden wir *Tathâgatam* wieder. Der Sinn ist also: „bevor Tathâgata kommt“.

Das Gleichnis handelt im ganzen also wieder von Tathâgata als *udumbaras*.

Matthäus 26:29: Hier geht es darum, daß Jesus nicht jetzt, sondern erst später von „diesem Gewächs des Weinstocks“ trinken will, griechisch *ek toutou tou genêmatos tês ampelou*, wörtlich: „von diesem Erzeugnis des Weinstocks“.

Jesus will also die Frucht dieses *ampelos* [Weinstockes] einnehmen, schlucken, sich damit identifizieren.

Den vier Silben *tês ampelou* liegen wieder die vier Silben von *udumbaras* [Feigenbaum] zugrunde. Die Wiedergabe ist lautlich perfekt: *d-m-b-r-s* = *t-s-m-p-l*. Aber das Wort hat seine Bedeutung geändert. Der Feigenbaum wurde in einen Weinstock verwandelt. Der Lautwert blieb erhalten, aber der Sinn wurde verändert, – wie so oft bei Matthäus.

In Matthäus 11:19 wird der Menschensohn – sanskrit *pundarîka* [weißer Lotus = Tathâgata] – beschuldigt, ein „Weinsäufer“, griechisch *oino-potês*, zu sein. In *oino-potês* finden wir die vier Silben und alle Konsonanten der vier Silben des Originals *udumbaras* (*d-m-b-r-s* = *n-p-t-s*; nur der Halbvokal *r* ist, wie so oft, ausgefallen).

Die Leute identifizieren also den Menschensohn mit *udumbaras*, und das zu Recht. Denn genau das war es, was Jesus selbst mit seinen abschließenden Worten in Matthäus 26:29 sagte.

Vor diesem Hintergrund ist es nicht verwunderlich, daß sich Jesus in Johannes 15:1 und 15:5 selbst als Weinstock bezeichnet: *hê ampelos*. Hier wird *udumbaras* zu *hê ampelos*. In 15:1 wird hinsichtlich des Weinstockes noch hinzugefügt, daß er „der wahre“ sei, – als ob es auch unechte Weinstöcke gäbe! Das griechische Wort ist *alêthinê*, die Wiedergabe einer der vielen Bedeutungen von sanskrit *Tathâgatas*, „was wirklich so ist".

Die Buddhisten rechnen, wie gesagt, mit vielen Tathâgatas. Jeder von ihnen hat seinen besonderen Baum. Einer von ihnen erwachte unter einem *udumbaras* [Feigenbaum]. Hierauf wird angespielt, als Jesus über Nathanael sagt (Johannes 1:48): „als du unterm Feigenbaum warst", griechisch *onta hupo tên sukên*, und *hupokatô tês sukês* (Johannes 1:50).

Gehen wir zurück zu Matthäus 7:16; dort lautet die Frage wörtlich: *„Sie sammeln wohl nicht Trauben von Dornen oder Feigen von Disteln?"* Das griechische Wort für „Trauben" ist *staphulas*, für „von Disteln" heißt es auf griechisch *apo tribolôn*, und für „Feigen" *suka*.

Die Antwort des nicht eingeweihten Lesers auf diese Frage wäre vermutlich: Nein, das ist unmöglich!

Die richtige Antwort lautet jedoch: Ja, das geht in gewisser Weise durchaus! Man beginnt nämlich mit sanskrit *udumbaras* [„Feigenbaum"] und übersetzt dies sinngemäß korrekt mit *suka* [„Feigen"]; dann wird *udumbaras* lautlich recht gut sowohl mit *staphulas* [„Trauben"] als auch *tribolôn* [„Disteln"] wiedergegeben.

Auf sanskrit *udumbaras* wird also wieder mit der Akkusativform *udumbaram* angespielt.

Schließlich haben wir den Brief des Jakobus 3:12, dessen unbekannter Urheber den Leser richtig zum besten hält, wenn er rhetorisch fragt, ob denn ein Feigenbaum Oliven oder ein Weinstock Feigen tragen könne.

Jakobus beginnt mit den Worten: „meine Brüder", griechisch *adelphoi mou*. Hier ist das erste Wortspiel mit *udumbaras*, da *adelphoi mou* = *d-l-ph-m*, der Anredeform *udumbara* entspricht = *d-m-b-r* (wobei *r*, wie so oft zu *l* wird).

Er fragt dann, ob ein „Feigenbaum Ölbeeren [Oliven] tragen kann", griechisch *sukê elaias poiêsai*. Wenn man aus *elaias* das griechische Wort für „Sonne", *hêlios*, heraushört und bedenkt, daß Tathâgata oft mit der Sonne verglichen wird, dann kann ein Feigenbaum durchaus die Sonne „tragen", d.h. „als Sonne dienen".

Und wenn Jakobus schließlich fragt, ob nicht *ampelos* Feigen machen kann, dann lautet die richtige Antwort (die bis heute meines Wissens kein Übersetzer gegeben hat): Ja, das kann *ampelos* doch mit Leichtigkeit!

Der Ausgangspunkt ist immer sanskrit *udumbaras*. Lautlich wird *udumbaras*, Feigenbaum, mit *ampelos*, „Weinstock", wiedergegeben, die Bedeutung von *udumbaras* wird mit *suka*, „Feigen", wiedergegeben.

Man kann also sagen, daß sanskrit *udumbaras*, der Feigenbaum und dessen Frucht, entweder mit dem griechischen Wort für Feigenbaum und dessen Frucht wiedergegeben wird, oder unter Beibehaltung des Konsonantenwertes in einen Weinstock verwandelt wird.

Sowohl der Feigenbaum als auch der Weinstock sind Symbole für Tathâgata.

Aber Sâkyamuni ist nicht der einzige Tathâgata in der Welt. Er wird von einem neuen Feigenbaum und Weinstock abgelöst: Dem Tathâgata, der besser unter dem Namen Jesus bekannt ist.

Zusammenfassend kann man sagen, daß die Urheber des Neuen Testaments in Verbindung mit der Verwandlung von sanskrit *udumbaras* zu griechisch *ampelos* und *sukê* ein kleines Meisterwerk geliefert haben.

Der alte Feigenbaum wurde in einen neuen Weinstock verwandelt.

Das Sanskritwort ist früh in der indischen Literatur belegt: Schon im Rigveda, dem ältesten Werk der indischen Literatur, findet man das Eigenschaftswort *udumbalas*, das anscheinend „hellbraun" bedeutet, die Farbe der Frucht des Feigenbaums. Die Schreibweise ist also *udumbalas*, nicht *udumbaras* (*r* und *l* wechseln auch im Altindischen miteinander).

Wenn hier von Jesus und seinem Verhältnis zu Bäumen die Rede ist, könnte man sehr passend abschließen, indem man an die Episode beim Evangelisten Johannes 20:11-18 erinnert, wo Maria Magdalena am leeren Grabe den hinter ihr stehenden Jesus für den „Gärtner" hielt.

Warum denn für einen Gärtner, wird man sich fragen? In Johannes 20:15 ist das griechische Wort für „Gärtner" *ho kêpouros*.

Gemäß der buddhistischen Legende wachsen an der Stelle, wo Tathâgatas Leib verbrannt wurde, vier Bäume aus der Asche. Wir finden den Sanskrittext im Mahâparinirvâna-Sûtra (MPS) 49:25.

Die Namen der vier Bäume sind: *Kâncanas, Kapitthas, Asvatthas* und *Udumbaras*.

Es war also nicht ein Gärtner, *kêphouros*, sondern einer dieser Bäume – *Kapitthas* –, den Maria Magdalena ursprünglich sah. Aber es handelte sich hier ja auch nur um etwas, was „sie glaubte".

Der vierte Baum, der emporwuchs, war *Udumbaras*.[2]

---

[2] Siehe auch meinen Aufsatz „*Buddha alias Jesus. The Fig Tree and the Vine*", im *Research Bulletin. Vishveshvaranand Vedic Research Institute*, Bd. 3, Dezember 2004, Seite 109-139.

Kapitel 14

Der König und sein Königreich

Wenn wir nicht schon wüßten, daß Jesus nur eine literarische Fiktion ist, wäre schon allein die Behauptung, daß Jesus König war – König der Juden, König von Israel –, so sonderbar und widersprüchlich, daß die ganze Geschichte als Märchen anzusehen wäre.

Es ist schwer zu sagen, ob man lachen oder weinen soll, wenn man sich vor Augen führt, mit welchem Ernst fast 2000 Jahre lang die Behauptung verfochten wurde, Jesus sei der König der Juden. Hier haben wir einen König, der nie gekrönt wurde – außer mit einer Dornenkrone.

Wir haben hier einen König, der nie gesalbt wurde, – außer mit einem Öl, das eine Sünderin über ihn goß – bei einer Zusammenkunft von Aussätzigen.

Wir haben hier einen König, der ja der Sohn von König David sein soll, der jedoch schon viele Generationen zuvor verstorben war, lange bevor er einen Sohn bekam, einen Sohn, der außerdem mehrere andere Väter hatte.

Wir haben hier einen König ohne Land, einen König ohne Palast, ohne Bedienstete usw.

Wir haben hier einen König, der am liebsten nicht verraten will, daß er überhaupt König ist!

Wir haben hier einen König, dem der sogenannte Teufel weit draußen in einer öden Wüste alle Reiche und Herrlichkeit der Welt anbietet, – ein Angebot, das er jedoch abschlägt.

Um den Hintergrund dieses ganzen Märchens zu verstehen, muß man bedenken, daß die Evangelisten imitiert und assimiliert haben.

Ihr Ausgangspunkt ist einerseits die Erwartung der Juden, daß ein Messias, ein König, das jüdische Volk erlösen werde. Andererseits ist da die Legende vom indischen Königssohn Sâkyamuni.

Über Sâkyamuni kann man lesen, daß er als *Ksatriyas* – also Adliger, Krieger, Thronerbe, Königssohn – geboren wurde.

Dieser Ksatriyas, Königssohn von Kapilavastu, wird zu *Khristos* von *Kapernaoum* verwandelt. Dem griechischen *khristos* oder *ho khristos* liegt immer sanskrit *ksatriyas* zugrunde.[1]

Nun will es aber das Schicksal, daß Sâkyamuni nicht die Nachfolge seines Vaters als König über das Sâkya-Volk in Kapilavastu antreten soll. Er soll ein Tathâgata werden, und ein Tathâgata ist ein Dharma-König, ein König der Gerechtigkeit.

Hier ist natürlich ein hellenistischer Herrscher gemeint. Auf vielen zweisprachigen indo-griechischen Münzen aus Baktrien wird der König [griechisch *basileus*] als „gerecht" beschrieben. Das indische Wort *dharmikas*, „gerecht", entspricht dem griechischen Wort *dikaios*, „gerecht".

Sâkyamuni lehnt das Königreich ab, das ihm bei verschiedenen Gelegenheiten angeboten wird.

Der Teufel auf der Zinne des Tempels in Matthäus 4:5 war ursprünglich König Bimbisâras, der in der Häuptstadt Râjagrha oben auf der Zinne seines Palastes stand. Er war es, der ursprünglich dem Königssohn alle Reiche und Herrlichkeiten der Welt anbot. Es waren also die Reiche von König Bimbisâras gemeint.

Sâkyamuni lehnte ab, er sollte ja ein geistiger Dharma-König werden.

Ebenso wie Sâkyamuni wird auch Jesus als ein Dharma-König dargestellt.

Tathâgata, Sâkyamuni, ist König über ganze zwei Reiche. In welchem Reich man Bürger wird, hängt davon ab, wer man ist. Und wer man ist, hängt wiederum davon ab, was man tut – vom eigenen Karma.

---

[1] Sanskrit *ksatriyas* = 60 + 1 + 300 + 100 + 10 + 10 + 1 + 200 = 682 = *ho Zeus* [ks = 60; i = j = 10]. Dies bestätigt, daß *Buddhas* = 2 + 400 + 9 + 1 + 200 = 612 = *Zeus* ist [ddh = 9]. Denn *Hermês* und *Apollôn* sind die Söhne von *Zeus*; *Buddhas* ist auch mit ihnen identisch. *Zeus* = 612 = $\sqrt{353 \times 1061}$.

Gute Taten führen zur Wiedergeburt im Himmel, sanskrit *svargas*, der auch das Reich der Götter, sanskrit *devas*, ist. Andererseits führen schlechte Taten zur Wiedergeburt in der Hölle, sanskrit *narakas*.

Ob man in *svargas* oder in *narakas* eingeht, hängt also vom positiven oder negativen Karma eines jeden Menschen ab.

Karma ist eine Art Energie. Wenn man kein gutes Karma mehr hat, kann man von *svargas* wieder auf die Erde herunterfallen. Hat man kein schlechtes Karma mehr, dann kann man wieder von *narakas* aufsteigen. Himmel und Hölle werden ohne Zweifel als Orte auf der Landkarte angesehen.

Wenn die Christen davon sprechen, daß man von den Toten aufersteht, dann bedeutet das in Wirklichkeit, daß man von *narakas*, wo man sich bisher aufhielt, aufsteigt. Das griechische Wort für „tot" ist hier *nekros*. Da aber *nekros* eigentlich *nârakas* (*n-r-k-s* = *n-k-r-s*) wiedergibt, bedeutet „von den Toten auferstehen" in Wirklichkeit, „von der Hölle hochsteigen". Man ist also gar nicht ganz tot.[2]

Himmel und Hölle sind dem buddhistischen Glauben zufolge zeitweilige Aufenthaltsorte. Die Dauer des Aufenthalts hängt vom Karma des Einzelnen ab – nicht von irgend etwas anderem, wie zum Beispiel dem Willen Gottes oder dem reinen Zufall.

Aber Tathâgata verkündet – allerdings nur für eine kleine ausgesuchte Schar – auch ein ganz anderes Dharma, ein Dharma, das in unbegreiflicher Erkenntnis besteht, die kaum jemand erfassen kann. Tathâgatas tiefe Erkenntnis, seine Gnosis, ist ein tiefes Geheimnis, das die Jünger niemandem verraten dürfen.

Das ist das Geheimnis von Ksatriyas, von Sâkyamuni, von Tathâgata als Dharma-König.

Diese Vorstellung – die im zweiten Kapitel des Lotus-Evangeliums vertieft wird – liegt dem Geheimnis von Christus zugrunde.

Nochmals: Christus ist Ksatriyas. Das darf nicht verraten werden, denn sonst würde ja niemand glauben, daß Christus

---

2 *Narakas* = Hölle; und *Nârakas* = ein Mann in/aus der Hölle.

ein jüdischer Messias ist. Zum Zweiten: Tathâgata ist Dharma-König. Das muß auch geheim gehalten werden, denn es ist ganz unbegreiflich.

Es gibt also einen doppelten Grund, das Geheimnis des Messias oder von Christus nicht zu verraten.

Noch ein Paradoxon:

Genau genommen ist das Dharma unbegreiflich. Tathâgata ist Dharma-König (SDP 2).

Was tut man aber, wenn man etwas auf dem Herzen hat, das nur die wenigstens verstehen, das aber alle brauchen? Tathâgata ist nämlich ein Erlöser und ist als solcher gezwungen, mit denen, die erlöst werden sollen, in Verbindung zu bleiben.

Also bedient man sich einer Kriegslist, die nicht zuletzt darauf hinausläuft, große Massen mit Hilfe von Wortspielen, Paradoxien und Parabeln zu verführen.

Alle diese Wortspiele, Paradoxien und Gleichnisse beziehen sich nur auf Tathâgata und sein Dharma.

Und sein Dharma handelt wiederum von zwei Dingen: von der Wiedergeburt im Himmel oder in der Hölle. Aber sein Dharma handelt gleichfalls vom Nirwana.

Wenn Jesus umherwanderte und das Evangelium vom Reich predigte (Matthäus 4:23), lautete seine Botschaft: *„Tut Buße, denn das Himmelreich ist nahe herbeigekommen!“* (Matthäus 4:17)

Merkwürdigerweise lassen die Evangelisten Jesus nirgends eine Definition des Himmelreiches geben, von dem er spricht. Das ist verwunderlich. Es wird etwas als bekannt vorausgesetzt. Die Kenntnis des Geheimnisses ist jedoch nur wenigen Auserwählten vorbehalten.

Merkwürdig ist auch, daß Jesus offenbar für die gleiche Sache zwei verschiedene Ausdrücke verwendet: Manchmal spricht er vom *Gottesreich* und manchmal vom *Himmelreich*.

Als Bedingung, daß man überhaupt ins Himmelreich gelangen kann, muß man über ein gewisses Maß an „Gerechtigkeit“ verfügen, – eine Gerechtigkeit, die nicht allen zu eigen ist (Matthäus 5:20).

In dieser Verwirrung kann man sich nur zurechtfinden, wenn man das Sanskrit-Original kennt!

Jesus gibt, wie gesagt, nie eine klare Definition des Himmelreiches, auf das er so viel Wert legt, und um dessentwillen er umherwandert und predigt – bisweilen sogar in den Synagogen.

Das griechische Wort für „Königreich" ist überall im N.T. *basileia*; es bedeutet nicht nur „Reich", sondern eher „Königreich".

Jesus ist ein König ohne Krone und ohne Land, aber ein „Königreich" hat er trotzdem.

Will man sich eine Art Gesamtbild seines Königreiches verschaffen, so muß man erst die an verschiedenen Stellen verstreuten Bemerkungen zusammensuchen, und man muß bei Matthäus anfangen. Das geschieht am einfachsten, indem man eines der vielen Nachschlagewerke benutzt, die es zum Neuen Testament gibt.

Matthäus liefert uns folgende Informationen über das *Königreich des Himmels*:

Es ist nahe gekommen, manche gelangen hinein, andere nicht. Es gibt Unterschiede zwischen den Menschen, die hineingelangen. Es wird zwischen dem oder den geringsten und dem oder den größten unterschieden. Man kann auf verschiedene Weisen hineinkommen: mit Gewalt, oder man kann einen Schlüssel benutzen.

Es zeichnet sich vom himmlischen Königreich ein Bild ab von einem Ort, einem Raum, wo man etwas zu essen und zu trinken bekommen kann. Es gibt einen Tisch, und an diesem Tisch sitzen oder liegen Abraham, Isaak und Jakob in höchsteigener Person. Man hält Mahlzeit in Gottes Königreich (Lukas 14:15). Viele Gäste kommen herein, von nah und fern, aber manche werden an der Tür abgewiesen (Matthäus 8:11). Reiche Leute, die obere Bürgerschicht, kommen nicht leicht herein, aber die Tür steht offen für Zöllner und Dirnen. Dieser Ort ist mit verschiedenen Geheimnissen verknüpft.

So zeichnet sich das Bild bei Matthäus ab, und dem widerspricht nichts, wenn man die entsprechenden Stellen über *Gottes Königreich* bei Markus und Lukas zusammensucht.

Gottes Königreich, das auch *himmlisches Königreich* heißt, ist kurz und gut die Bezeichnung für ein Gasthaus, wenngleich die Kinder besserer Leute die Bewirtung für ziemlich bescheiden ansehen dürften. Aber dort herrscht Leben, und es gibt frohe Tage für die Eingeladenen.

Nichts deutet darauf hin, daß das Bild im „übertragenen" Sinne verstanden werden soll. Es wird nichts „Geistiges" oder Hohes mit dem Bild des Wirtshauses verbunden, das in der Nähe liegt. Das Gasthaus „Himmelreich" liegt gleich dort um die Ecke.

Vor allem versucht Jesus gemäß Kapitel 13 des Matthäus-Evangeliums das himmlische Königreich mittels einer Reihe berühmter und zusammenhangloser Gleichnisse mit bereits Bekanntem zu vergleichen.

Er vergleicht das himmlische Königreich mit einem Sämann, der ausging, um zu säen usw., mit einem Mann, der guten Samen in seinen Acker säte, mit einem Senfkorn, mit Sauerteig, mit einem Schatz im Acker, mit einem Kaufmann, der alles verkaufte, um eine Perle zu kaufen, mit einem Netz, das in den See geworfen wurde und alle Arten Fische fängt usw. In Matthäus 25:1-13 wird das Himmelreich ausdrücklich mit zehn Jungfrauen verglichen, die alle gerne mit dem Herrn in den Hochzeitssaal wollen. Fünf der jungen Damen wird der Eintritt verwehrt. Der Herr hält Hochzeit mit den fünf anderen. – Doch wie lange bleiben Jungfrauen Jungfrauen?

Vergleicht man Dinge unterschiedlicher Eigenschaften miteinander, setzt das voraus, daß die zu vergleichenden Gegenstände auch gewisse vergleichbare Eigenschaften besitzen. Eine Kugel ist zum Beispiel rund wie ein Ball, aber nicht rund wie ein Viereck. Bei Jesus werden die Dinge durcheinandergebracht, und zwar mit dem ausdrücklichen Ziel, daß der gewöhnliche Leser das, was er hört, nicht verstehen soll [inhaltlich nicht begreifen kann]. – Das Geheimnis ist den engsten Jüngern vorbehalten.

Dennoch ist die grundlegende Botschaft dieses und aller anderen Gleichnisse, der sogenannten Parabeln, bei Matthäus recht klar. Die Guten und Gerechten bekommen den Lohn für ihren Einsatz, und den Schlechten ergeht es übel.

Die Gleichnisse handeln also vom Dharma, vom guten und schlechten Karma. Sie handeln vom guten Dharma, das zur Wiedergeburt im Himmel, und vom schlechten Dharma, das zur Wiedergeburt in der Hölle führt.

Fast alle Gleichnisse stammen aus Buddhas Testament, vor allem aus dem Lotus-Evangelium. Wort für Wort, Satz für Satz hat Matthäus seinen Stoff aus den buddhistischen Schriften entlehnt.

Das Lotus-Evangelium schreibt, wie gesagt, vor, daß der buddhistische Missionar versuchen soll, mit Hilfe von Übersetzungen, Wortspielen, Wundern, Gleichnissen und Märchen große Menschenmassen für den Glauben an Tathâgata zu gewinnen.

Weiter heißt es, daß Tathâgata gar nicht den richtigen Zusammenhang der Dinge erkläre. Er vermischt bzw. vertauscht nämlich die Zusammenhänge, um so seine Jünger auf die Probe zu stellen (Lotus-Evangelium, SDP 4:47).

Alle Gleichnisse Tathâgatas handeln vom Dharma, – dem Dharma, das zum Himmel oder ins Nirwana führt.

Das Sanskritwort für „Gleichnis" ist *paryâyas*. Jesus spricht in Gleichnissen, das griechische Wort ist *parabolê*. Alle Parabeln bzw. Gleichnisse Jesu handeln von genau denselben Parabeln, die auch von Tathâgata verwendet wurden.[3]

Machen wir hier eine Pause und fassen zusammen, damit der Leser nicht den Faden verliert!

Tathâgata unterrichtet also viele Menschen über das gute Dharma, das zur Wiedergeburt im Himmel, sanskrit *svargas*, führt. Er unterweist auch große Menschenmengen über das schlechte Dharma, das zur Wiedergeburt in der Hölle, sanskrit *narakas*, führt.

Tathâgata vermittelt aber auch noch eine andere Lehre vom Dharma, wie weiterhin aus dem Lotus-Evangelium ersichtlich ist, – aber nur an Auserwählte: Hierbei handelt es sich um das Geheimnis über Tathâgatas unbegreifliche Erkenntnis und sein ewiges Leben, das jedoch nur den engsten Jüngern offenbart wird.

Im Mahâyâna, dessen herausragendstes Werk das Lotus-Evangelium ist, wird die traditionelle und konservative Auffassung von Tathâgatas Nirwana verändert. Im älteren Hînayâna bedeutete Nirwana noch so etwas wie „Tod", im

---

[3] Mehr hierüber in meinem Aufsatz *„A New Buddhist-Christian Parable"*, in *The Revisionist*, Bd. 2/1, Febr. 2004, Seite 12-24

Mahâyâna bedeutet Nirwana dagegen sinngemäß „ewiges Leben".

Die Evangelisten folgen dem Mahâyâna.

Das Lotus-Evangelium macht sich oft über den alten Buddhismus [des Hînayâna] lustig, über die Gerechtigkeit, die man bei den Schriftgelehrten und den Pharisäern findet. Der neue Buddhismus, das Mahâyâna, übertrifft die Gerechtigkeit der Schriftgelehrten und Pharisäer.

Derartige Sätze findet man sehr oft im Lotus-Evangelium. Die Sanskritworte *srâvakas* [Zuhörer] und *pratyekabuddhas* [Einzelbuddhas] werden in den altgriechischen Evangelientexten zu „Schriftgelehrten und Pharisäern" [siehe auch Seite 144 f.].

Matthäus 5:20 spielt direkt hierauf an, wenn er schreibt:

> *„Wenn eure Gerechtigkeit nicht besser ist als die der Schriftgelehrten und Pharisäer, so werdet ihr nicht in das Himmelreich kommen."*

Was Matthäus repräsentiert, ist daher Mahâyâna-Buddhismus. – Genauer ausgedrückt: Er ist ein Dharma-Missionar, wie er im zehnten Kapitel des Lotus-Sûtra beschrieben wird.

Als Teil seiner Kriegslist ist Tathâgata bereit, alle möglichen Gestalten anzunehmen. Man muß sich hier wieder in Erinnerung rufen, daß die Evangelisten versuchen, gleichzeitig zu imitieren und zu assimilieren.

Tathâgata tritt nun in der Verkleidung als König der Juden auf. Er bekommt den Namen *Jesus* [Zahlenwert = 888] unter anderem, weil *„er sein Volk erlösen soll"* (Matthäus 1:21). Er heilt alle „Besessenen"; sanskrit *kulaputras* wurde zu griechisch *paralutikos* verwandelt. Und er erlöst, indem er seine Auserwählten in ein Gasthaus mit gutem Essen einläßt. Seine Auserwählten sind Männer, die anderen Leuten das Geld aus der Tasche ziehen [= Zöllner], Dirnen, usw. Der König der Juden *„ist ja nicht gekommen, um die Gerechten zu rufen, sondern die Sünder"* (Matthäus 9:13).

Das Bild ist also klar und einfach. Jesus ist *„nur gesandt* *zu den verlorenen Schafen des Hauses Israel"* (Matthäus 15:24); jedoch nicht zu allen Juden, denn für die gebildeteren Juden, die Schriftgelehrten und die Pharisäer, ist kein Tisch im königlichen Wirtshaus reserviert (Matthäus 5:20).

Die Verkündung des Evangeliums richtete sich, kurz gesagt, in erster Linie an die einfachen und abergläubischen – und rachsüchtigen – Juden.

Aus dem gleichen Grunde sind Ideale und Begriffe wie Zuverlässigkeit, Achtbarkeit, Selbstbeherrschung, Ehre, Anständigkeit, Wahrhaftigkeit, Bildung und Ritterlichkeit für Jesus ganz und gar Fremdworte. Diese Worte, die so charakteristisch sind für die besten und schönsten Ideale der klassischen Kultur, sucht man in einem Wörterbuch zum Neuen Testament leider vergeblich.

Wenn die damaligen griechischen und römischen Philosophen sich in Erörterungen über die Grundlage der Moral ergingen – und das taten sie gerne und vorbildlich –, unterschieden sie zwischen Ehre und Anständigkeit auf der einen Seite und Opportunismus und Profitgier auf der anderen. Die moralische Antriebskraft ist bei ordentlichen Menschen nicht die Aussicht auf Ertrag und Gewinn, sondern die Ehre. Die Tugend ist sich selbst Lohn genug, so heißt es.

Jesus appelliert an die Profitmentalität, was deutlich in den Worten, Gleichnissen und in den Wortspielen zum Ausdruck kommt, bei denen Tathâgata mit den Namen verschiedener Münzsorten übersetzt wird.

Zum Beispiel wird Tathâgata, *Tathâgatam* als direktes Objekt, auf griechisch zu *ta didrakhma*, „die Zweidrachmenstücke" (Matthäus 17:24), und auf die gleiche geldgierige Weise zu „den zehn Talenten (Zentnern)", griechisch *ta deka talanta* (Matthäus 25:28). Den *Tathâgatam* zu empfangen ist, – als ob man Geld empfängt.[4]

Auch wenn die Assimilierung und Judaisierung im Vergleich zum Original zu einer Vulgarisierung geführt hat,

[4] Matthäus benutzt gerne die Akkusativform von *Tathâgatas* [Nom.], nämlich *Tathâgatam*. Warum? Weil der Zahlenwert von *Tathâgatam* = 300 + 1 + 9 + 1 + 3 + 1 + 300 + 1 + 40 = 656 beträgt, und 656 auch der Zahlenwert von *Messias* ist [40 +5 + 200 + 200 + 10 + 1 + 200 = 656].

kann man trotzdem sagen, daß Matthäus sein Original nachahmt. Aber der vornehme *Kulaputras* wird zu einem armen *Paralutikos* usw. Auf welche Weise imitiert dann Matthäus das Original? Wie immer, indem er sich an die Lautwerte des Originals hält.

König Jesus – Christus – verspricht also, die Tür zu einem Königreich zu öffnen, wo Abraham, Isaak und Jakob u.a. zu Tisch sitzen und sich mit Geldmachern und Dirnen und anderen zweifelhaften und „ungerechten" Typen amüsieren. Sie gebärden sich wie kleine Jungen (Matthäus 18:3). Jesus verspricht, daß er in seines Vaters Reich zusammen mit seinen Jüngern neuen Wein trinken wird (Matthäus 26:29). Nicht alle bekommen Einlaß, manche werden vor die Tür und nach draußen ins Dunkel geworfen.

Für den, der die Evangelien vorurteilslos und mit offenem Sinn liest, kann kein Zweifel herrschen, daß das *himmlische Königreich*, *Gottes Königreich*, und das *Königreich des Vaters* nur verschiedene Namen für ein Gasthaus sind, wo man ißt und in froher Runde trinkt – mit Zöllnern und Dirnen, und mit Abraham, Isaak und Jakob als Ehrengästen. Die Fischer und andere gute Leute folgen Jesus zu einem munteren Zechgelage, das – wie Jesus versichert – gleich in der Nähe stattfindet, – allerdings sagt er nie genau, wo.

Woher stammt denn dieses abenteuerliche Bild? Wo auf der Landkarte lag dieses Lokal?

Die genaueste Ortsangabe, die wir erhalten, stammt aus dem Satz über jene, die *„von Osten und Westen kommen und mit Abraham und Isaak und Jakob im Himmelreich zu Tisch sitzen"* (Matthäus 8:11). Diese Beschreibung erhalten wir im Zusammenhang mit der Angabe, daß Jesus nach *Kapernaoum* hineingegangen war.

Und dem Ortsnamen Kapernaoum liegt, wie wir wissen, *Kapilavastu* zugrunde. Der betreffende „Hauptmann" war ursprünglich König Suddhodanas, Sâkyamunis Vater.

Die Vorlage von Matthäus 8:5-13 ist leicht zu identifizieren, wenn man mit dem Sanskrit-Original vertraut ist. Die Urschrift findet man im Samghabhedavastu (S. 196), das 1977 erstmals veröffentlicht wurde.

Anfangs ist König Suddhodanas etwas zu stolz, um sich durch seinen Sohn von seiner Unwissenheit heilen zu lassen.

Der König und die Einwohner von Kapilavastu glauben schlicht und einfach nicht an Sâkyamuni.

Um sie zu bekehren und sie zum Glauben zu bringen, setzt Sâkyamuni darauf eine Reihe von Wundern in Gang.

Um zu zeigen, daß er selbst über die Götter Macht hat, läßt er Sakras, Brahma und die anderen Götter sich einfinden. Diese setzen sich zu einer Götterversammlung nieder, um Sâkyamunis Dharma zu lauschen. Der Gottessohn Visvakarman errichtet ein Haus mit Turm – also eine „Kirche“ –, wo sich die Götter niederlassen, um zuzuhören. Nur die Götter erhalten Zugang zum Kirchengebäude. Der König versucht, im Norden, Süden, Osten und Westen zur Tür hereinzukommen, aber er muß vor der Tür bleiben.

Matthäus gibt also das Original Punkt für Punkt wieder: Brahma und Sakra und die anderen Götter, die sich zu der Götterversammlung einfinden, treten nun in der Rolle von Abraham und Isaak und Jakob auf, die gleichfalls im Himmelreich Platz nehmen. Unter den indischen Göttern wird auch Kuberas hervorgehoben.

Brahma wird also in Abraham verwandelt; Sakras wird zu Isaak assimiliert, und Kuberas wird in Jakob verwandelt. Die Wiedergabe der ursprünglichen Personennamen ist also recht gut geglückt.

Die Götter sitzen „in der Götterversammlung“, sanskrit *deva-parisadi*, d.h. „in der Versammlung der Götter“, sanskrit *devânâm*. Bei Matthäus sitzen sie „im Königreich der Himmel“, griechisch *en tê basileia tôn ouranôn*.

Die Ortsangabe ist auch perfekt: Sanskrit *parisadi* bedeutet „in der Versammlung“, was auf griechisch zu „im Königreich“, *en tê basileia*, wird. Die vier ursprünglichen Konsonanten, *p-r-s-d*, findet man in *tê basileia* wieder: *t-b-s-l* (wobei *r* und *l* Halbvokale mit gleichem Wert sind). Das griechische *en* gibt die Sanskritendung *-i* wieder, die „in“ bedeutet.

Sanskrit *devânâm*, „der Götter“, wird zu griechisch *tôn ouranôn*, „der Himmel“. Wenn das Sanskritwort für „Gott“, *devas*, in der Mehrzahl verwendet wird, bedeutet es nämlich ebenfalls „die Himmel“, „der Himmel“, also der Ort, wo die Götter wohnen. Dem Ausdruck „im Himmelreich“ liegt also „in der Götterversammlung“ zugrunde.

Jetzt versteht man auch, warum der Evangelist Markus

den Ausdruck „Gottes Reich“, *basileia tou theou*, bevorzugt, wo hingegen Matthäus lieber vom „himmlischen Königreich“ spricht.

Markus übersetzt genau die gleiche Wortzusammensetzung, *deva-parisad(i)*, deren ersten Teil *deva-*, er als Einzahl auffaßt, sanskrit *devasya*, „Gottes“.

Es war den Theologen immer ein Rätsel, wie die beiden verschiedenen Ausdrücke, *Himmelreich* und *Gottesreich* zu erklären sind. Jetzt wissen wir mit Sicherheit, daß es sich nur um zwei verschiedene Wiedergaben von einem und demselben Sanskritausdruck handelt: *deva-parisad(i)*.

Schließlich teilt Matthäus mit, die *Kinder des Reichs* würden in die Finsternis hinausgestoßen (Matthäus 8:12). Man hat sich darüber gewundert, wer denn die „Kinder des Reichs“ sein könnten.

Aber nun sehen wir, daß die „Kinder des Reichs“ nur König Suddhodanas und die anderen Einwohner im Königreich Kapilavastu waren, die gerne in die Götterversammlung hinein wollten, jedoch vor der Tür bleiben mußten. Sie waren nämlich *„nur Menschen“*, heißt es.

Somit wird klar, daß es sich bei dem Himmelreich mit Abraham usw., von dem bei Jesu Besuch in Kapernaum die Rede war, ursprünglich um die Götterversammlung mit Brahma usw. handelte, die während Sâkyamunis Besuch in Kapilavastu erwähnt wurde.

Aber was hat es mit den Zöllnern und Dirnen und den zehn Jungfrauen auf sich, von denen nur fünf Einlaß in den Hochzeitssaal erhielten?

Das Gleichnis von den zehn Jungfrauen, fünf dummen und fünf klugen, ahmt ein berühmtes Gleichnis nach, das von fünf dummen und fünf klugen Handlungsweisen spricht und auf sanskrit im vierten Kapitel des Mahâparinirvâna-Sûtra (MPS) zu finden ist. Auch wenn man weder Griechisch noch Sanskrit lesen kann, hört man trotzdem ganz leicht, wie Matthäus den Lautwerten des Originals gefolgt ist – aber auf Kosten der ursprünglichen Bedeutung.

Ich begnüge mich hier mit einem typischen Beispiel. Das Original unterscheidet zwischen fünf verschiedenen Arten Aufmerksamkeit, sanskrit *apramâdas*, und fünf Arten von

Unaufmerksamkeit, sanskrit *pramâdas*. In beiden Fällen liegt die gleiche Konsonantenreihe vor: *p-r-m-d-s*.

Matthäus spricht von zweimal fünf Jungfrauen. Das griechische Wort für Jungfrau heißt *parthenos*, also *p-r-th-n-s*. Matthäus hat zweimal fünf Lampen, griechisch *lampadas*, also: *l-m-p-d-s*. Die ursprünglichen Konsonanten *p-r-m-d-s* werden also sowohl zu *p-r-th-n-s* als auch zu *l-m-p-d-s*. Der Sinn wurde verändert, aber der Lautwert blieb erhalten.

Betrachten wir nochmals die merkwürdigen „Zöllner und Dirnen". Diese zwei Gruppen gehen also vor allen anderen in Gottes Reich ein. Die Erklärung ist die gleiche. Der griechische Ausdruck ist *hoi telônai kai hai pornai* (Matthäus 21:31).

Im Original ist Tathâgata von einer großen Schar von „alten Zopf-Asketen" umgeben, die er in der Versammlung bekehrt hat. Das Sanskritwort ist *purâna-jatilais*, von *purâna*, „alt", „jetzt nicht mehr", „ehemals", und *jatilas*, „bezopfter Asket". Der Bericht über die Bekehrung der vielen bezopften Asketen, die danach als „alte Zopf-Asketen" bezeichnet werden, ist im Catusparisat-Sûtra (CPS) (Abschnitt 27b 5) zu lesen, das fast vollständig ins Dänische übersetzt vorliegt [in meinem Buch *Hînayâna. Den tidlige indiske buddhisme*, Kopenhagen 1998, S. 13-59; auf deutsch siehe WALDSCHMIDT, Seite 332].

Den Sinn des Originals durfte Matthäus natürlich nicht beibehalten. Wie man sich leicht vorstellen kann, ging es nicht an, daß der König der Juden von einer großen Schar alter bezopfter Asketen aus Indien umgeben war.

Aber assimilieren konnte er, dieser Matthäus: Sanskrit *purâna*, „alt", wird zu *pornai*, „Dirnen": *p-r-n* = *p-r-n*. Sanskrit *jatila(i)s* wird zu *telônai*, „Zöllner": *j-t-l-s* = *t-l-n-s*. Der einzige Schönheitsfehler der Nachbildung besteht darin, daß sanskrit *j* zu griechisch *n* wurde.

Aber ansonsten wurden die alten indischen Zopfasketen hübsch in jüdische Zöllner und Dirnen umgewandelt. Selbst der „Klang" blieb erhalten.

Der Titel der Schrift, in der die Episode mit den ehemaligen Zopfasketen beschrieben wird, lautet Catus-parisat-Sûtra, d.h. „das Evangelium", *sûtram*, „über die vier", *catus*, „Versammlungen", *parisat*.

Das Sanskritwort *parisat*, das auch *parisa* und *parisada* geschrieben werden kann, beinhaltet einen typischen Fachausdruck buddhistischer Schriften.

Wenn Tathâgata vom Dharma predigt – von etwas anderem predigt er so gut wie nie –, dann erfolgt das meistens in einer *Parisat* [Versammlung], die sich auf verschiedene Weise zusammensetzen kann. Eine *Parisat* ist also die „Gemeinde", die der Dharma-Botschaft lauscht.

Tathâgata befindet sich abwechselnd in Gemeinden, die sich aus Adligen, aus Priestern, aus Göttern und aus Familienvätern zusammensetzen; aber in der buddhistischen Märchenwelt kann es sich auch um Versammlungen mit Fabeltieren wie Schlangen und Kentauren handeln.

Jesus wendet sich in der gleichen Weise an Versammlungen Adliger, „Offiziere" usw., Familienväter und Götter oder Göttersöhne.

Jesus wendet sich auch an Kentauren.

Das ist vielleicht nicht gleich verständlich und bedarf einer kurzen Erklärung. Rufen wir uns in Erinnerung:

Der griechische Kentaur war auf sanskrit entweder ein *kinnaras*, weiblich *kinnarî*, oder ein *gandharvas*.

In der bekannten Episode über das „kananäische Weib" (Matthäus 15:21-28) war ursprünglich von einem *kinnarî* die Rede. Sanskrit *kinnarî* wurde hier zu griechisch *khananaia* verwandelt.

In einer anderen bekannten Passage heißt es, daß Jesus zwei Besessene im Lande der Gadarener[5] heilt (Matthäus 8:28-34). Es haben immer Zweifel bezüglich der richtigen Lesart und der Lage des merkwürdigen Landes bestanden.

Die griechische Namensform *Gadarênos* ist nur bei Matthäus 8:28 belegt. Da diese Stelle auch ihre buddhistische Vorlage hat, kann kein Zweifel darüber bestehen, daß *Gadarênos* der Versuch ist, sanskrit *gandharvas* (*g-n-dh-r-s* = *g-d-r-n-s*) wiederzugeben. Wie so oft fällt bei der griechischen Nachbildung das sanskritische *v*, das ja ein Halbvokal ist, weg.

Jesus erlöste also auch Kentauren, ebenso wie Tathâgata

---

[5] Siehe meine vorherigen Ausführungen auf Seite 45.

es tat, als er das Dharma in einer Versammlung von *Gandharvas* [= Kentauren] und *Kinnaras* [= anderer Ausdruck für Kentauren] predigte.[6]

In der ursprünglichen Liste über die bei der Versammlung Anwesenden findet man auf sanskrit auch *garudas*, – wiederum ein Fabeltier, ein „Greif".

Entsprechend dem durchgehenden Grundsatz, daß aus einem viele und viele zu einem werden – also dem Verkleidungsprinzip – wird *garudas* auch zu *Gadarênos*. Im Genitiv Plural wird *garudas* zu *garudânâm*, was genau dem Genitiv Plural auf griechisch entspricht: *gadarênôn*. Das ist wohl auch der Grund, weshalb Matthäus von genau *zwei* Besessenen spricht: – einem *Gandharvas* und einem *Garudas*.

Über die beiden Ausdrücke *Himmelreich* und *Gottesreich* ist noch mehr zu sagen. Eine genauere Wiedergabe wäre, wie schon erwähnt (vgl Seite 139 ff.), „Königreich der Himmel" und „Gottes Königreich".

Dem griechischen *basileia*, „Königreich", liegt, wie gesagt, als Hauptregel sanskrit *parisat* [Versammlung] zugrunde.

Wenn griechisch *basileia* also ein Sanskritwort für „Versammlung" wiedergibt, dann beinhaltet dies, daß die beiden ins Griechische übersetzten Ausdrücke von sanskrit *devaparisadi* [„in der Versammlung der Götter"] auch eine ganz andere Bedeutung [sowohl „Himmelreich" als auch „Gottesreich"] erhalten haben. Die griechische Formulierung kann durchaus auch mit „die Versammlung, die aus einem Gott, oder aus mehreren Göttern besteht", wiedergegeben werden. Da die Sanskrit-Vorlage zweideutig ist, ist es die griechische Übersetzung ebenfalls.

Dies stimmt damit überein, daß sich Tathâgata ausdrücklich an verschiedene Versammlungen wandte, die aus Göttern, Kentauren usw. bestanden. In diesen Versammlungen trat Tathâgata in verschiedenen Gestalten auf und predigte ein und dasselbe Dharma, aber mit verschiedenen Auslegungen.

Das Evangelium des Neuen Testaments – es gibt nur eines, aber in vier verschiedenen Versionen – wendet sich an

---

[6] Sanskrit Plural: *Gandharvâs*, *Kinnarâs*

die Juden. Daher treten Tathâgata und seine Jünger als Juden verkleidet auf.

Folgende Tatsachen machen das Gesamtbild etwas kompliziert:

Im Buddhismus wird bekanntlich zwischen Hînayâna und Mahâyâna unterschieden.

Hînayâna, die frühe Form, wendet sich in erster Linie an die kleine Gruppe auserwählter Jünger, die oft als *srâvakas* [Zuhörer] und *pratyekabuddhas* [Einzelbuddhas] bezeichnet werden.

Dagegen wendet sich das spätere Mahâyâna an alle Menschen und alle lebenden Wesen, darunter auch Götter und Kentauren usw.

Man könnte sagen, das Mahâyâna ist eine Art Protestantismus, der sich polemisch gegen den älteren konservativen Buddhismus richtet, der herablassend als „der kleine Wagen“, *Hînayâna*, bezeichnet wird. Damit ist gemeint, daß es im „kleinen Wagen“ nur Platz für wenige gibt. Im *Mahâyâna*, dem „großen Wagen“, ist dagegen Platz für alle – fast alle. Mahâyâna, ist volkstümlicher, um nicht zu sagen populistischer Buddhismus.

Das Mahâyâna beinhaltet nämlich eine Menge herabsetzender Bemerkungen über *Srâvakas* und *Pratyekabuddhas* [des Hînayâna].

Daß Matthäus ein Vertreter des Mahâyâna ist, kommt deutlich und unmißverständlich an all den Stellen zum Ausdruck, wo sich Jesus von den Schriftgelehrten und Pharisäern distanziert.

Die Schriftgelehrten und Pharisäer treten im typischen Fall paarweise auf, ebenso wie Srâvakas und Pratyekabuddhas stets paarweise auftreten.

Kurzum: Wenn Jesus die Schriftgelehrten und Pharisäer nicht leiden konnte, dann handelt es sich ursprünglich um das Mahâyâna, das nichts mit Srâvakas und Pratyekabuddhas zu tun haben wollte.

Überall, wo die Schriftgelehrten und Pharisäer gemeinsam als Jesu Gegner auftreten, kann man sicher sein, daß im sanskritischen Original der gleiche Gegensatz gegenüber den beiden Gruppen der Srâvakas und Pratyekabuddhas vorliegt.

Die Schriftgelehrten und Pharisäer sind, mit anderen Worten, verkleidete Srâvakas und Pratyekabuddhas.

Auch hier hat Matthäus assimilieren müssen, genau wie bei den alten Zopfasketen und den Kentauren usw.

Im Gegensatz zum Hînayâna verspricht das Mahâyâna, daß alle ins Nirwana gelangen können, wenn sie nur an Tathâgata glauben und seinen Namen nennen.

Das Mahâyâna verspricht, daß jeder Buddha – d.h. „erweckt" – werden kann. Genau deshalb *„buddhat"* = erweckt Jesus sozusagen ständig jemanden vom Tode, d.h. er heilt.

Eine grundlegende Vorstellung im Lotus-Evangelium besagt, daß das Nirwana ganz nahe ist, die Menschen wissen es nur nicht. Diese Behauptung – daß das Nirwana ganz nahe sei – wird mit einer Reihe von Gleichnissen beleuchtet, die viele Spuren in den Evangelien hinterlassen haben. In dem Mantel eines armen Mannes ist ein kostbarer Edelstein eingenäht. Er weiß es nur nicht. Nirwanas Juwel ist also nahe – wenn er es nur wüßte! Manche Leute haben sich im Dschungel verirrt und haben die Hoffnung fast aufgegeben. Da verspricht ihnen ihr Führer, daß *Nirwanas Stadt, Nirwanas Burg* ganz nahe ist.

Im Ausspruch der Evangelisten, daß *Gottes,* oder *der Götter,* oder *der Himmel Königsreich* nahe sei, verbirgt sich auch die Vorstellung, daß Nirwanas Burg nahe ist. Hier gibt es Ruhe und Geborgenheit für müde Seelen!

Das griechische Wort für „der Himmel" (Genetiv Plural) war ja *ouranôn,* also *r-n-n,* drei Silben.

Und nun sieht man, daß *ouranôn* auch als Wiedergabe von sanskrit *Nirvana*: *n-r-n* = *r-n-n* gedacht ist.

Oben wurde aufgezeigt, daß das Königreich als ein Haus, ein Gasthaus oder eine Kirche dargestellt wurde, in die man hineingehen und sich erholen konnte.

Das Bild von Nirwanas Burg oder Stadt, in die man hineingehen und sich ausruhen kann, beschreibt dasselbe. Es wird also, genau genommen, nur versprochen, daß es einen sicheren und schönen Aufenthaltsort in der Nähe gibt.

Man muß wirklich sagen, daß die Evangelisten ihr Handwerk gut verstanden haben.

Wenn sich ein *Kulaputra(s)* – ein Sohn aus guter Familie – entschied, dem Tathâgata auf dessen Wanderungen von Stadt zu Stadt, von Dorf zu Dorf zu folgen, dann mußte er zuerst geloben, ein *„frommes Leben"* [sanskrit *brahma-caryâ*] im Sinne Buddhas zu führen, nahe dem Bhagavat. Der Begriff, den ich hier mit „frommes Leben" übersetze, lautet auf sanskrit *brahma-caryâ,* d.h. „Wandel, Leben", *caryâ,* „in" bzw. „wie Brahma".

Und Brahma, dem man es gleichtun soll, lebt in den Himmeln. Er ist Vater aller Schöpfungen, ebenso wie Tathâgata[7], der sich auch in Brahmas Himmel – *svargas* – aufgehalten hat. Dieser Brahma ist es, der vom Himmel steigt, um seine Freude über seinen „geliebten Sohn" auszudrücken (Matthäus 3:17 und 17:5).

Sanskrit *Brahma-caryâ* wird somit auch zu „Gottes Reich" und „Königreich der Himmel" usw. im Neuen Testament.

Zusammenfassung:

Wenn Jesus verkündet, daß das (König-)Reich des Himmels nahe ist, faßt dieser Ausdruck mehrere verschiedene Vorstellungen aus dem Sanskrit-Original zusammen:

Dies können die Götter sein, die im Versammlungshaus in Kapilavastu sitzen.

Dort findet man auch andere Gäste: – Zöllner und Dirnen, die ursprünglich die alten Zopfasketen waren.

Es kann ebenfalls Nirwanas Burg sein. Sie liegt „in der Nähe", – niemand weiß aber ganz genau, wo.

Es kann auch oben im Himmel, *svargas*, sein, wo Brahmâ zusammen mit vielen anderen Göttern wohnt.

Schließlich kann es auch eine einzelne besonders fromme Lebensweise sein, – wie die von Brahmâ – Abraham.

Daß Jesus als *Ksatriyas = (ho) khristos* König dieses Reiches war, versteht sich von selbst.[8] Er war es deshalb, weil er –

---

[7] *Tathâgatas* war als *Buddhas* = 612 ja auch *Zeus* = 612. Und Zeus wiederum war der Vater der Götter und Menschen!

[8] Zeus ist ja auch König [*basileus, anax*].

als Tathâgata, Dharma-König – vor den verschiedenen Versammlungen von Göttersöhnen und Kentauren und dergleichen die Gerechtigkeit verkündigte.

Kapitel 15

Gleichnisse

Tathâgata, alias Jesus, ist für seine Gleichnisse bekannt. Oder vielleicht sollte man besser sagen, daß Jesus wegen seiner Gleichnisse berüchtigt ist.

Während einigermaßen Einigkeit darüber herrscht, daß Jesu Gleichnisse in der Regel vom Himmelreich, von Gottes Reich handeln, besteht große Uneinigkeit über die Deutung der einzelnen Gleichnisse, von denen viele von Matthäus (Kapitel 13) gesammelt wurden. Der Zweck eines Gleichnisses besteht normalerweise darin, einen Sachverhalt zu klären, indem etwas miteinander verglichen wird, das bekannt und vertraut ist. Das merkwürdige an Jesu Gleichnissen ist jedoch, daß sie mehr Verwirrung als Klarheit schaffen. Alle seine Gleichnisse haben etwas Geheimnisvolles, etwas, das nur die engsten Jünger begreifen. Die Menschenmengen, an die sich Jesus wendet, wundern sich und begreifen nichts.

Es gibt kein Gleichnis Jesu, das nicht auf buddhistische Originaltexte zurückgeführt werden kann.

Das Sanskritwort für „Gleichnis“ ist *paryâyas*. Ein *paryâyas* ist immer ein Gleichnis vom Dharma, nämlich dem Dharma, das zur Wiedergeburt im Himmel führt, also ebenso wie bei Jesus. Sanskrit *paryâyas* wird auf griechisch korrekt entweder mit *parabolê* oder, wie beim Evangelisten Johannes, mit *paroimia* wiedergegeben. In gewisser Weise entspricht die Bedeutung von *paryâyas* = *parabolê* = *paroimia* dem hebräischen *mashal*. Belege hierfür gibt es in Matthäus 13:35. Aber es ist völlig verkehrt, wenn Theologen behaupten, das griechische Wort für „Gleichnis“ sei eine Übersetzung des hebräischen *mashal*. Das einzige, was man sagen kann ist, daß in Matthäus 13:35 das griechische Wort für „Gleichnisse“ dem hebräischen *mashal* entspricht.

Alle Gleichnisse Jesu können, wie gesagt, auf buddhistische Quellen zurückgeführt werden, vor allem auf das Lotus-Sûtra.

Kennen wir das Original, dann können wir auch den Grund für die Verwirrung bei den Evangelisten aufdecken. Das soll an zwei Beispielen beleuchtet werden:

Das Gleichnis vom reichen jungen Mann (Matthäus 19:16-30) besagt, daß ein Kamel, griechisch *kamêlos*, leichter durch ein Nadelöhr (Matth. 19:24) komme, als daß ein Reicher, griechisch *plousios*, ins Reich Gottes gelange.

Als die Jünger das hörten, „entsetzten sie sich sehr" und baten um eine Erklärung. Jesus antwortet, „bei Gott sind alle Dinge möglich", – was aber keinerlei Erklärung darstellt.

Kennt man das Original, wird alles klar. Die Buddhisten glauben, daß alle lebenden Wesen wiedergeboren werden. Eine Wiedergeburt als Mensch erfolgt nur sehr selten. Man muß daher die Gelegenheit nutzen, wenn man endlich als Mensch, sanskrit *purusas*, wiedergeboren wird.

Um diese Seltenheit zu veranschaulichen, benutzt Tathâgata ein bekanntes Gleichnis. Man stelle sich eine Schildkröte, sanskrit *kûrmas*, vor, die im Meer schwimmt. Ab und zu hält sie den Kopf hoch über die Wasseroberfläche. Vielleicht schwimmt da auf dem Wasser ein Joch [sanskr. *yogas*, griech. *zugos*] und schaukelt. In einem äußerst seltenen Fall kann es geschehen, daß die Schildkröte ihren Hals genau durch diese Öffnung in das Joch steckt. Das ist sehr unwahrscheinlich, aber nicht ganz unmöglich. Mit der gleichen Wahrscheinlichkeit ist es möglich, als Mensch wiedergeboren zu werden, aber, alles in allem genommen, ist das äußerst selten. Es gibt ja viele andere Arten, wiedergeboren zu werden.

Das buddhistische Bild ist klar und logisch und allen Buddhisten bekannt.

Es ist leicht ersichtlich, wie Matthäus das Original Punkt für Punkt nachgeahmt hat. Der Mensch wird zu einem reichen Mann, die Schildkröte wird zu einem Kamel, das Loch im Joch wird zu einem Nadelöhr.

Die Verwirrung entsteht, weil Matthäus lediglich die Lautwerte von *purusas* und *kûrmas* wiedergibt. Sanskrit *purusas*, „Mensch", wird zu griechisch *plousios*, „ein reicher Mann" (*p-r-s-s* = *p-l-s-s*), und sanskrit *kûrmas*, „Schildkröte", wird zu „ein Kamel", griechisch *kamêlos* (*k-r-m-s* = *k-m-l-s*).

Wenn man also zu den engsten Jüngern gehört, dann

kennt man auch das Geheimnis, das der „Untersetzung" zugrunde liegt. Weiß man, daß *plousios* = *purusas* und daß *kamêlos* = *kûrmas* usw. wiedergibt, dann hat man auch das Geheimnis gelüftet, das Jesu Gleichnisse so verwirrend macht.

Ein anderes berühmtes Beispiel: Das Gleichnis vom Sämann (Matthäus 13:1-23).

Rein stilistisch ist die Erzählung genau wie im sanskritischen Original aufgebaut. Tathâgata erzählt eine Parabel [*paryâyas*] vom Dharma. Die Jünger wundern sich, bitten um eine Auslegung, die Tathâgata dann gibt.

So auch bei Matthäus. Zuerst erzählt Jesus von einem Sämann, der ausging um zu säen. Das ist doch wirklich ein merkwürdiger und nachlässiger Sämann, der auf den Weg, auf Felsengrund und mitten in die Disteln sät! Ist der Bauer verrückt geworden?

Die Jünger bitten um eine Erklärung. Jesus spricht von „Geheimnissen" und gibt eine „Erklärung", die weiterhin sehr verwirrend ist.

Wenn man das Original kennt, dann versteht man auch die Ursache für die Verwirrung im Matthäus-Evangelium. Matthäus hat mehrere Gleichnisse zusammengesetzt. Die Bemerkungen, daß es etwas hundertfach oder sechzigfach oder dreißigfach gibt, stammen von einem Gleichnis, das die gleichen Zahlenangaben enthält, die Matthäus dann mit Elementen aus einem ganz anderen Gleichnis verbunden hat.

Die Hauptquelle ist das berühmte Gleichnis über die Kräuter im fünften Kapitel des Lotus-Sûtra.

Die Sache ist nämlich die, daß Tathâgata sein Dharma über alle lebenden Wesen ausgießt, ohne zwischen guten und schlechten zu unterscheiden. Die verschiedenen Wesen fassen sein Dharma jedoch auf ganz unterschiedliche Weise auf, abhängig von ihrer individuellen Reife, ihren Voraussetzungen usw.

Um dies zu erhellen, macht Tathâgata einen Vergleich. Es heißt in einer feststehenden Redewendung, daß intelligente Menschen die Bedeutung einer Aussage durch einen Vergleich, sanskrit *upamayâ*, verstehen. Hier wird sanskrit *upamayâ* sehr elegant zum griechischen „Homosynonym“[1] *paroimia* bei Johannes.

Tathâgata kann mit einer Regenwolke verglichen werden, die Dharmas Wassertropfen auf vier verschiedene Arten von Kräutern und Bäumen herabsprüht. Das Ergebnis oder die Ausbeute ist selbstverständlich für unterschiedliche Empfänger verschieden.

Geht man nun zurück zu Matthäus und richtet den Blick auf das griechische Wort, das man gerne mit „Sämann“ übersetzt, dann erkennt man gleich eine der Quellen für die Verwirrungen.

Der griechische Text spricht von „einem Verstreuer/Verbreiter, Ausstreuer“, *ho speirôn*, der „verstreut, verbreitet“, aber der griechische Text besagt nur, daß der Ausstreuer „etwas“ verstreut/verbreitet.

Es steht dort überhaupt nicht, daß die betreffende Person ein Sämann sei, der Saatkörner ausstreut!

Mit Recht fügt Matthäus 13:9 hinzu: *„Wer Ohren hat zu hören, der höre!“*

Matthäus sagt also, daß man sorgfältig auf die Wortwahl bzw den Klang der Worte achten solle. Und wenn man sich danach richtet, ist die Sache klar und das Geheimnis gelüftet.

Es geht um Tathâgata, der als Dharma-Wolke Dharmas Regentropfen über verschiedene Gewächse versprüht, nämlich über Gras, Büsche, Kräuter und Bäume. Diese vier verschiedenen Arten Gewächse werden sich natürlich verschieden entwickeln, ein jedes seiner Art entsprechend. Ebenso entwickeln sich verschiedene lebendige Wesen unterschiedlich, wenn sie mit Dharma-Regen besprengt werden.

Man versteht das Geheimnis, das Jesu Gleichnissen zugrunde liegt, erst, wenn man das Sanskrit-Original kennt.

Der Satz *„wer Ohren hat zu hören, der höre“* bedeutet also: Um dieses zu verstehen, muß man das Sanskrit-Original kennen.

Die moderne Forschung über die Gleichnisse Jesu ist äußerst umfangreich. Viele Forscher haben leider übersehen, daß alle Gleichnisse Jesu dadurch entstanden sind, daß eine

---

[1] „Homosynonym“, d.h. gleicher Sinn, gleicher Klang

Reihe von Gleichnissen, die von Tathâgata stammten, aus dem Sanskrit ins Griechische übersetzt und miteinander verknüpft wurden.

Die vielen Uneinigkeiten bei der Deutung der Gleichnisse Jesu beruhen einfach darauf, daß man das Sanskrit-Original nicht kennt.

Wir verstehen nun, daß Matthäus bewußt Verwirrung und Verwunderung schaffen wollte. Rätsel und Paradoxien wirken spannender und anziehender als trockene logische Darlegungen.

Nachschrift:

Nachdem dieses Buch geschrieben wurde, ist mir klargeworden, daß es zu den Paradoxien im Neuen Testament oftmals – wenn nicht immer – eine einfache geometrische Lösung gibt. So ist es z.B. anscheinend ein Paradoxon, daß die Mutter von Jesus gleichzeitig eine Jungfrau [griechisch *parthenos*] und die Mutter [griechisch *hê mêtêr*] ist. – Aber hier ist die Lösung:

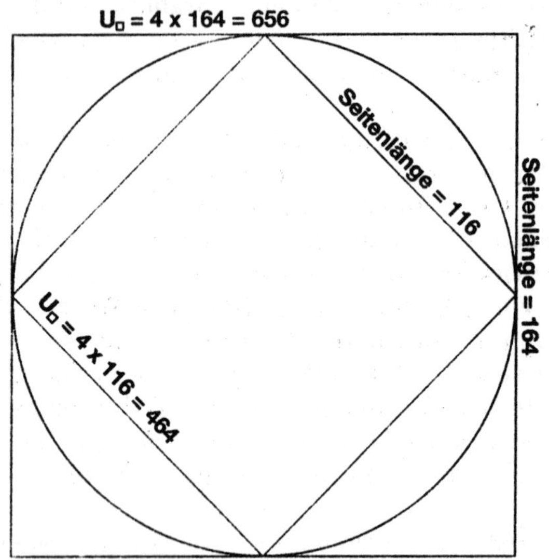

Abb. 6: Geometrische Darstellung „der Mutter“ [*hê mêtêr* = 464], der „Jungfrau“ [*parthenos* = 515] und des *Messias* [= 656]

Der Umfang des Kreises beträgt 515 Einheiten. Das innere Quadrat hat einen Umfang von 4 x 116 = 464. Der Umfang des äußeren Quadrates beträgt 4 x 164 = 656. Daher ist es völlig logisch, daß die Mutter des Messias eine Jungfrau ist. Von Jesus wird auch gesagt, daß er aus *Nazaret* [Zahlenwert = 464] kommt!

Bisher haben sich Forscher mit diesem Aspekt noch nicht befaßt. Keinem ist aufgefallen, daß es hier einfache geometrische Verbindungen zu den Paradoxien – einschließlich den Parabeln/Gleichnissen – des Neuen Testaments geben könnte. Tatsächlich deutet sogar das griechische Wort *„Parabel"* auf eine geometrische Anwendbarkeit hin, – im einfachsten Falle auf eine Zeichnung wie zuvor.

Diese Parabeln oder Zeichnungen beweisen nicht nur, daß der *Messias* = 656 von den Personen mit den Zahlenwerten 464 und 515 geboren wurde, sondern ebenfalls – wenn wir fortfahren –, daß er Gottes Sohn ist:

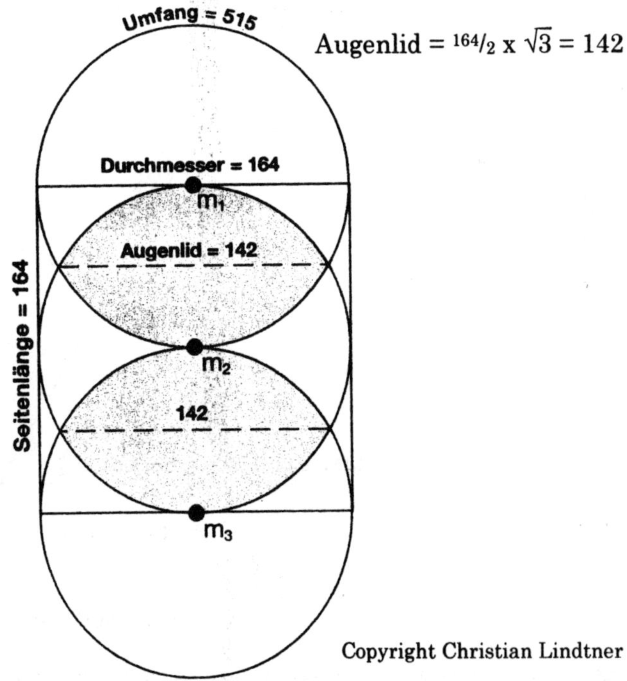

Abb. 7: Der Messias als Gottes und der Jungfrau Sohn

Die Augenlider in den beiden Augen bzw. „Fischen" – die ja ein Symbol für das Christentum darstellen – betragen je 142 Zahleneinheiten. Beide zusammen ergeben 2 x 142 = 284 = griech. *theos* = „Gott". Daher ist der Messias nicht nur der Sohn der Mutter, die Jungfrau ist, sondern auch von Gott = 284 in derselben Zeichnung. Und Gott ist ja *Zeus* [= 612 = *Buddhas*].

In Matthäus 1:19-20 werden wir darüber informiert, daß Jesu Mutter *Mariam* war, *hê mêtêr Mariam* = 656, was ebenfalls der Zahlenwert von *Messias* ist. Auf diese Weise besteht daher zwischen Vater, Sohn und Mutter kein wirklicher Unterschied. 656 war auch der Zahlenwert von *Tathâgatam* und *Artemis*. Daher kann ein Sohn zur selben Zeit mehrere Eltern haben.

Und schließlich wurde Jesus [griech. *Iêsous* = 888] in einem „Lotus" [griech. *ho Lôtos* = 1470] in der Form eines Davidsternes geboren:

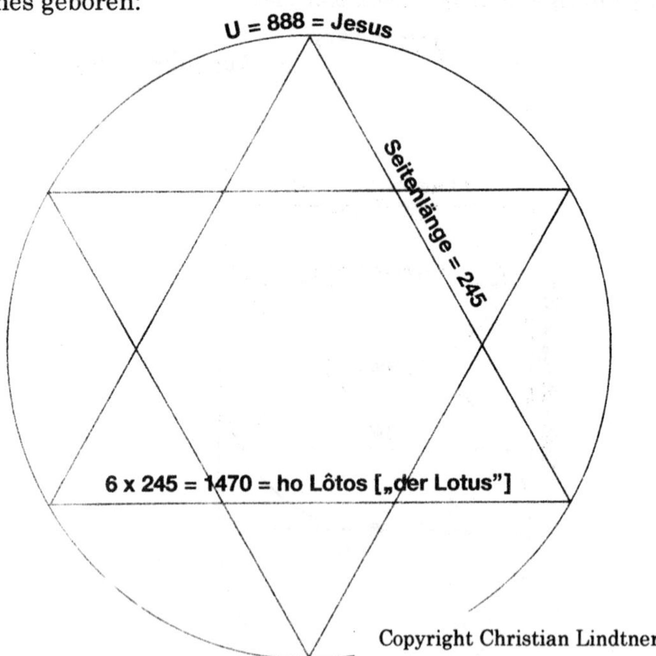

Abb. 7a: Jesus wurde in einem Lotus in der Form eines Davidsternes geboren.

Kapitel 16

Tod und Hölle

Es besteht ein gewisser Gegensatz zwischen dem Himmel, dem Himmelreich, dem ewigen oder fortdauernden Leben einerseits und dem Tod, den Toten und der Hölle andererseits. Aber die Grenze, die Trennlinie, ist nicht so einfach zu ziehen. Jesus drückt sich nicht klar aus.

Die Christen bekennen sich in ihrem Glauben zu der Auferstehung der Toten. Und an die Hölle müssen sie *auch* glauben, schon weil sie regelmäßig ihren Glauben bekunden, daß Jesus selbst zur Hölle hinabstieg. Also muß die Hölle in irgendeiner Form existieren und eine Art Aufenthaltsort für die Toten sein.

Es ergibt sich mit großer Klarheit aus Paulus' Wort im Ersten Korintherbrief 15:14 ff., daß der Glaube an die Auferstehung der Toten für die Christen fundamentale Bedeutung hat:

> *„Ist aber Christus nicht auferstanden, so ist unsre Predigt vergeblich, so ist auch euer Glaube vergeblich."*

Und:

> *„Ist Christus aber nicht auferstanden, so ist euer Glaube eitel"*. (15:17)

Als „Beweis" dafür, daß die Toten auferstehen, verweist Paulus auf die „Tatsache", daß Christus auferstanden ist. Die Auferstehung Christi wird mit einem unklaren Hinweis auf die *„Schriften"* und auf eine Reihe Augenzeugen bewiesen.

Zu den Augenzeugen gehören Kefas und die Zwölf, außerdem über fünfhundert Brüder auf einmal. Hinzu kommen Jakobus, alle Apostel und Paulus selbst.

An der Glaubwürdigkeit dieser „Augenzeugen" hegt Paulus anscheinend nicht den geringsten Zweifel.

Die Quellenkritik zeigt nun, daß die *„Schriften“* buddhistische Schriften sind. Sowohl Kefas [*Kêphas*] als auch Jakobus gehen auf Kâsyapas zurück, und hinter den mehr als fünfhundert Brüdern verbergen sich die fünfhundert Mönche, die Augenzeugen waren, als bei der Feuerbestattung Tathâgatas der Rauch zum Himmel hochstieg.[1]

Mit anderen Worten: Paulus legt ein falsches Zeugnis ab. Daß die Genannten Augenzeugen der Verbrennung Tathâgatas waren, beweist in keiner Weise, daß Christus zu einem viel späteren Zeitpunkt und an ganz anderem Orte „von den Toten auferstanden“ ist.

Paulus wird hiermit bei einer sehr folgenschweren Lüge ertappt. Er hat hoch gepokert. Naive Theologen sehen sein Wort immer noch für den besten „Beweis“ an, den wir für die Richtigkeit des Glaubens an die Auferstehung der Toten besitzen.

Aber Paulus kann unmöglich guten Glaubens gewesen sein. Paulus übernimmt die Jesuitenmoral des Mahâyâna, daß man im Dienste einer guten Sache gerne betrügen und andere an der Nase herumführen darf. Sein Wort im Römerbrief 3:7 ist nicht mißzuverstehen:

> *„Denn so die Wahrheit Gottes durch meine Lüge herrlicher wird zu seinem Preis, warum sollte ich denn noch als ein Sünder gerichtet werden?“*

Da wundert es nicht, daß der gleiche Paulus die Ansicht vertritt, *„daß der Mensch gerecht werde ohne des Gesetzes Werke, allein durch den Glauben“* (Römerbrief 3:28).

Es ist also gut, an die Auferstehung der Toten zu glauben, – auch wenn das nur eine Lüge ist!

Zurück zu Tod und Hölle in den Evangelien!

Es gehört zur Tagesordnung, daß die Toten erweckt werden, entweder von Jesus selbst oder von seinem Vater (siehe Matthäus 10:8; 11:5; 27:64; Johannes 5:21 usw.).

Der Tote *„richtete sich auf“* (Lukas 7:15). Auch der Menschensohn soll sterben und sich von den Toten erheben (Markus 9:9).

---

[1] Siehe *„Wer war Kleophas“*, www.hermann-detering.de/Kleophas.htm

Vermutlich hält er sich selbst in der Zwischenzeit in der Hölle auf. Hierüber gibt es viele Spekulationen.[2]

Die Toten, die Jesus erweckt, halten sich nicht in der Hölle auf, sondern dort, wo Jesus sie erweckt.

Für die „Hölle" gilt das entsprechende wie für das Himmelreich, von dem wir gesehen haben, daß es ein Ort *„in der Nähe"* ist, – also nichts „Geistiges", sondern etwas sehr Konkretes.

In Matthäus 5:29 ist davon die Rede, daß der ganze Leib in die Hölle geworfen werde, griechisch *eis geennan*. Wo dieser Ort liegt, wird leider nicht mitgeteilt. Aber es ist dort sehr heiß, denn es ist vom „höllischen Feuer" die Rede, griechisch *eis geennan tou puros* (Matthäus 5:22; 18:9).

In Matthäus 23:15 werden den Gegnern Jesu die Leviten gelesen, weil sie jemanden zum „Kind der Hölle" machen, *huion geennês*.

Hier und da erhebt sich die Frage, was dieses *„von den Toten auferstehen"* (Markus 9:10) eigentlich bedeutet. Aber Jesus bleibt die Antwort schuldig. Wir erfahren lediglich: Wenn sie von den Toten auferstehen, *„so werden sie nicht freien noch sich freien lassen, sondern sie sind wie die Engel im Himmel"* (Markus 12:25).

Eine ganze Stadt kann in die Hölle stürzen (Matthäus 11:23). Man kann die Augen in der Hölle aufschlagen (Lukas 16:23). Der Reiche in der Hölle kann Abraham und andere *„von ferne"* sehen. Es besteht eine tiefe Kluft zwischen den beiden Orten. Man kann nicht zueinander kommen, aber der Abstand ist nicht größer, als daß man sich durchaus etwas zurufen kann. Die Hölle muß also in der Nähe des Himmelreiches liegen, das ja seinerseits auch *„in der Nähe"* liegt.

All das ist natürlich märchenhaft – ein buddhistisches Märchen.

---

[2] Siehe z.B. das gelehrte und spaßige Buch von Probst P. JOHS. JENSEN, *Læren om Kristi Nedfart til de Døde*, Kopenhagen 1903. Der Verfasser versucht, mit dem seligen MARTENSEN [dänischer Theologe], die „sinnlichen Ortskategorien" zu Symbolen einer „Innerlichkeit" zu verzaubern, ein „stilles Schattenreich, wo das Leben seine Wurzeln bloßlegt", S. 267! Man beachte das Wortspiel: vom *Inneren* der Erde zu *Inner*lichkeit. – Als ob Matthäus dänisch oder deutsch gesprochen hätte!

Die beiden Schlüsselworte auf griechisch sind *nekros*, „tot", und *geenna*, „Todesreich, Hölle".

Die Buddhisten unterscheiden zwischen dem Himmel und der Hölle. Die Hölle liegt irgendwo unter der Erde; es gibt viele verschiedene Höllen. Besonders schlimm ist *Avîci*, die Feuerhölle.

Benimmt man sich anständig, dann kommt man hoch in den Himmel. Benimmt man sich schlecht, dann kommt man hinunter in die Hölle. Und zwar kommt man mit seinem ganzen Leib hinauf oder hinunter.

Man ist also mit seinem ganzen Leib in der Hölle. Der Aufenthalt dort kann lange andauern, muß aber nicht ewig währen.

Besonders bekannt ist das Märchen von Devadatta, Buddhas Vetter, der ein so schlechtes Leben geführt hat, daß er mit seinem ganzen Körper in die große Hölle hinabstürzte [*sva-sarîrenâvîcau mahânarake patitah*, Samghabhedavastu 2, 261]. Aber nach einem Aufenthalt in Avîci erlangte Devadatta dennoch seine persönliche Erleuchtung [sanskrit *bodhi*]. Er erwachte von den Toten (*ebenda* 2, 262).

Das Sanskritwort für Hölle ist, wie gesagt, *narakas*. Die armen Geschöpfe, die sich in Narakas befinden, werden *nârakas* genannt, „Söhne der Hölle". Als Bodhisattva zum Buddha wurde, bekam er ein göttliches Auge. Mit diesem Auge konnte er diejenigen sehen, die im Himmel auferstanden, und diejenigen, die zu den Höllen [*narakesu*] hinabgestiegen sind.

In den Evangelien wird also nichts über die Toten und die Hölle ausgesagt, was nicht bereits in den buddhistischen Schriften steht.

Sanskrit *narakas*, „Hölle", wird sowohl zu griechisch *nekros* (*n-r-k-s* = *n-k-r-s*) und zu dem falschen Lehnwort *geenna*, im Genitiv *geennas* (*n-k-s* = *g-nn-s*; *r* fällt als Halbvokal weg), das wiederum an *narakas* anklingt.

In Lukas 8:31 und im Römerbrief 10:7 sowie an mehreren Stellen in dei Offenbarung des Johannes wird ein anderes Wort benutzt: *abysson*. Dieses Wort ist ein Echo auf den Namen der heißesten buddhistischen Hölle, *Avîci*, im Akkusativ *Avîcim*, ebenfalls mit drei Silben im gleichen Zusammenhang.

Umgekehrt nehmen die Christen gerne an, daß „*Paradies*“ ein anderes Wort für „*Himmel*“ sei. In den Evangelien tritt das griechische Wort *paradeisos* nur bei Lukas 23:43 auf. Ganz zu Unrecht behaupten die gängigen Handbücher, daß griechisch *paradeisos* ein Lehnwort aus dem Persischen sei. Wenn man das Sanskrit-Original kennt, sieht man schnell, daß griechisch *paradeisos* eine Wiedergabe von sanskrit *pradesas* (*p-r-d-s-s* = *p-r-d-s-s*) ist, was „Örtlichkeit, Ort“ bedeutet. Damit sind vor allem die vier heiligen Orte gemeint (MPS 41). Der vierte Ort ist die Stelle, wo Tathâgata ins Nirwana eingeht. Jesus verspricht also dem Räuber nicht etwa, daß sie zusammen ins Paradies kommen werden, vielmehr sagt er nur, daß sie in Kürze am gleichen Ort sein würden.

Ursprünglich ist sanskrit *pradesas* also etwas ganz anderes als *svargas* und der Himmel.

Aber zurück zur Hölle!

Es wird oft berichtet, daß Tathâgata und seine Jünger einen Besuch in *narakas* machen, um die *nârakas*, die Höllenkinder, die brennender Durst quält usw., zu trösten.

Daher ist es nicht verwunderlich, daß sich auch Jesus selbst zwei oder drei Tage in der Hölle aufhält, bevor er wieder – allem Anschein nach – von der Hölle aufsteigt.

Die Auferstehung von den Toten, *nekros*, bedeutet also das gleiche, wie von der Hölle, *narakas*, aufzusteigen.

In den Evangelien ist nirgendwo davon die Rede, daß Tod und Hölle in „übertragener“ oder „vergeistigter“ Bedeutung verstanden werden sollen.

Die indischen Märchen sollen als die Märchen genommen werden, die sie nun einmal sind.

Jesus wandelte also umher und holte die *nârakas* [„Söhne der Hölle“ bzw. „Höllenkinder“] von *narakas* [„Hölle“] empor.

Wenn also die Christen in ihrem Glaubensbekenntnis ihren Glauben an die Auferstehung von den Toten erklären, bekennen sie – letztendlich [wenn man ihr Wort ernst nimmt] – ihren Glauben an die buddhistischen Höllen, die reine Fantasiegebilde darstellen.

Zusammenfassend kann man sagen: Das Mahâyâna verspricht, daß alle zum Buddha werden können, – außer denen, die das Lotus-Sûtra verspotten, das Tathâgata beinhaltet, seinen Leib und seine Lehre (Dharma). Dieses Versprechen gilt auch für die Menschen in *narakas* [„Hölle"]. Auch sie werden erweckt.

Von der Hölle aufzusteigen bzw. von den Toten erweckt zu werden, ist somit prinzipiell dasselbe.

Wenn also die Evangelisten davon sprechen, daß Jesus die Menschen von den Toten erweckt, und daß man in die Hölle kommen kann, so sind das zwei Seiten derselben Medaille.

In den Evangelien wurden alle Worte und Vorstellungen über Himmel, Tod und Hölle von den buddhistischen Texten übernommen. Es gibt im Neuen Testament nichts in bezug auf diese Themen, das *nicht* auf Sanskrit-Originale zurückgeführt werden kann.

Kapitel 17

Jesus und seine Feinde

Nimmt der Leser die Evangelisten beim Wort, dann hatte sich sozusagen die halbe Welt gegen den Menschensohn und seine Schar von Fischern, Zöllnern und Dirnen verschworen und feindete die guten Leute an.

Wahrlich, eine imposante Phalanx von Gegnern, die sich drohend gegen den einen Mann Jesus aufstellen. Die Reihe umfaßt die Pharisäer, die Schriftgelehrten, die Herodianer [= Leute des Herodes], die Hohepriester, die Ältesten des Volkes, die Sadduzäer usw.; – genau genommen wirkt das Ganze ziemlich seltsam!

Sofern die Evangelisten Geschichte berichten und nicht nur Geschichten erzählen, müßten natürlich eine Menge unabhängiger Zeugnisse über Jesus in den Schriften seiner Gegner von damals vorliegen.

Es ist aber eine Tatsache, daß seine Feinde Jesus und seine bunte Schar nicht mit einem einzigen Wort erwähnen.

Dieses völlige Schweigen über Jesus, der den Evangelisten zufolge überall so viel Aufmerksamkeit erregte – selbst in ganz Syrien –, ist, gelinde gesagt, verwunderlich. Kannte keiner den angeblich berühmtesten Mann seiner Zeit?

Die damaligen Quellen berichten viel über die Pharisäer, die Sadduzäer usw., aber nicht ein Wort darüber, daß sie Kenntnis von einem Mann namens Jesus hatten.

Die Erklärung ist einfach: Man darf die Evangelisten nicht beim Wort nehmen. Die Wahrheit ist, daß sie wieder kopiert und assimiliert haben. Sie erzählen Geschichten, aber nicht Geschichte.

Es fällt auf, daß die Gegner Jesu immer paarweise aufzutreten pflegen, in zwei Gruppen, Seite an Seite. Hier folgt eine Auswahl der wichtigsten Episoden im Matthäus-Evangelium:

3:7. Viele **Pharisäer und Sadduzäer** kommen in die Wüste Judäas hinaus, um getauft zu werden, bekommen aber vom Täufer – Bodhisattva – nur die Leviten gelesen.

5:20. Die Schriftgelehrten und die Pharisäer sollen nicht damit rechnen, ins Himmelreich zu kommen.

12:38. Einige der **Schriftgelehrten und Pharisäer** fordern ein Zeichen, werden aber abgewiesen.

15:1. Einige **Pharisäer und Schriftgelehrte** kritisieren Jesus, der ihnen entgegnet.

16:1. Die Pharisäer und Sadduzäer kommen zu Jesus, um ihn auf die Probe zu stellen, werden aber wieder abgewiesen.

16:12. Jesus warnt vor dem sogenannten Sauerteig der **Pharisäer und Sadduzäer.**

16:21. Jesus soll viel leiden von den **Ältesten und den Hohepriestern und Schriftgelehrten.**

21:15. Die Hohepriester und Schriftgelehrten sind über Jesus entrüstet.

21:23: Die Hohepriester und die Ältesten im Volke kommen wieder zu Jesus, werden aber abgewiesen.

21:46. Nun wollen **die Hohepriester und die Pharisäer** gerne Jesus greifen.

22:35. Die Pharisäer und Sadduzäer versammeln sich, um Jesus auf die Probe zu stellen.

23:1-36. In fast dem ganzen Kapitel wirft Jesus **den Schriftgelehrten und Pharisäern vor**, daß sie Heuchler seien.

26:3. Die Hohepriester und die Ältesten im Volk versammeln sich, um Jesus mit List beizukommen.

26:47. Die Hohepriester und die Ältesten im Volk senden eine große Schar aus, um Jesus zu ergreifen.

27:1. Die Hohepriester und die Ältesten im Volk beschließen, Jesus töten zu lassen.

27:3. Die Hohepriester und die Ältesten erhalten ihre dreißig Silberlinge zurück.

27:20. Die Hohepriester und die Ältesten überreden das Volk, Jesus hinrichten zu lassen.

27:41. Die Hohepriester und die Schriftgelehrten und die Ältesten verhöhnen den gekreuzigten Jesus.

27:62. Die Hohepriester und die Pharisäer gehen zu

Pilatus und fordern eine Grabwache.

Auch beim Evangelisten Markus treten Jesu Feinde gleichfalls Seite an Seite auf, aber mit bedeutsamen und entlarvenden Abweichungen von der Norm:

2:16. **Die Schriftgelehrten und die Pharisäer** kritisieren Jesus.

2:18. **Johannes' Jünger und die Pharisäer** fasteten.

7:1. **Die Pharisäer und etliche Schriftgelehrte** kommen zu Jesus, dessen Jünger mit ungewaschenen Händen essen.

7:3. **Die Pharisäer und alle Juden** waschen dagegen die Hände, bevor sie essen.

8:15. Jesus warnt vor dem Sauerteig der **Pharisäer und des Herodes**.

8:31. **Die Ältesten und die Hohepriester und Schriftgelehrten** werden Jesus „verwerfen".

10:33. Des Menschen Sohn wird **den Hohepriestern und Schriftgelehrten** überantwortet werden.

11:27. **Die Hohepriester und Schriftgelehrten und die Ältesten** kommen zu Jesus, werden aber abgewiesen.

12:13. **Etliche der Pharisäer und Diener des Herodes** werden zu Jesus gesandt, der sie als Heuchler ansieht.

14:1. **Die Hohepriester und Schriftgelehrten** wollen Jesus ergreifen.

14:43. **Die Hohepriester und Schriftgelehrten und Ältesten** senden eine Schar aus, um Jesus zu ergreifen.

14:66. **Eine Magd der Hohepriester** kommt vorbei.

15:31. **Die Hohepriester und Schriftgelehrten** verhöhnen Jesus am Kreuz.

Angesichts all dieser und verschiedener ähnlicher Stellen besteht kein Zweifel, daß die Schurken in den Evangelien die Pharisäer, die Sadduzäer, die Schriftgelehrten, die Ältesten oder die Ältesten im Volk und die Hohepriester sind. Die Diener des Herodes und alle Juden gehören auch nicht zu den besten Freunden Jesu.

Jesus macht sich nichts aus ihnen, denn er sieht sie als Heuchler und Ungerechte an.

Die Hohepriester, die Pharisäer, die Ältesten im Volk und die Schriftgelehrten werden dafür verantwortlich gemacht, daß der Römer Pilatus schließlich befiehlt, den König der Juden hinzurichten.

Man kann sich darüber Gedanken machen – und es gibt tatsächlich solche Überlegungen –, bei wem eigentlich die Hauptverantwortung für die Hinrichtung Jesu gesucht werden soll. Bei dem Römer [Pontius Pilatus]? Bei (manchen) Juden? Bei den Hohepriestern, den Pharisäern, den Schriftgelehrten, den Ältesten im Volke? Oder vielleicht bei Jesus selbst? Jesus entschied sich doch selbst, nach Jerusalem zu ziehen, um Leid von den Händen anderer zu erfahren, nicht wahr?

Aber alle derartigen Überlegungen erweisen sich nun als ganz müßig und gegenstandslos.

Die Evangelisten haben die buddhistischen Schriften kopiert, in denen die Gegner gleichfalls in Gruppen bzw. paarweise auftreten. Sie haben gleichlautende Namen und werden gleichfalls angeklagt, Heuchler und Ungerechte zu sein.

Aber sie sinnen nie darauf, Tathâgata kreuzigen zu lassen. Genau genommen wurde Jesus ja auch gar nicht gekreuzigt.

Gautama war der Name eines der Vorväter des Sâkyamuni. Dieser Gautama wurde an einem spitzen Pfahl [sanskr. *sûle*] aufgehängt, nachdem ihn der König zum Tode verurteilt hatte. Der König hieß *Bharadvâjas = bh-r-d-v-j-s;* hieraus entstand *„der Pilatus"*, griechisch *ho Peilatos.* Die Tat geschah bei der Stadt *Potàlaka* (SBV, S. 22). Sowohl der Name des Königs als auch der Stadt werden also zu „der Pilatus" assimiliert.

Der König *Bharadvâjas* traf auf den Rat „der Hohepriester und der Ältesten im Volke" die Entscheidung, den Unschuldigen hinrichten zu lassen.

Es ist, wie gesagt, eine durchgehende stilistische Eigenheit in den buddhistischen Texten, daß Tathâgatas Feinde oder Gegner in Gruppen, Seite an Seite auftreten. Dabei handelt es sich vor allem um drei Gruppen:

In den ältesten Texten hört man ständig von Tathâgata, der im Gegensatz zu *sramana-brâhmanas* [= „Wanderasketen und Priester"] steht. Im Mahâyâna steht Tathâgata in einem

Antagonismus zu *srâvaka-pratyekabuddhas* [= Zuhörer und Einzelbuddhas].

Es besteht kein Zweifel, daß die neue Wortschöpfung *srâvaka-pratyekabuddhas* als Nachahmung der alten Zusammensetzung *sramana-brâhmanas* gebildet wurde – ein Kompositum aus der Mitte des 3. Jahrhunderts vor Beginn unserer Zeitrechnung, das bereits in den Inschriften des Königs Asoka belegt ist. Diese Wortzusammenstellung kennt man sogar von griechischen und lateinischen Schriftstellern.

Im Mûlasarvâstivâda-Vinaya (**MSV**) – das zusammen mit dem Lotus-Sûtra die wichtigste Sanskritquelle der Evangelisten darstellt – hört man immer und immer wieder von „den Ministern (Ratgebern) und den beim Volk in Kapilavastu am höchsten Angesehenen". Auf diese Gruppen werde ich gleich zurückkommen.

Es sind diese Gruppen, die zusammen oder jede für sich den Pharisäern usw. in den Evangelien zugrunde liegen. Die indischen Gruppen wurden in bekannte jüdische Gruppen umgewandelt. Betrachten wir zuerst jeweils die Namen für sich:

Die griechischen Namen lauten in der Mehrzahl:

die Hohepriester – *hoi arkhiereis*;
die Schriftgelehrten – *hoi grammateis*;
die Pharisäer – *hoi Pharisaioi*;
die Sadduzäer – *hoi Saddoukaioi*;
die Ältesten – *hoi presbuteroi*; näher bestimmt:
die Ältesten im Volke – *hoi presbuteroi tou laou*.

Diese fünf Gruppen bilden zusammen oder einzeln die Hauptgegner Jesu.

Betrachten wir nun die Sanskritnamen, die den griechischen Ausdrücken zugrunde liegen:

die Minister, des Königs Ratgeber – *amâtyâs*;
die Ältesten im Volke in Kapilavastu – *kâpilavâstava-pradhâna-sammato janakâyas*;
die Priester – *brâhmanâs*;
die Wanderasketen – *sramanâs*;
die Zuhörer – *srâvakâs*;
die einzelnen Buddhas – *pratyekabuddhâs*.

Die beiden ersten treten nebeneinander auf, die beiden nachfolgend genannten treten ebenfalls Seite an Seite auf, und die letzten beiden auch wiederum nebeneinander. Es gibt unzählige Stellen, wo sie nebeneinander genannt werden. Aber oft treten sie auch einzeln auf.

In gleicher Weise treten auch die Pharisäer und die Schriftgelehrten usw. meist paarweise auf, bisweilen aber auch einzeln.

Die Evangelisten kombinieren in der Regel frei. Ihre Aufgabe bestand darin, die indischen Namen zu wohlbekannten Namen in der griechisch sprechenden jüdischen Welt zu assimilieren.

Sanskrit *amâtyâs* wird zu *(gr)ammateis* und *arkhiereis*, ein Synonym.

Sanskrit *brâhmanâs* wird zu *grammateis* wie auch *Pharisaioi*.

Sanskrit *sramanâs* und *srâvakâs* werden zu *Pharisaioi* und *Saddoukaioi* – und vielen anderen Worten, die uns in diesem Zusammenhang nicht interessieren.

Sanskrit *pratyekabuddhâs* geht ein in *Pharisaioi*.

Keine der Wiedergaben kann als perfekt bezeichnet werden, wenn man jedoch bedenkt, daß es sich hier um eine vorgegebene Aufgabe handelte, muß man die Ergebnisse als recht geglückt ansehen.

Wer trug die Verantwortung für den Tod Jesu?

Um nun festzustellen, wer eigentlich dafür verantwortlich war, daß ein Unschuldiger dazu verurteilt wurde, an einem Baum aufgehängt zu werden, sollten folgende Sätze untersucht und Buchstabe für Buchstabe verglichen werden:

Das Sanskrit-Original lautet:

> *tato samnipatya amâtyâh kâpilavâstavâs ca pradhânasammato janakâyah.*

Das bedeutet wörtlich übersetzt:

> „Dann [*tato*], sich versammelnd habend [*samnipatya*], die Minister [*amâtyâh*] von Kapilavastu

> [*kâpilavâstavâs*] und eine als führend angesehene [*pradhâna-sammato*] Volksmenge [*janakâyah*]".

Über diese heißt es dann, daß sie untereinander vereinbarten, wörtlich „sich beratschlagten", sanskrit *sam-avâyam ârabdhâh.*

Dieses wird direkt durch Matthäus 26:3 übersetzt:

> *tote sunêkhthêsan hoi arkhiereis kai hoi presbuteroi tou laou.*

Was wörtlich übersetzt bedeutet:

> „Dann [*tote*] versammelten sich [*sunêkhthêsan*] die Hohepriester [*hoi arkhiereis*] und [*kai*] die Ältesten [*hoi presbuteroi*] des Volkes [*tou laou*]."

Beide Sätze werden durch eine Einheit von sechs Silben eingeleitet, wobei *ta-to* zu *to-te* und *sam-nipatya* zu *sunêkhthêsan* wird. Die Bedeutung und die Wortstellung sind gleich.

Dann folgt eine neue Einheit, die die zwei Gruppen angibt, die sich mit dem gleichen Ziel versammeln, nämlich um über das Schicksal des unschuldigen Jesus, d.h. des unschuldigen Gautama zu entscheiden, also über seine Hinrichtung. Sie haben aber selbst keine unmittelbare Richterbefugnis. Diese liegt bei König *Bharadvâjas*, der in *ho Peilatos* (*bh-r-d-s* = *p-l-t-s*; zwei Halbvokale fallen aus) verwandelt wird.

Zwei Gruppen versammeln sich also, um gemeinsam eine fatale Entscheidung in bezug auf unseren Helden zu fällen.

Die Minister bzw. Ratgeber in Kapilavastu werden durch Assimilierung zu den Hohepriestern. Sanskrit *amâtyâs* wird also mit griechisch *hoi arkhiereis* wiedergegeben.

Sanskrit *ca*, „und", wird dann mit griechisch *kai*, „und" übersetzt.

Schauen wir nun, was geschieht! Was wurde aus sanskrit *kâpilavâstavâs*, Subjekt im Nominativ Plural?

Sanskrit kâpilavâstavâs, das sechs Silben hat, wird lautgemäß mit den sechs Silben von *kai hoi presbuteroi* wiedergegeben, das ebenfalls Subjekt im Nominativ Plural ist. Die ursprünglichen Konsonanten *k-p-l-v-s-t-v-s* werden exakt mit den Konsonanten von *kai hoi presbuteroi* (*k-p-r-s-b-t-r*) wiedergegeben. Ein *v* fällt als Halbvokal weg, und ein weiteres *v* wird durch ein *b* ersetzt, – ein ganz gewöhnliches Phänomen, wie z.B. bei sanskrit *Vârânasî*, das zu *Benares* wird. Offenbar gibt es im Sanskrit noch ein extra *s*, aber *s* wird im Sanskrit je nach den Umständen oft auch zu *r*. Die lautliche Wiedergabe und die Wortstellung sind also perfekt.

Das gleiche gilt für die Wiedergabe der Bedeutung. Das griechische *presbuteros*, in der Einzahl, hat genau die gleiche Bedeutung wie sanskrit *pradhânas*, „hervorragend, sehr vorzüglich, führend".

Sanskrit *pradhânas* wird also mit dem Synonym *presbuteros* wiedergegeben.

Man hat sich immer darüber gewundert, was mit dem Ausdruck *„die Ältesten des Volkes"* gemeint war. Jetzt braucht man sich hierüber nicht mehr zu wundern!

Auf sanskrit spricht man von *pradhâna-sammato jana-kâyah*, „führend-angesehene Volksmenge".

Die Bedeutung von *jana-kâyah*: „Menge", *kâyah*, „des Volkes", *jana-*, wird lautlich und bedeutungsmäßig wiedergegeben mit *kai hoi* [für *kâyah*] und *tou laou* [für *jana-*], das eigentlich ein Genitiv ist [*janasya*], wie das griechische *tou laou*. Beide Ausdrücke bedeuten „des Volkes".

Das griechische *kai hoi* ... *tou laou* gibt also lautlich und sinngemäß sanskrit *jana-kâyah* wieder.

Im sanskritischen Original versammeln sich die Betreffenden normal im Versammlungshaus der Sâkya, sanskrit *samsthâgâre*, oder in einer Versammlung [*parisadi*] von Adligen [*ksatriyas*].

In Matthäus 26:3 versammeln sie sich „im Palast des Hohepriesters", griechisch *eis tên aulên tou arkhiereôs*.

Wie man sieht – und wie man mittlerweile schon erwartet –, beinhaltet die griechische Formulierung ein Wortspiel auf *ksatriyas*, *samsthâgâre* und die *Sâkyas*, auf sanskrit *Sâkyânâm*.

Zusammenfassend kann man also sagen, daß die gleichen Personen dieselben Handlungen in der gleichen Reihenfolge, am selben Ort und mit dem gleichen Zweck vornahmen.

Somit muß man die sogenannten Hohepriester und die Ältesten des Volkes vom Mord an Jesus freisprechen.

Die Verantwortung kann auch nicht dem römischen Statthalter Pontius Pilatus auferlegt werden.

Bei Matthäus wird er wörtlich als „der Pilatus“, bezeichnet, griechisch *ho Peilatos*, also vier Silben mit den Konsonanten *p-l-t-s*.

Im Original wird die Entscheidung über die Hinrichtung des unschuldigen Gautama unter genau entsprechenden Umständen durch einen König namens Bharadvâjas getroffen.

Es wird deutlich, daß *Bharadvâjas*, also *bh-r-d-s* durch Assimilierung zu *Peilatos* (*p-l-t-s*) verwandelt wurde.

Weder die Juden noch der Römer waren also – wie wir jetzt wissen – für die Hinrichtung des Gautama verantwortlich.

Die Verurteilung und Hinrichtung Jesu sind also eine literarische Fiktion, wobei alle Elemente aus verschiedenen buddhistischen Quellen entnommen wurden, die den Sanskritforschern erst seit 1977 zugänglich sind.

Es ist also müßig, darüber zu streiten, ob die Juden oder die Römer – oder Jesus selbst – die schwere, aber imaginäre Verantwortung für die Hinrichtung des indischen Königs trugen, der hier als König der Juden verkleidet auftrat.

Noch eine aufschlußreiche Einzelheit: Normal sprechen die Evangelisten von den Schriftgelehrten *und* Pharisäern als zwei verschiedenen Gruppen. Markus 2:16 fällt dabei aus der Rolle, denn hier heißt es auf griechisch *kai hoi grammateis tôn Pharisaiôn*, „die Schriftgelehrten *der* Pharisäer“. Hier treten die Schriftgelehrten also als eine Untergruppe der Pharisäer auf. Der griechische Text besagt ganz genau „die Schriftgelehrten *der* Pharisäer“, hat also einen Genitiv, *tôn Pharisaiôn*.

Diese Variante kann nur im Lichte des Sanskrit-Originals erklärt werden, wo es nämlich ein Kompositum gibt, „Pharisäer-Schriftgelehrte“. Im Sanskrit kann man nicht erkennen, ob eine solche Zusammensetzung als „die Pharisäer und Schriftgelehrten“, oder als „die Schriftgelehrten der Pharisäer“ aufgelöst werden soll; – formal gesehen sind beide Übersetzungen korrekt.

In Markus 2:16 wurde also das ursprüngliche Sanskrit-Kompositum formal korrekt übersetzt, aber die Bedeutung wurde beeinträchtigt.

Markus 2:16 ist also schon für sich allein ein Beweis für eine direkte Übersetzung aus dem Sanskrit.

Kapitel 18

Jesus und seine Jünger, – echtes Mahâyâna

Die Evangelien stellen Propaganda für das Mahâyâna dar. Unter Anwendung großer taktischer Geschicklichkeit [*upâya-kausalyam*] versucht man, die Juden dazu zu bringen, an Tathâgata zu glauben, der als ein neuer jüdischer Messias[1] und als Moses verkleidet auftritt.

Die Verfasser des Lotus-Sûtra wissen durchaus, daß sie einem gewaltigen Widerstand gegenüberstehen.

Das Mahâyâna bezeichnet sich selbst als eine neue und andere Lehre, ein Dharma, das im Gegensatz zum alten und vorhergehenden Hînayâna steht, das ja mit Tathâgatas Dharma-Predigt in Benares verbunden wird.

Das Mahâyâna behauptet, daß die überlieferte Legende von Bodhisattvas Geburt, Taufe, ersten Predigt und Nirwana nur ein Schauspiel sei, das sich an die weniger begabten Anhänger des Hînayâna wendet.

Das Hînayâna präsentiert die Glaubensvorstellungen von Zuhörern, sanskrit *srâvakas*, und Einzelbuddhas, *pratyekabuddhas*. Diese zwei Gruppen werden in den Evangelien zu den Pharisäern, den Schriftgelehrten, Sadduzäern usw.

Sie werden gewöhnlich wegen ihrer Heuchelei, ihres Hochmuts und ihrer Ungerechtigkeit kritisiert. Ihre Auffassung vom Dharma ist also mangelhaft und engstirnig. Jesus gibt „Brot", griechisch *arton*[2] = *dharma* (*dh-r-m* = *r-t-n*), seine Gegner geben „Sauerteig", – was nicht ohne Witz ist.

Zwischen Hînayâna und Mahâyâna gibt es einen Gegensatz, der in Matthäus 7:13-14 angedeutet wird, wenn von

---

[1] *Messias* = 40 + 5 + 200 + 200 + 10 + 1 + 200 = 656 = *Tathâgatam* = 300 + 1 + 9 + 1 + 3 + 1 + 300 + 1 + 40 = 656.

[2] *arton* = Akkusativ von *artos*.

zwei verschiedenen Pforten und zwei verschiedenen Wegen die Rede ist.

Im Mahâyâna steht den *srâvakas* [Zuhörern] und *pratyekabuddhas* [Einzelbuddhas] der große Held, ein Bodhisattva, gegenüber.

Ein Bodhisattva ist ein Sohn des Tathâgata. Ein Tathâgata wird als Vater eines Bodhisattva angesehen und sieht sich selbst so. Ein weiterer der vielen Titel des Tathâgata ist *Jina* [= „Sieger"].

Petrus wird deshalb *„Sohn des Jôna"* genannt, d.h. Sohn des Jina, also Sohn des Tathâgata.

Wenn ein Bodhisattva mit der Zeit reif und erwachsen wird, wird er selbst zu einem Tathâgata. Der Unterschied zwischen beiden besteht vor allem darin, daß ein Tathâgata das vollständige Erwachen, *„abhisambodhi"*, erlangt hat. Er hat „alle Gerechtigkeit" erfüllt, wie es an der äußerst wichtigen Stelle in Matthäus 3:15 heißt.

Sanskrit *abhisambodhi* (*bh-s-m-b-dh*) wird nachgeahmt und assimiliert zu griechisch *baptisma* (*b-p-t-s-m*), „Taufe".

Die Taufe Jesu ist also eine Nachahmung, eine Umwandlung von Bodhisattvas *abhisambodhi* [„Erleuchtung"] (*bh-s-m-b-dh = b-p-t-s-m*).

Wenn Bodhisattva die vollständige Erkenntnis – *abhisambodhi* – erlangt hat, ist er *abhi-sam-buddhas*, „vollständig" [*abhi-sam-*] „auferweckt" (zum Dharma). Daher schreibt Matthäus 3:16[3], daß Jesus „getauft wurde", griechisch *baptistheis*.

Das griechische *baptistheis* gibt sanskrit *abhisambuddhas* wieder (*bh-s-m-b-d-dh-s = b-p-t-s-th-s*; nur *m*, das kein echter Konsonant ist, fehlt).

Im Mahâyâna wird ein Bodhisattva konsequent als ein *mahâ-sattvas*, „ein großes Wesen", bezeichnet. Die Evangelien haben gar nicht wenig über Bodhisattvas und Mahâsattvas zu berichten.

---

[3] Matthäus 3:16: „Kaum war Jesus getauft und aus dem Wasser gestiegen, da öffnete sich der Himmel, und er sah den Geist Gottes wie eine Taube auf sich herabkommen. [Deutsche Einheitsübersetzung von 1979]

Die Wiedergabe ist, wie immer, sowohl eine lautliche als auch eine sinngemäße.

Vor seiner *baptisma*, als er noch ein „Junge" war, wird Jesus als „Jesuskind", griechisch *to paidi-on*, bezeichnet. Die Bedeutung von griechisch *to ... on* ist „sein, Wesen". Griechisch *pai-di* ahmt sanskrit *bo-dhi-* nach, und so wird *to paidi-on* schnell und elegant zu einer laut- und sinngemäßen Wiedergabe von sanskrit *bodhi-sa(t)-tvas*.

Die Anregung zu dieser Art Wortspiele stammt direkt von den buddhistischen Texten, die voll solcher „Etymologien" stecken.

Hier ist es nötig, eine kleine Warnung einzuschieben! Viele Leser halten derartige Wortspiele vielleicht für kindisch. Aber es wäre ein gefährliches Vorurteil, die Evangelisten für humorlos zu halten, die sich nicht dem Spiel mit Worten und Zahlen hingegeben hätten. Die Menge an Beweisen für das Gegenteil ist überwältigend. Die indischen und buddhistischen Texte sind gespickt mit ähnlichen Wort- und Zahlenspielereien.

Der Täufer ist auf griechisch *ho baptistês*. Hier ist *ho* + *-tês* eine Wiedergabe von *sa(t)-tvas*, und *bapti* beinhaltet, genau wie *paidi*, ein direktes Wortspiel mit sanskrit *bodhi*. „Der Täufer" ist also auch ein Deckname für *bodhisattvas*.

Nachdem Bodhisattva also getauft war, wurde er zum *abhisambuddhas*; die Kurzform lautet *buddhas*, „erwacht". Daher heißt es oft in bezug auf Jesus, daß er „erwacht ist, sich erhoben hat", griechisch *egertheis*. Griechisch *egertheis* gibt sanskrit *buddhas* wieder.

Es muß daher betont werden, daß der Täufer vom Getauften abgelöst wird, d.h., daß Bodhisattva von *(abhi-sam-) buddhas* ersetzt wird. Es ist dieselbe Person zu zwei verschiedenen Zeitpunkten, also vor und nach der *baptisma* [Taufe].

In diesem Zusammenhang muß auf Matthäus 4:12 verwiesen werden:

> *„Als Jesus hörte, daß man Johannes ins Gefängnis geworfen hatte, zog er sich nach Galiläa zurück."* [Deutsche Einheitsübersetzung 1979]

Aber so steht es gar nicht im griechischen Text! Der griechische Text lautet wörtlich:

> *„Gehört habend, daß Johannes übergeben worden war, zog er fort nach Galiläa".*

Im griechischen Text wird Jesus also nicht beim Namen genannt, und es ist nicht davon die Rede, daß jemand ins Gefängnis geworfen wurde.

Mit seiner unklaren Ausdrucksweise will Matthäus sagen, daß der Buddha nun Bodhisattva hinter sich gelassen hat. Danach verläßt er den Fluß, an dem er „getauft" wurde.

Bekanntlich wird Josef als Vater Jesu bezeichnet. Matthäus 1:24 wird mit den drei Worten eingeleitet: *egertheis de Iôsêph*, „Als Josef erwacht war".

Um das zu verstehen, muß man sich ins Gedächtnis rufen, daß Buddha der Vater von Bodhisattva ist. Tathâgatas Söhne werden stets als *Jina*-Söhne bezeichnet. Das griechische *egertheis de Iôsêph* ist also eine doppelte Wiedergabe von Buddha: *egertheis* übersetzt die Bedeutung, „erwacht", *de Iôsêph* gibt die Konsonanten des Originals wieder: *b-ddh-s* = *d-s-ph*.

Josef ist also Buddha, und Buddha ist der Vater von Bodhisattva. Josef ist Vater von *to paidion*, *bodhisattvas*.

Was hat es nun mit dem anderen Wort, *mahâ-sattvas*, auf sich? Die Antwort finden wir in Matthäus 18:1-5:

Im Mittelpunkt steht das „Kind", griechisch *to paidion*, also wieder sanskrit *bodhi-sattvas*.

Sanskrit *mahâ-sattvas* wird auf zwei verschiedene Weisen wiedergegeben.

Jesu Jünger werden in der Mehrzahl stets als *hoi mathêtai* bezeichnet. Die vier Silben geben den Klang und die Bedeutung von sanskrit *mahâ-sattvas* wieder.

Diese Ausdrucksweise findet man in den frühen buddhistischen Texten, dem sogenannten Hînayâna, nicht. Damit haben wir wieder einen eigenständigen Beweis dafür, daß die Wiedergaben der Evangelisten auf dem Mahâyâna basieren.

Dann wird gefragt, wer „ist der Größte", griechisch *meizôn estin*, und schließlich wird *to paidion* als „der Größte" im Himmelreich (Matthäus 18:4) bezeichnet. Griechisch *meizôn* bedeutet „größer", nicht „der Größte", wie es leider in modernen Übersetzungen wiedergegeben wird.

Griechisch *meizôn* gibt sanskrit *mahâ-*, *mahân* und griechisch *estin* gibt sanskrit *sattvas* wieder. Griechisch *meizôn estin*, vier Silben, gibt also von der Bedeutung her richtig sanskrit *mahâ-sattvas* wieder.

Berücksichtigt man dies zusammen mit den vielen anderen Zeugnissen über Srâvakas, Pratyekabuddhas usw., dann besteht nicht der geringste Zweifel, daß die wahren Jünger Jesu Bodhisattvas sind, die Mahâsattvas sind.

Das ist echtes Mahâyâna.

Kapitel 19

Das Zauberwort *Tathâgatas* und das Neue Testament

Tathâgatas[1] ist ein Zauberwort. Wenn man es sagt, wenn man es wiederholt oder wenn man es schreibt, wird man erlöst.

Tathâgatas ist von Anfang an ein Schlüsselwort des Buddhismus.

Tathâgata(s) ist ein Titel, kein Eigenname.

Das Mahâyâna verficht den Glauben, daß sich ein ewiger Tathâgata in unzähligen Formen an unzähligen Orten manifestiert. Tathâgata erscheint in gewaltigen Zeitabständen, aber er wird wiederkommen, genau wie er früher gekommen ist. Er kommt, um zu unterweisen und um zu erlösen.

Sâkyamuni(s) ist der Name des bekanntesten Tathâgata.

Aber es gab vor Sâkyamuni auch andere, viele andere.

Der Name des bekanntesten Tathâgata, der bereits vor Sâkyamuni erschienen war [sein Vorgänger], ist Kâsyapas.

Der Name des bekanntesten Tathâgata, der noch kommen wird, ist Maitreyas.

Tathâgata ist die Hauptperson im bekanntesten und wichtigsten Evangelium des Mahâyâna, nämlich dem Lotus-Sûtra.

Ohne Kenntnis des Lotus-Sûtra kann man das Neue Testament überhaupt nicht verstehen.

Die Hauptperson im Lotus-Sûtra ist der Tathâgata, der den Namen *Sâkyamunis* trägt.

---

[1] Es wird nochmals – wie bereits im Vorwort des Verlags – darauf hingewiesen, daß das jeweilige Endungs-s vieler sanskritischer Originalnamen in der deutschsprachigen Literatur im Nominativ entfällt. Falls es jedoch beim Sprachenvergleich auf das Endungs-s ankommt, werden diese Ausdrücke in kursiver Transkription wiedergegeben.

Das Sanskritwort *Tathâgatas* setzt sich zusammen aus *tathâ*, was „so, so ... wie“ usw. bedeutet; der zweite Teil ist entweder *gatas*, „der gegangen ist“, oder *â-gatas*, „der gekommen ist”, oder *a-gatas*, „der noch nicht gegangen ist“.

Das zehnte Kapitel des Lotus-Sûtra handelt von dem unermeßlichen Wert, der darin liegt, auch nur einen einzigen Vers des Lotus-Sûtra zu predigen:

> *„Angenommen, ein guter Sohn oder eine gute Tochter vermag nach meinem Erlöschen und Hinübergehen geheim und nur für einen einzigen Menschen von dem Lotos-Sûtra sei es auch nur einen einzigen Vers zu predigen, so wisse, dieser Mensch ist ein Abgesandter des Tathâgata, ist ein Vermächtnis des Tathâgata und vollbringt die Taten eines Tathâgata. Um wieviel mehr ist er dies, wenn er in einer großen Schar weithin für die Menschen predigt!“*
>
> [*„Lotos-Sutra. Das große Erleuchtungsbuch des Buddhismus“*, Vollständige Übersetzung von Margaretha von Borsig, Herder-Verlag, Freiburg i.Br. 2003, 3. Aufl., S. 211]

Ich habe hier eine deutsche Übersetzung zitiert, die nach der berühmten chinesischen Übersetzung vorgenommen wurde, die auf Kumârajîva zurückgeht. Sie wird auf 406 n.d.Ztr. datiert. Eine noch frühere Übersetzung ins Chinesische von 286 stammt von einem gewissen Dharmaraksa. Ich nenne auch die Jahreszahl 286 n.d.Ztr., weil dies die früheste sichere Datierung ist, die wir vom Lotus-Sûtra besitzen. Das Original ist ohne jeden Zweifel vor rund 2000 Jahren auf sanskrit geschrieben worden. Wer der Verfasser war, und wo er sein Werk schrieb, wissen wir nicht.

Ebenso wie die christlichen Evangelien sind auch die buddhistischen Evangelien anonyme Werke. Sie stammen von „Jüngern“.

Wie auch viele andere buddhistische Texte, die aus dem Indischen übersetzt wurden, strotzen diese Texte von Fremdwörtern aus dem Sanskrit. Man glaubte, daß diese heiligen Sanskritworte eine große magische Kraft besäßen. Es kam darauf an, den ursprünglichen Wortlaut zu bewahren. Ob der Leser den Sinn verstand, wurde offenbar als ganz untergeordnet angesehen.

So auch in den Evangelien. Es wimmelt hier nur so von Wiedergaben des Namens von Tathâgata. Manchmal wird die Bedeutung des Titels, andere Male – weit öfter – sein Lautwert wiedergegeben.

Hier folgen einige Beispiele aus dem Matthäus-Evangelium, wo bald die Bedeutung, bald der Laut und manchmal beides wiedergegeben werden:

2:2. Die weisen Männer, die Magier, fragen: „Wo ist der (neu)geborene, der König ...“, griechisch *pou estin ho tekhtheis ...* Sie fragen also nach *pou est-*, *Buddhas,* (*b-ddh-s* = *p-s-t*) und nach *-tin ho tekhtheis*, *Tathâgatas*, im Akkusativ *Tathâgatam* (*t-th-g-t-s-m* = *t-n-t-kh-th-s*).[2] Der gemeinsame Konsonant *t* verknüpft also die beiden Teile.

3:11. Der Täufer spricht von ihm, der nach mir „kommen wird“, griechisch *erkho-menos,* „der kommen wird“, „der bald kommt“. Es gibt die Bedeutungen von *tathâ* + *a-gatas* wieder, „der noch nicht gekommen ist“.

4:20. Sogleich verließen sie [Jesu erste Jünger] ihre Netze, griechisch *ta diktua* (Pl., Akk.), aber etwas später bringen sie ihre Netze wieder in Ordnung. [*ta diktua* = 1036]

Zuerst verließen die ersten fünf Diener Bodhisattva, aber später, nachdem er „getauft“ worden war, schlossen sie sich ihm wieder an, da er nun Tathâgata geworden war. Das griechische Wort für „die Netze“, *ta diktua,* wird daher ein Synonym für Tathâgata (*t-d-k-t* = *t-th-g-t*).

Besonders raffiniert ist dabei, daß der Zahlenwert des griechischen Wortes *to diktuon* [„das Netz“] = 1224 beträgt (vgl. S. 101), und der Zahlenwert des Titels von *Tathâgatas* 816 ergibt, d.h. 2/3 von 1224. Es liegt also sowohl eine Nachahmung der Konsonanten- als auch der Zahlenwerte vor.

Zeichnet man zwei Kreise mit dem Umfang von 1224 Einheiten, deren Umkreise jeweils die Mittelpunkte des anderen

[2] *Tathâgatam* = 656 = *Messias.*

Kreises schneiden, erhält man einen „Fisch", dessen Umfang = 2 x 408 = 816 beträgt.

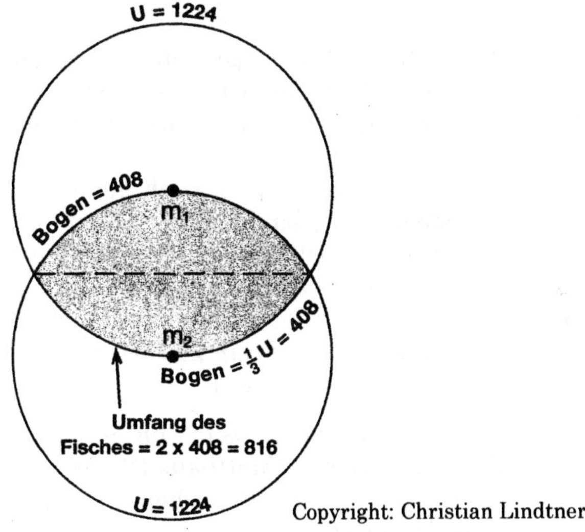

Copyright: Christian Lindtner

Abb. 8: Zwei 1224-Umkreise bilden einen 816er-Fisch

7:11. „Ihr wißt gute Gaben (zu) geben", sagt Jesus. Auf griechisch: *oidate domata agatha didonai.* Dies beinhaltet sogar zwei Wortspiele auf *Tathâgatam*, eines von links: *d-t-d-m-t*; und eines von rechts: *n-d-d-th-g*. Sie können also *Tathâgatam* geben, d.h. sein Dharma usw. verbreiten. In noch höherem Grade wird der Vater im Himmel denen, die zu ihm beten, gute Gaben geben; griechisch *dôsei agatha tois aitousin auton*. Hier wird *Tathâgatas* zu *dôsei agatha tois* = *d-s-g-th-t*. Der Sinn ist klar: Die Jünger schenken anderen Tathâgata, aber Tathâgata gibt sich selbst in noch höherem Maße denen, die ihn darum bitten.

Dies ist ein Grundgedanke im Mahâyâna. Tathâgata gibt sich selbst der ganzen Welt, und die Jünger sollen die Botschaft von Tathâgata in der ganzen Welt verbreiten.

8:24. „Aber er schlief", griechisch *autos de ekatheuden*. Hier kann man sowohl von links nach rechts als auch von rechts nach links lesen: *Tathâgatas* und *Tathâgatam*. Vom Sinn her wird auf eine bekannte Stelle angespielt, wo sich Tathâgata in Trance befindet. Die Leute glauben indessen, daß Tathâgata sitzt und schläft (MPS 28).

11:3. Der Täufer läßt fragen, ob er „der, der kommen soll" sei, griechisch *ho erkho-menos*; nochmals eine Wiedergabe von *tathâ + a-gatas*, „der noch nicht gekommen ist".

12:40. „So wird er...", griechisch *houtôs estai*" [= so wird sein], – gemeint ist „der Menschensohn", wobei griechisch *anthrôpou* auf sanskrit *pundar* anspielt (*p-n-d-r* = *n-th-r-p*). Die vier Silben *houtôs estai* geben also *tathâgatam* wieder. Auf griechisch lautet der ganze Satz [nachdem es in Matthäus 12:39 heißt, *„es wird kein Zeichen gegeben werden, es sei denn das Zeichen des ... Jona"*]:

> ... *houtôs estai ho huios tou anthrôpou en tê kardia tês gês treis* ... (Matthäus 12:40)
> [„... so wird sein der Menschensohn im Schoß der Erde drei (Tage) ..."]

Hinter diesen Konsonanten findet man diese zentralen Sanskritnamen:

tathâgatas, sad-dharma-pundarîka, tathâgatas

14:19. „Die zwei Fische", griechisch *tous duo ikhthuas*, wobei die Konsonanten *t-d-kh-th-s* sehr schön *Tathâgatas* = t-th-g-t-s ergeben[3]. Hinzu kommt, daß zwei Fische in der frühen Kunst bekanntlich ein gebräuchliches Symbol für Christus sind. Bekannt ist die buddhistische Legende, wie Tathâgata in einer früheren Inkarnation zwei Fische fing, die er jeden Tag anderen servierte, indem er je ein Stück Fleisch aus den Fischen herausschnitt. Das Fleisch der beiden Fische wuchs wieder nach, und dann wiederholte sich die grausame Vorgehensweise.

---

[3] *tous duo ikhthuas* = 2664 = 2 x 1332, wo 1332 = *alpha* + *ô* = 1 + 30 + 500 + 1 + 800 = 1332 usw. Und 1332 abzüglich 1224 = 108.

17:11-12. Jesus erklärt, scheinbar paradox, daß Elia(s) kommen werde und daß Elia(s) bereits gekommen sei. Elia(s) gehört also sowohl der Zukunft als auch der Gegenwart an. Tathâgata ist ein Symbol für die Sonne, und wenn man Griechisch beherrscht und *Elias* liest, griechisch *Hêleias*, hört man *Hêlios*, „die Sonne", heraus.

Im Original gehört Tathâgata der Zukunft und der Gegenwart an, sozusagen gleichzeitig. Mit anderen Worten: Es geht um zwei Übersetzungen, die eine lautet *tathâ + a-gatas*, „der noch nicht gekommen ist", die andere *tathâ + âgatas*, „der bereits gekommen ist".

Wenn man das Sanskritwort kennt, löst sich der Widerspruch auf.

Tathâgatas kann also bedeuten „so ist gegangen" oder „so ist gekommen" oder „so nicht gekommen", oder einfach „so ist er". Im Akkusativ wird der Titel *Tathâgatam* geschrieben, und man kann nicht ersehen, ob es um eine Person oder etwas Unpersönliches geht. Gibt man *tathâgatam* unpersönlich wieder, ergibt sich: „so vereinbart, Abmachung, Vertrag, so ist es" usw.

17:24. „Die den Zinsgroschen einnehmen". Im Griechischen ist von „den Doppeldrachmen" die Rede[4], *ta didrakhma*. Sie empfangen also *Tathâgatam* (*t-th-g-t-m* = *t-d-d-kh-m*). Es wird gerne viel zu frei mit *„die den Zinsgroschen einnehmen"* übersetzt, aber von etwas Derartigem ist im Griechischen gar nicht die Rede. Damit ginge das Wortspiel völlig verloren. Gemeint sind die Zöllner, also Geldeintreiber, mit denen sich Jesus ja so gerne umgab, d.h. die Jünger.

18:14. „So ist nicht", griechisch *houtôs ouk estin* [griechisch *ouk* = „nicht"], entspricht *tathâ + a-gatas*. [sanskrit *a-* bedeutet „(noch) nicht"].

19:17. „Einer ist der Gute", griechisch *heis estin ho agathos*. Die drei letzten Silben, also *a-ga-thos*, beziehen sich auf die drei letzten Silben in *tath-â-ga-tas*. Die vier griechischen Worte haben zusammen acht Silben, was einer Verdoppelung

[4] Gemeint sind „zwei-Drachmen-Stücke".

der vier Silben des Originals entspricht. Die vier griechischen Worte sind eine neue und korrekte Deutung von *Tathâgatas*, „so ist nur er".

20:15. Er sagt: „... weil ich so gütig bin", griechisch *hoti egô agathos eimi*. Das bezieht sich auf das sanskritische Original, wo er sagt: *„Ich bin Tathâgatas."*

22:16. „Meister, wir wissen, daß du wahrhaftig bist und lehrest den Weg Gottes recht." Auf griechisch haben diese zwei Sätze 14 bzw. 15 Silben. Der erste Satz lautet:

didaskale, oidamen hoti alêthês ei.

Diese 14 Silben geben eine bekannte Formel auf sanskrit wieder [Mahâparinirvâna-Sûtra (MPS) 1:7 usw.], die ebenfalls 14 Silben hat:

> *a-vi-tathâ-vâdino (hi) bhavanti tathâgatâh (arhantah samyaksambuddhâh),*
> „nicht unwahr sprechend [*a-vi-tathâ-vâdino*] sind [*bhavanti*] tathâgatâh."
> [Drei Sanskritworte wurden ausgelassen.]

Man sieht, wie sorgfältig, ja geradezu sklavisch, Matthäus das Original nachahmt. Die ersten vier Silben auf griechisch, *didaskale*, entsprechen den ersten vier Silben auf sanskrit, *a-vi-tathâ*, wobei *di-* auf *vi-* Bezug nimmt. Der Sinn von *a-vi-tathâ* kommt erst durch die letzten vier Silben zum Ausdruck, *a-lêthês ei*, wobei *tathâ* zu *-lêthês* wird. Sanskrit *-vâdino*, „sprechend", wird in Bezug auf Laut, Sinn und Stellung zu griech. *oidamen*, „wir wissen". Das einleitende *didaskale* ist eine von der Bedeutung her richtige Wiedergabe von *tathâgata* (Vokativ).

Der zweite griechische Satz lautet:

> *kai tên hodon tou theou en alêtheia didaskeis.*
> (15 Silben)

In den ersten fünf Konsonanten hört man die fünf Konsonanten von *Tathâgatam*. Das griechische *en alêtheia* spielt auf sanskrit *arhantah* (*r-n-t* = *n-l-th*) an, das im ersten Satz ausgelassen worden war. Die letzten fünf Silben des griechischen Satzes lassen wieder die fünf Konsonanten von *Tathâgatas* anklingen (*t-th-g-t-s* = *th-d-d-s-k-s*).

Tathâgata ist berühmt für seine Lehre vom Weg, sanskrit *mârgas*, griechisch *tên hodon*. „Gottes Weg“ ist also auch Tathâgatas Weg.

In Matthäus 22:15-16 sind es die Jünger der Pharisäer und die merkwürdigen Diener des Herodes, die diese Worte an den Meister alias Tathâgata richten. Die deutsche Übersetzung „Diener/Jünger“ ist sehr frei. Auf griechisch heißt es *hê-rô-di-a-noi*, also „Herodianer“, und man hat sich darüber gewundert, wer damit gemeint sei, da dieser Ausdruck nur hier von Matthäus sowie aus Markus 2:13 und 3:6 bekannt ist.

Das Sanskrit-Original (MPS 1:6) gibt die Antwort. Hier ist es Ajâtasatrus, der König von Magadha, der diese Worte spricht. Sein fester Beiname ist *Vaidehî-putras*, „Sohn [*putras*] der Vaidehî“. Vaidehî ist der Name der Mutter. Damit wird klar, daß die drei ersten Silben, *Vai-de-hî* zu *Hê-ro-di* wurden, und daß die beiden letzten Silben auf griechisch die Bedeutungen der zwei letzten Silben auf sanskrit wiedergeben.

Hinter den Herodianern verbirgt sich also Vaidehîs Sohn.

22:21. Jesus sprach, man soll geben dem Kaiser ... „und Gott, was Gottes ist“, wörtlich: *„und die Gottes, dem Gott“*, griechisch *kai ta tou theou tô theô*. Aber er erklärt nicht, was Gottes ist. Es erstaunt nicht, daß man sich über seine Worte – Matthäus 22:22 – wunderte. Hier wurde Tathâgata also zu *kai ta tou theou* (*t-th-g-t* = *k-t-t-th*). Sie [die Jünger der Pharisäer und die Herodianer (Matth. 22:16)] sollen Tathâgata und sein Dharma an andere geben, die es empfangen sollen.

23:10. Jesus will mit der äußerst seltenen Bezeichnung *kathêgêtês*, „Lehrer“, angeredet werden, wofür im gebräuchlichen Griechisch der Ausdruck *didaskalos* benutzt wird. Tathâgata wirkt ja genau wie ein Lehrer – als Lehrer der Gerechtigkeit –; und in dieser Eigenschaft besteht Sâkyamuni darauf, als Tathâgata angeredet zu werden. Griechisch *kathêgêtês* ist also sowohl lautlich als auch sinngemäß eine Wiedergabe von sanskrit *Tathâgatas*.

24:32. „... daß der Sommer nahe ist“, griechisch *hoti eggus to theros*. Es geht um Tathâgata, der nahe ist. Die griechische Formulierung gibt sowohl die Konsonanten als auch den Gedanken wieder, der oft im Lotus-Sûtra zu finden ist.

24:33. „daß [...] nahe bei der Tür ist“, griech. *hoti eggus estin epi turais*, spielt auf Tathâgata an, der durch den Feigenbaum sanskr. *udumbaras* symbolisiert wird. Das Subjekt des Satzes ist also *epi thurais*, „bei der Türe“, d.h. *udumbaras*. Matthäus sagt also, daß *udumbaras*, d.h. Tathâgata, nahe ist – ein grundlegender Gedanke im Lotus-Sûtra (vgl. Seite 122).

24:34. „... (alles) dieses geschehe“, griechisch *(panta) tauta genêtai*. Gemeint ist Tathâgata, der kommt.

25:28. Der Glückliche hat „die zehn Zentner/Talente/Taler“, griechisch *ta deka talanta*. Er hat also *Tathâgatam* (*t-th-g-t-m* = *t-d-k-t-n*).

26:28. „Dies ist nämlich“, griechisch *touto gar estin*. Hier erhält man wieder – sowohl laut- als auch sinngemäß – *Tathâgatam* bzw. *Tathâgatas*. Sanskrit *tathâ-gatam* bedeutet auch „so [*tathâ*] ist es [*gatam*]“, „das ist die Vereinbarung“.

26:28. „...des (Neuen) Testaments“ [deutsche Bibeln: *„des Bundes“*], griechisch *tês diathêkês*. Hier wird nicht nur lautlich auf die Genitivform *tathâgatasya* angespielt (*t-th-g-t-s* = *t-s-d-th-k-s*), sondern auch auf die Bedeutung von *tathâgatam*, „Abmachung, Pakt“. Sanskrit *tathâ-gatam* bedeutet auch „so [*tathâ*] ist es zugegangen [*gatam*], so ist es abgesprochen, wie abgemacht, Abmachung, Pakt“.

Das Testament wird also mit *Tathâgatasya* identifiziert. Der ganze Satz lautet in Matthäus 26:28:

> *touto gar estin to haima mou tês diathêkês ...*
> „Dieses ist ja, das Blut von mir, des Paktes/Bundes.“

Die ersten drei Worte auf griechisch spielen sowohl auf den Klang als auch auf die Bedeutung von Tathâgata an.

Das zweite Glied, *to haima mou*, hat den Zahlenwert 932, und der Zahlenwert 932 ist identisch mit dem Zahlenwert von sanskrit *Sâkyamunis*.

Das dritte und letzte Glied gibt sanskrit *Tathâgatasya* lautlich und bedeutungsmäßig wieder.

Der berühmte Satz, der Ausgangspunkt für das wichtigste Ritual des Christentums ist, bedeutet als Ganzes in Form eines Codes:

Tathâgatam-Sâkyamunis-Tathâgatasya

Mit dem angeblich letzten Wort Jesu, „dem Kreuzeswort", verhält es sich ebenso: Gott wird angerufen – Gott – Sâkyamuni!

Die Taufe, das zweite Hauptritual des Christentums, beinhaltet, daß die Menschen im Namen des Vaters und des Sohnes getauft, d.h. in den Namen Tathâgatas und seiner Söhne usw. eingetaucht werden. Mehr dazu weiter unten.

26:45. „Wollt ihr nun schlafen ...", griechisch *katheudete to loipon kai*. Im sanskritischen Original steht, daß Tathâgata ein ganzes *kalpam*[5], oder den Rest eines *kalpam* leben kann – also unermeßlich lange Zeit (Mahâparinirvâna-Sûtra 15:10, 13 usw.). Hier beruht *katheudete* auf *Tathâgata* (*t-th-g-t = k-th-d-t*), und *loipon kai* geht auf *kalpam* zurück (*l-p-n-k = k-l-p-m*) . Das griechische *to loipon* bedeutet „für den Rest (der Zeit)" und gibt damit das Sanskritwort *avasesam* wieder, das neben *kalpam* „für den Rest der Zeit" steht, sanskrit *kalpa-avasesam*. Die direkte Quelle für diese Vorstellung ist das Mahâparinirvâna-Sûtra 28:14, wo es aussieht, als ob Tathâgata schlafe. Matthäus kombiniert also zwei verschiedene Stellen über Tathâgata aus demselben Sûtra.

26:63. „Ich beschwöre dich bei dem lebendigen Gott", sagt der Hohepriester, griechisch *se kata tou theou*, „dich bei dem Gott". Der Hohepriester beschwört also ganz richtig *Tathâgatas* (*t-th-g-t-s = s-k-t-t-th*).

---

[5] Sanskrit *kalpam* = Zeitalter

26:72. Über Petrus wird gesagt, daß er einen Eid schwur, griechisch *meta orkou*: „Ich kenne den Menschen nicht", griechisch: *hoti ouk oida ton anthrôpon*. Hier wird auf ganze drei Namen und Titel angespielt: *meta orkou* geht auf Gautama zurück (*g-t-m* = *m-t-r-k*; *r* fällt wieder weg). *hoti ouk oida ton* entspricht *Tathâgatam* (*t-th-g-t-m* = *t-k-d-t-n*) und *anthrôpon* entspricht *pundar*, „Lotus" (*p-n-d-r* = *n-th-r-p*).

Petrus verleugnet also Gautama, Tathâgata und Pundarîka, einen nach dem anderen.

27:43. „Er hat doch gesagt, ich bin Gottes Sohn", griechisch *eipen gar hoti theou eimi huios*. „Sohn von Gott" heißt auf sanskrit *deva-putras*; und bei *gar hoti theou* haben wir ein Wortspiel mit den Konsonanten in Tathâgata, das im nachfolgenden Vers (Matthäus 27:44) vervollständigt wird:

27:44. „Desgleichen ...", griechisch *to d' auto kai* = *t-d-t-k*, die Vokativform *Tathâgata*. Die richtige inhaltliche bzw. „heimliche" Übersetzung von Matthäus 27:44 lautet also:

> „Die Räuber, die zusammen mit ihm gekreuzigt waren, verspotteten ihn: Tathâgata!"

Daß dies ein Hohn ist, erkennt man nur, wenn man weiß, daß sanskrit *tathâ-gata* auch *„Jetzt hast du so geendet!"* bedeuten kann.

27:65. „Da habt ihr die Hüter/Wächter", sagte Pilatus zu ihnen, griechisch *ekhete koustôdian*.

Das griechische Wort *koustôdia* ist interessant. Es wird im klassischen Griechisch nicht verwendet; es handelt sich um ein Lehnwort aus dem Lateinischen: *custodia* bedeutet „Bewachung, Wache". Man muß sich fragen, warum sich Matthäus für ein seltenes Fremdwort entscheidet. Natürlich weil er die Konsonanten benötigt und *-te koustôdian* hat genau das, was er braucht = *t-k-s-t-d-m*, [n und m sind Dentale] also wieder *Tathâgatam / Tathâgatas*. Dies trifft zu, denn Tathâgata ist ja gerade der Wächter und Beschützer von allen, die ihn empfangen.

27:66. „Sie gingen hin und sicherten das Grab mit Wächtern und versiegelten den Stein", – so oder ähnlich geben moderne Übersetzungen gerne den griechischen Text wieder, der indessen mit diesen sechs Worten endet:

> *sphragisantes ton lithon meta tês koustôdias,*
> „indem sie den Stein mit Wachen versiegelten."

Da es für moderne Übersetzer keinen Sinn macht, den Stein mit Wachen zu versiegeln, ändern sie den Text, so daß daraus wird: *„Sie gehen hin und sichern das Grab mit Wachen."* – Aber so steht es nicht im griechischen Text.

Das Grab, griechisch *taphos*, zu dem sie hingehen, ist ein Stûpa, in dem sich Tathâgata aufhält (*s-t-p* = *t-ph-s*). Den Stein, *lithos*, im Akkusativ *lithon*, den sie versiegeln, ist auf sanskrit *ratna-*, „Juwel" (*r-t-n* = *l-th-n*). Das sanskritische Original besagt ausdrücklich, daß sich Tathâgata in einem *ratna-stûpa*, „einem Juwelen-Stûpa", aufhält. Auf diesen Juwelen-Stûpa spielt Matthäus mit den zwei Worten *taphos* und *lithon* an. Daher hat er recht, wenn er sagt, daß der „Grabstein", also der Juwelen-Stûpa, „mit Hütern" versiegelt wird. Der Hüter, die Wache, ist Tathâgata. Es heißt, daß der Juwelen-Stûpa Tathâgata beinhaltet. Er ist ein Siegel oder Symbol für Tathâgata.

Das letzte Beispiel, in dem die Evangelisten darauf anspielen, wie man Tathâgata und sein Dharma gibt und empfängt, entnehmen wir der bekannten Stelle von Lukas, wo Jesus einen Besuch bei Martha und Maria abstattet, also bei Âmra in Vaisâlî.

Lukas 10:42 läßt Jesus mit dem berühmten Wort schließen: „Maria hat das gute Teil auserwählt", griechisch *Mariam gar tên agathên merida exelexato.*

Um was für einen Teil es geht und in welchem Sinne es gut ist, wird nicht gesagt, – wenn man nicht, wie es heißt, „Ohren hat zu hören": – nämlich die Konsonanten des Sanskrit.

Maria, die Âmra war, hat ja *gar tên agathên* gewählt, sie hat also *Tathâgatam* gewählt (*t-th-g-t-m* = *t-n-g-th-n;* sanskrit *n* ist ein Dental wie *t*). Was ist das für ein „Teil", das sie gewählt hat?

Sie hat *merida* gewählt, also das Dharma (*dh-r-m* = *m-r-d*), das Tathâgata gerade für Âmra verkündet – genau an dieser Stelle des Originals. Lukas spricht also genau genommen über Tathâgatas Dharma.

Das Original spricht auch davon, daß *ein* Dharma genug sei. Lukas sagt, „Eins aber ist not(wendig)."– Er sagt aber nicht, was dieses eine sei; das fehlende Wort *Dharma* muß man dem Sanskrit-Original entnehmen.

Das *eine* Dharma ist das Dharma, das wir im *Sad-Dharma-* Pundarîka-Sûtra haben. Das sagt der Originaltext selbst.

Und Lukas 8:8, „das gute Land", griechisch *tên gên tên agathên* – Tathâgatam usw.

Diese Beispiele, die noch beliebig vermehrt werden könnten, sollen hier für die Feststellung genügen, daß den Evangelisten sehr daran lag, den Titel Tathâgatas möglichst oft in die Textsammlung einzubringen, die als Ganzes *„Das Neue Testament"* genannt wird.

Das Wort „Testament" an sich, griechisch *tês diathêkês* (im Genitiv), spielt auf den Klang und die Bedeutung von sanskrit *tathâgatas(ya)* an.

Warum die Evangelisten hierauf so großen Wert gelegt haben, wird durch ein Zitat aus dem Lotus-Sûtra deutlich. Der Tathâgata, der Sâkyamuni heißt, befahl ihnen, als Botschafter für Tathâgata zu wirken. Durch Nennung seines Namens sollten sie sich selbst und andere erlösen.

Tathâgata(s) ist also das große Zauberwort, das mächtigste, – sowohl im Buddhismus also auch im Christentum.

Sâkyamuni ist nicht der einzige Tathâgata. Es gibt viele. Daher spielen die Evangelisten auch mit Eigennamen. Es wimmelt geradezu von Anspielungen auf alle anderen Titel und Namen mit den entsprechenden Wortspielen. Hier haben wir einige von vielen Beispielen vorgetragen.

Kapitel 20

Missionsbefehl, Dreieinigkeit und Abendmahl

Matthäus 28:19-20 schließt damit, daß Jesus auf einem unbekannten Berg in Galiläa seinen Jüngern befiehlt, alle Völker zu seinen Jüngern zu machen:

> *„Darum gehet hin und lehret alle Völker und taufet sie im Namen des Vaters und des Sohnes und des heiligen Geistes."*

Über sich selbst sagt er, daß ihm alle Gewalt im Himmel und auf Erden gegeben sei, und daß er bei seinen Jüngern sein werde bis an der Welt Ende.

Im Markus-Evangelium (16:15) befiehlt Jesus auch, sie sollen *„das Evangelium aller Kreatur predigen"*, und er macht die Erlösung von der Taufe abhängig. Schließlich wird Jesus *„aufgehoben gen Himmel"*.

In Lukas (24:47) befiehlt er auch den Jüngern, *„predigen zu lassen unter allen Völkern"*. Lukas endet gleichfalls damit, daß Jesus auffuhr *„gen Himmel"*.

Im folgenden konzentriere ich mich auf den ersten Evangelisten, Matthäus.

Tatsache ist also, daß Jesus gar nicht tot ist. Er befindet sich mit seinen Jüngern auf einem unbekannten Berg in Galiläa. Wie er die Kreuzigung überlebt hat, wird nicht erklärt. Nach der einen oder anderen Version war Jesus also nicht wirklich tot.

Die Originalquelle ist das Lotus-Sûtra. Sâkyamuni befindet sich mit seinen Jüngern auf einem Berg namens Grdhrakûta in der Nähe der Stadt Râjagrha. Hier vertraut er seinen Jüngern an, daß sein Tod nur ein Schauspiel war, eine Inszenierung. In Wirklichkeit ist sein Leben unendlich. Es sieht nur so aus, als ob er geboren und getauft wurde, als ob er predigte und starb. Seine Absicht mit diesem Auftritt ist, das Publikum anzulocken und zu „bekehren".

Der Berg in Galiläa, wo sich Jesus angeblich mit seinen Jüngern befand, war also ursprünglich der Berg Grdhrakûta bei Râjagrha, wo sich Sâkyamuni mit seinen Jüngern aufhielt.

Jesus sagt dann, daß ihm „alle Macht" im Himmel und auf Erden gegeben sei. Das griechische Wort für „Macht" ist *exousia*, wobei *ex* „von" bedeutet und *ousia* „Sein". Das Wort ist eine direkte Übersetzung von sanskrit *ânu-bhâvas*, das eben bezüglich Sâkyamunis „Macht" gebraucht wird. Dank dieser Macht, die er durch seine Taufe erlangt hat, vollbringt er Wunder usw. Er beherrscht zum Beispiel Feuer und Wasser (Matthäus 17:15).

Die Jünger bekommen nun Anweisung, *alle* Völker zu Jüngern zu machen. Dieses Ziel steht offenbar in direktem Widerspruch zu Jesu eigenem Wort: *„Ich bin nur gesandt zu den verlorenen Schafen des Hauses Israel"* (Matthäus 15:24).

Die Frage ist daher, ob sich die Botschaft nur an die Juden wendet oder an alle Menschen der Welt?

In Anbetracht des Sanskrit-Originals gibt es keinen Widerspruch. Tathâgata wendet sich mit seiner Botschaft an alle lebenden Wesen überall in der ganzen Welt. Nicht nur an Menschen, sondern auch an Kentauren usw.

Aber der Ausgangspunkt ist, daß die Zuhörer ganz verschiedene Voraussetzungen haben. Folglich nimmt die Botschaft verschiedene Formen an. Tathâgata hat eine Botschaft an alle, aber auf sehr unterschiedliche Weise. Dieser einfache Gedanke kommt im Gleichnis über Tathâgata als Dharma-Wolke, die ihre Weisheitstropfen über alle Gewächse ergießt, klar zum Ausdruck (siehe Matthäus 5:45).

Im Matthäus-Evangelium ist Jesus im wesentlichen ein Tathâgata, der als Judenkönig verkleidet ist, als ein neuer Moses, als Heiler, als Aufrührer usw. – ein Jude unter Juden. Es gibt aber auch Ausnahmen. Es hat den Anschein, als ob er auch, fast gegen seine Prinzipien, Heiden heilt, zum Beispiel einen Offizier in Kapernaum und eine kananäische Frau. Seine engsten Jünger sind einfache Juden, Fischer usw., nur ausnahmsweise Juden mit höherer Bildung.

Jesus wendet sich in erster Linie an einfache Juden, nicht

an „alle Völker“. Hätte sich Jesus an gebildete Römer und Griechen gewandt, hätte seine Botschaft ganz anders lauten müssen. Er sprach das jüdische Proletariat an, die jüdischen Plebejer, die Armen und Kranken, nicht das wohlhabende und gutgestellte Bürgertum. Die große Welt – China, Indien usw. – liegt jenseits des Horizonts des Evangelisten.

Es ist daher ein gewisser Widerspruch, daß Matthäus zum Abschluß eine spezielle Botschaft verallgemeinert. Welche Garantie haben wir, daß nicht auch dies nur ein raffiniertes Schauspiel ist? Ist es denkbar, daß man so tut, als ob man sich nur an die Juden wendet, – aber in Wirklichkeit ein breiteres Publikum im Auge hat?

Ich werde auf dieses Rätsel später zurückkommen. Die Behandlung dieser Frage ist zu umfangreich, um nur nebenbei beantwortet zu werden.

Dann spricht Jesus davon, daß alle getauft werden sollen. Die Taufe ist von größter Bedeutung. Die Christen meinen oftmals, daß sie gerade durch den Empfang der Taufe zu Christen werden. Die Taufe ist sozusagen die Eintrittskarte zum christlichen Leben.

Das ist völlig unbegreiflich, wenn man nicht den buddhistischen Hintergrund kennt.

Das griechische Substantiv für Taufe ist *baptisma*, also *b-p-t-s-m*. Später, aber nicht im Neuen Testament selbst, gebraucht man ein anderes Substantiv für die Taufe, griechisch *baptismos*.

Das griechische *b-p-t-s-m* übersetzt zwei verschiedene Sanskritwörter, nämlich *abhisambodhi* und *upasampadâ*.

Wir beginnen mit Bodhisattva, dem Buddhakind. Erst als Bodhisattva am Fluß Nairanjanâ durch Askese usw. *abhisambodhi(s)* [= „Taufe“ = Erleuchtung] erlangte, wurde er in einen Buddha verwandelt. Damit erlangte er „Macht“, *ânubhâvas*, über Feuer und Wasser usw. Nach einigem Zögern begann er dann, angespornt durch Vater Brahmâ, das Dharma zu verkünden. Die Menschen lauschten ihm, und einige schlossen sich dem Orden an, der gegründet wurde und nach und nach Form annahm. Um in den buddhistischen Orden aufgenommen zu werden, muß man gewisse Anforderungen erfüllen. Man muß u.a. die Einweihung empfangen, sanskrit *upasampadâ*. Daß ein *Kulaputras* oder eine

Kula-Tochter als Mönch oder Nonne *upasampadâ* empfängt, hat natürlich zum Ziel, irgendwann einmal *abhisambodhi* zu erlangen. Man kann also sagen, daß *upasampadâ* den Anfang von *abhisambodhi* darstellt.

Diese *Upasampadâ*-Zeremonie wurde sowohl von Buddha selbst als auch von seinen Jüngern vorgenommen.

Wenn die Jünger also durch die Taufe alle Völker zu Jüngern machen sollen, bedeutet das, daß alle Völker *upasampadâ* empfangen sollen (*p-s-m-p-d = b-p-t-s-m*).

Die griechischen Ausdrücke ***baptisma*** und ***baptismos*** umfassen also zugleich die Begriffe ***abhisambodhi(s)*** wie auch ***upasampadâ***.

Kurz und gut: Diese Wiedergabe ist ein kleines Meisterwerk.

Die buddhistische *Upasampadâ* ist eine Einweihung oder Aufnahme und bedeutet, daß man zu den drei Juwelen, d.h. zu Buddha, seinem Dharma und seinem Orden Zuflucht nimmt.

In Matthäus wird daraus die Taufe im Namen des Vaters und des Sohnes und des Heiligen Geistes.

Das Sanskritwort für die drei Juwelen ist *tri-ratnas*. Die drei Juwelen sind kurz gesagt „der Buddhismus".

Auch im Lateinischen gibt es einige Wortbildungen, die *direkt* aus dem Sanskrit abgeleitet wurden:

Tri-nitas ist das lateinische Wort für die „Dreieinigkeit" des Vaters, des Sohnes und des Heiligen Geistes.

Das lateinische *tri-nitas* ist also nicht nur eine sinngemäß richtige Wiedergabe von sanskrit *tri-ratnas*, es stellt auch eine genaue Wiedergabe der Konsonanten dar (*t-r-r-t-n-s = t-r-n-t-s*; nur ein *r* wurde ausgelassen).

Jesus befiehlt also seinen Jüngern, dafür zu sorgen, daß alle Völker *upasampadâ* empfangen durch *tri-ratnas*. Langfristig sollen sie auch *abhisambodhi(s)* erlangen. Mit anderen Worten: Er befiehlt den Jüngern dafür zu sorgen, daß alle Völker beim Buddhismus Zuflucht suchen.

Später sagt Jesus, sie sollen den Völkern *lehren*, all das zu *halten*, was er ihnen *befohlen* hat. Was Jesus hier ganz konkret im Auge hat, wird wie üblich nicht gesagt. Das versteht sich offenbar von selbst. Hier folgen drei Begriffe aufeinander: *lehren, einhalten, befehlen.*

Diese drei Begriffe treten nacheinander in gleicher Weise in der buddhistischen Quelle auf – aus Tathâgatas Mund: die Jünger sollen andere dazu bringen, die Regeln zu lernen, einzuhalten und „all das" zu wiederholen [*dhârayitavyâ, grâhayitavyâ, vâcayitavyâ*], was das buddhistische Dharma ausmacht. Das griechische *panta hosa*, „all das", gibt sanskrit *ye te dharmâ*, „alle Dharmas", „Grundbegriffe", wieder. Die Quelle ist Tathâgatas letzte Ordinationsregel. Der Zweck ist ausdrücklich, daß der Buddhismus zum Glück und Segen für viele Menschen lange leben möge (Mahâparinirvâna-Sûtra 40:60).

Tathâgatas Anweisungen wurden befolgt. Die Jünger sollen alle Völker zum Buddhismus bekehren. Sie sollen sie in den Grundbegriffen des Buddhismus, dem Dharma, unterweisen. Auf diese Weise werden alle Völker mit der Zeit *abhisambodhi(s)* [= Erleuchtung] erlangen.

Zuerst werden Buddha, sein Dharma und sein Orden [samgha] also zum Vater, Sohn und dem Heiligen Geist verwandelt. Die Wiedergabe ist nicht nur klanggetreu, sondern – wenn man mit dem Sanskrittext vergleicht – zugleich auch rhythmus- und silbengetreu.

Die griechische Formel ist ein Klangecho des Originals, das besagt: „Ich nehme Zuflucht zu Buddha, zum Dharma und zum Samgha!"

Aber Matthäus folgt ja dem Mahâyâna. Im Mahâyâna wird Tathâgata als Vater seiner Söhne, der vielen Bodhisattvas, betrachtet, mit Tathâgata selbst als Kind an der Spitze. Der Ausdruck Vater und Sohn kann sich daher auch auf Tathâgata und seine Söhne beziehen, oder auf einen seiner Söhne. Denkt man nur an *einen* Sohn, dann ist wohl *der* Sohn gemeint [Petrus], auf den Jesus ja seine Kirche bauen wollte [Matthäus 16:18).

Der dritte Begriff in der Dreiheit ist „der heilige Wind", griechisch *tou hagiou pneumatos.*

Er wird leider nicht definiert; und man darf nicht einfach etwas als gegeben hinnehmen.

Im Mahâyâna ist es so, daß der Mönchsorden des alten

Buddhismus in den Hintergrund gedrängt wird. Die Anhänger des Mahâyâna werden vielmehr aufgefordert, Stûpas und Sûtras anzubeten, da man ja annimmt, daß sie Tathâgata und sein Dharma enthalten. Das ist die ganz entscheidende Hauptbotschaft des Lotus-Sûtra.

Was bedeutet also der Begriff „Heiliger Geist"?

Am klarsten drückt sich hierüber Matthäus 12:32 aus, wo es heißt, daß, wer wider den Heiligen Geist spricht, keine Vergebung erlangt. In Markus 3:29 heißt es sogar, daß „wer den Heiligen Geist lästert, keine Vergebung in (aller) Ewigkeit" erlangt, „sondern in ewiger Sünde schuldig ist".

Diese Stelle kann leicht im Lotus-Sûtra identifiziert werden. Dort wird nämlich gesagt, daß es zwar angeht, Tathâgata zu verspotten, aber daß es eine Sünde ist, die nie vergeben werden kann, wenn man das heilige [ârya] Lotus-Sûtra verspottet.

Hier umfaßt der Heilige Geist also eine Schrift, das heilige Lotus-Sûtra. Das Sanskritwort für Lotus ist *pundarîka*. Ein Synonym ist *padminî* [„Lotus", „Seerose"], im Genitiv *padminyâs*, was dem griechischen *pneumatos* im Genitiv entspricht (*p-d-m-n-s* = *p-n-m-t-s*).

Die Jünger sollen also alle Menschen – darunter auch die griechischsprachigen Leser – in das Lotus-Sûtra eintauchen.

Im Lichte des Mahâyâna ergibt sich also folgende Bedeutung: Buddha, oder Tathâgata, ist der Vater. Liest man das Lotus-Sûtra, so findet man zahlreiche Beispiele, wo Tathâgata mit einem Vater, einem Hausherrn usw. verglichen wird. Alle seine Jünger sind seine Söhne. Als Nummer eins in der Reihe finden wir Sâri-Putras, den „Sohn des Jina", der im N.T. als Bar-Jôna [„Sohn des Jôna"] bezeichnet wird [vgl. Seite 59-61]. Aber Tathâgata ist auch selbst ein Sohn; er ist Gottessohn [*deva-putras*], er ist Sohn von König Suddhodanas usw. Aus dieser Perspektive sind der Vater und der Sohn eine und dieselbe „Person". Der Heilige Geist war das Sûtra, genauer gesagt das Lotus-Sûtra. Die Hauptperson im Lotus-Sûtra ist ohne Zweifel Tathâgata in Gestalt des Sâkyamuni und in der Gestalt vieler anderer, darunter *des* Tathâgata, der aus dem Stûpa heraus rief, – Jesus, der vom Kreuz herab rief. Das Sûtra ist Tathâgata in Buchform. Tathâgata und alle seine Söhne, Bodhisattvas, wurden in einem Lotus geboren, was gleichfalls bedeutet, von einer Jungfrau geboren zu werden.[1] Daher ist der dritte Begriff der Dreieinigkeit auch mit den beiden ersten identisch.

Eins ist nicht drei, und drei sind nicht eins. Dennoch haben christliche Theologen darüber spekuliert, wie eins drei und drei eins sein kann. Vor dem Hintergrund des Mahâyâna wird verständlich, in welchem Sinne der Vater, der Sohn und das Buch eins und dasselbe sind.

Die allerletzten Worte Jesu besagen, daß er mit seinen Jüngern sein will „bis an der Welt Ende“, griechisch *heôs tês sunteleias tou aiônos*.

Der Ausdruck *sun-teleia tou aiônos* lautet in Sanskritworten *sam-varta-kalpas*. Die Buddhisten stellen sich den kosmischen Zeitverlauf als in gewaltige *kalpas* [„Zeitalter“, „Äon“] eingeteilt vor. Nach sehr, sehr langer Zeit faltet sich ein *kalpa* zusammen. Eine Periode erreicht ihren Abschluß. Sanskrit *samvarta* wird zu griechisch *sunteleia*. Sanskrit *kalpa* wird zu griechisch *aiôn*. Das ist der vorläufige Abschluß der Zeiten. Nach langer Zeit entfaltet sich die Zeit wieder. Dann gibt es ein sogenanntes *vivarta-kalpas* [„neu entfaltetes Zeitalter“].

Jesu letzten drei Worte sind also eine Übersetzung von sanskrit *samvarta-kalpas* [„zusammengefaltetes Zeitalter“, „vorläufiger Abschluß der Zeiten“]. Sanskrit *kalpam* [Akkusativ] wurde oben lautlich wiedergegeben (Matthäus 26:45), griechisch *loipon kai* [vgl. Seite 185]. Jetzt wird die Bedeutung richtig wiedergegeben.

Diese Äußerung stimmt wieder überein mit einer Grundthese im Lotus-Sûtra (Kapitel 15), daß Tathâgata nämlich ein unendlich langes Leben hat.

Zusammenfassend ist die Abschiedsbotschaft Jesu im Matthäus-Evangelium also folgende:

Es geht jetzt darum, alle Menschen zum Buddhismus, genauer gesagt, zum Mahâyâna zu bekehren, demzufolge

---

[1] Denn beide Worte – sanskr. *padminyâs* [„Lotus“, „Seerose“, Gen.] und griech. *pneumatos* [„Wind“, Gen.] – haben den gleichen Klangwert der Konsonanten: *p-d-m-n-s* = *p-n-m-t-s* [vgl. Seite 194].

man glaubt, daß Tathâgata ewig lebt und daß sein Tod nur ein Schauspiel ist, das die Gläubigen herbeilocken soll.

Es ist überhaupt nicht überraschend, daß Matthäus mit dem Bekenntnis seines Glaubens an den ewigen Tathâgata abschließt. Jeder kann erlöst werden, wenn er nur an den Namen *Tathâgatas* erinnert und ihn wiederholt.

Das bedeutet wiederum, daß die Äußerung über die Taufe *im Namen des Vaters* usw. eine klarere Bedeutung bekommt: Tathâgatas Namen zu nennen, bedeutet Erlösung.

Das ist echtes Mahâyâna.

Damit sind wir wieder bei *Tathâgatas* als Zauberwort.

Wenn man Matthäus liest, hört man ständig Tathâgata und andere Namen des Buddha. Das ist eine Form der Taufe oder Einweihung.

Im klassischen Griechisch bedeutet das Verb *baptizô*: „ich tauche ein", z.B. meine Hände in Wasser, oder mich selbst in Wein. – Das Verb wird auch im übertragenen Sinne gebraucht: Von einem Trunkenbold kann man sagen, daß er sich zu sehr in Wein taucht.

Jesus befiehlt seinen Jüngern, sie sollen alle *„in den Namen des Vaters"* usw. tauchen (Matthäus 28:19).

Was diese Wendung bedeutet, hat die Theologen und christlichen Laien unendlich viele Überlegungen gekostet, aber zu einer allgemeinen Einigkeit über die Bedeutung der Taufe sind die Christen noch immer nicht gelangt. Einige Priester wurden sogar aus dem Amt entlassen, weil sie die griechische Präposition wörtlich übersetzt haben.

Und doch ist die Sache ganz einfach und klar. Der griechische Ausdruck bedeutet wörtlich *„tauchend sie (hinein) in den Namen des Vaters und des Sohnes und des Heiligen Geistes"*.

Zum christlichen Taufritual gehört ja meistens Wasser, Weihwasser. Aber bei Jesu Anweisung wird Wasser nicht mit einem einzigen Wort erwähnt. Jesus spricht davon, jemanden *in einen Namen zu tauchen*, nicht davon, jemanden in Wasser zu tauchen.

Jesus sagt also – wenn man ihm nur richtig zuhört –, daß die Jünger die Menschen in den Namen des Vaters usw. eintauchen, hinuntertauchen sollen.

Das ist ein ganz hervorragendes Bild: Die Menschen in einen Namen eintauchen. Der griechische Text ist einfach und klar, es gibt keinen Grund, ihm Gewalt anzutun.

Unsere Untersuchung hat aufgedeckt, um welche Namen es dabei geht.

Ich wiederhole: Wie wir gesehen und gehört haben, strotzt der Text bei Matthäus und den anderen Evangelisten von den Namen *Tathâgatas*, *Sâkyamunis*, *Gautamas*, *Kâsyapas* usw.

Wenn man das Neue Testament hört oder liest, dann wird man eben in alle diese buddhistischen Namen getaucht. Kann es deutlicher gesagt werden?

Jesus befiehlt also abschließend, daß die Jünger alle Menschen nicht in Wasser, sondern eben in Texte mit buddhistischen Namen eintauchen sollen.

Das Matthäus-Evangelium ist als Ganzes ein schöner Beweis dafür, daß der Befehl ausgeführt wurde.

Sage, schreibe, erinnere, lies den Namen *Tathâgatas*, – dann wirst du erlöst. So lautet die Botschaft in Kurzform.

Die Christen haben der Taufe zu allen Zeiten eine große Bedeutung zugemessen. Die Priester behaupten oftmals, daß man erst durch die Taufe zum Christen wird. Um Christ zu sein, muß man zuerst getauft worden sein. Gewöhnliche Menschen können bei einem kleinen Kind am Taufbecken schwerlich einen Unterschied sehen, weder vor noch nachdem der Priester Wasser über den Kopf des kleinen Wurmes gespritzt hat. Worin besteht der Unterschied?

Ob wir nun das Wort des Priesters für Unsinn halten oder nicht, es steht auf jeden Fall fest, daß es [das Priesterwort] nicht aus dem Befehl Jesu an die Jünger abgeleitet werden kann.

Die Jünger sollen die Menschen nicht in Wasser tauchen, sondern in buddhistische Namen.

Als Christ getauft zu werden, heißt also, sich in Buddhas Namen tauchen zu lassen.

Welche Ironie! – So viele Mißverständnisse und Uneinigkeit, – nur weil man sich nicht an Jesu eigene Worte halten will!

Das zweite große Ritual des Christentums ist das Abendmahl.

Auch hier herrschen Mißverständnisse und Uneinigkeit. Der Ausgangspunkt ist, wie schon genannt, Matthäus 26:26-29.

Das christliche Abendmahl, die letzte große Mahlzeit mit den Jüngern, ist Wort für Wort eine Kopie von Tathâgatas letzter großer Mahlzeit mit seinen Jüngern.

Das Sanskritwort für „letzte" ist *pasci-ma.* Dieses wird zu dem griechischen Wort für Ostern, *paskha,* assimiliert. Die Ostermahlzeit ist auch die letzte Mahlzeit. Wir haben also eine doppelte Wiedergabe von sanskrit *pas-ci-ma.* Lautlich werden die beiden ersten Silben, also *pas-ci,* zu griechisch *pas-kha.* Damit haben wir die Ostermahlzeit. Von der Bedeutung her wird sanskrit *pascima* zu der letzten Mahlzeit, d.h. der letzten Mahlzeit zusammen mit allen Jüngern, denn Jesus hat wohl Zeit, einen Bissen Brot und einen Schluck Wasser einzunehmen, bevor er beginnt, seinen Tod zu spielen?

Im buddhistischen Original ist auch von einem Verräter die Rede, der dadurch charakterisiert wird, daß er mit der Hand eine kostbare Schale stiehlt (MPS 26). Das ist Verrat an der buddhistischen Moral! Bei Matthäus taucht er zusammen mit Jesus die Hand in die Schale!

Der Höhepunkt wird erreicht, als Jesus von seinem Leib und seinem Blut spricht. Die Jünger sollen das Brot essen, als ob es sein Leib wäre.

Aber sie sollen Jesus auch trinken. Und damit wird die Verbindung zur Taufe geknüpft. Damit werden die zwei wichtigsten Rituale des Christentums verbunden. Kennt man das Sanskrit-Original, dann zeigt es sich, daß beide Rituale die gleiche Bedeutung haben.

Jesus nimmt einen Becher und sagt wörtlich: *„Dieses ist – Blut mein*[2] *– des Paktes."* Wie oben nachgewiesen wurde [vgl. Seite 184 f.], geht es um die Sanskritworte *Tathâgatam – Sâkyamunis – Tathâgatasya.*

---

[2] „Mein Blut" wird von Jesus im Altgriechischen in der Reihenfolge *„Blut mein"* gesprochen.

Was geschieht da?

Jesus nimmt einen Becher und in diesem Becher sind drei buddhistische Worte, genauer gesagt die Namen des Vaters, denn Tathâgata und Sâkyamuni sind eben der Vater im Mahâyâna.

Die Jünger sollen also des Vaters Namen trinken.

Den Namen des Vaters zu trinken ist genau das gleiche wie in des Vaters Namen getaucht zu werden – so wie der abschließende Taufbefehl lautet.

Schließlich identifiziert sich Jesus mit der Frucht des Weinstocks. Dem Weinstock liegt, wie wir gesehen haben, sanskrit *udumbaras*, „der Feigenbaum", als Symbol für Tathâgata zugrunde.

Also wiederum eine Aufforderung, Tathâgata zu trinken. Tathâgata zu trinken ist das gleiche wie in Tathâgata getaucht zu werden.

Das christliche Abendmahl und die christliche Taufe haben einen und denselben Zweck, nämlich Tathâgata näher zu kommen. Jesu Botschaft handelte vom Himmelreich, also von Tathâgatas Reich, das in der Nähe ist. Die Botschaft beinhaltet also genau das gleiche wie die beiden Rituale.

Was bedeutet es, Christ zu sein?

Nimmt man sich die Zeit, das Lotus-Sûtra durchzulesen – es liegt im Internet[3] –, und fragt man sich dann selbst, wie man seine Botschaft generell zusammenfassen kann, dann kommt man zu dem Ergebnis: Wenn man Tathâgatas Namen hört und nennt, wird man erlöst.

[3] Die Internet-Adresse des Lotus-Sûtra findet man in diesem Buch auf der Seite 6.

Kapitel 21

Buddhistisch-christliche Geometrie

Die buddhistischen Sanskrittexte stecken ebenso wie die griechischen Texte des Neuen Testaments [N.T.] voller Geometrie. Dies wird klar, wenn man die Anzahl der Silben und Wörter zählt; dies ergibt sich auch aus der Symmetrie und textlichen Einheit.[1] Oftmals gibt es ein Zentrum mit der gleichen Anzahl Silben oder Wörtern sowohl in den Sanskrittexten als auch im Neuen Testament.[2]

Vom Punkt kommen wir zur Linie bzw. Geraden. Jede Gerade hat eine bestimmte Länge, eine bestimmte Abmessung. Durch das Krümmen der Linie können wir einen Kreis zeichnen. Der Kreis könnte wiederum als ein ausgedehnter Punkt gesehen werden, einem Punkt, der – sozusagen – aufgeblasen wurde. Der Kreis ist somit ein Symbol von grundsätzlicher Einheit. Der Kreis ist auch eine bildliche Darstellung, z.B. als Symbol der Sonne, der Sonnenscheibe, eines Rades oder der Umriß eines Globus. Indem man zwei, drei oder mehr Kreise miteinander verbindet, können weitere bedeutsame Symbole der „göttlichen Geometrie" gezeichnet werden.

Der Lotus ist ein bevorzugtes Symbol der Buddhisten. Der Buddha wurde in einem Lotus geboren, und er wohnt in einem Lotus und bewegt sich in einem Lotus fort. Das gleiche

---

[1] Siehe vor allem die Veröffentlichungen von J. SMIT SIBINGA und M.J.J. MENKEN.

[2] Auf geometrische Verknüpfungen in buddhistischen Texten wurde erstmals vom Verfasser dieses Buches (Chr. Lindtner) hingewiesen; siehe www.jesusisbuddha.com. Die Hauptperson im zentralen Kapitel über den mittleren Pfad ist *Tathâgatas* [= 816], und der entsprechende Text besteht aus genau 816 Buchstaben! Die Anzahl der Wörter beträgt 2 x 54 = 108 usw. (SBV I, S. 134).

trifft auf Jesus zu. Eine Lotusblüte kann mit ihren Blütenblättern gezeichnet werden, indem man zahlreiche Kreise miteinander verbindet.

Der Buddha und Jesus sind auch Söhne der Sonne, – ebenso glaubten die Griechen, daß Apollo die Sonne sei. Die buddhistischen und christlichen Evangelien beschreiben die Wanderung der Sonne von ihrem Aufgang bis zum Untergang.

Der griechische Ausdruck für derartige Zeichnungen oder Anwendungen ist *parabolê*, „Parabel“ [= lehrhafte Erzählung]. Der entsprechende Sanskritausdruck ist *paryâyas*. Dieses deutet darauf hin, daß die ganzen Parabeln (Gleichnisse) Jesu und des Buddha geometrischen Zeichnungen in der Form von Erzählungen entsprechen.

Der umfassendste Kreis hat im Christentum ebenso wie im Buddhismus (und auch in der griechischen Theologie) einen Kreisumfang von 3030 Einheiten. Diese Grundeinheit enthält natürlich in sich selbst viele kleinere Kreise, – ebenso wie Quadrate, Rechtecke, Dreiecke usw. Die Namen und Titel des Buddha und Jesu können – in der Regel – in Kreisen dargestellt bzw. ausgedrückt werden, die sich in wechselseitiger Harmonie zueinander befinden. Hiermit kann die geschichtliche Beziehung hervorragend dargestellt werden. Im Grunde sind beide Religionen von griechischer geometrischer Weltanschauung abgeleitet.

Einige Beispiele:

1. Der Zahlenwert von *Khristos* beträgt 1480. Wenn wir den Artikel *o* [oder *ho*] hinzufügen, erhalten wir für *ho Khristos* den Zahlenwert von 1550; und wenn man beide Zahlen addiert, ergibt dies 3030. Dieser Betrag entspricht auch dem Zahlenwert für den wichtigsten Titel, den Jesus benutzt, wenn er sich auf sich selbst bezieht, nämlich „der Menschensohn“, auf griechisch: *ho uios tou anthrôpou* = 3030.

Dies ergibt einen großen 3030iger-Kreis [Kreisumfang], der zwei Kreise mit Umfängen von jeweis 1480 und 1550 Einheiten einschließt (siehe Abb. 9 auf der nächsten Seite).

[Das Verhältnis zwischen Umfang und Durchmesser jedes Kreises beträgt konstant 22:7, also rund 3,14 = π. Eine entsprechende Zeichnung mit dem Kreisdurchmesser von 3030, also 1480 plus 1550 Einheiten, würde daher das gleiche Bild ergeben haben.]

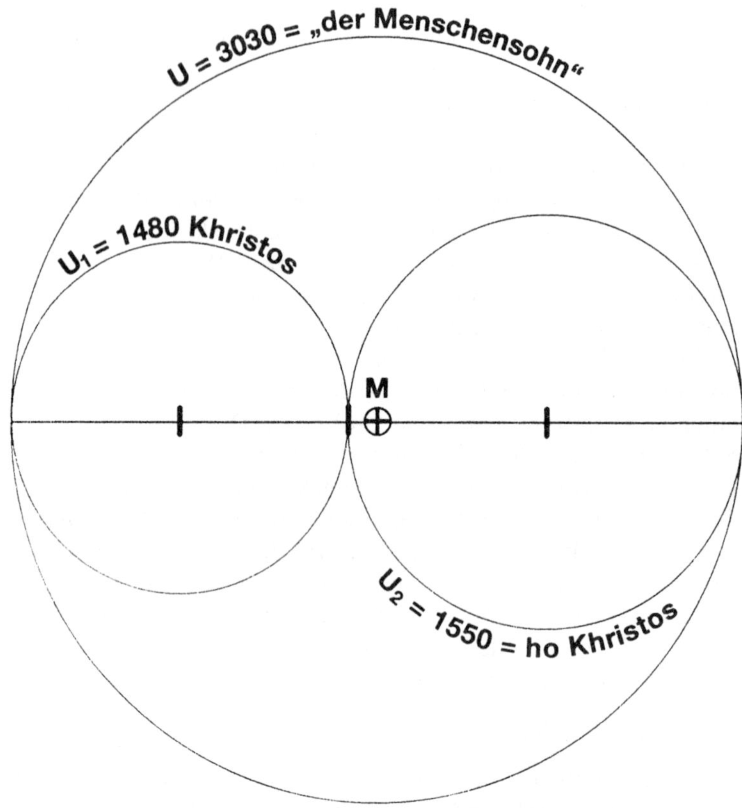

Copyright Christian Lindtner

Abb. 9: Kreise mit den Umfängen 3030 = „Menschensohn“, 1480 = *Khristos* und 1550 = *ho Khristos*

Wie erstmals von M.J.J. Menken (im Jahre 1985) gezeigt wurde, bildet der Abschnitt der Verse 1:19–2:11 des Johannes-Evangeliums eine Einheit, in der *ho Khristos* [= 1550] die Hauptperson ist. Er besteht aus genau 1550 Silben! Diese kurzen Beispiele zeigen, daß die unbekannten Autoren Wörter und Silben zählten. Dies wird durch zahlreiche weitere Beispiele untermauert.

Der numerische Wert von *ho huios tou anthrôpou* [„der Menschensohn"] beträgt [*h* wird nicht mitgezählt]:

70 [*o*] + 400 [*u*] + 10 + 70 + 200 + 300 + 70 + 400
+ 1 + 50 + 9 + 100 + 800 + 80 + 70 + 400 = 3030.

Der Zahlenwert von 3030 kann auf buddhistische Quellen zurückgeführt werden, in denen er eine Form hat, die in sich selbst drei oder vier der gebräuchlichsten Namen des Buddhas vereinigt, z.B.:

a) *Bodhisatvo Bhagavân* = 1515 + *Devânâm Devas* [„Gott der Götter"] = 1111 + *Loka-nâyakas* [„Herr der Welt"] = 404 ergibt insgesamt = 3030. Es wird angemerkt, daß 1111 + 404 = 1515 beträgt, was eine perfekte Symmetrie zweier sich ergänzender Kreise ergibt.

b) *Ksatriyas* [ks = x = 60!] = 682 + *Tathâgatas* = 816 + *Sâkyamunis* = 932 + *Jyotis* [„Licht" oder *Kotis*, „Ecke, Höhepunkt"] = 600 macht insgesamt = 3030. Es ist zu beachten, daß 1416 (816 + 600) und 1614 wiederum zwei sich ergänzende Kreise ergibt.

c) *Siddhârthas* = 530 + *Buddhas* = 612 + *Bodhisatvas* = 1188 + *Munis* = 700 ergibt insgesamt ebenfalls 3030. Es wird auf zwei weitere sich ergänzende Kreise 1312 [612 + 700] und 1718 [530 + 1188] hingewiesen. Der Zahlenwert 1312 ergibt sich auch aus *Bhagavân* = 458 und *Naravaras* = 854 (SBV I, 53).

d) *Sâkyaputras* = 1313 + *Sugatas* = 1105 + *Buddhas* = 612 ergibt 3030; wobei 1105 + 612 = 1717 ergibt. Im Neuen Testament bedeutet der Zahlenwert 1717 = „Gottes Wille", *to thelêma tou theou* [370 + 93 + 770 + 484 = 1717]. Der Zahlenwert 1313 steht auch für *Bhagavân* + *Munîndras* [458 + 855 = 1313].

e) Auch *Kleopas* (Lukas 24:18) = *Mârga-jnas* = 406 + 1312 + 1312 = 3030. Hier ist *Mârga-jnas* [= Buddha] ein Jünger Jesu geworden.

[Es ist zu beachten, daß die in den sanskritischen Originalmanuskripten vorgegebene richtige Schreibweise *Bodhisatvas* ist, und nicht *Bodhisattvas* (mit Doppel-tt), wie es oft gedruckt wird.]

Dies beweist, daß sich Jesus – wenn er sich auf sich selbst als „des Menschen Sohn" bezieht, d.h. auf 3030 – dann tatsächlich bezüglich sich selbst auf eine Kombination verschiedener sehr gebräuchlicher Namen oder Titel des Buddha beruft.

[Beachte: Im Nominativ würde *Buddhas* die von uns zu benutzende Form sein, aber unglücklicherweise ist heute die Schreibweise *Buddha* populär geworden.]

Alle anderen Namen von *Sâkyamunis* usw. oder ihre Verknüpfungen formen den Hintergrund aller anderen Namen Jesu oder deren Verbindungen in ähnlicher Weise.

Jesus ist offensichtlich Sâkyamuni in Verkleidung.

Ist Sâkyamuni auch ein Gott in menschlicher Verkleidung? Diese Frage wird später aufgegriffen werden. [Das Problem der griechischen Quellen des Buddhismus kann hier ja nur flüchtig berührt werden.]

Diese Kreise und Zahlenwerte zeigen, daß Jesus und der Buddha geometrisch identisch sind. Sie stehen für dieselben Zahleneinheiten.

2. Der Buddha hat, wie Jesus, viele Namen. Er wird z.B. *Tathâgatas* [= 816] genannt; oder er wird *Atulyas*, der „Unvergleichbare", geheißen (z.B. Catusparisat-Sûtra 10).

Der Zahlenwert für „die Verkündigung", griechisch *to kêrugma*, von Jesus Christus beträgt 942. Dies ist auch der Zahlenwert für *Atulyas*. Der Buddha ist somit, als *Atulyas*, die Verkündigung von Jesus Christus.

Man zeichne einen Kreis mit dem Durchmesser von 942 Einheiten [*to kêrugma* = *Atulyas* = 942]. Er enthält zwei gleich große Kreise mit einem Durchmesser von je 471 (Abb.10). Innerhalb dieser Kreise zeichnen wir einen weiteren Kreis von der gleichen Größe, dessen Mittelpunkt an der Stelle liegt, an der sich die beiden Ausgangskreise einander berühren. Dieser dritte Kreis berührt natürlich die Mittelpunkte der beiden anderen Kreise. Nun können zwei „Augen" oder zwei „Fische" deutlich gesehen werden. Jedes „Auge" enthält einen Kreisbogen, der wie die Iris oder die „Pupille" aussieht. Der Umfang jedes dieser Kreise beträgt 1480 = *Khristos*.

Innerhalb jedes 1480iger Kreises kann man ein Quadrat mit dem Umfang von 4 x 333 = 2 x 666 = 1332 Einheiten einzeichnen [siehe Abb. 10].

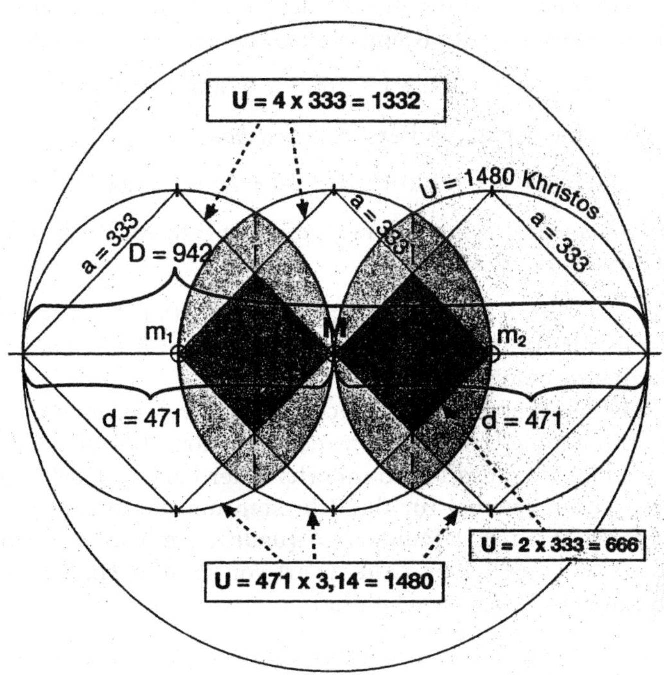

Abb. 10: Diese Zeichnung mit den beiden „Fischen" und den kleinen Quadraten mit den Zahlenwerten des weißen Lotus [*Pundarîka* = 666] zeigt die grundsätzliche Einheit von Buddhismus und Christentum. Der senkrechte „Lid"-Strich in den beiden „Fischen" beträgt jeweils 408 Einheiten.[3]

Die Zahl 1332 ist der Zahlenwert der Summe von *Alpha* (*a-l-ph-a*) [= 1 + 30 + 500 + 1 = 532] und *O*(mega) [= 800] = 1332.

[3] Der „Lid"-Strich = $d/2 \cdot \sqrt{3} = 471/2 \cdot 1{,}732 = 408$.

Jesus identifiziert sich selbst mit dem Zahlenwert 1332 in der Offenbarung des Johannes 1:8, 21:6 und 22:13: „Ich bin das Alpha und das Ô“ [532 + 800 = 1332]. Es bezieht sich auf den Anfang [*arkhê* = 709] und das Ende [*telos* = 605], nämlich des Alphabets.[4]

Im Buddhismus steht der Zahlenwert 1332 für einen berühmten Ort, die alte Königsstadt *Kusâvatî* (z.B. MPS 34)

= 20 + 400 + 200 + 1 + 400 + 1 + 300 + 10 = 1332,

und für eine berühmte Person, *Svastikas*

= 200 + 400 + 1 + 200 + 300 + 10 + 20 + 1 + 200 = 1332.

Svastikas war diejenige Person, die den Sitz am Bodhi-Baum mit Gras versorgte.

Der „Lid“-Strich eines „Augenlides“ (Abb. 10) mißt 408, beide Augenlider zusammen ergeben 816, was dem Zahlenwert von *Tathâgatas* entspricht.

Zeichnet man die drei Quadrate mit der Kantenlänge von 333 Einheiten [U = 1332] in jedes der drei *Khristos*-Kreise [U = 1480] ein, erhält man innerhalb der beiden „Fische“ [die heute ja ein Symbol für das Christentum darstellen] je ein kleineres Quadrat [„*Pundarîka*-Quadrat“] mit dem Umfang von 2 x 333 = 666, dem Zahlenwert von *Pundarîka*, dem weißen Lotus [= Name des Buddha].

Diese „Parabel“ oder Zeichnung zeigt erneut die grundsätzliche Einheit von Buddhismus und Christentum.

3. Ein Kreis mit dem Umfang von 888 Einheiten – dies entspricht dem Zahlenwert von Jesus [griechisch *Iêsous*] – enthält den Kreis von *Tathâgatas* [Umfang = 816] und den Kreis von *kâyam*, „Körper“ [Umfang = 72]. Dies bedeutet, daß Jesus mit dem Buddha identisch ist, wie Tathâgata und sein Körper.

Diese Identifikation wird wieder und wieder gegeben, insbesondere während des letzten Abendmahles, wo Jesu Blut, *to haima mou*, mit *Sâkyamunis* = 932 identifiziert wird.

---

[4] Und 709 + 605 = 1314, wobei 1314 + 1716 = 3030 oder 1314 + 1312 + 404 = 3030 beträgt.

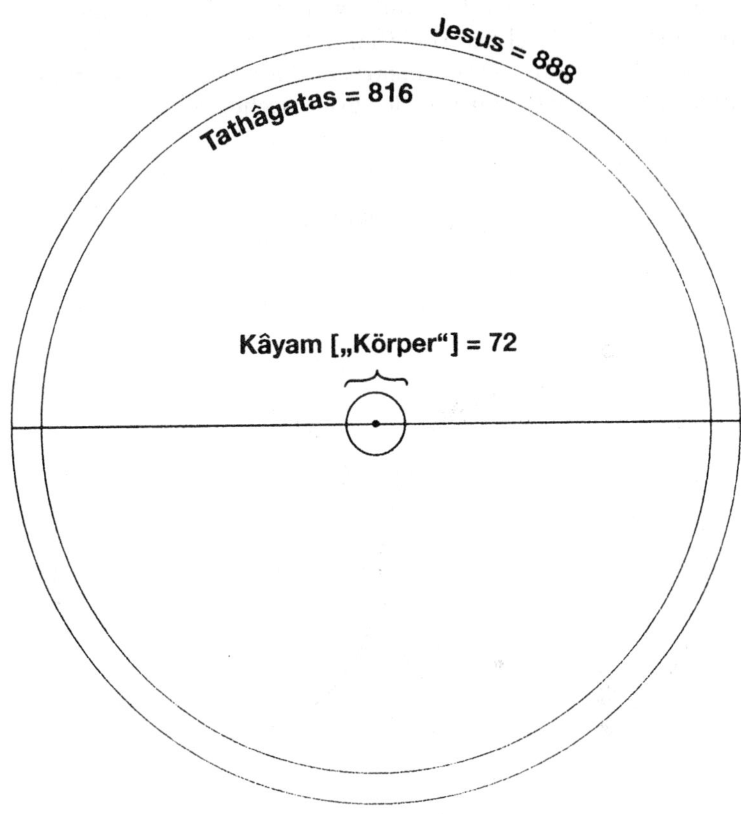

Abb. 11: *Tathâgatas* [816] + *Kâyam* [72] = *Jesus* [888]

4. Ein Kreis mit dem Umfang von 9320 [abgerundete Zahl, = 10 x 932] hat einen Durchmesser von 888 + 600 + 1480 = 2968, was *Jesus* plus *Khristos* plus *kosmos*, also die Welt, bedeutet. Das griechische *kosmos* kommt in vielen Fällen in Verbindung mit Namen und Titeln vor. Dieses Beispiel zeigt erneut die grundsätzliche Einheit von Sâkyamuni, Jesus und Kosmos. [$\pi = 3{,}14$ bzw. $^{22}/_{7}$]

5. Jesus identifizierte sich selbst mit „dem Weg“, griechisch *hê hodos* = 352. Nun ist 352 der Durchmesser des 1105-Kreises, und 1105 ist der Zahlenwert für *Sugatas*, einem der berühmtesten Titel des Buddha. Sehr schön, *Sugatas* bedeutet „gut gegangen“. Das Sanskrit enthält somit ein Wortspiel hinsichtlich der Bedeutung des griechischen *hê hodos*.

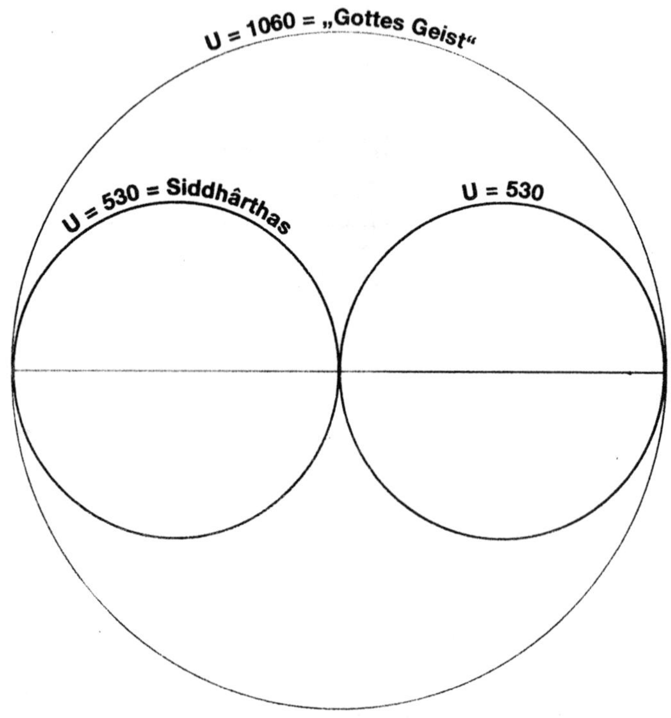

Abb. 12: *Siddhârthas* [= 530] und „Gottes Geist“ [= 1060]

6. Der Buddha war auch als *Siddhârthas* = 530 bekannt. Zwei 530-Umkreise können innerhalb eines größeren Kreises mit dem Umfang von 1060 untergebracht werden. 1060 ist die Wortzahl für „Gottes Geist“, *pneuma theou*, – ein außerordentlich gebräuchlicher Ausdruck (siehe Abb. 12).

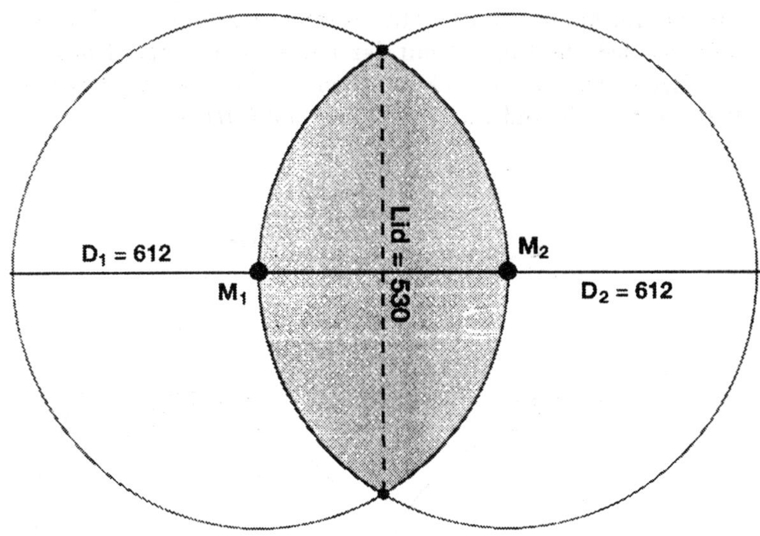

Copyright Christian Lindtner

Abb. 13: *Buddhas* [= 612] und „Gottes Geist“ [1060]

Gottes Geist, *pneuma theou,* erscheint auch, wenn wir einen Kreis mit einem Durchmesser von 612 Einheiten [= *Buddhas*] ziehen (siehe Abb. 13). Wenn wir einen weiteren Kreis derselben Größe mit seinem Mittelpunkt auf dem Kreisumfang zeichnen, wird er durch das Zentrum des ersten Kreises gehen. Jetzt wird ein „Auge“ zu sehen sein. Der „Lid“-Strich des „Auges“ mißt 530 [= Zahlenwert von *Siddhârthas*]; zwei „Lider“ ergeben 2 x 530 = 1060, – das ist der Zahlenwert von „Gottes Geist“.

Die Figur mit dem Zahlenwert 612 steht für *Buddhas (b-u-ddh-a-s)*:

2 + 400 + 9 + 1 + 200 = 612.

Man beachte, daß *ddh* immer *th* = 9 ist. Dieser Wert demonstriert erneut die Identität von *Gottes Geist* mit dem Buddha [*Buddhas*] – und *Siddhârthas* (siehe oben).

7. *Prajnâ-Pâramitâ* ist der Name eines umfangreichen Werkes buddhistischer Schriften. Es ist auch die Bezeichnung für Wissen [*prajnâ*] in vollkommener Form [*pâramitâ*]. Der Ausdruck *pâramitâ* ist sehr gekünstelt. Die Prajnâ-Pâramitâ handelt vor allem von der Allwissenheit des Buddha. Allwissenheit wird identifiziert mit der Leere aller Dinge. Ein leerer Kreis ist ein perfektes Symbol für Leere. *Prajnâ-Pâramitâ* = 775, und 2 x 775 = 1550 = *ho Khristos*.

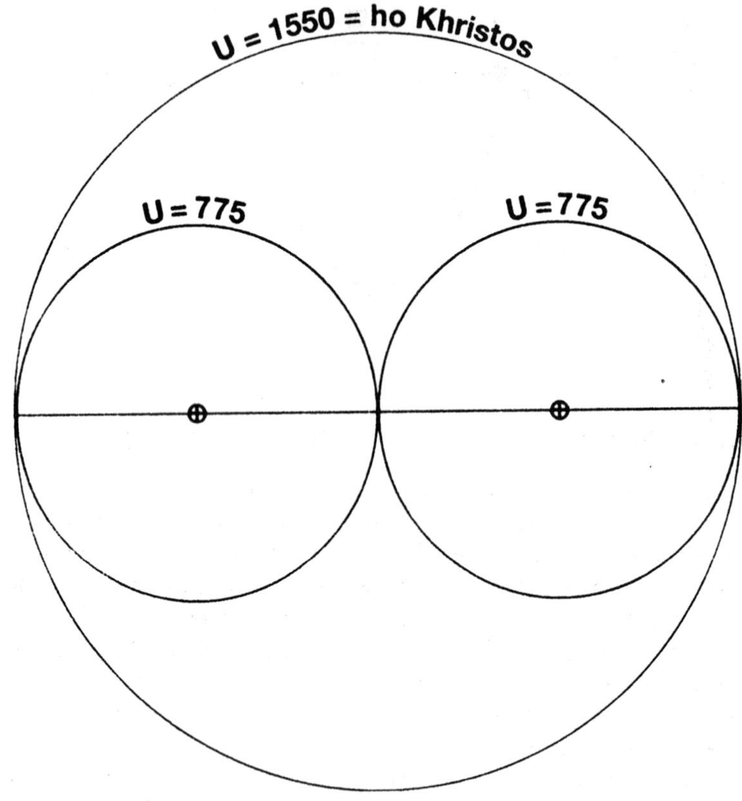

Abb. 14: *Prajnâ-Pâramitâ* [= 775] und *ho Khristos* [= 1550] zeigen das vollkommene Wissen Jesu.

Die ersten Worte Jesu (Matthäus 3:15) darüber, „alle Gerechtigkeit zu erfüllen“, wurden direkt aus einer Textpassage der *Prajnâ-Pâramitâ* entnommen:

sanskrit *sar-va-jna-tâ-dhar-ma-pa-ri-pû-rim*

wird zu

griechisch *plê-rô-sai pa-san di-kai-o-su-nên.*

Das deutsche Hauptwerk auf diesem Gebiet stammt von MAX WALLESER: *Prajnâ Pâramitâ. Die Vollkommenheit der Erkenntnis*, Göttingen/Leipzig 1914.

Das buddhistische *prajnâ* wird gewöhnlich mit griechisch *sophia*, „Weisheit", übersetzt. *Sophia* hat etwas mit Zählen zu tun, wie wir aus der Offenbarung des Johannes 13:18 wissen. Schon als Kind war Jesus „voller Weisheit", *plêroumenon sophias* (Lukas 2:40). Wie gesagt, informiert uns die Offenbarung des Johannes 13:18 darüber, daß *Sophia* das Bestimmen der numerischen Werte von Buchstaben und Wörtern bedeutet [in diesem Falle der Zahl 666, also des-Zahlenwertes von *pundarîka*, „weißer Lotus"; siehe mein Vorwort zu RICHARD GARBE, *Indien und das Christentum*, Süderbrarup 2004, Seite V). Darüber hinaus informiert uns Johannes 7:15 darüber, daß Jesus „Buchstaben kannte", *grammata oiden*, was bedeutet, daß er auch über den numerischen Wert von Buchstaben und Wörtern Bescheid wußte. In Johannes 8:6 haben wir das nette Bild von Jesus, wie er mit seinem Finger auf dem Boden schreibt. Er macht, mit anderen Worten, eine Zeichnung/Graphik, eine *graphê*. Da der Zahlenwert für *graphê* 612 beträgt, mag er eine geometrische Figur von Buddha oder Zeus [in beiden Fällen 612] gezeichnet haben.

Nun erhielten wir für *ho Khristos* den Zahlenwert 1550, und *Prajnâ-Pâramitâ*, „Vollkommenheit des oder im Wissen(s)", – eine Tugend Jesu – hat den Zahlenwert 775:

Prajnâ-Pâramitâ = 80 + 100 + 1 + 10 + 50 + 1
+ 80 + 1 + 100 + 1 + 40 + 10 + 300 + 1 = 775

Solches bedeutet, daß zwei identische Kreise, die beide einen Kreisumfang von 775 haben, in dem 1550er Kreis enthalten sind. Dies zeigt das vollkommene Wissen Jesu.

8. Kreise und Quadrate können ebenso mit interessanten Ergebnissen aus buddhistischen wie christlichen Texten verbunden werden

Ein einfaches Beispiel, das die Harmonie zweier gebräuchlicher Titel des Buddha oder Sâkyamunis zeigt, ist ein Kreis dessen Umfang 932 Einheiten mißt. Dieser hat einen Durchmesser von 297 Einheiten; das bedeutet, daß der Umfang eines Quadrates, in den der Kreis eingeschrieben ist [die Seitenlänge ist gleich dem Durchmesser des Kreises], 4 x 297 = 1188 beträgt, was wiederum der Zahlenwert von *Bodhisatvas* ist:

2 + 70 + 4 + 10 + 200 + 1 + 300 + 400 + 1 + 200 = 1188.

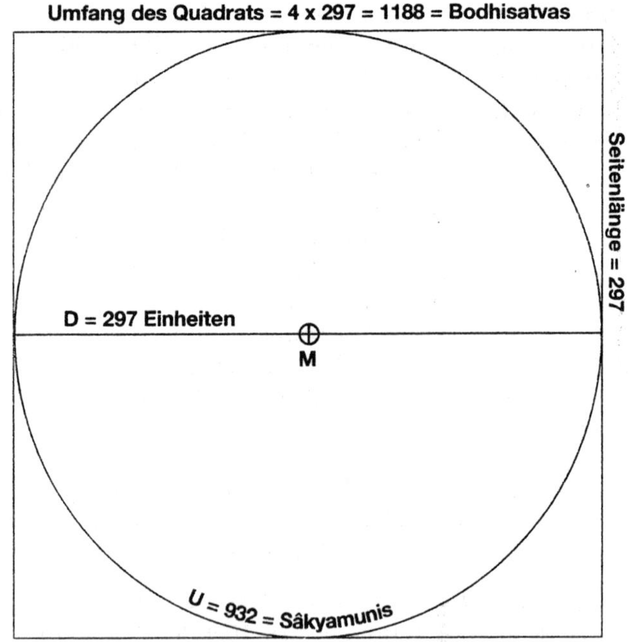

Abb. 15: *Sâkyamunis* [= 932] und *Bodhisatvas* [= 1188]

Natürlich kann 932 durch einfache Addition auch mit 1188 kombiniert werden, was 2120 ergibt; dies ist die Wortzahl für *phôtismos*, „Erleuchtung", in christlichen Texten (2. Kor. 4:4 und 4:6).[5]

9. Die vielleicht interessanteste Verbindung von Kreisen und Quadraten ist diejenige, die wir das Mutter-Quadrat nennen könnten:

„Die Mutter", *hê Mêtêr*, besitzt einen Zahlenwert von 464. Dieses entspricht dem Umfang eines Quadrats, dessen vier Seiten [4 x 116 = 464] jeweils 116 messen. Die Diagonale dieses Quadrats beträgt 164 (siehe Abb. 16 auf Seite 214).

Weiterhin mißt der Kreis, der das Mutter-Quadrat mit einem Durchmesser [= der Diagonalen] von 164 umschreibt, 515 Einheiten. Und 515 ist der Zahlenwert für die Jungfrau, *Parthenos*:

$$80 + 1 + 100 + 9 + 5 + 50 + 70 + 200 = 515$$

Somit stehen Mutter und Jungfrau nicht miteinander in Widerspruch.

Als nächstes mißt der Umfang des Quadrats, das den *Parthenos*-Kreis umgibt, 4 x 164 = 656 Einheiten. Dies entspricht auch der Wortzahl für Messias:

$$40 + 5 + 200 + 200 + 10 + 1 + 200 = 656$$

Es ist auch der Zahlenwert für *Artemis*, die als Jungfrau bekannt ist. Aber 656 ist auch *hê mêtêr Mariam*, „die Mutter Maria". Sie war ursprünglich Artemis!

Die Diagonale des Messias-Quadrats beträgt 232. Der Kreis, der diese Diagonale zum Durchmesser hat, besitzt einen Umfang von 728. In der Zahl 728 können wir leicht den Zahlenwert im N.T. für Maria und den Engel Gabriel erkennen, griechisch *Mariam* [= 192] + *ho aggelos* [= 382] + *Gabriêl* [= 154] = 728.

Im Buddhismus ist 728 der Zahlenwert für *Kuberas*:

$$20 + 400 + 2 + 5 + 100 + 1 + 200 = 728,$$

dem Namen eines der vier Himmelskönige. Kuberas war anwesend, als der Buddha das erste Mal in seine Heimat Kapilavastu zurückkehrte.

---

[5] Griechisch *phôtismos* wird in den deutschen Bibelübersetzungen unterschiedlich übersetzt, z.B.: „helles Licht", „strahlender Glanz" oder „erleuchtet werden".

[Der Engel Gabriel hat gleichzeitig eine schöne Verbindung zu *Kapilas* und *Kuberas* (*g-b-l, k-p-l, k-b-r*).]

Auf diese Weise erzählt uns diese Figur als Ganzes, die zwei Kreise und zwei Quadrate in sich vereinigt, was geschehen ist, als der Engel Gabriel eine Jungfrau, Maria, besuchte. Sie wurde die Mutter des Messias.

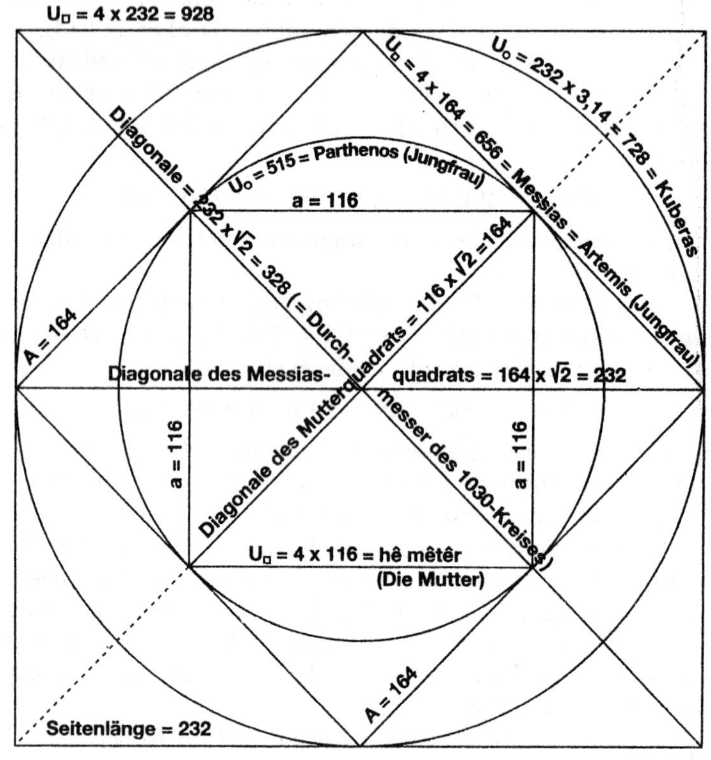

Copyright Christian Lindtner

Abb. 16: Das „Mutter-Quadrat" mit Jungfrau, Messias usw.

Wir können weiter fortfahren. Die nächste Diagonale [des 232 x 232-Quadrats] mißt 328 Einheiten; sie ist auch der Durchmesser eines Kreises mit dem Umfang von 1030. [Dieser 1030iger Umkreis wurde hier aus Platzmangel nicht eingezeichnet.] Diese Zahl 1030 kann als die Summe von

Siddhârthas [= 530] und 500, was *Puthia* [ein Name der Artemis] sein kann, betrachtet werden. Es kann auch *ho nomos*, „das Gesetz", sein oder „die Zahl", *ho arithmos*. Wie bekannt, ist 500 in buddhistischen und christlichen Texten die „heilige Zahl". Es waren jeweils 500 Brüder anwesend, als Jesus und der Buddha verstarben. Der Buddha ist oftmals von 500 Mann umgeben. Der Jesus-Mythos ahmt hier den Buddha-Mythos nach.

Wie gesagt war 328 der Durchmesser des 1030-Kreises. Der 1030-Kreis enthält zwei 515-Kreise, d.h. zwei mal *Parthenos*. 1030 könnte, wie gezeigt, als 500 + 530 genommen werden.

Die Beziehung zwischen 328 und 530 [etwas genauer 530,704] ist ein Beispiel für den Goldenen Schnitt [dessen Verhältnisfaktor 1,62 beträgt]. Das Verhältnis von 530 zu 328 beträgt 1,62.

Das Quadrat, das den 1030er Kreis beinhaltet, hat einen Umfang 4 x 328 = 1312. Die Zahl 1312 kann als die Summe aus *Buddhas* [= 612, also Zeus!] und *Munis* [= 700, Kurzform von *Sâkya-munis*] aufgefaßt werden.

Die Diagonale in diesem Quadrat mißt 464 Einheiten, – was uns zur Mutter, *hê Mêtêr* [= 464], zurückbringt, nun jedoch in Form einer geraden Linie und nicht eines Quadrates.[6]

Wenn wir 464 mit der Quadratwurzel von 2 [= 1,4142] multiplizieren, erhalten wir wieder 656 [= Messias].

750 ist der Zahlenwert für „der Sohn", *ho huios*:

$$70 + 400 + 10 + 70 + 200 = 750.$$

Die Beziehung 464 : 750 drückt den Goldenen Schnitt aus.

Die verschiedenen Beispiele des Goldenen Schnittes können in einem Pentagramm gezeichnet werden. Der charakteristischste Zahlenwert des Pentagramms ist natürlich 108. Viele buddhistische und christliche Texteinheiten bestehen aus genau 108 Wörtern.

---

[6] Verdoppelt man den Zahlenwert 464, so erhält man 2 x 464 = 928 Einheiten. Der Wert 928 ergibt sich u.a. aus *theos* [= 284], „Gott", + *Emmanouêl* [= 644]. Und 928 + *parthenos* [= 515], „Jungfrau", ergibt *Kapilavastu* [= 1443], den Geburtsort des Buddha.

Auf der Basis dieser Kreise ist es möglich, weitere Kreise zu zeichnen, so daß man einen geöffneten Lotus mit Blütenblättern usw. erhält – eine bildliche Darstellung, die demonstriert, daß der *Bodhisatvas*, alias das Jesus-Kind, tatsächlich in einem Lotus geboren wurde, – einem weißen Lotus, einem *Pundarîka*.

Im Sanskrit ist *Saddharma-pundarîka-Sûtram* (SDP) =

$$200 + 1 + 9 + 1 + 100 + 40 + 1 + 80 + 400 + 50 + 4 + 1 + 100 + 10 + 20 + 1 + 200 + 400 + 300 + 100 + 1 + 40 = 2059.$$

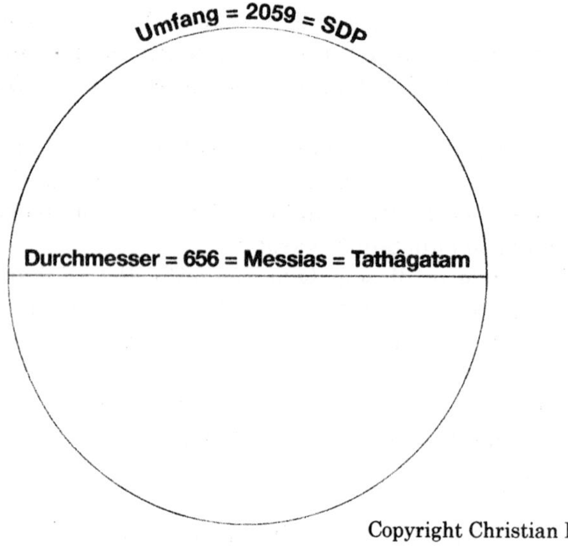

Abb. 17: Die Beziehung zwischen SDP und Messias

Somit ist der Messias also auch aus dem SDP geboren!

Außerdem entspricht der Zahlenwert von *Saddharma-pundarîka-Stûtram* (SDP) = 2059 = *devâtidevas* [= 1330] + *Kêphas* [= 729] usw.

Die dargestellten geometrischen und numerischen Zusammenhänge zeigen beispielsweise, daß auf dem Gebiete der Mathematik enge Beziehungen zwischen Hellenismus, Buddhismus und Christentum bestehen.

Rückblick und Ausblick

Das Christentum ist buddhistische Propaganda und Mission für das Mahâyâna. Das bringt bereits der Titel zum Ausdruck, den die grundlegendste Schrift des Christentums mit den vier Evangelien trägt:

„Das Neue Testament", griechisch *hê kainê diathêkê*, bedeutet „Tathâgatas Körper", sanskrit *kâyam tathâgatasya.* Deutlicher kann es nicht gesagt werden.

Das Neue Testament ist eine anonyme Schrift, genau wie die buddhistischen Sûtren, auf denen es beruht.

Die Evangelien müssen, mit Matthäus an vorderster Stelle, von der Person oder dem Personenkreis ausgegangen sein, der im zehnten Kapitel des Lotus-Sûtra beschrieben wird. Die Überschrift dieses Kapitels lautet: *„Der Dharma-Verkünder".*

Sâkyamuni befiehlt den Jüngern, daß sie hinaus zu allen Völkern ziehen und das Lotus-Sûtra verkünden sollen. Sie sollen Sendboten oder Jünger von Tathâgata sein. Durch die Anrufung von Tathâgatas Namen wird jeder erlöst. Die größte und nicht vergebbare Sünde ist die Blasphemie, schlecht von diesem Sûtra und seinen Sendboten zu sprechen. Diese Art von Gotteslästerung führt zur Hölle und zu schlechter Wiedergeburt.

Jede Form von Blasphemie soll den Menschen vergeben werden, aber Blasphemie gegen den Geist soll nicht vergeben werden, schreibt Matthäus in 12:31.

Hier ist ein Zitat aus der deutschen Übersetzung der chinesischen Version des Lotus-Sûtra:

> *„Bhaisajya-râja! Angenommen, es ist da ein böser Mensch, der während eines ganzen Kalpas[1] vor dem Buddha präsent, aus seinem Herzen heraus,*

---

[1] Sanskrit *Kalpam* = „Zeitalter". Es gibt in Matthäus 26:45 ein Wortspiel auf ***kalpam***: griech. ***loipon kai*** [„noch", „nun"], *k-l-p-m* = *l-p-n-k*; *kalpam* ist Akkusativ von *kalpas.*

> *das nicht gut ist, beständig den Buddha schmäht: dessen Vergehen ist noch leicht. Wenn aber ein Mensch nur mit einem einzigen bösen Wort, einen, der das Lotos-Sûtra liest und rezitiert, sei er Laie oder Mönch, schmäht, dessen Vergehen ist äußerst tief. Bhaisajya-râja, einer, der dieses Lotos-Sûtra liest und rezitiert, wisse, dieser Mensch ist selbst mit dem majestätischen Schmuck eines Buddha geschmückt. Er erlangt, daß er auf der Schulter eines Tathâgata getragen wird. Wohin jener geht, sollte man ihm folgen und ihn begrüßen, ... Warum ist es so? Deshalb, weil, wer diesen Menschen, der freudig das Gesetz predigt, auch nur einen Moment hört, die höchste vollkommene Erleuchtung restlos erlangt."*
>
> (Margareta von Borsig: *„Lotos-Sûtra – Das große Erleuchtungsbuch des Buddhismus"*, vollständige Übersetzung nach dem chinesischen Text von Kumârajîva, ins Deutsche übersetzt von Margareta von Borsig, Herder Spektrum Bd. 5372, 3. Aufl., Freiburg 2003, Seite 211-212)

Und eine andere Stelle aus dem gleichen Kapitel, unmittelbar zuvor:

> *„Bhaisajya-râja, wenn es da einen Menschen gibt, der fragt, welche Lebewesen in zukünftigen Epochen es erlangen werden, Buddha zu werden, so sollst du ihnen zeigen: „Diese Menschen alle werden es in zukünftigen Epochen erlangen, sicher Buddha zu werden." Warum ist es so? Wenn ein guter Mann oder eine gute Frau von dem Lotos-Sûtra sei es auch nur einen Vers annimmt und bewahrt, liest und rezitiert, erklärt und predigt oder abschreibt und auf vielerlei Arten den Sûtrenbänden Verehrung darbringt, sei es mit Blüten, Düften, Girlanden, Sandelduft, Duft-Essenzen, Räucherwerk, Seiden-Baldachinen, Bannern und Flaggen, Gewändern und Musik und mit zusammengelegten Händen Verehrung bezeugt, zu diesen Menschen sollen alle Menschen*

aufschauen! Die Verehrung eines Tathâgata soll man auch diesem abstatten. Wisse! Dieser Mensch hat die höchste vollkommene Erleuchtung der großen Bodhisattvas erfüllt, er empfindet Mitleid mit den Lebewesen, ist auf Grund seines Wunschgelübdes in der Welt geboren worden und legt in Unterscheidung das Sûtra von der Lotosblume des wunderbaren Gesetzes weithin dar. Um wieviel mehr kann dies gesagt werden von denjenigen, die es erschöpfend aufnehmen und festhalten können und es auf verschiedene Weise verehren. Bhaisajya-râja, wisse! Diese Menschen geben von sich aus die Vergeltung ihres lauteren und reinen Karma auf, und nach meinem Erlöschen und Hinübergehen werden sie aus Mitleid mit den Lebewesen in die böse Welt geboren und legen weithin dieses Sûtra dar. Angenommen, ein guter Sohn oder eine gute Tochter vermag nach meinem Erlöschen und Hinübergehen geheim und nur für einen einzigen Menschen von dem Lotos-Sûtra sei es auch nur einen einzigen Vers zu predigen, so wisse, dieser Mensch ist ein Abgesandter des Tathâgata, ist ein Vermächtnis des Tathâgata und vollbringt die Taten eines Tathâgata. Um wieviel mehr ist er dies, wenn er in einer großen Schar weithin für die Menschen predigt!"

(*ebenda*, Seite 211)

Hier wird praktisch alles gesagt, was man wissen muß, um die Entstehung der Evangelien und des Neuen Testaments zu verstehen.

Im Mittelpunkt steht der Sohn[2] oder die Tochter aus guter Familie, die das Lotus-Sûtra hinaus in die ganze Welt tragen. Sie handeln aus Mitgefühl, und sie sind von Tathâgata ausgesandt, mit dessen Schutz sie rechnen können. Wenn er oder sie ein Stück vom Text vergißt – so steht es anderswo im gleichen Kapitel – dann bekommt der Betreffende Hilfe

[2] *kula-putras* = 1532 = *Iêsous* [888] + *Emmanouêl* [644]. Somit ist auch Jesus ein Abgesandter des Tathâgata.

von seinem Vater, Tathâgata. Matthäus spielt hierauf an, wenn er in der sogenannten Sendboten-Rede verspricht, *daß ihres Vaters Geist ihnen helfen werde, wenn sie nicht wissen, wie oder was sie reden sollen, wenn sie überantwortet werden* (Matthäus 10:19–20). Das Lotus-Sûtra verspricht, daß ihr Vater, Tathâgata, ihnen bestimmt eine Gedächtnisstütze zukommen lassen wird. Das Lotus-Sûtra enthält Tathâgata und sein Dharma. Wer auch nur ein einziges Wort des Lotus-Sûtra verkündet oder ihm lauscht, wird ein Buddha, also „erweckt". Daher heißt es so oft in den Evangelien, daß eine bestimmte Person „erweckt" wird, griechisch *egertheis*.

Der Missionar des Lotus-Sûtra wird ausdrücklich als Sûtra-Träger bezeichnet, sanskrit *sûtra-dhârakas*. Sanskrit *sûtra-dhârakas* wird auf griechisch mit dem Wort *eu-aggelistês* wiedergegeben, das ebenfalls fünf Silben hat. Die Vorsilbe *eu-* gibt die Vorsilbe *su-* wieder, die gleichfalls „gut" bedeutet. Das Wort *eu-aggelistês* findet man nur drei Mal im Neuen Testament (Apostelgeschichte 21:8; Epheserbrief 4:11; zweiter Brief an Timotheus 4:5). Dagegen kommt das Verb „evangelisieren" sehr oft vor. Es bedeutet normal „das Evangelium ausbreiten", griechisch *eu-aggelion*.

Abb. 18: Papst Johannes Paul II. „trägt sein Sûtra".

Das Evangelium zu verbreiten bedeutet also praktisch, *„das Lotus-Sûtra zu verbreiten"*. Jesus forderte ja, sein Sûtra[3] zu tragen.

Tathâgata ist die Hauptperson im Lotus-Sûtra. Die Evangelisten werden von Tathâgata in die ganze Welt hinausgeschickt mit der Botschaft, daß Tathâgata ewiges Leben besitzt. Diese unbegreifliche Botschaft wendet sich nicht an den Verstand, sondern an den Glauben. Indem man seinen Glauben an Tathâgata bekennt, wird man selbst ein Buddha.

Die schwierige Aufgabe besteht also darin, die ganze Welt für den Glauben an Tathâgata zu gewinnen.

Der Evangelist bekommt grünes Licht, alle nur erdenklichen Mittel zur Anwendung zu bringen. Er soll Gleichnisse verwenden, Wortspiele, Übersetzungen usw. Es heißt ausdrücklich, daß man ein Buddha wird, wenn man auch nur ein Wort des Lotus-Sûtra sagt oder hört. Die wichtigsten Worte sind natürlich Tathâgata, Sâkyamuni und der Titel Pundarîka. Daher soll der Evangelist alle Menschen in diese Namen und Worte tauchen.

Ich möchte den Ausdruck ***„geheim"*** hervorheben. Der Sanskrittext sagt *rahasi caurenâpi*, „heimlich", „selbst durch Diebstahl". Matthäus 11:12 spielt auf diesen Gedanken an, wenn er sagt, daß *„das Himmelreich Gewalt leidet, und die Gewalttätigen reißen es an sich"*. Der gleiche Gedanke ist auch in Matthäus 10:8 enthalten: Die Jünger haben das Himmelreich umsonst empfangen, und umsonst sollen sie es geben. Derselbe Gedanke liegt auch zugrunde, wenn der erste Evangelist Matthäus als „Zöllner" bezeichnet wird. Ein Zöllner empfängt und gibt Werte weiter, die ihm nicht selbst gehören.

Die Botschaft von Tathâgata soll also *heimlich*, geradezu verstohlen weitergegeben werden.

Wenn man sich dies vor Augen führt, versteht man, warum es in den Evangelien nur so von versteckten Wortspielen mit Tathâgatas Namen wimmelt.

---

[3] „sein Sûtra zu tragen" = sein „Kreuz" [*stavron* = *sûtram*, nur ein *o* extra] tragen.

Das Neue Testament ist Tathâgatas Leib – und deswegen auch Jesu Blut und Leib.

In der Einleitung sprach ich davon, daß die Übersetzung ins Griechische einerseits eine Nachahmung, andererseits eine Assimilierung darstellt.

Genau hier kommt das Geheimnisvolle ins Spiel. In den Evangelien tritt Tathâgata verkleidet als jüdischer König und jüdischer Gesetzgeber auf. Seine wirkliche Identität muß um jeden Preis geheim gehalten werden.

Daher schärft Jesus, der verkleidete Tathâgata, seinen Jüngern ein, daß sie niemandem sagen dürfen, daß er *ho khristos* ist (Matthäus 16:20). Andererseits sind die Evangelisten ehrlich genug, hier und da einzufügen: *Wer Ohren hat zu hören, der höre!*

Würden die Jünger Jesu Verbot mißachten, dann würden sie uns erzählen, daß *ho khristos* ja eine Übersetzung von sanskrit *ksatriyas* ist, denn jeder, der Ohren hat, kann ja hören, daß *kh-r-s-t-s* eine Wiedergabe von sanskrit *k-s-t-r-s* ist. Daß Jesus „der Christus" ist, bedeutet ja nur, daß er Sâkyamuni ist, der bekannte Ksatriyas von Kapilavastu.

Jesu Jünger müssen natürlich „Christen" gewesen sein. Das griechische Wort für „Christen" ist *khristianoi*, in der Einzahl *khristianós* [eigentlich: Christ oder *christlich*]. Das Wort, das in den Evangelien nicht verwendet wird, findet sich im Neuen Testament dreimal, nämlich in der Apostelgeschichte 11:26 und 26:28, sowie im Ersten Brief des Petrus 4:16. *„In Antiochia nannte man die Jünger zum erstenmal Christen"* [griech. *khristianoús*, Akkusativ], heißt es in der berühmten Stelle der Apostelgeschichte 11:26.

Über die Bedeutung und Herkunft des Wortes wurde natürlich eine Menge geschrieben. Man ist sich im allgemeinen einig, daß *khristianós* „Anhänger des Christus" bedeutet. Es herrscht aber keine Einigkeit darüber, wer dieses Wort zum ersten Mal verwendet hat und wie es rein sprachlich zustande gekommen ist. Fest steht jedoch, daß die Adjektiv-Endung *-ianos* zur Kaiserzeit im ganzen Imperium allgemein verbreitet war. Bei römischen Verfassern finden wir die Formen *Christianus* und *Chrestianus*.

Die Erklärung erhält man aus dem Sanskrit. Wir beginnen mit dem Substantiv *ksatriyas*, „Adliger", „Krieger". Dann nimmt man das übliche Suffix *-ânas*, was *ksatriyânas* ergibt, „Anhänger des *Ksatriyas*". Die Form *ksatriyânas* selbst ist auf sanskrit kaum gebräuchlich, sie folgt aber den Regeln. Dagegen findet sich die entsprechende weibliche Form *ksatriyânî* für eine Ksatriya-Frau.

Khristianos zu sein bedeutet also, daß man Anhänger des berühmten Ksatriyas Sâkyamuni von Kapilavastu ist und man nach diesem benannt wird.

Das griechische *khristianos* wie auch das lateinische *chrestianus* und *christianus* sind also alle perfekte Nachbildungen der Bedeutung und Form von sanskrit *ksatriyânas*.[4]

Wie gesagt bezeichnen sich die Christen in den Evangelien selbst *nicht* als Christen.

Sie bezeichnen sich dagegen selbst als „Gläubige", „Heilige", „Brüder", „die Auserwählten", „Gottesdiener" oder „Gottessklaven" und „Sklaven Jesu Christi". Alle diese Ausdrücke sind buddhistischen Ursprungs.

Besonders interessant ist, daß sie auch als die bezeichnet werden, die „des Herren Namen anrufen" (Apostelgeschichte 9:14; Römerbrief 10:12-13; Erster Korintherbrief 1:2). Dieses Bild der Christen, die sich versammeln und den Namen ihres Gottes anrufen, stimmt gut mit dem überein, was der Römer Plinius in seinem bekannten Brief an Kaiser Trajan schreibt (10:97): *Sie pflegen sich zu versammeln und ein Lied zu Christus zu singen, wie zu einem Gott.*

Die Stelle im Römerbrief 10:11-13 scheint wie aus dem Lotus-Sûtra genommen: *„Es ist hier kein Unterschied zwischen Juden und Griechen; es ist über alle derselbe Herr, reich für alle, die ihn anrufen. Denn ‚wer den Namen des Herrn anrufen wird, soll selig werden'."*

Das Zitat bei Paulus stammt aus dem Buch Joel 3:5:

> *„Und soll geschehen, wer des Herrn Namen anrufen wird, der soll errettet werden."* (Joel 3:5)

Es könnte aber genauso gut vom Lotus-Sûtra stammen.

Der „Herr", dessen Name bereits im Titel des Neuen Testaments genannt wird, ist nämlich Tathâgata.

---

[4] 733 + 682 [*ksatriyas*] = 1415 = *ho theos Apollôn*!

Die Christen sind also diejenigen, die Christus – Ksatriyas – anrufen.

Wie *ksatriyânas*, also „christlich", von *ksatriyas* abgeleitet ist, so ist *ksatriyas* seinerseits von dem Sanskritwort *ksetra(m)* – auch *ksatra(m)* geschrieben – abgeleitet. Dieses Wort bedeutet einfach „Reich, das Reich, ein Reich".

Ein Ksatriyas ist daher ganz genau genommen ein „Reichsmann" [Mann des Reiches]. Die Christen sind die Söhne oder Anhänger des Reichsmannes.

Jetzt versteht man auch, warum Jesus seinen Jüngern in Aussicht stellt, daß sie mit ihm zusammen „im Reich", griechisch *en basileia*, sein würden. Ebenso wird die Bedeutung des merkwürdigen Ausdrucks bei Paulus verständlich, *„in Christus"* zu sein.

Im Sanskrittext verspricht Tathâgata, mit Sâkyamuni an der Spitze, daß die Jünger in einem Buddha-Reich, sanskrit *buddha-ksetre*, auf(er)stehen werden. Sanskrit *ksetre*, ein Lokativ (Ortsfall), bedeutet „im Reich". Der Ausdruck „im Reich" ist also die Kurzform für das „Buddha-Reich", wo sich auch die Götter aufhalten, also das Reich im Himmel, das Reich des Himmels oder der Himmel.[5]

Die wichtigste Botschaft Jesu lief ja in ihrer nebulösen Einfachheit darauf hinaus, daß das himmlische Reich *in der Nähe* sei. Er verspricht ja den Jüngern, daß sie mit in das Reich kommen sollen.

Die beiden griechischen Ausdrücke „im Reich" und „in Christus" sind daher zwei verschiedene Wiedergaben desselben Sanskritwortes, nämlich *ksetre*. Das erste gibt die Bedeutung, das zweite den Wortlaut wieder.

In Christus zu sein bedeutet, im Buddha-ksetre [„Buddha-Reich"] *zu sein.*

Wie wir gesehen haben, lagen dem Ausdruck „im Reich" ganz konkrete Vorstellungen zugrunde. Die Evangelisten stellen

---

[5] *Buddha-ksetram* = 918 = *ho basileus*, „der König" (= Jesus). In Johannes 4:10 bezeichnet Jesus sich selbst als „die Gabe" [*hê dôrea* = 918] Gottes. Und 918 ist natürlich auch *Hêlios* + *Kosmos* [318 + 600] = 918.

sich das Reich als ein Gasthaus ganz in der Nähe vor, wo es Dirnen und Zöllner usw. gibt, und wo Abraham, Isaak und Jakob die Ehrengäste bei Tisch sind. Jesus hat seinen Jüngern versprochen, daß auch er selbst sich einfinden werde, um an dem Trinkgelage teilzunehmen.

Man gelangt dorthin, wenn man Jesu Forderungen nach Gerechtigkeit und Gesetzestreue erfüllt. Vor allem ist es wichtig, die beiden Rituale – Taufe und Abendmahl – zu befolgen, bei denen es sich darum handelt, in den Namen Tathâgatas eingetaucht zu werden. Auf dem Etikett der „Weinflasche" steht also in großen Buchstaben: ***TATHÂGATAS***.

Wenn man ungerecht ist und das Gesetz übertritt, so fällt man in die Hölle hinab, wo sich vor allem die Reichen aufhalten.

Das ist natürlich die buddhistische Lehre vom Dharma. Gute Taten führen zum Himmel. Schlechte Handlungen führen zur Hölle.

Man kommt nicht mit in das Reich hinein, wenn man nicht *„sein Kreuz auf sich nimmt"* und Jesus folgt. Sein Kreuz zu nehmen und Jesus zu folgen bedeutet, daß man das Sûtra nehmen soll, und zwar vor allem das beste Sûtra der ganzen Welt, das Lotus-Sûtra. Wenn man dessen Worte über Tathâgata hört, wird man erlöst. Es ist auch gut, einen *Stûpa*, ein „Grab", zu bauen, denn selbst wenn es leer ist, so ist Tathâgata trotzdem dort.

Umgekehrt besteht die größte Sünde der Welt darin, dieses Sûtra und den Evangelisten, der es verkündet, zu verspotten. Der Evangelist ist nämlich ein Sendbote Tathâgatas, und das Sûtra selbst enthält Tathâgatas erlösendes Wort.

Wenn Jesus verkündet, das Reich sei in der Nähe, dann meint er das buchstäblich. Die Christen haben sich oft danach gefragt, wo denn das Reich liege. Wenn es *„in der Nähe"* liegt, müßte es doch einfach sein, es auf der Landkarte zu finden? Wo liegt das Gasthaus, in dem Abraham usw. zu Tisch sitzen?

Aber bis heute ist das nicht gelungen, – es sei denn man gäbe zu, daß es in Kapilavastu lag.

Das Lotus-Sûtra sagt oft, Tathâgata und Nirwana seien *„in der Nähe"*. Im ursprünglichen Zusammenhang gibt das durchaus einen Sinn. Nirwana ist Erlösung und Tathâgata ist der Erlösende. Wenn man nur glaubt und Tathâgatas Namen anruft, dann wird man erlöst.

Der Ausdruck *„in der Nähe"* erhält seine Bedeutung also nur, *„wenn man (an)ruft"*.

Ich habe mich bereits mehrfach wiederholt: Das Neue Testament ist buddhistische Propaganda und Mission für das Mahâyâna.

Wir haben es mit einer Art religiöser Kriegspropaganda zu tun. Die buddhistischen Evangelisten spielten nicht mit offenen Karten. Sie behielten ihr Geheimnis über Ksatriyas für sich. Sie sagen selbst, daß wir uns *„in der letzten Zeit"* befinden, und daß die Menschen und Fabeltiere, die zum Glauben bekehrt werden sollen, zumeist dumm, böse, hochmütig und unwissend sind – genau wie die Gegner Jesu.

Das ist der Grund, weshalb die Evangelisten zur Kriegslist greifen.

Die Verlogenheit in religiösen Fragen, wie sie im Römerbrief 3:7 verherrlicht wird[6], ist typisch für das Mahâyâna. Im Lotus-Sûtra geht es darum, die dummen und unwissenden Massen anzulügen und sie zu narren, damit sie blind den Glauben übernehmen, daß sie von Krankheit usw. erlöst werden, wenn sie nur Tathâgatas Namen nennen.

Schauspiel und Wortspiele sind bei der religiösen Propaganda wirkungsvolle Kriegsmittel. Die Leute kommen, sie sehen und sie hören zu. Die buddhistischen Evangelisten wenden keine physische Gewalt an, aber sie verüben seelische Vergewaltigung, Seelenmißbrauch[7]. Die buddhistischen Evangelisten haben überaus stark dem Prinzip gehuldigt, daß der Zweck die Mittel heiligt.

Im Mahâyâna – wohlgemerkt nicht im Hînayâna – stellen geschickte Bekehrungsmethoden die höchste Tugend dar. Der Leser sollte selbst das zweite Kapitel des Lotus-Sûtra lesen, das den Titel *upâya-kausalyam*, „Geschicklichkeit

---

[6] Brief an die Römer (3:7): *„Wenn aber die Wahrheit Gottes durch meine Lüge herrlicher wird zu seiner Ehre, warum sollte ich dann noch als ein Sünder gerichtet werden?"* [NESTLE-ALAND, *„Das Neue Testament – Griechisch und Deutsch"*, 4. Aufl. 2003, S. 413]

[7] Vgl. MATHILDE LUDENDORF: *„Erlösung von Jesu Christo"* und *„Induziertes Irresein durch Okkultlehren"*.

[*kausalyam*] bei den Methoden [*upâya*]" trägt. Wie so oft erlauben die einzelnen Sanskritworte mehrere Übersetzungen. Sanskrit *kausalyam* ist vom Adjektiv *kusala* abgeleitet, „geschickt, gut zu". Das, wozu man hier gut ist, nämlich *upâyas*, wird in den Wörterbüchern mit „Methode, Strategie, Plan, List" übersetzt. Der Evangelist soll also geschickt darin sein, zur Bekehrung der unwissenden Massen die richtige Methode, die rechten Mittel zu finden, nämlich Gleichnisse, Schauspiel und Wortspiele, – man denkt unwillkürlich an die beliebten Talkshows und Unterhaltungsprogramme. Aber es gibt einen Unterschied, denn das Lotus-Sûtra warnt den Evangelisten davor, seine Mittel zu enthüllen. Der Evangelist soll also sowohl geschickt als auch verschwiegen sein.

Kurz gesagt: die vornehmste Tugend des Evangelisten ist es, *listig* und *schlau* zu sein.

Diese Tugend, listig zu sein, klingt an, wenn Jesus seinen Jüngern befiehlt, *„klug wie Schlangen"* zu sein (Matthäus 10:16). Wenn man im Rückblick die vielen Wortspiele, die Mehrdeutigkeiten und die vielen Verwechslungen in der evangelischen „Verkleidungskomödie" betrachtet, muß man zugeben, daß die Evangelisten Tathâgatas Aufforderung gefolgt sind, listig und schlau zu sein.

Der Beweis hierfür liegt nicht zuletzt in dem großen Erfolg, den das Christentum – historisch gesehen – erlangt hat. Erst jetzt wissen wir, daß das Christentum ein maskiertes Mahâyâna darstellt. Im Westen ist das Mahâyâna fast 2000 Jahre lang in Verkleidung aufgetreten.

Rückblickend betrachtet ist an all dem eigentlich nichts Überraschendes zu entdecken.

Das Lotus-Sûtra, das wichtigste Evangelium, entstand vor gut 2000 Jahren. Die Verfasser blieben anonym. Angeblich ist die Quelle zum Lotus-Sûtra etwas, was der Jünger Ânandas *„gehört hat"*. Aber daß Ânandas das Lotus-Sûtra aus Sâkyamunis eigenem Munde gehört haben soll, ist natürlich – allein schon aus chronologischen Gründen – ein frommer Betrug.

Das Lotus-Sûtra wurde auf sanskrit geschrieben. Vergleicht man den Text mit anderen buddhistischen Sanskrittexten, dann kann man erkennen, wie der unbekannte Verfasser vorgegangen ist. Er nimmt Worte, Namen, Sätze und eine Unmenge feststehender Redewendungen von den alten Sûtren und kombiniert diese auf eine neue Art. Hinzu kommt, daß er alte Gedanken mit neuen verbindet. Das tatsächlich Neue am Lotus-Sûtra ist der Wert, dem listiges Vorgehen beigemessen wird, wenn es darum geht, die ganze Welt zum Glauben an Tathâgata zu bekehren.

Das Lotus-Sûtra bezeichnet sich ausdrücklich selbst als eine *neue* Form der Dharma-Lehre.

Mit den vier Evangelien des Neuen Testaments verhält es sich ebenso. Man übersetzt, lautlich und/oder bedeutungsmäßig Worte, Namen, Sätze und eine Unmenge feststehender Begriffe aus den alten Sûtras ins Altgiechische. Alle Zeit- und Ortsangaben in den Evangelien geben entsprechende Zeit- und Ortsangaben aus dem Sanskrit-Original wieder.

Viele buddhistische Sûtras sind in verschiedenen Versionen oder Bearbeitungen überliefert. Das ermöglicht uns zu vergleichen, und dabei können wir erkennen, wie und wo Auslassungen oder Hinzufügungen erfolgt sind.

Der Haupteindruck ist, daß die Buddhisten seit alters her über eine große Anzahl „sprachlicher Bausteine" verfügen. Wenn man die alten Bausteine verwendet, kann man neue Gebäude errichten, in Anpassung an geänderte Zeiten und deren neue Anforderungen. Man kann den Anforderungen der Zeit und der Mode folgen und zugleich die alten Formen bewahren.

Dadurch erwies sich das Mahâyâna als sehr modern und fortschrittsfreundlich. Zu Beginn wandte sich Tathâgata an eine kleine Schar von Mönchen, und seine Botschaft war recht philosophisch. Beim Mahâyâna wechselt man einige Worte aus, fügt etwas hinzu usw., mit dem Ergebnis, daß sich Tathâgata nun mit einer recht unphilosophischen Botschaft an die ganze Welt wendet.

Man besteht aber trotzdem darauf, daß die neue Botschaft aus Tathâgatas Mund stamme.

Die vier „christlichen" Evangelien sind – stilistisch betrachtet – genaue Kopien der alten buddhistischen Sûtren. Theologische Handbücher behaupten gerne, daß die Evangelien ihrem Wesen nach „einzigartig" seien. Sie hätten nicht ihresgleichen in der alten griechischen oder jüdischen Literatur.

Das ist auf diese Kulturkreise bezogen zwar zutreffend, – aber man findet etwas ganz Ähnliches in Form der buddhistischen Sûtren.

Die Evangelien sind in jeder Hinsicht Nachahmungen der buddhistischen Sûtren.

Bisweilen ist die Nachahmung so getreu vollzogen, daß der griechische Text genau die gleiche Anzahl Silben und/oder Worte hat wie der ursprüngliche Sanskrittext!

Wir haben es also mit Kopien zu tun. Das Geheimnisvolle liegt indessen nicht in der Nachahmung, sondern in der Assimilierung, in der Maskierung/Verkleidung. Die christlichen Evangelisten tun so, als ob die Hauptpersonen jetzt Juden und Römer seien. Das war schlau ausgedacht!

So wahr, wie die vier Evangelien die wichtigsten Schriften des Christentums sind, und so wahr, wie das Lotus-Sûtra die wichtigste – aber nicht einzige – Quelle der Evangelien ist, – ebenso wahr ist es, daß das Lotus-Sûtra in gewisser Weise die wichtigste Schrift des Christentums ist.

Aber wie verhält es sich, wenn wir den Blick nach Osten wenden?

Es sollte uns eigentlich nicht überraschen: Wenn das Lotus-Sûtra in unserem eigenen Kulturkreis so einflußreich war, sollten wir dann nicht auch erwarten, daß ihm in Ostasien großer Erfolg beschieden war?

Auf dem Umschlag der englischen Übersetzung einer der chinesischen Übersetzungen des Lotus-Sûtra sind folgende Worte zu lesen:

> *„The Lotus of the Wonderful or Mystic Law is the most important religious book of the Far East, and has been described as „The Gospel of Half Asia". It is also the chief scripture of Buddhism in China, and therefore the chief source of consolation of the many millions of Buddhists in East Asia. It is justifiable to consider it as one of the greatest and most formative books of the world ..."*

Auf deutsch:

„Der Lotus des wunderbaren oder mystischen Ge-

> setzes ist das wichtigste religiöse Buch des Fernen Ostens und wurde als ‚Evangelium von halb Asien' bezeichnet. Es ist auch die wichtigste Schrift des Buddhismus in China, und daher für viele Millionen Buddhisten in Ostasien die Hauptquelle des Zuspruchs. Man kann es mit Fug und Recht als eines der größten und einflußreichsten Bücher der Welt betrachten ..."

In Japan kennt man das Saddharmapundarîka-Sûtra unter dem Namen *Myôhô-renge-kyô*. Bisweilen wird es mit der Kurzform des Titels *Hoke-kyô*, Lotus-Sûtra, angeführt.

Nichiren (1222–1282) hat eine Sekte gegründet, die seinen Namen führt. Nach vielen Jahren buddhistischer Studien gelangte Nichiren 1253 zu der Auffassung, daß Myôhô-renge-kyô das wichtigste aller buddhistischen Sûtren war. Seine neue Lehre lief ganz einfach darauf hinaus, daß man nur den Titel des Lotus-Sûtra anrufen sollte, um erlöst zu werden: *namu-myôhô-renge-kyô*. Das erste Wort *namu* ist eine Nachbildung des Sanskritwortes *namo*, „Huldigung/Ehrerbietung an".

Das Sanskritwort *namo* wird in Jesu Taufbefehl mit griechisch *onoma* wiedergegeben, – also *n-m*. Klang, Bedeutung und Verwendung sind gleich. Das Sanskritwort für „Name" ist *nâmâ*, für „Huldigung" ist es *namo* oder *namas*.

Das bedeutet wiederum, daß der Ausdruck *„im Namen des Vaters"* usw. auch als „Huldigung an den Vater" usw. gedeutet werden kann.

Für Nichiren, dessen Sekte Nichiren-shû noch immer viele Anhänger hat, bestand das Wesentliche des Buddhismus darin, den Namen des Lotus-Sûtra anzurufen. Und die Nichiren-Sekte erfreut sich auch heute noch des besten Wohlergehens.

Sucht man im Internet unter Nichiren, so konnte man im Februar 2003 nicht weniger als 17.188 Einträge bei der einen Suchmaschine (Altavista) und ca. 44.500 auf einer anderen (Google) finden!

Welche Ironie, daß diese gläubigen Menschen jahrhundertelang den gleichen Gott auf die gleiche Weise wie die Christen angerufen haben, und umgekehrt, – und offenbar ohne daß die eine Gruppe von der anderen gewußt hat!

Daß die Anrufung eines Namens eine erlösende Wirkung haben sollte, braucht uns also nicht zu verwundern.

Leider wissen wir noch nicht genau, wer das Saddharmapundarîka-Sûtra schrieb oder redigierte. Wir wissen auch nicht, wo und wann das Lotus-Sûtra entstand. Aber wir wissen nun, daß das Lotus-Sûtra das grundlegende Evangelium des Christentums ist.

König Asokas Verordnungen handeln vom Dharma und vom Sieg des Dharma – sanskrit *vijayas*, „Kampf", „Sieg". Das Wort *vijayas* gibt zu erkennen, daß es um eine Art Religionskrieg geht. Im Krieg muß man Kriegslisten anwenden. Es ist nichts daran auszusetzen, wenn man seinen Gegner hinters Licht führt, oder lügt und ihn betrügt.

Mit Hilfe dieser Taktik führte das Lotus-Sûtra das Dharma im Westen – zum *vijayas* – zum Sieg.

Anhang

A. Namen und Titel der Hauptpersonen

Ajâtasatrus. [Zahlenwert = 1514] König von Magadha, Beiname → ***Vaidehî-putras.*** Wird im N.T. in *Hêrôdianoi*, „die Herodianer", umgewandelt (Matthäus 22:16).

Âjîvakas. Name eines Asketen; der Name bedeutet übersetzt „der wieder zum Leben gekommen ist". *Âjîvakas* wandert aus Kusinagarî hinaus und trifft den Jünger → ***Mahâ-Kâsyapas*** mit 500 Brüdern auf dem Weg von Pâpâ nach Kusinagarî. Einer der Jünger bekundet seine Erleichterung, als er hört, daß Tathâgata tot sei. Diese Episode [Mahâparinirvâna-Sûtra 48] liegt der Wanderung von Kleopas und einem anderen Bruder nach Emmaus zugrunde (Lukas 24:13-35). Aus → ***Kâsyapas*** wird Kleopas.

Âmra und ***Âmrapâlir.*** Name der bekannten Hure (*ganikâ*) in Vaisâlî. Die Hauptquelle ist das Mahâparinirvâna-Sûtra 10. Lukas 10:38-42 baut hierauf auf. Matthäus 26:8 macht ein Wortspiel mit dem Namen: „Wozu ist diese *Apôleia* [= Vergeudung]". Auch das griechische Vaterunser enthält Worte hiervon (Matthäus 6:11-13).

Ânandas. Name von Tathâgatas Vetter und Lieblingsjünger. Er wurde zur gleichen Zeit geboren, als Bodhisattva durch die Taufe zum Buddha verwandelt wurde. Ganz Kapilavastu freute sich, und daher bekam er den Namen *Ânandas*, der „Freude" bedeutet. Er ist es, der Tathâgatas Sûtras „gehört" hat, die daher typischerweise damit eingeleitet werden, daß *Ânandas* sagt: „So habe ich gehört". – *Ânandas* gibt normalerweise dem Jünger Johannes seinen Namen [aber nicht immer, siehe unter → ***Sanjayin***; Nominativ ist *Sanjayî*] Auf diesen Johannes wird in Lukas 1:57-66 angespielt. Man beachte, daß der Text nicht das Wort „Täufer" verwendet! Wenn es heißt, daß sich die Nachbarn und Freunde freuten, ist dies ein Spiel mit dem Namen des *Ânandas*, „Freude". Daß Johannes der Sohn von *Zakha-rias* [deutsch: Zacharias] sei, bedeutet, daß *Ânandas* der Sohn eines der anderen Könige in Kapilavastu ist, sanskrit *Sâkya-râjas* (= *Zakha-rias*). Beim Evangelisten Johannes 21:15 wurde *Ânandas* zu „Simon, des Johannes' Sohn" verwandelt. Er ist es, der dreimal bestätigt, daß er den Herrn lieb hat – genau wie im Original. Den Ausdruck *„des Johannes Sohn"* kann man nur verstehen, wenn man weiß, daß *Ânandas* auch *Ânanda-bhadras* heißt. Eigentlich steht im griechischen Text kein Wort für „Sohn", es heißt nur „des Johannes", griechisch *Iôannou*, was der Sanskrit-Anredeform *Ânanda* entspricht (indem das *-s* wegfällt). Griechisch *Simôn* ist sanskrit *âyusmân*, „der Ehrwürdige". Griechisch *Petros* ist sanskrit *Bhadras* (*bh-d-r-s* = *p-t-r-s*). – Der „Knecht Johannes", der in der Einleitung der Offenbarung des Johannes das *„Wort Gottes bezeugt und das Zeugnis von Jesu Christi"* usw., ist ursprünglich Tathâgatas Diener *Ânandas*, der eben, wie schon gesagt, die darauffolgenden Buddhaworte bezeugt. – Der Petros, der seinen Herrn dreimal verleugnet (Matthäus 26:69-75) beruht wieder auf *Ânanda-bhadras*, der dreimal Tathâgatas Wink übersieht (Mahâparinirvâna-Sûtra 18:7). Hier wurde *Bhadras* also zu *Petros*. Man beachte, daß *Petros* in Matthäus 26:69-75 nicht *Simon Petros* heißt, sondern nur *Petros* (also *Bhadras*).

Ânandas und *Subhadras* sind die beiden Jünger, die mit Tathâgata zusammen sind, als er zwischen den zwei Sal-Bäumen ins *Parinirvâna* eingeht. Daher finden wir den geliebten Jünger auch bei Jesu „Kreuz" (Johannes 19:26).

In der Regel wird der geliebte *Ânandas* also in den geliebten Johannes verwandelt (*n-n-d-s* = *j-n-n-s*; sanskrit *j* wird fast wie unser *d* ausgesprochen, oder wie *j* im englischen *judge*).

Anya-tamas. Unbestimmtes Pronomen, „der eine oder andere, der andere von zweien, Partner"; wird in bezug auf verschiedene Jünger angewandt, u.a. den buddhistischen Mönch, der zusammen mit Mahâ-Kâsyapas „den Wiederauferstandenen", → ***Âjîvakas*** (siehe dort), trifft. Sanskrit *anya-tamas* ist zusammengesetzt aus *anyas*, „anderen [oder „zweite"][1], und dem Suffix *-tamas*, der *anyas* unbestimmt macht. Von *anya-tamas* stammt der Jünger „Thomas, auch Didymos genannt" (Johannes 20:24-29). Sanskrit *-tamas* wird ohne weiteres zu griechisch *Thômas*, deutsch „Thomas". Sanskrit *anyas*, „andere", wird zum Synonym *Didumos*, was eben „der andere von zweien, Zwilling" bedeutet. Die Wahl von *Di-dumos* ist hervorragend, denn *-dumos* ist auch ein Spiel mit *-tamas*, und *di-* hat die gleiche Bedeutung wie *anya-*.

Aniruddhas. Name eines bekannten Jüngers, der zum Jünger Andreas verwandelt wird. *Aniruddhas* hat den Zahlenwert 1 + 50 + 10 + 100 + 400 + 4 + 9 + 1 + 200 = 775, d.h. die Hälfte von *ho Khristos* = 1550. Vgl. den Zahlenwert der Namen anderer Jünger, Matthäus usw.

Arâdas und ***Ârâdas***. Name von Bodhisattvas Lehrer und auch einem sagenhaften König in Benares. Wird umgewandelt und assimiliert zu König Herodes, griechisch *Hêrôdês*. Als Bodhisattva

[1] *anya-tama* (Adj.) = „der eine oder der andere (von)"

geboren wird, ist *Ârâda-brahmadattas* König in der Stadt Srâvastî. Er und drei andere Könige bekommen einen Sohn, der gleichzeitig mit Sâkyamuni geboren wird. Daher wird König Herodes mit dem Mord an den Knaben in Verbindung gebracht (Matthäus 2:16).

Arhat, arhân. Titel eines Jüngers, der Tathâgata folgt und geistige Freiheit erlangt. Wird vor allem in bezug auf die ersten fünf Jünger verwendet. Sie sind „voller Würde [wörtlich: würdig] in der Welt", *loke 'rhantas.* Dieser Wortlaut klingt an, wenn die ersten Jünger Jesu „nämlich Fischer", griechisch *gar haleeis,* genannt werden (Matthäus 4:18). Ebenso, wenn sie „Menschenfischer", genannt werden, griechisch *haleeis antrôpôn* (Matthäus 4:19), wobei sanskrit *loke* „unter den Menschen" bedeutet. Das Wort *arhân* bedeutet „würdig" und wird in dieser Bedeutung mit griechisch *axios,* „würdig", übersetzt (Matthäus 3:8; 10:10; 10:11; 10:13; 10:37 usw). Wird auch mit „Salz der Erde", griechisch *to hala tês gês,* wiedergegeben (Matthäus 5:13).

Ârya-putras. Die Anredeform ist *ârya-putra,* „Sohn eines Edlen, edler Sohn". So redet die Dirne → ***Bhadrâ*** (siehe dort) in einem Park einen Verbrecher an, der sie kurz darauf ermordet, flüchtet und dadurch einer Kreuzigung entgeht. An seiner Stelle wird der unschuldige Gautama „gekreuzigt". Dieser *ârya-putras* wird zu *bar-abbas,* „Sohn des Abba", verwandelt, der freigelassen wird, wonach der unschuldige[2] Jesus hingerichtet wird.

Die Anrede der Dirne war also: *ârya-putra* = 993; der Zahlenwert von *Aphroditê* beträgt ebenfalls

$$1 + 500 + 100 + 70 + 4 + 10 + 300 + 8 = 993.$$

Âyusmân. Höfliche Anrede, wörtlich „der hat [*-mân*] Leben [*âyus-*], lebend". Wird meist mit Simôn (*s-m-n* = *s-m-n*) wiedergegeben. Wird auch mit *anthrôpos,* „Mensch", übersetzt, oder mit „lebend". Wenn Christus „des lebendigen Gottes Sohn" genannt wird (Matthäus 16:16), bezieht sich das sowohl auf *deva-putras* als auch auf *âyus-mân.* In Matthäus wird „dieser Betrüger" als „noch lebend" bezeichnet (Matthäus 27:63), griechisch *eti zôn.* Hier steht *eti zôn* für sanskrit *âyusmân.* Der Satz ist also witzig gemeint: „Der ehrwürdige Schlingel". Der Satz kann auch so übersetzt werden: „Der Betrüger sprach als ob er immer noch lebte!" Daß Jesus starb, war ja nur Theater.

Bhadrâ. Name der Dirne in der Legende über den unschuldigen

[2] Ein Opfer muß „unschuldig" und „rein" sein! Jesus ist „unschuldig", griechisch *athôos* [= 1080] (Matthäus 27:4). Aber auch „der heilige Geist", griechisch *to hagion pneuma,* entspricht einem Zahlenwert von 1080.

Gautama, der von Bharadvâjas hingerichtet wird. Sie trifft erst eine Vereinbarung mit *einem* Mann, „küßt" dann aber einen anderen für 500 „Silberlinge". Der erste Mann fühlt sich betrogen und ermordet darauf *Bhadrâ* [Zahlenwert = 108]. Das geschieht in Gautamas Garten. Hierauf bezieht sich das Neue Testament, als Jesus in Gautamas Garten, „Gethsemane" genannt, von einem Verräter geküßt wird (Matthäus 26:36-56 usw.), der 30 Silberlinge (Matthäus 27:3) empfängt usw. Der Zahlenwert 30 stammt von der Anzahl der Götter (MPS 51:24) und wird im Alten Testament oftmals erwähnt. *Bhadrâ* gab *Petro(s)* [„Petrus"] ihren Namen.

Bhagavat, Bhagavân. Der gebräuchlichste Titel des Tathâgata. Er bedeutet „der, der *bhaga* hat [*-vat, -vân*]", wobei *bhaga* Glück, Wohlstand, Beschützer, Sonne u.ä. bedeutet. Bezeichnet also einen göttlichen oder liebevollen Erlöser. Fast überall, wo die Evangelisten „der Jesus" – also mit drei Silben – schreiben, ist dies eine Wiedergabe von sanskrit *Bhaga-vân*.

Wird auch, vor allem am Anfang eines neuen Satzes, mit „sich umwendend, antwortend, lehrend" usw. übersetzt.

Bhallikas. Name des einen der beiden Kaufleute, die Tathâgata zuerst helfen. Siehe unter → ***Tripusas***.

Bhara-dvâjas. Name des Königs, der den Befehl gibt, daß Gautama an einem Baum aufgehängt werden soll. Tritt als „der Pilatus" auf, griechisch *ho Peilatos*, vier Silben (*bh-r-dh-s* = *p-l-t-s*).

Bhârgavas. Name eines bekannten Weisen, bei dem sich Bodhisattva aufhält. Wird nicht im Neuen Testament genannt, tritt aber unter dem Namen Balahvar oder Barlaam in der bekannten christlichen Legende über Barlaam und Josaphat auf.

Bimbasâras. Auch ***Bimbisâras*** geschrieben. Name des Königs von Magadha (= Magadan, Matthäus 15:39). Dieser König ist es, der „auf der Zinne des Palastes steht" und Jesus mit „allen Reichen der Welt" in Versuchung führt. Das griechische „Versucher", *ho peirazôn* (Matthäus 4:3), gibt *Bimbasâras* wieder. Das griechische *diabolos* (Matthäus 4:5) gibt gleichfalls *Bimbasâras* wieder. Das griechische *epi to pterugion tou hierou* (Matthäus 4:5) gibt wörtlich sanskrit *upari-prâsâda-tala-gatas* wieder, „hochgegangen auf das Dach des Palastes". Die gleiche Person versucht also die gleiche Person auf die gleiche Weise und am gleichen/selben Ort. Daher ist es sicher, daß *Bimbasâras* = *ho peirazôn* = *diabolos* ist,– jeweils vier Silben. Die Quelle für *upari-prâsâda-tala-gatas* ist das Catusparisat-Sûtra 27a 15 und 17. – *Bimbasâras* = 557 = griechisch *ho Nazarênos* = *kathêgêtês* (= Jesus).

Bodhisattva(s), sanskrit ***Bodhisattvas***. Titel des Tathâgata, bevor er Buddha wurde, d.h. bevor er die „Taufe", *baptisma*, empfing. Wird gerne mit *to paidion*, „das Kindlein" [im 2. Kap. des Matthäus „das Kind Jesus"], oder mit „der Täufer", *ho baptistês*, wiedergegeben, wobei *to ... on* und *ho ... -tês* sanskrit *-sa(t)tvas* wiedergibt, und *paidi* und *bapti(s)* auf *bodhi(s)* Bezug nimmt. Die ursprüngliche Schreibweise in Sanskrit war *Bodhi-satvas* = 1188.

Bodhisat(t)vo bhagavân. So wird unser Held stets im Nominativ bezeichnet, *bevor* er zum *Buddhas, Sambuddhas, Tathâgatas* [die hier groß geschriebenen Eigennamen werden auf sanskrit stets klein geschrieben] wurde. Siehe z.B. Samghabhedavastu I, S. 45. Wird schön mit *Iôannês ho baptistês* wiedergegeben (Matthäus 3:1 usw.). Sieben Silben wie im Original. Griechisch *ho baptistês* ist, wie immer, *bodhisat(t)vas*. Griechisch *Iôannês* ist *bhagavân*, ein Synonym.

Brahmâ, Brahman. „Vater“ der Götter usw. Wird oft zusammen mit dem Gott Sakras genannt. Kommt vom Himmel nieder, um Bhagavat zur Verkündung des Dharma auszusenden. Wird meist zu Abraham assimiliert (*b-r-h-m* = *b-r-h-m*), der zusammen mit Isaak [*Sakras*] genannt wird. Jesus = Bhagavat ist daher Abrahams Sohn. Es ist *Brahmas* Stimme aus dem Himmel, die man in Matthäus 3:16-17 und 17:5 hört. Siehe auch → ***Brâhmanas.***

Brâhmanas. In bezug auf einen Priester, abgeleitet von *Brahmâ* oder *Brahman*, „Sohn oder Kind von *Brahmâ* oder *Brahman*“. Wird regelmäßig als Ehrenbezeichnung für Tathâgata gebraucht, „den *wahren/echten* Priester“. Wird auf verschiedene Weise wiedergegeben: als 1. Abrahams Kinder, 2. klug, griechisch *phronimos*, 3. Bräutigam, griechisch *ho numphios* (Matthäus 9:15), wo also der Ausdruck „die Söhne des Bräutigams“, griechisch *hoi huioi tou numphônos*, ein Synonym für „Abrahams Söhne“ darstellt.

Buddha(s), sanskrit ***Buddhas.*** Auf Münzen und bei Inschriften wird der Name auch ***Bodo, Boddo, Budhas, Butto*** geschrieben. Die Sanskritform *buddhas* ist wahrscheinlich recht späten Datums. Wird gerne mit dem griechischen Synonym *egertheis*, „erwacht“ [oder: „erweckt“] übersetzt. Wird nicht nur in bezug auf Jesus verwendet, sondern auch in bezug auf viele andere, die erweckt wurden. Im Mahâyâna glaubt man nämlich, daß alle lebenden Wesen zum Buddha werden können. – Überall wo Josef [griechisch *Iôsêph*] mit dem griechischen Zusatz *de* oder *tô* genannt wird, handelt es sich um eine lautgemäße und bedeutungsgleiche Wiedergabe von *Buddhas*. Der Grund ist, daß Buddha der Vater von Bodhisattva, „dem Kindlein“, ist. – Zahlenwert von *buthas* = 612 = die Hälfte von 1224. Vgl. den Zahlenwert von Aniruddhas, der die Hälfte des Zahlenwertes von *ho Khristos* ist.

Buddhas tathâgatas. Verbreiteter Ausdruck. Schönes Wortspiel in Matthäus 2:2: *pou estin ho tekhtheis*. Gleichartige Beispiele sind *bodhisat(t)vo bhagavân* usw. Dem *pou esti-* liegt *buddhas* zugrunde. Dem *-n ho tekhtheis* liegt *tathâgatas* zugrunde (*n* ist ein Dental mit dem Konsonantenwert eines *t*).

Chandakas. Name von Bodhisattvas Wagenlenker, → ***Kanthakas.***

Cundas. Name der Person, bei der Tathâgata seine letzte Mahlzeit einnimmt, das Abendmahl. Hier treffen wir auch den „Verräter", einen diebischen Mönch. *Cundas* verleiht dem „Dieb" *I(o)udas* seinen Namen. In Matthäus 26:18 wird *Cundam* (Akkusativ) als *„ton deina"* bezeichnet, etwa „zu diesem da", d.h. *deina* gibt *Cundam* wieder. In Markus 14:13 wird er als ein Mensch [*anthrôpos*] beschrieben, der einen Krug [*keramion*] mit Wasser trägt.

Das versteht man erst, wenn man weiß, daß *Cundas* ein *karmâra-putras* war, ein „Sohn [*putras*] eines Schmiedes [*karmâra*]". Sanskrit *putras* wurde also zu *-thrôpos*, und *karmâram* (Akkusativ) wurde zu *keramion*. Dies ist eines der seltenen Beispiele, in denen Markus gegenüber dem Original „Selbständigkeit" ausweist.

Markus wird von Lukas 22:10 nachgeahmt. Die Quelle ist das Mahâparinirvâna-Sûtra (MPS) 26:29. Die amüsante Zeitangabe in der Einleitung von Matthäus 26:17, *tê de prôtê tôn azumôn*, „am ersten Tag des Festes der Ungesäuerten Brote", gibt teilweise die einleitende Zeitangabe des Sanskrit-Originals wieder: *tena khalu samayena* (MPS 26:7). Lukas 22:7 kommt mit *ê hêmera tôn azumôn* dem Wortlaut näher. Sanskrit *samayam* wird also prächtig, jedoch sehr verwirrend mit griechisch *azumôn* [„der süßen Brote"] wiedergegeben. Die Bedeutung von sanskrit *samaya-* wird von Lukas mit *hêmera* [„Tag, Gelegenheit"] richtig übersetzt.

Deva-dattas. Name von Tathâgatas Vetter. Zusammen mit vier anderen beschließt er, eine Spaltung der buddhistischen Kirche, sanskrit *cakra-bhedas*, hervorzurufen (Samghabhedavastu (SBV) II, S. 79). Aber *Devadattas* verliert seine Macht und erleidet einen Fehlschlag. In der Apostelgeschichte 5:36 lautet das folgendermaßen:

„Vor diesen Tagen stand auf Theudas und gab vor, er wäre etwas, und hingen an ihm eine Zahl Männer, bei vierhundert; der ist erschlagen, und alle, die ihm zufielen, sind zerstreut und zunichte geworden."

Deva-dattas wird also zu *Theu-das*, und seine vier Anhänger werden auf etwa vierhundert Mann erhöht. Das griechische *nomodidaskalos timios* (Apostelgeschichte 5:34) gibt sanskrit *dharmavâdî vinayavâdî* wieder, 9 Silben (SBV II, S. 81). Siehe auch → ***Cundas***, von welchem *Theu-das* wie dessen Echo klingt.

Deva-putras. Bedeutet „Gottessohn". Sehr verbreitete Anrede für Gottessöhne, Könige, Halbgötter und andere „vornehme" Leute oder Prominente. Wird auf Jesus übertragen, teils als „Gottessohn", teils als König *Davi(d)s* Sohn. Könige werden oftmals einfach als *deva*, „Gott", angeredet.

Devas. Bedeutet „Gott"; geht als erstes Glied in Bezeichnungen wie *deva-putras* usw. ein. Genitiv Plural ist *devânâm* und ist in den

„Himmeln“ zu finden, griechisch *tôn ouranôn* (wobei *ouranôn* zugleich *nirvânam* wiedergibt).

Devendras. Beiname von → ***Sakras*** = → ***Indras*** (siehe dort). *Devendras* = 769 = $\sqrt{2}$ x $\sqrt{3}$ x π x 100 = *Puthios* [= *Apollôn*].

Dhûmrasa-gotras. Familienname, wobei *-gotras* die Abstammung, das Geschlecht, angibt. So wird der Mann aus ***Dhûmrasa*** bezeichnet, der sich der Reliquien Tathâgatas annimmt. Wird zu dem Mann aus Arimathaia(s) verwandelt, der sich in Matthäus 27:57 usw. der Leiche Jesu annimmt. *Arimathaia(s)* liegt also *Dhumrasa-* (*d-m-r-s* = *r-m-th-s*) zugrunde. Sanskrit *-gotras* wird ganz richtig zu „aus“.

Gandharvas. Entspricht dem griechischen *Kentauros*, „Kentaur“, der auf sanskrit auch als *kin-naras* [= 432 = 4 x 108] wiedergegeben wird. Jesus erlöst – ebenso wie Tathâgata – auch derartige Fabeltiere.

Garudas. Name eines mythischen, schlangenfressenden Vogels, „Greif“. Wird im Hebräerbrief 9:5 als Cherubim genannt.

Gautama(s). Name der Vorfahren von *Gautamas Sâkyamunis*. Der erste Gautama hielt sich in einem Park auf, hieraus wurde Jesus in Gethsemane. Dort wurden sowohl Gautama als auch Jesus ergriffen, vor den König [Bharadvâjas = *ho Peilatos*] geführt und an einem Pfahl [*sûlam* = *xulon*] aufgehängt. Als Gautama dort hing, vergoß er zwei Tropfen Samen mit Blut. Der Wortklang[3] wird in Lukas 22:44 nachgeahmt, und die zwei Tropfen Samen mit Blut werden in Markus 15:21 zu zwei Knaben: Alexander und Rufus. Aus den Samentropfen entwickeln sich zwei Eierschalen, aus denen zwei Knaben entstehen. Das Sanskritwort für „Eierschale“ bedeutet auch „Schädel“ [oder besser: „Schädeldecke“]. Daher wird die Stelle, an der Gautama hängt, wie bei den Evangelisten, „Schädelstätte“ genannt. Jetzt verstehen wir die Aussage in Matthäus 27:33: „[So kamen sie an den Ort, der Golgata genannt wird,] *das ist Schädelstelle*.“

Gautama verscheidet. Die Knaben wachsen auf und werden zum „Iksvâku-König, Iksvâku-König“ [im Sankrit-Original doppelt, da beide König werden] ausgerufen. Dies wird bei den Evangelisten zu „König der Juden“ (Matthäus 27:29 u. 27:37) und „König von Israel“ (Matthäus 27:42) assimiliert [da zwei Könige im Original vorgegeben sind, erfolgen auch zwei Assimilationen im N.T.].

Als Sâkyamuni stirbt, geschieht dies zwischen zwei Jüngern und zwei Sal-Bäumen. Jesus stirbt zwischen zwei Räubern, es sind dort

---

[3] Sanskrit: *dvau sukrabindû sarudhire nipatitau* (SBV I, 25); griechisch: *thromboi haimatos katabainontes epi tên gên* (Lukas 22:44); deutsch: „zwei Samentropfen blutige niederfielen“.

zwei Pfähle [„Kreuz"] und Schädel. In Matthäus 27:39 schütteln die vorübergehenden Leute ihre „Köpfe". Aus sanskrit *kapâlâni* [„Schädel"] wurde griechisch *kephalas* [„Köpfe"].

Iksvâkus. Name der Dynastie, die Gautama begründet. Wird zu „der Juden" und „Israels" assimiliert (Matthäus 27:29; 27:37 u. 27:42). Der Name bezeichnet den Stammvater einer ganzen Dynastie und eines ganzen Volkes. Die Buddhisten haben dies wahrscheinlich selbst von anderen übernommen, ebenso wie es auch Matthäus auf den König der Juden und den König Israels überträgt.

Indras. Indischer Gott, der von Brahma ausgesandt wird und Mâyâ hilft, als sie gebären soll. Wird gerne als Sakras (was auch zu Isaak assimiliert wird) und „Götterführer", *devendras*, bezeichnet. Ist identisch mit dem „Engel des Herrn", griechisch *aggelos kuriou*, der in der gleichen Funktion in Matthäus 1:20 usw. genannt wird. Das griechische *aggelos **kuriou*** übersetzt also ***Sakro** devendras* (*s-k-r* findet man in *s-k-r*) [siehe unter → ***Îsvaras***]. Griechisch *aggelos*, unser „Engel", ist eine genaue sinngemäße Wiedergabe von *devendras*, „Götterführer, Sendbote der Götter". – In Matthäus 28:2 steht „der Engel des Herrn" für Bodhisattva.

Îsvaras. „Der Herr". Gibt gewöhnlich griechisch *kurios* wieder (das aber auch für *Sakra-* steht).

Jina-putras. Bedeutet „Sohn [putras] des Jina [„Sieger"]". Im Mahâyâna übliche Bezeichnung für einen Bodhisattva oder Mahâsattva(s), einen Buddhasohn. *Jinas* ist *Tathâgatas*, der Vater von Jina-putras.

Jinas. „Sieger", üblicher Beiname des Tathâgata. Wird von Matthäus zum Propheten Jonas assimiliert.

Kananaios. Der Jünger Simon „Kananäus" (Matthäus 10:4). Gibt *Kâtyâyanas* [Name eines bekannten Jüngers] wieder [vgl. Seite 241 unter → ***Krsna-dvaipâyanas***].

Kanthakas. Name von Bodhisattvas „Pferdekönig". Siehe auch ***Chandakas***, sein Wagenlenker. Wird in der Apostelgeschichte 8:27 zur „Königin *Kandakê(s)* in Mohrenland" umgewandelt.[4]

Kapilas. Name des legendären Weisen, nach dem die Stadt *Kapila-vastu*, aus der Sâkyamuni stammt, ihren Namen hat. Sein Name tritt in verschiedenen Zusammenhängen auf. Üblich ist die Form *Kapilarsi*, „Kapila-Weiser", was in Lukas 1:19 und 1:26 sehr schön zum Engel *Gabriêl* umgewandelt wird, wobei *k-p-l* = *g-b-l* ist. Das kleine *-el* am Ende des Namens hat die gleiche Bedeutung wie *-rsi* am Ende eines Sanskritnamens. Ferner geht sein Name als

---

[4] In den neuen Bibelausgaben kommt die Königin Kandake nicht mehr vom Mohrenland, sondern aus Äthiopien.

vorderer Bestandteil in den Namen der Stadt *Kaphar-na(o)um* ein (*k-p-l* = *k-ph-r*). *Kaphar-na(o)um* wird natürlich nirgendwo im Alten Testament [nur im N.T.] genannt, und sowohl die Bedeutung als auch die Lage von *Kaphar-na(o)um* sind natürlich umstritten. Es ist die Stadt des *Kapilas*.

Die Namenszahl von *Kapilas* = 342. Schon zuvor – am Anfang – gab es *Pallas* = 342, nämlich *Pallas Athênê*. Dies bedeutet letztendlich, daß Jesus ebenso wie Buddha (Zeus) aus Athen stammt.

Kâpilavâstavas. Abgeleitet von → ***Kapilavastu***; Bezeichnung für die Einwohner von Kapilavastu. Wird in den Evangelien meist zu „und die Ältesten", *kai hoi presbuteroi*, in der Einzahl *presbuteros* (*k-p-l-v-s-t-v-s* = *k-p-r-s-b-t-r-s*). Zusammen mit den Ratgebern haben sie die Hauptverantwortung für die Hinrichtung von „Jesus".

Kapilavastu. Die Stadt wird auch als *Kapila-nagaram*, Stadt des Kapilas [*nagaram*] bezeichnet. Lukas 1:26 enthält mehrere Wortspiele: *polin-Galilaias* [= *kapila*], *Nazareth* [= *nagaram*] usw. Es war ursprünglich Athen, denn → ***Kapilas*** = *Pallas* = 342.

Karnas. Name eines Königs, Vater des *Bharadvâjas* und des *Gautamas*. Das Wort bedeutet „Ohr". Tritt in Johannes 18:10 in Verbindung mit dem Sklaven *Malkhos* auf, dem das rechte *Ohr* abgehauen wird. Dem ungewöhnlichen Namen *Malkhos* liegt sanskrit *Mrnâlas* zugrunde, der Name des Mörders, der zu *Barabbas* wird.

Kâsyapas. Name des Tathâgata, der vor Sâkyamuni erschien. Auch Name von mehreren persönlichen Jüngern des Sâkyamuni, vor allem *Mahâ-Kâsyapas*, „Kâsyapas der Große". Bei den Evangelisten tritt er als *Kle-o-pas* auf (Lukas 24:18); auch als *Klôpas* (Johannes 19:25) sowie in der lateinischen Form *Cleophas*. In Matthäus 27:56 ist er sowohl *Iakôbos* als auch „und Josef", griechisch *kai Iôsêph*. In Matthäus 26:57 ist er *Kaïaphas*. *Kâsyapas der Große* war nämlich der Führer einer großen Schar, daher ist er „Hohepriester". *Mahâ-Kâsyapas* war außerdem „Zopfasket", sanskrit *jatilas*. Daher heißt es in Matthäus 10:3 „der Zöllner, Jakob", griechisch *ho telônês Iakôbos*. Es gibt also zwei mögliche Übersetzungen!

Kâtyâyanas. Name eines bekannten Jüngers; wird zu *Kananaios* (nur Matthäus 10:4 und Markus 3:18).

Kinnaras, ***Kinnarî***. Ebenso wie *gan-dhar-vas* indische Wiedergabe des griechischen Fabeltieres „Kentaur", griechisch *kén-tau-ros*. Die weibliche Form von *kin-na-ras* ist *kin-na-rî*, eine „Kentaur-Frau".

Krsna-dvaipâyanas. Lehrer des Gautama. Wird perfekt zu „ein Mann aus Kyrene" umgewandelt, griechisch *anthrôpon Kurênaion* (Matthäus 27:32). Die Form *Kurênaios* (Nominativ) wird also aus *Krsna* und Suffix *-ayanas*, „der von ... stammt" gebildet =

Krsnâyanas. In gleicher Weise wird *Khristianos* von *Khristos* abgeleitet, ursprünglich *ksatriyânas* von *ksatriyas*. Siehe auch → ***Kananaios***, das *Kâtyâyanas* wiedergibt. Ebenso *Maudgalyâyanas*. Den zweiten Teil, *dvaipâyanas*, findet man in *anthrôpon* wieder. Kann als „zwei Knaben habend" gedeutet werden. Daher heißt es in Markus 15:21, daß er Vater zweier Knaben – Alexander und Rufus – sei. Die Sanskritquelle ist Samghabhedavastu, I, S. 22 u. 25.

Ksatriyas. Titel mit der Bedeutung: Adliger, Herrscher, Reichsmann, ebenso wie *Khristos* und *ho Khristos*. Es geht darum, daß man in seinem „Land", *ksetre*, geboren wird, d.h. in Christus geboren wird, griechisch *Khristô*.

Die Wortzahl des sanskritischen *Ksatriyas* = 682; – das ist ganz natürlich, denn griechisch *ho Zeus* = 682.

Ksatriyasya. Genitivform von sanskrit *ksatriyas*. Wird in Matthäus 1:1 mit *Iêsou Khristou* wiedergegeben (*k-s-t-r-y-s = s-kh-r-i-s-t*). Die einleitenden Worte in Matthäus entsprechen auf sanskrit: *vamsas kulasya ksatriyasya deva-putra-Brahmaputrasya*. Man vergleiche mit der Genitivform von Tathâgata, nämlich ***tathâgatasya*** = ***tês diathêkês*** (Matthäus 26:28).

Kuberas. Indischer Gott. Wird sowohl zu *Iakôbos* (Jakob) verwandelt, als auch in der christlichen Legende zu *Gaspar* (Kaspar), einer der „Heiligen drei Könige".

Kumâras. Bedeutet „Kronprinz". Als Bodhisattva noch ein kleiner *kumâras* war, war er so stark, daß er eine überaus schwere Goldschale mit dem gekrümmten Zeigefinger ziehen konnte. Der christlichen Legende zufolge hatte gerade der Evangelist Markus einen krummen Zeigefinger, – hierfür gibt es sonst keine Erklärung. Der Evangelist Markus, griechisch *Markos*, hat seinen Namen nach *Kumâras* erhalten (*k-m-r-s = m-r-k-s*).

Kumâras wird auch von Jinas verwendet, wenn er sich an seine Söhne, Putras usw., wendet. Ein Bodhisattva ist ja auch ein Kronprinz, denn er soll König über das Dharma-Reich werden. Daher werden die acht Seligpreisungen (Matthäus 5:3-10) gerade mit dem Titel *makarios*, Plural *makarioi*, eingeleitet. Das Wort bedeutet also nicht nur „selig", sondern auch „Kronprinz".

Jetzt erst wird verständlich, warum die Jünger die Erde, das Himmelreich usw. erben sollen. Die Jünger sind ja Kronprinzen, die einmal Könige werden sollen. Auf die gleiche Weise redet Jinas seinen Sohn, „Jinas Sohn" in Matthäus 16:17 mit den Worten an: *„Makarios bist du"*. Jetzt versteht man [*„Makarios"* ist das Schlüsselwort], daß er, „Jinas Sohn", die Schlüssel zum Himmelreich übertragen bekommt.

Gibt auch griechisch *ho mikros*, „den Kleinen", bezüglich Jesu Jünger wieder (*k-m-r-s = m-k-r-s*). Sanskrit *kumâras* [deutsch: „Kronprinz"] wird also sowohl mit *markos*, *makarios* als auch mit *(ho) mikros* wiedergegeben.

Kûrmas. Schildkröte; kommt, in ein Kamel verwandelt, griechisch *kamêlos*, in dem bekannten Gleichnis mit dem Nadelöhr vor (Matthäus 19:24); gleichfalls in Markus 10:25 und Lukas 18:25.

Kusinagarî. Name einer Stadt, siehe unter → ***Mallas***.

Licchavis. Name des Volkes, das zusammen mit Âmra in der Stadt Vaisâlî wohnt. Wird zu *Lazaros*, Bruder der Maria, die ihrerseits „Schwester" der Martha ist, d.h. ihr eigener Doppelgänger.

Maitreyas. Name des Tathâgata, *der kommen wird*. Wird in Johannes 1:41 und 4:25 assimiliert zu dem Messias, *der kommt* oder *„kommen wird"*. Der Name ist verwandt mit Mithras, der in der griechischen Schreibweise *Meithras* den Zahlenwert 40 + 5 + 10 + 9 + 100 + 1 + 200 = 365 hat, d.h. den gleichen Zahlenwert wie der Nil, griechisch *Neilos* = 50 + 5 + 10 + 30 + 70 + 200 = 365. Ist Symbol für den Jahreszyklus. In Sanskrit beträgt *Indras* = 365 = *Bârânasî* [deutsch: Benares].

Mahâ-devas. „Groß-Gott". Wird – zusammen mit mehreren anderen Namen – zu *Mat(h)-thaios*. Mindestens vier verschiedene Personen dieses Namens spielen in der Geschichte des Buddhismus eine große Rolle.

[Siehe É. LAMOTTE, History of Indian Buddhism, Louvain-la-Neuve, 1988, S. 767 für weitere Hinweise.]

Mahâ-Kâsyapas. Jünger mit 500 Brüdern, siehe → ***Âjîvakas***.

Mahâ-Kâtyâyanas. Name eines der vier „ältesten" [ehrwürdigsten] Jünger. Die drei anderen heißen *Kâsyapas, Subhûtis* und *Mahâ-Maudgalyâyanas*. *Kâtyâyanas* wird zu griechisch *Kananaios* verwandelt (Matthäus 10:4 und Markus 3:18).

Mahâ-Maudgalyâyanas. Name eines der „ältesten" [des Ehrwürdigsten] der Jünger. Wird sowohl zu dem sogenannten Matthäus beim Zollhaus als auch zu Maria Magdalena am Grabe verwandelt.

Mahâ-sattvas. Feststehender Titel eines *Bodhi-sattvas*. Wird zu „größer ist", *houtos megas, hoi mathêtheis* usw. *mou satana*. Die schwierige Form *mathêteutheis* in Matthäus 13:52 gibt *mahâ-sattvas* wieder.

Mahesâkhyas. Ehrentitel mehrerer Personen in der Stadt Kapilavastu. Wörtlich: „der genannt wird [*âkhyas*] Groß-Gott [*mahâ* + *îsas*]. Die Formulierung „der Matthäus genannt wird" (Matthäus 9:9) spielt auch hierauf an. Hier wird *Mat(h)-thaios* also als „Groß-Gott" aufgefaßt. Siehe auch → ***Maudgalyâyanas*** und → ***Mahâ-devas***, – zwei andere Namen, auf die Matthäus und der, „der Matthäus genannt wird", zurückgehen. Der Name Matthäus kann auch als „von Gott gegeben" gedeutet werden und gibt damit den bekannten Namen *Deva-dattas* wieder.

Mallas. Name der Einwohner der Stadt Kusinagarî. Nehmen sich der Leiche Tathâgatas an. Männer und Frauen werden als *Mallikâs ca Mallakumârikâs ca* bezeichnet (Mahâparinirvâna-Sûtra 47). Sie finden sich zusammen mit Kâsyapas an Tathâgatas Sarkophag ein. Die vielen Namen in Matthäus 27:61 usw. nehmen hierauf Bezug.

Mândhâtâ. Name eines berühmten Sagenkönigs, der Essen und Kleider vom Himmel regnen ließ. Wird zu dem merkwürdigen *Mamôna(s)* [deutsch: „Mammon"] verwandelt (Matthäus 6:24). Der Gott, von dem die Rede ist, ist Indras.

[Die ganze Legende findet man referiert bei PANGLUNG, 1981, S. 35-36. Auch die Vögel, die Arbeit usw.]

Mâyâ. Name der Mutter des Bodhisattva. Wird auch Prajnâ genannt. Wird vor allem zu Maria verwandelt und zu griechisch *prin ê*, „noch bevor, ehe [Josef sie heiratete]" (Matthäus 1:18). – Dem Namen *Maria(m)* liegen aber auch viele andere Namen zugrunde.

Mrgajâ. Name der jungen Frau, die Bodhisattva in einem Gesang lobpreist, in dem die Mutter glücklich gepriesen wird (Samghabhedavastu, I, S. 78). Wird zu Marias Loblied (Lukas 1:46-55). In der späteren christlichen Legende wird *Mrgajâ* zu *Martilla* verwandelt [JACOBUS DE VORAGINE]. Sanskrit *sukhitâ bata sâ* wird zu *eulogêmenê su* usw. (Lukas 1:42). Sogar die Versform wird von Lukas nachgeahmt. [Siehe RICHARD BENZ, *Die Legenda aurea des Jacobus de Voragine*, Heidelberg 1975, S. 472; siehe auch Lukas 11-27.]

Muci-lindas. Name eines Schlangenkönigs und eines Berges. Dies erklärt, warum gerade Mose(s) [*Mucis*] und Elia(s) [*Lindas*] Jesus auf dem Berg treffen (Matthäus 17:3). In der späteren Legende wird der Schlangenkönig zu Michael *und* dem Drachen! Hinter all diesem verbirgt sich der Mythos von *Apollôn* und dem Drachen *Python*[5].

Munis. Name Tathâgatas, bildet Bestandteil von *Sâkya-munis*, dem „Sâkya-Weisen", und ähnlichen Namensformen. Wird von den Evangelisten auf verschiedene Weisen wiedergegeben. Bisweilen heißt es von Jesus, daß er „einzig" sei, griechisch *monos* (*m-n-s*). Er wird auch Gottes „Lamm" genannt, griechisch *amnos* (*m-n-s* = *m-n-s*). Die Buddhisten selbst verwenden *Munis* mit einem Wortspiel mit *manus*, Manus, „Mensch" und *manis*, „Juwel".

Nâga-râjas. Titel des Schlangenkönigs → ***Muci-lindas***, siehe dort.

Nâladas. Name eines Propheten, der in Matthäus 24:15 als Prophet *Daniêl* erwähnt wird. Bisweilen wird der Name ***Nâladarsi***

---

[5] *Python* ist in der griechischen Sage ein Drache [Sohn der Erdmutter *Gäa*], der von *Apollôn* getötet wird.

geschrieben. Genau wie bei *Kapila(s)* und *Kapilarsi*.

Nâthas. „Führer". Wird oft mit *kurios*, „Herr", wiedergegeben. *Nâthas* = 261 war ursprünglich *Alkis* = 261, einer der vielen Namen der Athene.

Pippalas. Ein anderer Name für einen Jünger. Bedeutet „Feigenbaum". Wird zum Jünger/Apostel *Philippos* verwandelt.

Prâtimoksas. Bezeichnung für die Regelsammlung, die für die Mönche befreiend und richtungsweisend wirkt, wenn Tathâgata weggegangen ist (Mahâparinirvâna-Sûtra 41:2). Wird im Evangelium des Johannes (Johannes 14:16, 14:26, 15:26 und 16:17) zu *Paraklêtos*, „Advokat", der Stellvertreter werden soll, wenn Jesus weggegangen ist. Die Präpositionen *peri* und *pros* bei Johannes beziehen sich auf *prâti-*. Johannes hat also das Sanskritwort, dessen Etymologie umstritten ist, auf ganz sinnreiche Weise gedeutet, die sein Feingefühl für die Nuancen des Sanskrit veranschaulicht.

Pratyekabuddhas. Die Bedeutung ist: „Buddha für sich allein". Wird zu griechisch *pas grammateus*, „jeder Schriftgelehrte" (Matthäus 13:52).

Pundarîka. Weißer Lotus; Zahlenwert in Sanskrit-Buchstaben = 666. Daraus werden unzählige Wortspiele abgeleitet, z.B. in Matthäus 13:24: *anthrôpô speiranti kalon*, „Mensch [der] guten [Samen] säte" usw.

Purusas. Bedeutet „Mensch". Wird schön mit griechisch *plousios*, „reicher (Mann)" wiedergegeben.

Râjâ. Das gebräuchlichste Sanskritwort für „König". Am Ende einer Zusammensetzung *-râjas* geschrieben. Wird zu *Iaïros/Jaïros* (Markus 5:22 und Lukas 8:41). Als zweites Glied in den Zusammensetzungen *Zakha-rias, Nazô-raios* (Matthäus 2:23 usw.).

Revatas. Name eines bekannten Jüngers. Wird zu *Leuitês* [„Levit"] verwandelt (Lukas 10:32 und Johannes 1:19).

Sabhâ-patis. Fester Beiname *Brahmâs*, „Herr der Versammlung". Tritt unter dem Namen *Zebe-daios* auf (Matthäus 4:21 usw.), wobei *pati* und *devas* [= *deus* und *theos*] Synonyme sind. [Eigentlich Zeus, wobei Buddha sein Sohn Apollon ist.]

Sadâparibhûtas. Tritt als *Stephanos* in der Apostelgeschichte auf. Wichtige Person im Mahâyâna.

Saddharmapundarîka-Sûtra (SDP). Es gibt viele Übersetzungsmöglichkeiten, z.B.: Das Sûtra über „den Lotus"; der Mensch, der das gute Gesetz ist; oder das Sûtra, welches ein Lotus ist, (von welchem) das gute Gesetz (kommt) usw. Schönes Wortspiel in Lukas 6:45: *ho agathos anthrôpos ek tou agathou thêsaurou tês kardias* [„ein guter Mensch bringt Gutes hervor aus dem guten Schatz seines Herzens"]. Zahlenwert = 2059 [siehe Seite 216].

Sakras. = Ein Name von → ***Indras***. Vor allem in dem Ausdruck *Sakro devendras*, der zu *aggelos kuriou*, „Engel des Herrn" wird.

„Der Engel des Herrn" ist normalerweise Hermes.

Sâkya-munis. Titel des *Bodhisattvas* und späteren *Tathâgatas*, der Sohn des Königs Suddhodanas in der Stadt Kapilavastu war. Wortspiel mit der Akkusativform in Matthäus 21:19, *sukên mian ... monon.* Der Zahlenwert ist 932, der gleiche wie von griechisch *to haima mou,* „mein Blut" (Matthäus 26:28). Es handelte sich ursprünglich um *Hermês,* den Sohn von *Maia.* Griechisch *Maias huios* = 932.

Sâkya-râjas. Der König [*-râjas*] des Sâkya-Volkes bzw. Stammes in der Stadt Kapilavastu. Wird zu *Zakha-rias* assimiliert (*j* = *i*).

Sambuddhas. Hat die gleiche Bedeutung wie die Kurzform *buddhas.* Ahmt wahrscheinlich griechisch *spoudaios* nach, eine übliche Bezeichnung für einen hellenistischen Philosophen. Der Zahlenwert beträgt 853; er ergibt sich aus *Hermês* = 353 plus 500.

Sanjayin. [Nominativ ist *Sanjayî.*] Name eines Lehrers von Tathâgatas ersten beiden Schülern in der Stadt Râjagrha. Sie verlassen *Sanjayin,* nachdem er gestorben ist, und folgen Tathâgata. Wird sehr schön zu dem Johannes assimiliert, der in Johannes 1:35-37 von seinen beiden Jüngern verlassen wird, die dann Jesus folgen. Hier wurde *Sanjayin* also zu *Iôannês* (*s-n-j-n* = *j-n-n-s*).

Sâri-putras. Tathâgatas „erster" Jünger. Tritt im Neuen Testament in zahlreichen Verbindungen auf: als *Petros,* → ***Jinaputras*** [*bar-Jôna*], *Kêphas,* „Du bist" usw; – genug für eine ganze Monographie. Tathâgata verspricht im Lotus-Sûtra, daß er „als Papst" unter dem Namen *Padmaprabha(s)* wiedergeboren wird. So stammt der Ausdruck „Papst" in Wirklichkeit nicht von „Papa", sondern von *Padma.*

Sramanas. Eine der vielen Bezeichnungen für Tathâgata, „Wanderasket". Als solcher ist er im Besitz großer Weisheit. Hierauf wird angespielt, wenn von „Salomos Weisheit" die Rede ist (Matthäus 12:42). Die griechische Form ist *Solomônos,* also sanskrit *Sramanas.* Wie immer wird *prajnâ* mit *sophia* wiedergegeben (was seinerseits von der Form her auf sanskrit *upâyas* anspielt, das immer *prajnâ* begleitet).

Sthaviras. Wird in bezug auf Tathâgatas „alte" Jünger verwendet. Die vier „großen Alten", *mahâ-sthavirâs,* werden im Mahâparinirvâna-Sûtra 49:16 und im Lotus-Sûtra 4 genannt. Wird bisweilen mit griechisch *presbuteros,* „Alten, Ältesten", wiedergegeben. Hiervon abgeleitet unser „Priester". – Im Samghabhedavastu werden oft Äußerungen zitiert: „von den Alten wurde gesagt", sanskrit *sthavirais.* Daraus wird in Matthäus 5:21 u. 33: „von den Alten [*arkhaiois*] wurde gesagt". Wird oft falsch übersetzt mit „*über* die Alten" bzw. „*zu* den Alten". Aber die griechische Form *arkhaiois* ist eine Nachahmung von sanskrit *sthavirais.* Es ist also kein Dativ, sondern ein Instrumentalis. Das ist ein gutes Beispiel dafür, was mit dem „hebräischen Dialekt" [des Griechischen] gemeint ist, in dem Matthäus laut PAPIAS schrieb. Gemeint ist ein auf dem Sanskrit basierendes Griechisch.

Subhadras. Name eines der beiden „Räuber". *Su-bhadras* kommt zusammen mit Tathâgata ins Paradies [griechisch *paradeisos* = sanskrit *pra-desas*], Mahâparinirvâna-Sûtra 40 u. 41:5-14. Taucht, wie ich an anderer Stelle zeigen werde, in der späteren christlichen Tradition sowohl als der heilige *Eu-stachius* als auch als *Hu-bertus* auf. Die Vorsilbe *su-* bedeutet „gut", und wird zu *eu-* und *hu-*.

Suddhodanas. Name von Sâkyamunis Vater, dem König des Sâkya-Volkes in der Stadt Kapilavastu. Matthäus 16:16 spielt auf den Klang und die Bedeutung an: *theou tou zôntos*.

Sugatas. „Der Wohlgefallen gefunden hat." Name von Tathâgata. Wird zuerst von Brahma verwendet. Daher sagt Brahmas Stimme in Matthäus 3:17: „an welchem ich Wohlgefallen habe"; griechisch *eu-dokêsa* (*su-g-t-s* = *eu-d-k-s*).

Sugatas = 1105 war ursprünglich *Erôs*, der Gott der Liebe und des Wohlgefallens.

Sukra-bindû sa-rudhire. Der Sanskrit-Ausdruck bedeutet „zwei Tropfen Samen mit Blut". Wird in Markus 15:21 zu den zwei Knaben Alexander und Rufus verwandelt. Sanskrit *sa-* bedeutet „mit" (Quelle: Samghabhedavastu I, S. 25).

Tamâla-patra-candana-gandhas. Anderer Name von Mahâ-Maudgalyâyanas, der im N.T. zu Matthäus wird, der am Zoll sitzt (Matthäus 9:9). Der erste Teil des Namens, *tamâlas*, verwandelt ihn zum „Zöllner", griechisch *telônês* (Matthäus 10:3).

Tathâgata(s). Das wichtigste aller Worte im Neuen Testament. Das Neue Testament ist eine Übersetzung von *Tathâgatasya kâyam*, wobei das griechische *kainê*, „neu", sanskrit *kâyam* wiedergibt.

Tathâgatasya. Genitivform von *Tathâgatas* (Nominativ). Wird mit der Genitivform *tês diathêkês* wiedergegeben (Matthäus 26:28). Sanskrit *tathâgatasya* bedeutet auch „des Paktes, der Absprache". Die ersten fünf Silben sind auf griechisch *touto gar estin*, also *Tathâgatas* (t-th-g-t-s = *t-t-g-s-t*; der Halbvokal *r* bei *gar* fällt aus). Das Neue Testament ist also Tathâgatas Pakt oder Corpus. Daraus wurde der Untertitel dieses Buches abgeleitet.

Tîrthikas. „Heide". Steht im Gegensatz zu Tathâgata. Wird zu griechisch *ethnikos* (Matthäus 5:47, 6:7 und 18:17).

Tripusa[-]. Name eines der beiden Kaufleute, die Tathâgata nach der Taufe bedienen. Wird zu *Petros* verwandelt (Matthäus 17:1). Der andere Kaufmann, *Bhallikas*, wird zu *Iakôbos*. Sanskrit für „die zwei Kaufleute", *vanijau*, wird zu *Iôannên* usw.

Udumbaras. Feigenbaum. Wurde ausführlich oben behandelt [siehe Seite 122 ff.]. Wird aber auch z.B. mit „Auge“, griechisch *ho ophthalmos*, (Lukas 11:34) wiedergegeben. Griechisch *sou haplous* ist eine lautliche Wiedergabe von sanskrit *sa-phalas*, „trägt Frucht“. Der Satz bedeutet also: „Wenn Udumbaras Frucht trägt [d.h. wenn Tathâgata aufsteht], dann leuchtet dein ganzer Leib [dann strahlst du vor Freude] ...“ usw. Im nächsten Satz wird *Udumbaras* mit griechisch *de ponêros* wiedergegeben. Das folgende *kai* leitet eine Frage ein, also: „Wenn *Udumbaras* da ist, ist dann dein Leib auch dunkel?“. Gemeint ist, daß alles hell ist, wenn sich Tathâgata einfindet. Die gleiche Vorstellung wie im Johannesprolog, siehe unten unter → ***â-lokas***.

Upasthâyakas. Bedeutet „Diener“; wird zu griechisch *apostolos* assimiliert und bekommt damit die Bedeutung „Gesandter“.

Upatisyas. Wie *Tisyas* ein anderer Name von → ***Sâri-Putras***.

Vaidehî-putras. Beiname von König Ajâtasatrus von Magadha. Seine Mutter wird als Vaidehî bezeichnet. Wird in Matthäus 22:16 und Markus 3:6 und 12:13 zu den Dienern bzw. Anhängern des Herodes verwandelt, griechisch *Hêrôdianoi*; der Nominativ Singular *Hêrôdianos* ist nicht belegt. Die ersten drei Silben ahmen den Klang nach, die zwei letzten geben die Bedeutung wieder.

Visva-karman. Name des Baumeisters der Götter. Wird sehr schön zu *Panto-kratôr* [der „Allmächtige“]. Die erste Hälfte gibt die Bedeutung wieder, der zweite Teil den Klang und die Bedeutung. Also ein „Homosynonym“.

B. Namen wichtiger Örtlichkeiten

Âsrama-padam. Bedeutet „Einsiedelei", „Eremitage". Wird auf griechisch bestens durch *erêmon topon* wiedergegeben, „wüste Stätte" (Markus 1:35). Hier hält sich Bodhisattva auf, bevor er weiterzieht. Die Einwohnerschaft der ganzen Umgebung[1] kommt zu ihm hinaus (Matthäus 3:5), basierend auf Samghabhedavastu I, S. 99, wo man auch sanskrit *tapo-vane* [„Büßerwald"] findet (was wiederum zu *topos, Aiguptos* usw. assimiliert wird.).

Devadrsa. Name einer Nachbarstadt von Kapilavastu. Wird bei Lukas zu „Davids Haus" (Lukas 1:27) und zu „Davids Thron" (Lukas 1:32). Das Haus Davids, *ho oikos Daueid* (Lukas 1:27) = 864 = 8 x 108.

Gangâ. Akkusativ Gangâm. Der bekannte Fluß Ganges, der oft in Verbindung mit Tathâgata genannt wird. Wortspiel in Matthäus 14:34: *tên gên eis Gen-nê-saret*. Sanskrit *sarit* bedeutet „Fluß". Er kam also zum Fluß Ganges. (Das löst die Probleme bezüglich *tên gên eis*!)

Gautama-nyagrodha. siehe → ***Gautamarsi***.

Gautamarsi. Zusammengesetzt aus *Gautama* und *rsi* (SBV I, S. 22). Wird zu *Gethsêmanei* (Matthäus 26:36 und Markus 14:32). Jesus hält sich also im Garten des Weisen Gautama auf.

Gethsemane. siehe → ***Gautamarsi***.

Grdhra-kûta-parvata. Auf diesem Berg hält sich Tathâgata ewig mit seinen engsten Jüngern auf. Grundlegend für das Lotus-Sûtra. Grundlage für Matthäus 28:16.

Jambu-dvîpas. „Indien". Die Dunkelheit senkt sich über ganz *Jambu-dvîpas*, als Tathâgata nach der neunten Meditationsstufe [Versenkungsstufe] ins *Parinirvâna* eingeht. Daher fällt die Dunkelheit über die ganze Erde usw., und Jesus ruft zur neunten Stunde (Matthäus 27:45-46).

Kapilavastu. Hier [Stadt; *akropolis*] wohnt das Sâkya-Volk, hier regieren König Suddhodanas und seine drei Brüder, hier ist Sakyamuni zu Hause usw. usf. Als Bodhisattva als Tathâgata heimkehrt, wird er zuerst mit Unglauben [man glaubt ihm nicht, daß er ein Buddha ist] empfangen; sanskrit *aprasâdas* [deutsch: „Unglauben"] wird zu griechisch *a-pistia* (Matthäus 13:58). Liegt

---

[1] „Da gingen zu ihm hinaus die Stadt Jerusalem und ganz Judäa und alle Länder am Jordan ..."

immer *Kapernaoum* zugrunde. Nach dem Weisen *Kapilas* benannt. *Kapilas* = 342 = *Pallas*, die Schutzgöttin von Athen!

Matthäus 13:58 kann auch als Frage übersetzt werden: „Und tat er dort nicht viele Zeichen um ihres Unglaubens willen? – Antwort: Ja. – Dann versteht man auch Matthäus 11:20-24.

Kosala. Bekannte Stadt, die in Matthäus 11:21 und Lukas 10:13 zu dem ansonsten ganz unbekannten Ort Chorazin umbenannt wird.

Ksetre. Bedeutet „im Reich", d.h. in Tathâgatas Reich, wo man wiedergeboren werden möchte. Wird zu griechisch *Khristô*, „in Christus". Sanskrit *buddha-ksetram* = 918 wird zu griechisch *ho basileus*, „der König" = 918.

Kukustâ. Name einer Stelle an einem Fluß, wo Tathâgata etwas zu trinken angeboten wird. Zuerst lehnt er ab, aber später nimmt er an (Mahâparinirvâna-Sûtra 27). Der Name *Golgotha* (Matthäus 27:33 und Markus 15:22) bezieht sich nicht nur auf *Kukustâ*, sondern auch auf *gadgada*, „stöhnen". Dieser Fluß oder Bach wird in Johannes 18:1 zu *tou kedrou*, „Bach Kidron", der immer Rätsel aufgegeben hat. Wenn die Örtlichkeit außerdem mit Schädeln in Verbindung gebracht wird, griechisch *kranion* (Matthäus 27:33 usw.), dann deshalb, weil das Original ebenfalls an dieser Stelle von Schädeln spricht. Das Sanskritwort ist *kapâlâni* (Samghabhedavastu, S. 25; *gadgada*- auf S. 24). Golgatha nimmt also auf mindestens drei verschiedene Worte mit gleichlautenden Konsonanten Bezug, die in enger Verbindung zu dem gleichen mythischen Ereignis stehen.

Kusinagarî. Name einer Stadt. Hier, in einem Hain mit Sal-Bäumen, geht Tathâgata ins Parinirvâna ein. Wird ausführlich im Mahâparinirvâna-Sûtra geschildert. Wurde dann mit *Kasmir* verwechselt, was Anlaß zu der dummen Legende gab, Jesus sei in *Kasmir* gestorben! Es ist jedoch wahr, daß Tathâgata in der Nähe von *Kusinagarî* starb [das auch *Kusinagara* u.ä. geschrieben wird]. Das längste Kapitel im Mahâparinirvâna-Sûtra [Kapitel 34] ist ein vollständiges und selbständiges Sûtra, das als Mahâsudarsana-Sûtra bekannt ist. Darin wird ausführlich darüber berichtet, daß *Kusinagarî* einmal eine große und strahlende Königstadt namens *Kusâvatî* war. Denn Tathâgata war vor langer Zeit, als *Ksatriyas*, König von *Kusinagarî* (34:167). Es ist also eine sehr bedeutungsvolle Stadt, die Tathâgata für sein *Parinirvâna* aussuchte.

Jesus wird auch mit den Beinamen *Nazarênos* und *Nazôraios* bezeichnet; das bezieht sich darauf, daß er als Tathâgata einmal König von *Kusâvatî*, also *Kusinagarî* war, wo er – anscheinend – ins *Parinirvâna* einging. Aber *Nazô-raios* ist auch *Nâga-râjas* usw.

Lumbinî. Örtlichkeit in der Nähe von *Kapilavastu*. Hier gebiert Königin Mâyâ das Buddhakind Bodhisattva. Wird hübsch zu *Bêth-*

leem assimiliert, unter Beibehaltung aller ursprünglichen Konsonantenwerte (wobei *n* und *th* beide Dentale sind).

Magadha. Name eines Gebietes, wo sich Tathâgata oft mit seinen Mönchen aufhält. König *Bimbasâras* wohnt in der Hauptstadt → *Râja-grham* (siehe dort). Ein Einwohner von *Magadha* heißt *Mâgadhas* [vgl. *narakas* und *nârakas* usw.]. Tathâgata geht nach dem Aufenthalt in *Pâtaliputra* über den Fluß Ganges in das Land der *Mâgadhas* (Mahâparinirvâna-Sûtra 7). Daher stieg Jesus in das Boot und kam in das Gebiet von *Magadan* (Matthäus 15:39).

Mark(k)ata-hrada. Name eines Sees, wird nur in Verbindung mit *Âmra-pâlir* genannt (Mahâparinirvâna-Sûtra 15:4, auch 10:3). Lukas 10:38 ist eine direkte Wiedergabe hiervon, weshalb Martha sich hier sowohl auf *Mar(ka)ta* als auch auf *(h)rada* bezieht.

Nâdikâ. Name eines Dorfes, in dem sich Tathâgata aufhält, während eine tödliche Seuche wütet (Mahâparinirvâna-Sûtra 9:2). Der Bericht ist in Lukas 7:11-17 frei bearbeitet, wo *Nâdikâ* zu einer „Stadt, mit Namen Naïn" wird. Der wunderliche Ausdruck *kai okhlos polus* [„und große Menge"] (Lukas 7:11) stellt eine doppelte Wiedergabe von sanskrit *jana-kâyas* [„Menschengruppe"] dar. Das folgende Kapitel 10 des MPS handelt von Tathâgatas berühmtem Besuch bei *Âmra* in *Vaisâlî* (Lukas 10:38-42).

Nairanjanâ. Name des Flusses, an dem Bodhisattva durch *yogas* [Zahlenwert = 284 = griechisch *theos*, „Gott"], d.h. durch Gott (weil *yogas* immer griechisch *theos* wiedergibt), der in der Taufe kulminierte, zum *Buddhas* wurde. *Nairanjanâ* wird zum „Fluß Jordan" assimiliert, griechisch *Iordanês* = 443. *Nairanjanâ* hat den Zahlenwert 50 + 1 + 10 + 100 + 1 + 50 + 10 + 1 + 50 + 1 = 274. Der Buddha wird *Asamas* [= 443] genannt, was der „Einzige" bedeutet.

Narakas. Bedeutet „Hölle"; wird meist in der Mehrzahl verwendet, Lokativ *narakesu.* Wird auf griechisch mit *nekros, „tot, verstorben"*, (*n-r-k-s = n-k-r-s*) wiedergegeben. Eine Person, die sich in *narakas* befindet, wird auf sanskrit ein *nârakas* genannt, in Matthäus 23:15 wird daraus *huios geennês*, ein „Kind der Hölle". Somit sind „die Toten" nicht wirklich tot, sie leben in der Hölle.

Nyagrodhârâma. Name einer Örtlichkeit nahe bei Kapilavastu, wo sich Sâkyamuni gerne mit den Mönchen aufhielt. Wird zusammen mit *nagaram*, „Stadt", zu *Nazara* und *Nazareth* assimiliert. Wenn Jesus *Nazarênos* oder *Nazôraios* genannt wird, spielt das auf „den Mann aus Nyagrodha" an, oder auf „den Mann aus der Stadt", sanskrit *nâgarikas.*

Pâtali-putram. Name einer Stadt; das jetzige Patna, wo sich Tathâgata in den ersten Kapiteln des Mahâparinirvâna-Sûtra aufhält, bevor er nach Âmra in Vaisâlî usw. weiterzieht. Es wimmelt bei den Evangelisten von Wortspielen in bezug auf diese Stadt.

Es heißt z.B. in Matthäus 24:1: „Und Jesus ging hinweg von dem

Tempel", auf griechisch: *kai exelthôn ho Iêsous apo tou hierou eporeueto.* Die letzten vier Worte beinhalten alle Konsonanten von *Pâtaliputra* (*p-t-l-p-t-r* = *p-t-r-p-r-t*). Es war also *Bhagavat*, der *Pâtaliputra* verließ [hier übersetzt *ho Iêsous*, also *Bhagavân*].

Auf den Ort wird auch in der Weise Bezug genommen, als ob das letzte Glied, also *-putram*, von *-putam* [*putas*] abgeleitet wäre. Auf diese Form bezieht sich Matthäus 24:2: *„Sehet ihr [nicht] das alles?"*, griechisch *ou blepete tauta panta.* – Der Satzteil *ou blepete ta-* = *Pataliput(r)a*, und *-uta panta* = *Pataput(r)am.*

Im gleichen Satz heißt es bei Matthäus auf deutsch: „... ein Stein auf dem anderen...", griechisch *lithos epi lithon*; er sagt also *Pâtalis, Pâtalim.*

In Matthäus 25:9 sollen die fünf Jungfrauen „zu den Krämern" gehen, griechisch *pros tous pôlountas.* Sie sollen nach *Pâtaliputram* [Akkusativ] gehen. Das Gleichnis von den zehn Jungfrauen wird von Tathâgata gerade während seines Aufenthaltes in *Pâtaliputra* vorgetragen (Mahâparinirvâna-Sûtra 4).

Potalaka. Auch *Potala-* geschrieben [Nominativ-Endung unsicher]. Name der Örtlichkeit, wo sich Gautama aufhält. Hier ist Bharadvâjas König. Grundlage für *(ho) Peilatos.*

Râja-grham. Hauptstadt im Lande *Magadha.* Auf dem naheliegenden Berg *Gayâ-sîrsa* hält sich Tathâgata oft mit seinen engsten Jüngern auf. Dieser Berg taucht in Matthäus 5:1 auf. Die Stadt *Râja-grham* wird in Johannes 1:44 zu *Bêth-sa-i-da* assimiliert, was in manchen Sprachen als „Fischerstadt", auf deutsch als die „Stadt des Andreas und Petrus" wiedergegeben wird.

Samsthâgâra. Ein Versammlungshaus [oder: Bürgerhaus]. Sâkyamuni hält sich oft in einem Versammlungshaus, *samsthâgâre* [Lokativ], in Kapilavastu auf. Dieses wird so assimiliert, daß sich Jesus in einer Synagoge in Kapernaum aufhält.

Senâyana-grâmaka. Bekannter Ort, an den Tathâgata nach seinem ersten Aufenthalt in *Vârânasî* zieht. Wird sehr schön zu *Sodomôn kai Gomorrôn*, „Sodom und Gomorra", assimiliert (Matthäus 10:15).

Taila-pûrnâ ayo-dronî. Tathâgatas Leichnam wird in eine Eisenkiste [*ayo-dronî*] gelegt, die mit Öl [*taila-*] gefüllt ist [*pûrnâ*] (Mahâparinirvâna-Sûtra 36:7 usw.). Deshalb heißt es, daß Jesus – wörtlich – nach *Bêth-phagê* kam, „zum Berg der Olivenöle", griechisch: *eis ... to oros to ... elaiôn* (Lukas 19:29 und 21:37). Der Ort ist der mit Öl(en) gefüllte Eisensarg. Das unbekannte *Bêth-phagê* bedeutet „Feigenort". Tathâgata ist ja der Feigenbaum. Der Sarg mit Öl, in dem sich seine Leiche befindet, wird daher als Feigenort oder „Feigenstelle" bezeichnet. Von hier sendet er zwei Jünger in die Stadt hinein. Ursprünglich war es Aniruddhas, der Ânandas in die Stadt schickte (Mahâparinirvâna-Sûtra 45:2).

Uruvilvâ und ***Urubilvâ***. Am Fluß *Nairanjanâ* gelegen. Im Lokativ *Urubilvâyâm*, was in Matthäus 17:1 zu griechisch *eis oros hupsêlon* wird, „zu einem hohen Berg".

Vârânasî und ***Bârânasî*** [= 365]. Das heutige Benares. Der Tierpark wird mit einem alten Berg verbunden. Deshalb hält Jesus seine Bergpredigt auf einem (unbekannten) Berg (Matthäus 5:1). Ursprünglich *Bârânasî* [2 + 1 + 100 + 1 + 50 + 1 + 200 + 10 = 365].

C. Wichtige Begriffe, Dinge, Handlungen usw.

adrâksît. Leitet oft einen Satz ein, in dem Bhagavat das Subjekt ist: „Er sah". Wird von den Evangelisten nachgeahmt, wenn sie schreiben „und siehe", griechisch *kai idou*. Auch mit *drstvâ ca* werden Sätze eingeleitet, wobei *ca* zu griechisch *kai*, „und", wird.

â-lokas. Bedeutet „Licht". Im Anbeginn, als Bodhisattva vom Himmel herabsteigt, ist das Licht da [*avabhâsas* = „Erscheinen", „Glanz"] = *âlokas* [„Lichtschein"] (Samghabhedavastu I, S. 41). Diese Stelle ist die Hauptquelle für Johannes 1:1-18, die berühmte „Vorrede". Das griechische *ho logos* [das Wort] gibt sanskrit *â-lokas*, „Licht", wieder. Wenn man überall bei Johannes *ho logos* durch sanskrit *âlokas* ersetzt, wird das rätselhafte Wort des Evangelisten durchaus sinnvoll. Das griechische *to phôs*, „Licht", entspricht der Bedeutung von sanskrit *âlokas/avabhâsas* [„Lichtschein"]. Anschließend spricht Johannes (1:9-10) von *ho kosmos*, was der Bedeutung von sanskrit *lokas*, „Welt", entspricht. Im Original findet man hier ein Wortspiel mit *(â)lokas*. Die zwei ersten Worte bei Johannes, *en arkhê*, geben sanskrit *agre*, „im Anfang", wieder. Es geht also nicht um „den Anbeginn der Welt", sondern um den Zeitpunkt in der Legende, zu dem Bodhisattva vom Himmel herabsteigt, in welchem er sich bis dahin zusammen mit den anderen Göttern im Lichtreich aufhielt. Matthäus 28:2-3 bezieht sich auf dieselbe Stelle des sanskritischen Originals. Der „Engel des Herrn" ist Bodhisattva [in Sanskrit-Manuskripten: *Bodhisatvas*].

âman-trayati sma. Diese und ähnliche Floskeln werden verwendet, wenn sich Bhagavat an die Jünger wendet, „er sagte dann zu ...". [z.B. Catusparisat-Sûtra 3:8, 13:2 usw. *„Er sagte dann zu + ..." + Name* der angesprochenen Person] Daher sagt Jesus oft: „Amen, sage ich euch", *amên legô humin*. An anderen Stellen gibt *amên* sanskrit OM[1] [bekannte „mystische" Silbe] oder AUM wieder.

âroha-parinâhas. Höhe und Umfang. Im Mahâparinirvâna-Sûtra 23 rühmt sich Tathâgata, daß er in zahlreichen *Ksatriya*-Versammlungen aufgetreten ist. Er hat sich verwandelt, so daß er die gleiche Größe, Umfang, Gestalt, schöne Hautfarbe und Stimmführung wie seine Zuhörer hat. Nachdem er sie unterwiesen hatte,

---

[1] Die magische Silbe *OM* des Brahmanismus wird als Hilfe zur Befreiung in der Meditation gesprochen.

wußten diese nicht, ob er ein Gott oder ein Mensch war. Tathâgata ist also der große göttliche Schauspieler und Meister der Verwandlung und Verstellung usw. Hier wird ausdrücklich gesagt, daß er sich als Ksatriyas = *ho khristos* verkleidet hat. In gleicher Weise heißt es in der Ynglinge-Saga 6 über Odin, daß er *„die Kunst verstand, nach Belieben seine Gestalt zu wechseln"*.

atha. Partikel, die einen neuen Satz einleitet; kann mit „darauf", „dann" übersetzt oder auch ganz weggelassen werden. Wird typischerweise mit dem griechischen Adverb *eutheôs* oder *euthus* wiedergegeben, das jedoch „sogleich", „sofort" bedeutet. Das ergibt eine komische Wirkung, wenn es z.B. heißt, daß Jesus „alsbald" aus dem Wasser stieg (Matthäus 3:16), – als ob das Wasser eiskalt oder brandheiß gewesen wäre.

Lukas 10:40 wird mit den Worten *hê de Martha* eingeleitet, was sanskrit *atha Âmra* wiedergibt. Hier wird *atha* also zuerst durch griechisch *hê de* wiedergegeben, danach wurde *th* mit *âmra* verschmolzen, womit eine neue Frau geschaffen wurde, eine „Schwester" mit Namen *Martha*.

bhadrakam. „glücksbringend". Dies wird über das Lotus-Sûtra (Kapitel 3:140) gesagt. Synonym mit „Evangelium". Ein anderes Synonym ist *su-bhâsitam*, „gut gesagt" [von Tathâgata].

caryâm caran. Fester Ausdruck über Bhagavân; bedeutet „Reise [*caryâm*] machend [*carân*]". Kann als Schulbeispiel dafür dienen, wie die Evangelisten bisweilen den Rhythmus des Originals wiedergeben. Es gibt auch die Variante *cârikâm caran*. Wird in Lukas 10:38 mit *autous autos* übersetzt, wobei einige Handschriften *autous kai autos* enthalten. Beide Schreibweisen sind also authentisch, da *autous autos* auf *caryâm caran* zurückgeht, während *autous kai autos* sanskrit *cârikâm caran* widerspiegelt. Auf die gleiche Weise geben die fünf einleitenden Silben *egeneto de* rhythmisch die fünf einleitenden Silben des Originals *atha Bhagavân* wieder. Die Quelle ist Mahâparinirvâna-Sûtra 10:3 usw.

Eine vortreffliche Nachahmung, die auch sinngemäß richtig ist, findet man in Lukas 13:22: *poreian poioumenos* [„nahm seinen Weg"]. Siehe auch unter → ***prajnapta evâsane nyasîdat***.

Diese Form paralleler Wortspiele wurde in der antiken Rhetorik sorgfältig in Begriffe wie *isocolon, homoeoptoton, homoeoteleuton, paronomasia* usw. klassifiziert.

desanâ. Das übliche Wort für Tathâgatas „Lehre" vom Dharma. Wird konsequent mit griechisch *didakhê* wiedergegeben (Matthäus 7:28 usw.).

dharmas. Bedeutet in der Einzahl „Gesetz", „Gerechtigkeit" u.ä., in der Mehrzahl „Regeln", „Grundbegriffe" u.ä. Diese Unterscheidung wird im N.T. konsequent durchgeführt. In der Einzahl wird sanskrit *dharmas* gewöhnlich mit griechisch *nomos*, „Gesetz", und *dikaiosunê*, „Gerechtigkeit", übersetzt. In der Mehrzahl mit „Brot", da die fünf Brote [*artous*] in Matthäus 14:17 die fünf *Dharmas* sind, die die Laien empfangen. In Matthäus 28:20 wird „alle Dharmas" mit „all dieses" wiedergegeben. Jesus ist ebenso ein Dharma-König wie Tathâgata ein Dharma-König ist. Darin liegt das große Geheimnis.

Man kann hinzufügen, daß sanskrit *dharmas* im Mongolischen mit *nom* bezeichnet wird, einem Lehnwort, das auf griechisch *nomos* [„Gesetz"] zurückgeht.

karpâsas. Gewand oder Laken aus Baumwolle, mit dem Tathâgatas Leichnam eingehüllt wurde (Mahâparinirvâna-Sûtra 36:7 usw.). Wird mit *sindôn*, „indische Baumwolle" wiedergegeben (Matthäus 27:59). Sanskrit *karpâsas* findet man auch als Lehnwort im Hebräischen.

kathinas. Buddhistisches Gewand, ahmt griechisch *khitona* (Akkusativ) nach (Matthäus 5:40); lateinisch *tunica* (k-t-n). [Der frühe Buddhismus hat griechische Wurzeln!]

kolâhala-. Ein gewaltiger Schrei. Wird u.a. im Zusammenhang mit der Ergreifung des Gautama verwendet. Wird zu einem „krähenden Hahn", griechisch *alektora* (Matthäus 26:34 usw.).

koti-niyutâni. Astronomische Zahl. Wird in Lukas 12:1 wiedergegeben mit *tôn muriadôn tou okhlou*, „von Myriaden einer [noch größeren] Menge". Griechisch *muriades* gibt sanskrit *niyutâni* wieder, das „mehrere Millionen" bedeutet. Da die „mehreren Millionen" nur einen größeren oder kleineren Teil der (Gesamt-)„Menge" darstellen, muß Jesus – ebenso wie Tathâgata – von mindestens zwei Millionen Zuhörern umgeben gewesen sein. Moderne Übersetzungen glätten das gerne aus und verfälschen damit den ursprünglichen Sinn. Diese Stelle ist bei Lukas sehr entlarvend. Sanskrit *kotis* bezeichnet 10 in der siebten Potenz.

kula-vamsas. Stammbaum. Leitet eine der Hauptquellen des Matthäus ein, das Samghabhedavastu I, S. 5, das einen Teil des Mûlasarvâstivâda-vinaya (MSV) darstellt. Die zwei ersten Worte des Matthäus-Evangeliums, griechisch *biblos geneseôs*, sind eine wörtliche Übersetzung von sanskrit *kulasya* [*geneseôs*] *vamsas* [*biblos*]. Die Auflistung von 42 Personen, in Matthäus 1:1-17 über drei Zeiträume verteilt, beruht auf dem Mahâvadâna-Sûtra, wo eben genau 42 Personen über drei Zeiträume verteilt werden. Beide Stammbäume gipfeln in derselben Person, nämlich *ho khristos* = *ksatriyas*.

mahâkarunâ. Großes Mitgefühl, Eigenschaft des Tathâgata. Wird in Lukas 2:10 zu „große Freude", griechisch: *kharan megalên*.

nirukti. Etymologie, Wortspiel, „Untersetzung". Das Lotus-Sûtra schreibt oft die Anwendung von *nirukti* vor, um die Botschaft von Tathâgata zu verbreiten [Lotus-Sûtra, Kap. 2].

nirvânam. Wird mit griechisch *eirênê(n)*, „Frieden", wiedergegeben, oder mit *ouranôn*, „der Himmel" [Gen. Pl.]. In beiden Fällen ist der Halbvokal *r* weggefallen. Siehe auch → ***pari-nirvânam***. Der Zahlenwert von *Nirvâna-* = 612 = *Tathatâ* = *Buddhas*.

pari-nirvânam. Das Mahâparinirvâna-Sûtra gipfelt in der Beschreibung von Tathâgatas *pari-nirvânam*, oder „Tod". Im Lotus-Sûtra (15:7) behauptet Tathâgata, daß sein *parinirvânam* nur ein Schauspiel, ein Trick war, denn Tathâgata lebt ewig. In Matthäus 10:34 sagt Jesus zweimal, man solle nicht glauben, er sei gekommen, um „Frieden zu werfen", d.h. bringen, griechisch *balein eirênên*. Damit spielt er auf *pari-nirvânam* an (*p-r-n-r-n-m* = *b-l-n-r-n-n*). Jesus ist also nicht gekommen, um ins *parinirvânam* einzugehen. Er lebt ewig, wie Tathâgata. Ein anderes Wortspiel mit *pari-nirvânasya* (Matthäus 10:13): *eirênê humôn pros*.

paryâyas. Bedeutet „Vortrag" [über das Dharma], Parabel. Wird immer mit griechisch *parabolê*, „Gleichnis", übersetzt. Bei Johannes findet man das Wort *paroimia*, das sanskrit *upamâya* [„beim Vergleich"] wiedergibt.

pâtram. Tathâgatas Essensschale oder Becher. Wird normal mit griechisch *potêrion* wiedergegeben (*p-t-r-m* = *p-t-r-n*). Es wird oft gesagt, daß Tathâgata seinen Becher wegstellt. Hierauf spielt Matthäus 26:39 an[2]. In Matthäus 26:42 spricht Jesus zu seinem Becher, wenn er sagt: „Vater mein", griechisch *pater mou* (*p-t-r-m* = *p-t-r-m*).

posadhas, auch ***uposadham***, ***posathas***, ***posatham*** geschrieben. Wird laut- und sinngemäß richtig mit *sabbaton* übersetzt; hieraus entstand der „Sabbat". In Matthäus 28:1 gibt griechisch *eis mian sabbatôn* dagegen sanskrit *ekasmin samaye* wieder, „zu einem bestimmten Zeitpunkt". Hier wird der Sanskrit-Ausdruck *ekasmin* zu dem sehr künstlichen griechischen *eis mian*, und *samaye*, auch sanskrit *samayam*, zu griechisch *sabbatôn*.

prajnâ. Weisheit, die wichtigste Fähigkeit/Gabe eines Bodhisattva [das Buddha-„Kind" = griechisch: *to paidion*, „das Kind"]. Wird überall mit griechisch *sophia* wiedergegeben. Es geht darum, *prajnâ-pâramitâ* zu erlangen, „Vollkommenheit in *prajnâ*". Lukas 2:40 spielt hierauf an, wenn es heißt, *to [de] paidion* [„das Kind"] sei griechisch *plêroumenon* [„voll von"] *sophias* [„Weisheit"]. Griechisch *plêroumenon* bezieht sich also auf sanskrit *pâramitâ(m)*. [Man beachte, daß *n* und *t* beides Dentale sind.]

Im Mahâyâna heißt es, daß der Bodhisattva zwei Eltern hat.

---

[2] „Und er ging ein wenig weiter, fiel nieder auf sein Angesicht und betete und sprach: Mein Vater, ist's möglich, so gehe dieser Kelch an mir vorüber; doch nicht wie ich will, sondern wie du willst!"

Der Vater ist *Upâyas*, was zu *ho Iôsêph* wird. Die Mutter ist *Prajnâ*, die auch *Mâyâ* genannt wird. Auch daher heißt Jesu Mutter *Maria* = *Mâyâ*. Der griechische Text enthält in Matthäus 1:18 ein Wortspiel mit *Prajnâ*, nämlich *prin ê*, „noch bevor". Wenn *Prajnâ* und *Upâyas* einander umarmen, bekommen sie das Buddhakind. Mehr über Bodhisattva und seine „Eltern", Prajnâ und Upâyas, in meinem Buch *„Master of Wisdom"*, S. 124 f.

Die ersten Worte Jesu (Matthäus 3:15) stammen von einem *Prajnâ-pâramitâ*-Text.

prajnapta evâsane nyasîdat. Feststehender Ausdruck, der in bezug auf Bhagavat verwendet wird, der „sich auf dem für ihn bestimmten Platz niederließ". Die griechische „Untersetzung" gibt das Muster oder den Rhythmus des Originals wieder, wenn der Sanskrittext auf griechisch mit *ekathêto para tên thalassan* (Matthäus 13:1) wiedergegeben wird, „er setzte sich an das Meer". Hier wurde also „der bestimmte Platz" zu „an das Meer". Das Verb wurde im Satz nach vorne gebracht, und alle zehn Silben wurden beibehalten. Bei *pa-ra tên* klingt *pra-jnap-ta* an usw.

pratirûpaka. Nachahmung; hier: „Raubkopie". Im Lotus-Sûtra (Kapitel 6) heißt es oft, daß das buddhistische Dharma Gegenstand von „Nachahmungen", d.h. Raubkopien, werden wird. Das Neue Testament ist das bemerkenswerteste Beispiel für ein *Pratirûpaka-dharma*.

rahasya. Geheimnis. Als solches [nämlich als Geheimnis] wird das Lotus-Sûtra und die darin enthaltene Botschaft vom Dharma-König von Tathâgata bezeichnet. Hiervon das sogenannte Messias-Geheimnis[3] (Matthäus 16:20).

sâlas. Sal-Baum, Shorea robusta. Tathâgata geht zwischen einem Paar Sal-Bäumen [*antarena yamaka-sâlayos*] ins *Parinirvâna* ein, umgeben von zwei Jüngern. Sein Stammvater Gautama haucht sein Leben aus, als er an einem spitzen Pfahl [*sûle*] hängt, mit einem Schädel[4] [Eierschale, Schädel oder Schädeldecke sind auf sanskrit dasselbe] auf jeder Seite. Daher wird Jesus an einem Holz [griechisch: *xulon*] aufgehängt (Apostelgeschichte 5:30 und 10:39).

skandhâs. Ein Mensch besteht – nach buddhistischer Vorstellung – aus fünf *Skandhas* (Körper, Wille, Vorstellungen, Gefühl und Bewußtsein); es existiert kein „Mann" und keine „Seele". Es stellt also ein witziges Wortspiel dar, wenn es heißt, daß die Frau

---

[3] „Da gebot er seinen Jüngern, niemandem zu sagen, daß er der Christus sei."

[4] Anmerkung zu Schädel/Eierschale: Der Ausdruck entwickelte sich aus „seinem Sperma, zwei Eiern und Eierschale". Von ihnen wurden zwei Söhne, „Räuber", geboren.

„fünf Männer" hatte, griechisch *pente gar andres eskhes*, aber keinen „Mann", d.h. keine Seele (Johannes 4:18). Man hat die fünf *Skandhas*, aber es gibt keine Wirklichkeit oder Realität für die Begriffe „Person", „Mann", oder „Seele". Das ist echter Buddhismus!

slokas. Name des am häufigsten verwendeten Versmaßes, viermal acht Silben. Bei buddhistischen Sûtras wird oft die Anzahl *Slokas* gemessen, d.h. Einheiten von 32 Silben. Zum Beispiel findet man Prajnâpâramitâ-Sûtren mit 8000 oder 100.000 Slokas usw. Das Sanskritwort *slokas* geht wahrscheinlich auf griechisch *stikhos* zurück. Hiervon „Stichometrie", „Linienzählung". Griechische und jüdische Verfasser zählten gleichermaßen die Silben. Je mehr Silben man schrieb, desto reicher wurde man.

subhâsitam. „Gut gesagt", gebräuchliches Synonym für *sûtram* [*su-uktam*, „gut gesagt"]. Wird übersetzt mit griechisch *eu-aggelion*, „Evangelium", „frohe Botschaft".

sûnyas. Bedeutet „leer". Im Mahâyâna werden alle Dharma(s) für „leer" – inhaltslos – angesehen.

Jesus ist ebenfalls „leer"; er stellt keine Person dar, sondern lediglich eine Figur.

sûtra-dhârakas. Bezeichnung für den Jünger, der Träger [*dhârakas*] des Sûtra, Lotus-Sûtra ist. Wird mit griechisch *eu-aggelistês*, „Evangelist", wiedergegeben. Sanskrit *dhârakas* wird in Matthäus 9:37 u. 38 auch mit griechisch *ergatês*, „Arbeiter", wiedergegeben (*dh-r-k-s* = *r-g-t-s*), wo es außerdem ein Wortspiel mit *pundarîka* gibt.

Ein anderes Sanskritwort ist *sûtrântas*, „Lehrbuch", Genitiv *sûtrântasya*. Wird bei Matthäus zu *ho therismos*, „die Ernte", und *tou therismou*. „Der Herr der Ernte" ist also ein *Sûtrânta-dhârakas*, ein Missionar des Lotus-Sûtra. Daher wird in Matthäus 13:39 *dhârakas* mit *ergatês* identifiziert, also mit „Engel", *aggelos*, d.h. Sendbote. Ein anderes Wortspiel mit *sûtrântam* stellt *to hrêthen* dar (Matthäus 8:17). Die Hauptquelle ist das Lotus-Sûtra.

tathâgatam. Die Neutrumsform [d.h. substantiv. Adjektiv.] bedeutet: „So wie vereinbart, so ist es vereinbart, wie es geschehen ist" und ähnliches. Wird zu griechisch *touto estin*. Die männliche Form ist *houtos estin*, „er ist".

tato 'pi. Leitet oft einen neuen Satz ein, „von der Zeit an". Wird auf griechisch (Matthäus 16:21 usw.) zu dem wunderlichen *apo tote* (*t-t-p* = *p-t-t*). Vgl. → auch ***atha***.

upasampâdayitavyas. Buddhistischer Fachausdruck; wird angewandt in bezug auf denjenigen, „der geweiht werden soll". Dieser Terminus technicus wird in Matthäus 3:13 mit der gleichen Anzahl Silben usw. genau wiedergegeben: *tou baptisthênai hup' autou*, „daß er sich von ihm taufen ließe".

[Ich verweise auf die Sanskritform im *Sanskrit-Wörterbuch der buddhistischen Texte aus den Turfan-Funden*, Göttingen 1987, S. 400.]

Es gibt bei Matthäus an anderen Stellen zahlreiche ähnliche Fachausdrücke. Die vier ersten Worte bei Matthäus (3:14): *ego khreian ekhô hupo* [deutsch: „Ich bedarf wohl, daß ich vor dir getauft werde."] – ebenfalls acht Silben – sind eine sinngemäße Wiedergabe des gleichen Fachausdrucks. Zugleich gibt dies auch sanskrit *pravrajyârthî pravrajâyasva mâm iti* [deutsch: „Ich benötige eingeweiht zu werden. Weihe mich ein!"] wieder (Samghabhedavastu I, S. 22).

vaipulyam. Bedeutet „umfassend" in bezug auf Bücher. Ein großes Buch. Wird auch mit griechisch *biblion*, „ein großes Buch", wiedergegeben. Auch *vaipulyas*, das zu *biblos* wird. Aber *biblos* kann auch *vamsas* wiedergeben.

yogas. Wird richtig mit „Joch", griechisch *zugos*, übersetzt (Matthäus 11:29 u. 30). Jesus hat also Yoga praktiziert. Er ist ein großer Yogi. Der Zahlenwert von *Yogas* ist

$$10 + 70 + 3 + 1 + 200 = 284,$$

was auch der Zahlenwert des griechischen Wortes *theos* „Gott", ist:

$$9 + 5 + 70 + 200 = 284.$$

Gleichzeitig ergibt griechisch *zugos* [„Joch"]

$$7 + 400 + 3 + 70 + 200 = 680.$$

Und 680 ist *Temenios* [300 + 5 + 40 + 5 + 50 + 10 + 70 + 200], einer der gebräuchlichen Namen von *Apollôn*. Das wahre „Joch" Jesu ist daher der Gott *Apollôn*.

Jesus ist Apollo in Verkleidung, ebenso wie Buddha. Sie sind gegenseitige Echos. Sie ahmen sich gegenseitig nach.

D. Buchstaben, Zahlen und Alphabete

Im Sanskrit und anderen indischen Sprachen unterscheiden wir zwischen Vokalen (kurzen und langen): *a*, *â*, *i*, *î*, *u*, *û*, *r*, *l*, den Diphthongen *e*, *ai*, *o* , *au* und den Konsonanten:

1. Gutturale: *k* – *kh* – *g* – *gh* – *ṅ*
2. Palatale: *c* – *ch* – *j* – *jh* – *ñ*
3. Zerebrale (mit der Zunge am Gaumendach gebildeter Laut): *ṭ* – *ṭh* – *ḍ* – *ḍh* – *ṇ*
4. Dentale (mit Hilfe der Zähne gebildete Laute): *t* – *th* – *d* – *dh* – *n*
5. Labiale: *p* – *ph* – *b* – *bh* – *m*
6. Halbvokale: *y* – *r* – *l* – *v*
7. Sibilanten: *ś* – *ṣ* – *s*
8. Hauchlaute: *ḥ*

Dazu kommen einige sekundäre Lautzeichen: *m* [*anusvâra*] und *h* [*visarga*].

In der Regel übersetzen die Evangelisten Gutturale mit Gutturalen, Palatale mit Palatalen usw. So hat z.B. *k* den gleichen Konsonantenwert wie *gh*, *t* wie *d*, *p* wie *bh* usw.

Die Halbvokale haben bei den Evangelisten normalerweise den gleichen Wert wie im Sanskrit-Original.

Im Gegensatz zu den Konsonanten werden die ursprünglichen Vokale und Diphthonge nicht konsequent übernommen. Der Hauchlaut *h* kann, wie im Sanskrit, durch einen Sibilanten oder Halbvokal wiedergegeben werden.

Diese Hauptregel, die für den hebräischen Dialekt des Griechischen gilt, in dem die Evangelien vorliegen, spiegelt Zusammenhänge wieder, die bereits für andere altindische Dialekte im Verhältnis zur „kultivierten“ Sanskritsprache gelten. Zum Beispiel wird sanskrit *tathâgata* im Gândhârî-Dialekt als *tadhakada* wiedergegeben. Ein *r* fällt sehr oft aus, etwa wenn sanskrit *dharma* im Pâli-Dialekt zu *dhamma* wird. Eine Konsonantenansammlung auf sanskrit kann reduziert werden, etwa wenn sanskrit *buddha* im Gândhârî-Dialekt als *budha* geschrieben wird, usw.

Im Griechischen ist jeder Buchstabe zugleich auch eine Zahl, so daß α [*a*] = 1, β [*b*] = 2, γ [*g*] = 3, δ [*d*] = 4, ε [*e*] = 5 usw. beträgt.

Das griechische Alphabet
mit den dazugehörigen Zahlenwerten

α = a 1	β = b 2	γ = g 3	δ = d 4	ε = e 5		ζ = z 7	η = ê 8	θ = th 9	**8**
ι = i 10	κ = k 20	λ = l 30	μ = m 40	ν = n 50	ξ = x 60	ο = o 70	π = p 80		**8**
ρ = r 100	σ = s 200	τ = t 300	υ = u 400	φ = ph 500	χ = kh 600	ψ = ps 700	ω = ô 800		**8**

	nicht im allgemeinen Gebrauch

Auf griechisch umfaßt Alpha [α = *a*] sowohl das kurze *a* als auch das lange *â* usw.

„Die Buchstaben waren für die Griechen zugleich die Zahlen. Das war eine griechische Erfindung, die im 8. Jahrhundert von Milet ausging. Sämtliche phoinikischen, hebräischen, syrischen, aramäischen, arabischen usw. Inschriften kennen nur sogenannte natürliche Zahlzeichen. ...“ [FRANZ DORNSEIFF, *„Das Alphabet in Mystik und Magie“*, Leipzig und Berlin 1925 (und Leipzig 1979), S. 11]

Später übernahmen die Hebräer u.a. das griechische System, und zwar bereits im Alten Testament der Juden [auf griechisch ebensowohl wie auf hebräisch].

Die attische Sprache wird (ab ca. 403 v.d.Ztr.) mit 24 Buchstaben sowie einigen anderen Zeichen geschrieben, z.B. Digamma, Koppa und Sampi [= Zahlzeichen für 900].

Im *Hebräischen* gilt auf gleiche Weise: aleph = 1, beth = 2, gimel = 3, daleth = 4, he = 5 usw.

Wenn man z.B. Jesus, griechisch *Iêsous*, las, dann las man auch

$$i = 10 + \hat{e} = 8 + s = 200 + o = 70 + u = 400 + s = 200,$$

insgesamt also 888. Jesus wird auch als „der Herr“, *kurios*, bezeichnet, was den folgenden Zahlenwert ergibt:

$$20 + 400 + 100 + 10 + 70 + 200 = 800 \text{ usw.}$$

Die 24 griechischen Buchstaben (siehe obige Tabelle) kann man ohne die Sechs in drei Zahlenreihen aufstellen:

1, 2, 3, 4, 5, 7, 8, 9 [ohne 6] plus
10, 20, 30, 40, 50, 60, 70, 80 [ohne 90] plus
100, 200, 300, 400, 500, 600, 700, 800.

[Die Sechs = 6 und die Neunzig = 90 stehen für selten benutzte Buchstaben zur Verfügung.]

Daher konnte man auch sagen, daß Jesus ein vollkommener Name war, nämlich: 8-8-8.

Im Griechischen und Hebräischen sind die Grenzen zwischen Buchstaben und Zahlen also fließend.

Es ist äußerst bemerkenswert, daß jetzt – zum ersten Mal seit dem Altertum – nachgewiesen werden kann, daß wichtige indische und buddhistische Götternamen und Titel u.a. auch bedeutungsvolle Zahlenwerte haben, die wahrscheinlich vom griechischen System her festgelegt worden sind:

Tathâgatas = 300 + 1 + 9 + 1 + 3 + 1 + 300 + 1 + 200 = 816 = 2/3 von 1224, was genau der Zahlenwert von „Netz" (*to diktuon = t-th-g-t-m* in *Tathâgatam*) und „Fische" [*ikhthues*] ist, die Jesus symbolisieren. *Tathâgatam* [Akkusativ] = 656 = *Messias*.

Buthas = *B-u-th-a-s* = 2 + 400 + 9 + 1 +200 = 612 = ½ von 1224. Aber 612 ist auch der Zahlenwert von *Zeus* = 7 + 5 + 400 + 200 = 612. Matthäus 25:14-30 handelt von *Tathâgatas* und enthält genau 612 Silben. Matthäus 12:1 bis 12:50 besteht aus 888 Wörtern.

Pundarîka = 80 + 400 + 50 + 4 + 1 + 100 + 10 + 20 + 1 = 666. Aber 666 ist in der Offenbarung 13:18 genau „eines Menschen Zahl", – d.h. der Zahlenwert von sanskrit *pundarîka*. [Bezüglich der vollständigen Begründung siehe Seite 56 f., 205 f. u. 211] Der Zahlenwert 666 gilt auch für einige griechische Götter.

Und nicht genug damit, daß sowohl 612 als auch 666 Schlüsselzahlen sind. Es gibt auch einen Zusammenhang zwischen den beiden Zahlen, denn 2 x 612 = 1224 und 2 x 666 = 1332. Zieht man nun 1224 von 1332 ab, so erhält man die Zahl 108, die – wie schon nachgewiesen wurde [siehe Seite 71, 180 u. 215] – eine ganz zentrale Bedeutung sowohl in buddhistischen als auch christlichen Texten und Ritualen u.a. hat. In Tibet besteht der buddhistische Kanon aus 108 Teilen. Der Rosenkranz hat 108 Perlen usw.

Daß zentrale „Sanskrit-Götter" eine Benennung erhalten haben, die sich aus den Zahlenwerten griechischer Götter ergab, ersieht man auch aus dem Sanskritwort für „Sonne", „Sonnengott", nämlich *Sûryas*.

Sanskrit *sûryas* hat den Zahlenwert

$$200 + 400 + 100 + 10 + 1 + 200 = 911.$$

Die Zahl 911 ist in der griechischen Mythologie ebenfalls von größter Bedeutung. Der „Nabel" der Welt ist *omphalos = o-m-ph-a-l-o-s*

$$= 70 + 40 + 500 + 1 + 30 + 70 + 200 = 911.$$

Die Achse der Welt ist *axôn*

$$= 1 + 60 + 800 + 50 = 911.$$

Und da der indische Sonnengott eben Symbol für den Nabel der Welt und die Weltachse ist, verwundert es nicht, daß sanskrit *Sûryas* genau den Zahlenwert 911 besitzt.

Der Zahlenwert des bekannten Sanskritwortes *yogas* [siehe Seite 251] ist

$$10 + 70 + 3 + 1 + 200 = 284.$$

Der Zahlenwert von griechisch *theos* [th-e-o-s], „Gott", beträgt ebenfalls

$$9 + 5 + 70 + 200 = 284.$$

Die Zahlenwerte signalisieren also eine alte Verbindung zwischen Yoga und Theologie.

Diese Beispiele, deren Zahl sich beliebig vermehren ließe, sollen hier genügen, um zu zeigen, daß es einen engen historischen Zusammenhang zwischen der alten griechischen und der altindischen Mythologie oder Theologie gibt. Ferner kann man hieraus schließen, daß die Evangelisten eine alte Tradition einer göttlichen Zahlenlehre – Gematrie – weiterführten. Das Indische und Buddhistische muß man im Zusammenhang mit dem Hellenismus sehen, das Christliche vor dem Hintergrund des Buddhismus.

E. Literaturhinweise

Ich bin hier bestrebt, die Angaben so kompakt, nützlich und praktisch wie nur überhaupt möglich zu machen. Die Literaturhinweise lassen sich in drei Hauptgruppen gliedern:

I. Theologische Literatur

ALAND, K.: *Synopsis quattuor Evangeliorum* [griechischer Text], Stuttgart 1976]

BULTMANN, RUDOLF: *Die Geschichte der synoptischen Tradition*, Göttingen 1931 (und später). – Sieht wie die meisten – aber zu Unrecht – Markus als den ersten Evangelisten an. Die vielen Spekulationen und Vorurteile hätten vermieden werden können, wenn BULTMANN die buddhistischen Originale nicht ignoriert hätte.

CLAUSEN, H.N.: *Fortolkning af de Synoptiske Evangelier*, Kjöbenhavn 1850. – Obwohl der Verfasser nicht an der „historischen Glaubwürdigkeit" der Evangelisten zweifelt, enthält diese treuherzige und gelehrige Arbeit doch das eine oder andere, das dem Vergessen entrissen werden sollte.

Craveri, Marcello: *The Life of Jesus*, London 1967. – Übersetzung der italienischen Ausgabe *La vita di Gesú*, Mailand 1966. – Traditionell, aber kompetent und voller neuer Gesichtspunkte und Verweise auf die italienische Forschung, die außerhalb Italiens nur wenig bekannt ist.

DALMAN, GUSTAF: *Orte und Wege Jesu*, Gütersloh 1924 (und später). – Ein alter Klassiker, der übersieht, daß Jesu „Orte und Wege" alle Kulissen sind und auf die Topographie und die Reiseroute in den buddhistischen Texten zurückgeführt werden können.

DERRETT, J.D.M.: *Studies in the New Testament*, I–VI, Leiden 1977-1995. – Eine Schatzkammer voller scharfsinniger Beobachtungen und guter Verweise, die gerne in den eher traditionellen Kommentaren zum Neuen Testament usw. übersehen werden.

FRIESENHAHN, P.: *Hellenistische Wortzahlenmystik im Neuen Testament*, Berlin 1936. Sehr wertvoll!

FUNK, ROBERT W.,und das **JESUS-SEMINAR:** *The Acts of Jesus. The Search for the Authentic Deeds of Jesus*, San Francisco 1998. – Moderner Versuch einer wissenschaftlich korrekten Übersetzung der fünf Evangelien (darunter „Q"). [Q steht für (fiktive, unbekannte) Q(uelle).] Hält Jesus für eine historische Gestalt, unterscheidet aber vier Schichten in den Überlieferungen: Hebt *„die authentischen Handlungen Jesu"* rot hervor. *„Enge Annäherungen an die Taten Jesu"* werden rosa markiert. *„Geschichten, die geringe geschichtliche Spuren zeigen"* werden grau aufgeführt. *„Unglaubwürdige oder fiktive Geschichten"* werden schwarz angegeben. Das JESUS-SEMINAR besteht aus mehr als 75 international anerkannten Forschern, die versuchen, zum „Mann hinter den Mythen" durchzudringen. Daß der „Mann hinter den Mythen" Tathâgata ist, wurde diesen Forschern anscheinend nicht klar.

GERHARDSSON, BIRGER (Hrsg.): *En bok om Nya testamentet*, Lund 1969 (u. später). – Über die einzelnen Schriften des N.T., Handschriften, Zeitgeschichte, Jesu Leben und Geschichte des Urchristentums, neutestamentliche Theologie u.a.; das beste schwedische Handbuch seiner Art.

HALLBÄCK, GEERT & HANS JØRGEN LUNDAGER JENSE u.a.: *Gads Bibel Leksikon I-II*, Kopenhagen 1998. Neue und handliche Ausgabe in einem Band, Kopenhagen 2003. – Als Ersatz für die ersten Ausgaben, die 1965-66 herauskamen, Hrsg. EDUARD NIELSEN und BENT NOACK. – Nützlich, aber sehr einseitig und von tiefem Aberglauben geprägt. Nennt nicht die indischen Quellen. Unterscheidet nicht zwischen fiktiven und wirklichen Städten, Personen, Ereignissen usw.

GIVERSEN, SØREN: *Det ny Testamentes Teksthistorie*, Kopenhagen 1978. – Bespricht u.a. die griechischen Handschriften zum N.T. und die alten Übersetzungen, samt Zitaten der Kirchenväter. Außerdem Entwicklung und Ergebnisse der Textkritik, Beobachtungen und Methoden. – Übersieht, daß der griechische Text des N.T. aus dem Sanskrit übersetzt wurde.

HYLDAHL, NIELS: *Den ældste kristendoms historie*, Kopenhagen 1993. – Erörtert das antike Judentum, Jesus, die Apostelzeit und die nachapostolische Zeit. Viele Hinweise. – Weiß nichts von den buddhistischen Quellen. Gelehrig, aber recht unwissenschaftlich; soll heißen, daß er viel Wissen angehäuft hat, aber unwissenschaftliche Methodik verwendet.

JEREMIAS, JOACHIM: *Die Gleichnisse Jesu*, Göttingen 1970. – Eine der beliebtesten „wissenschaftlichen" Arbeiten über Jesu Gleichnisse. Versucht ohne Kenntnis der buddhistischen Quellen zum „ursprünglichem Sinn" der 41 Gleichnisse vorzudringen, die Jesus in den ersten drei Evangelien zugeschrieben werden. Weiß nicht, daß *parabolê* und *paroimia* die Sanskritworte *paryâyas* und *upamayâ* wiedergeben.

KLIJN, A.F.J.: *An Introduction to the New Testament*, Leiden 1980. – Eine der am leichtesten zugänglichen und am meisten auf Tatsachen beruhende Einführungen in das Neue Testament mit unzähligen Vergleichen. Gibt einen schnellen und verläßlichen Überblick über das N.T. u.a.

KOCH, CARL: *Jesu Gleichnisse*, Kopenhagen 1915 (neue Ausgabe Århus 1960). – Erörtert die buddhistischen Gleichnisse.

KÖNIG, ED.: *Stilistik, Rhetorik, Poetik in bezug auf die Biblische Literatur komparativisch dargestellt*, Leipzig 1900. – Gründliche Arbeit, die u.a. die Kunstfertigkeit der Evangelisten betont, jedoch ohne Hinweise auf die vielen indischen Parallelen.

KÜMMEL, W.G.: *The New Testament. The History of the Investigation of its Problems*, London 1973. – Hätte die Debatte über den buddhistischen Einfluß berücksichtigen sollen.

LOHSE, EDUARD: *Die Entstehung des Neuen Testaments*, Stuttgart 1979. – Eine der zahlreichen modernen Arbeiten, die alle die buddhistischen Quellen ignorieren.

MACK, BURTON L.: *Who Wrote the New Testament? The Making of the Christian Myth*, New York 1995. – Betont zu Recht die frühen christlichen Schriften als Produkte der Mythenbildung [*„mythmaking"*], – aber ohne über die Quellen dieser Mythen Rechenschaft ablegen zu können.

MADSEN, IVER K.: *Evangelien synoptisk sammenstillede*, Kopenhagen 1972 (und später). – Unentbehrlich für Dänen. [Der griechische Text bei K. ALAND: *Synopsis quattuor Evangeliorum*, Stuttgart 1976]

MARCOS, NATALIA FERNÁNDEZ: *The Septuagint in Context. Introduction to the Greek Versions of the Bible*, Leiden 2000. – Enthält u.a. wertvolle Beobachtungen über AQUILAS griechische Nachahmung des Hebräischen (S. 115-118), was zeigt, daß AQUILA das Hebräische auf etwa die gleiche Weise nachgeahmt hat wie die Evangelisten das Sanskrit.

MENKEN, M.J.J.: *Numerical Literary Techniques in John. The Fourth Evangelist's Use of Numbers of Words and Syllables*, Leiden 1985. – Das wissenschaftlichste Werk über die numerische Technik in den Evangelien. Auch anwendbar auf die übrigen Evangelien. Gute Verweise. Analysiert u.a. den „guten Hirten" (Johannes 10:1-18), aber übersieht die buddhistische Hauptquelle (Mahâparinirvâna-Sûtra 40d:40–51), das die gleiche Anzahl Silben hat.

METZGER, BRUCE M.: *The Canon of the New Testament: Its Origin, Development and Significance*, Oxford 1987. – Berücksichtigt nicht die Sanskritquellen. Viele gute Informationen.

MEYER, EDUARD: *Ursprung und Anfänge des Christentums*, I-III, Stuttgart, Berlin 1923–25. – Übersieht den Buddhismus.

MILLER, ROBERT J. (Hrsg.): *The complete Gospels: annotated Scholars Version*, San Francisco 1994. – Leicht und praktisch.

MOSBECH, HOLGER: *Evangelieliteraturens Tilblivelse*, Kopenhagen 1938. – Hebt u.a. die Bedeutung des „Stichwortprinzips" hervor

(S. 94), d.h. daß lose Assoziationen und Wortspiele die Komposition bestimmen.

MOSBECH, HOLGER: *Nytestamentlig Isagogik*, Kopenhagen 1946-1949. – Die beste Einführung auf dänisch. Weiß nichts von den buddhistischen Quellen.

MÜLLER, MOGENS: *Kommentar til Matthäusevangelium*, Århus 2000. – Der neueste und beste Kommentar auf dänisch. Enthält ein umfassendes Literaturverzeichnis (S. 585-617). Der Verfasser weiß nichts von den buddhistischen Quellen. Doctissima ignorantia!

NEPPER-CHRISTENSEN, POUL: *Das Matthäus-Evangelium – ein judenchristliches Evangelium?*, Århus 1958. – Dissertation. Lehnt zu Recht ab, daß das Matthäus-Evangelium eine Übersetzung aus einer semitischen Sprache sei, – aber übersieht vollständig, daß es eine Nachbildung des Sanskrit ist.

NIELSEN, DITLEF: *Den historiske Jesus. Fremtidens Religion*, Kopenhagen 1932. – Versucht, ein Bild von Jesus als historischer Person zu zeichnen, auf die alles Wertvolle im Menschenleben zurückgeführt werden kann.

NOACK, BENT: *Det nye Testamente og de første kristne årtier*, Kopenhagen 1975. – Erörtert Inhalt und Umfang des Neuen Testaments, seinen Text, Hintergrund, Literaturformen, Schriften sowie historische Informationen über Jesus und die älteste Gemeinde, mit umfassender Literaturliste. – Kennt nicht die buddhistischen Quellen. Ebenso wie HYLDAHL und MÜLLER u.a. berücksichtigt er zu wenig die religionswissenschaftliche Literatur.

PILGAARD, AAGE: *Kommentar til Markus-Evangeliet*, Århus 1988. – Ist vor allem auf die sogenannten form- und redaktionshistorischen Seiten des Evangeliums gerichtet, – jedoch ohne die historischen Quellen hierzu zu nennen. Erwähnt mit keinem Wort, daß der topographische und chronologische Rahmen direkte Nachahmungen sind, mit den gleichen Konsonanten, Zahlenwerten usw. wie in den buddhistischen Quellen.

RYBERG HANSEN, P.O.: *Det ældste Evangelium*, Kopenhagen 1910. – Der Verfasser verdient noch immer Beachtung, weil er in dieser und anderen Schriften (vor allem *Evangelierne som Kilder til Jesu Liv*, Kopenhagen 1904) die Evangelien mehr „historisch-kritisch" betrachtete als seine theologischen Vorgänger (TORM usw.) und Nachfolger. Leider kannte RYBERG HANSEN die buddhistischen Quellen nicht.

SCHMID, JOSEF: *Synopse der drei ersten Evangelien. Mit Beifügung der Johannes-Parallelen*, Regensburg 1960.

SCHWEITZER, ALBERT: *Jesu Liv. Af Jesu-Liv-Forskningens Historie*, Kopenhagen 1955. – Auswahl von SCHWEITZERs großem Werk über die „Jesu-Leben-Forschung" des 19. Jahrhunderts. Ausgezeichnete Kritik der Vorgänger, aber SCHWEITZER selbst endet in einer absurden „Jesusmystik" (S. 255): *„Wir sind nicht im Stande ein Wort zu finden, das uns sein Wesen ausdrücken könnte."* [Rückübersetzung aus dem Dänischen] – Jesu „Wesen" kann mit einem Wort ausgedrückt werden: „fiktiv"; oder „leer" – genau wie Buddha! [C.L.]

STRACK, HERMANN L.: siehe unter **TORM, FREDERIK**.

TORM, FREDERIK: *Nytestamentlig hermeneutik,* Kopenhagen 1938. – Bemerkungen über Gematrie (S. 246) mit Verweisen auf HERMANN L. STRACK, wobei der englischen Ausgabe der Vorzug zu geben ist: *Introduction to the Talmud and Midrash,* New York 1959 (vor allem S. 93-98). Neue Ausgabe bei G. STEMBERGER, Edinburgh 1991.

WEISS, JOHANNES, WILHELM BOUSSET, WILHELM HEITMÜLLER u.a.: *Die Schriften des Neuen Testaments, neu übersetzt und für die Gegenwart erklärt,* I-IV, Göttingen 1917-1920 (und später). – Durchgehend verhältnismäßig vernünftige und sachliche Kommentare.

II. Religionswissenschaftliche (vergleichende) Literatur

ATWILL, JOSEPH: *Caesar's Messiah. The Roman Conspiracy to invent Jesus,* Berkeley CA 2005. – Behauptet, daß Jesus von einem römischen Kaiser erfunden wurde. Textanalysen verweisen jedoch auf buddhistische und jüdische Autoren.

BILDE, PER: *Den hellenistisk-romerske verden. Religiøse tekster,* Kopenhagen 1998. – Auswahl von Texten, die einen Eindruck von der hellenistischen Welt geben, in der auch die buddhistischen Missionare wirkten.

BILDE, PER: *En religion bliver til,* Kopenhagen 2002.– Versucht erfolglos, die ersten Jahrhunderte des Christentums zu schildern, ohne Wissen um die buddhistischen Quellen. Übersieht, daß Jesus eine literarische Fiktion ist.

BIRNBAUM, PHILIP: *Encyclopedia of Jewish Concepts,* New York 1991.

BOYD, JAMES W.: *Satan and Mâra. Christian and Buddhist Symbols of Evil,* Leiden 1975. – Ein guter Versuch, den christlichen und den buddhistischen Teufel zu vergleichen. Beruht leider auf einer zu schmalen Textgrundlage.

BOUSSET, WILHELM: *Kyrios Christos, Geschichte des Christusglaubens von den Anfängen des Christentums bis Irenaeus,* Göttingen 1913 (und später). – Guter und wertvoller Durchgang wichtiger Namen und Titel; übersieht aber, daß griechisch *ho khristos* den

Sanskritnamen *ksatriyas* wiedergibt.

CLEMEN, CARL: *Religionsgeschichtliche Erklärung des Neuen Testaments*, Giessen 1924 (erste Aufl. 1909). – Noch immer ein Hauptwerk über die Abhängigkeit des ältesten Christentums von nicht-jüdischen Religionen, darunter dem Buddhismus und philosophischen Systemen. Verfügt leider nur über eine recht eingeschränkte Kenntnis des Sanskrit und des Buddhismus.

CROSSAN, JOHN DOMINIC: *Jesus: A Revolutionary Biography*, New York 1994. – Hält Jesus – ohne Begründung – für eine historische Gestalt. Verficht einseitig den Standpunkt, daß er ein politischer Unruhestifter war, ein radikaler und revolutionärer Prophet, ein jüdischer Bauernsohn. – Übersieht, wie viele andere, die einseitig einen historischen Jesus annehmen, die indischen Quellen.

In einem anderen Buch, *Who Killed Jesus?*, San Francisco 1996, behauptet derselbe Verfasser, daß die römischen Behörden und nicht die Juden für den Mord an Jesus verantwortlich waren. Wiederum ein Ausdruck für seine Unwissenheit in Bezug auf die Primärquellen.

DEISSMANN, ADOLF: *Licht vom Osten. Das Neue Testament und die neuentdeckten Texte der hellenistisch-römischen Welt*, Tübingen 1923. – Gibt viele nützliche Quellen.

DESCHNER, KARLHEINZ: *Kriminalgeschichte des Christentums*, I-V, Hamburg 1986-1998. – Der dritte Band dieses bedeutungsvollen Großwerks, *Die Alte Kirche*, 1990, hat den Untertitel: *Fälschung, Verdummung, Ausbeutung, Vernichtung*. Schon der Titel läßt erkennen, daß hier eine unentbehrliche Korrektur und Ergänzung der üblichen treuherzigen Darstellungen der Geschichte des frühen Christentums vorgenommen wird. Sollte einen dänischen Übersetzer und Herausgeber finden.

DERRETT, J.D.M.: *Two Masters. The Buddha and Jesus*, Yelverton Manor, Northamptonshire 1995. – Ein hübscher und kundiger Vergleich, wenn auch etwas oberflächlich. Gute Bibliographie (S. 133-138).

DERRETT, J.D.M.: *The Bible and the Buddhists*, Bornato in Franciacorta 2000. – Im Gegensatz zu früher anerkennt DERRETT jetzt einen bedeutenden buddhistischen Einfluß auf das N.T. Fast erschöpfende Bibliographie (S. 115-123). DERRETT irrt sich, wenn er schreibt (S. 30): *„To require close verbal similarity is to ask too much."* [Enge sprachliche Ähnlichkeit zu fordern, ist zu viel verlangt.] – Ich habe sein Buch besprochen in *Buddhist Studies Review*, Vol. 18/2 (2001), S. 229-242.

DREWS, ARTHUR: *Die Christusmythe* I-II, Jena 1910-11 (und später). – Immer noch ein Klassiker über Jesus als Mythus. Erregte bei voreingenommenen Theologen viel Anstoß.

FIDELER, DAVID: *Jesus Christ, Sun of God: Ancient Cosmology* *and Early Christian Symbolism*, Wheaton, Illinois 1993. – Wertvoll, vor allem durch seinen Nachweis der Gematrie im N.T. Umfassende Bibliographie (S. 387-407).

FREKE, TIMOTHY und **PETER GANDY**: *The Jesus Mysteries. Was the „Original Jesus" a Pagan God?*, London 1999. – Vertritt mit guten Argumenten den Standpunkt, daß Jesus nicht historisch, sondern mythisch war. Gute Literaturliste. Wertvolle Bibliographie u.a. im Internet:

http://www.jesusmysteries.demon.co.uk

FUSS, MICHAEL: *Buddhavacana & Dei Verbum. A Penomenological & Theological Comparison of Scriptural Inspiration in the Saddharmapundarîka Sûtra & in the Christian Tradition*, Leiden 1991. – Gründliche Analyse des Lotus-Sûtra, mit Informationen über Handschriften, Übersetzungen usw. Sieht eine tiefgehende Übereinstimmungen zwischen Buddhismus und Christentum, umgeht aber die Frage der historischen Abhängigkeit des Christentums vom Buddhismus (S. 421).

GABEL, JOHN B. und **CHARLES B. WHEELER**: *The Bible as Literature. An Introduction*, New York & Oxford 1990. – Vorurteilslose Überprüfung von A.T. und N.T. als Literatur betrachtet. Leicht lesbar. Nichts über den Buddhismus.

GARBE, RICHARD: *Indien und das Christentum. Eine Untersuchung der religionsgeschichtlichen Zusammenhänge*, Tübingen 1914, Nachdruck Süderbrarup 2004 (mit einem Vorwort von CHRISTIAN LINDTNER). – Eine gründliche und kritische Behandlung der vergleichenden Forschung vor 1914. Anerkennt einen begrenzten buddhistischen Einfluß auf das N.T.

GRUBER, ELMAR R. & HOLGER KERSTEN: *The Original Jesus. The Buddhist Sources of Christianity*, Shaftesbury 1995. – Während CROSSAN meint, daß Jesus ein jüdischer Prophet und Revolutionär gewesen sei, und MORTON SMITH ihn für einen Magiker hielt, meinen diese beiden Verfasser geradewegs, daß Jesus Buddhist war. Ihre These ist haltbar, wenn man betont, daß Jesus eine literarische buddhistische Fiktion ist, ein als Jude verkleideter Buddhist. Im Ganzen ist dieses Buch eine ausgezeichnete Einführung zu meiner eigenen Arbeit. Guter Überblick über die historischen Verbindungen zwischen Indien und dem Westen. Gute Bibliographie (S. 252-259). Kann (im Gegensatz zu KERSTENs zweitem, weit verbreiteteren Buch: *Jesus Lived in India*) sehr empfohlen werden

HEIBERG, J.L.: *Fra Hellas. Populaire Afhandlinger*, Kopenhagen 1920. – Darin vor allem die Abhandlung dieses hervorragenden klassischen Philologen: *„Antik Polemik mod Christendommen"* (S. 193–220).

HENNECKE, EDGAR & WILHELM SCHNEEMELCHER: *Neutestament-*

liche Apokryphen in deutscher Übersetzung, I-II, Tübingen 1959-1964. – Überraschenderweise ist der buddhistische Einfluß in diesen Texten durchweg sehr gering und und nur an wenigen Stellen zu finden.

HUMPHREYS, KENNETH: *Jesus Never Existed*, Brighton 2005. – Das Lesen des Buches ist ein Vergnügen. Es bringt eine Menge sinnvoller Überlegungen – und Humor!

HVIDTFELDT, ARILD: *Kulturernes korsvej*, Kopenhagen 1983. – Ausgezeichnete Einführung in das kulturelle Milieu, in dem die buddhistischen Missionare wirkten.

HVIDTFELDT, ARILD: *Hellenistiske religioner*, Kopenhagen 1991. – Guter Überblick über die neueren Ergebnisse der nichtdänischen Forschung. Sehr vorsichtig!

LEHMANN, EDV.: *Buddha. Hans lære und dens gærning*, Kopenhagen 1920. – Enthält ein Kapitel über die Legenden und das Christentum.

KALOPOULOS, MICHAEL: *Biblical Religion. The great Lie*, Thessaloniki, Hellas(Griechenland) 2003.

KARTTUNEN, KLAUS: *India and the Hellenistic World*, Helsinki 1997. – Sammelt und kommentiert fast alle Quellen der lateinischen und griechischen Literatur. Eine preiswürdige Arbeit.

KLATT, NORBERT: *Jesu und Buddhas Wasserwandel*, Göttingen 1990. – Weist als einer der ersten die direkte literarische Abhängigkeit nach.

KLIMKEIT, HANS-JOACHIM: *Gnosis on the Silk Road, Gnostic Texts from Central Asia*, San Francisco 1993. – Behandelt vor allem den Manichäismus, der, genau wie das Christentum, ein buddhistisches Fundament hat. Für MANI [persischer Religionsstifter, 3. Jahrh. n.d.Ztr.] waren Jesus und Bodhisattva dieselbe Gestalt.

KRENCHEL, E.: *Opstandelsen i juridisk Belysning*, Kopenhagen 1937. – Bekämpft „die staatsautorisierte Mystik" und christliche Verfälschungen u.a. und weist nach, daß die Evangelisten durchgehend unglaubwürdige Zeugen sind. Erwähnt kurz den Buddhismus.

LANG, DAVID MARSHALL: *The Wisdom of Balahvar*, London 1957. – Über eine bekannte christliche Legende, die, wie sich zeigt, aus buddhistischen Quellen stammt. Dem Namen *Ioasaph* liegt sanskrit *Bodhisattva(s)* zugrunde. Ich kann hinzufügen, daß *Balahvar* – der bis heute nicht identifiziert werden konnte – auf sanskrit *Bhârgavas* zurückgeht.

LEIPOLDT, JOHANNES & WALTER GRUNDMANN: *Umwelt des Urchristentums*, I-III, Berlin 1967. – Schönes Handbuch. Fast nichts über den Buddhismus.

LUZ, ULRICH & AXEL MICHAELS: *Jesus oder Buddha. Leben und Lehre im Vergleich*, München 2002. – Die neueste von vielen vergleichenden Arbeiten. Literaturverweise. Sehr oberflächlich.

MACCOBY, HYAM: *The Mythmaker. Paul and the Invention of Christianity*, New York 1986. – Vertritt die Auffassung, daß Paulus den Mythus von Jesus als *„the descent of the divine saviour"* [die Herkunft des göttlichen Erlösers] (S. 184) geschaffen hat, übersieht aber, daß der Mythus buddhistisch ist.

MYNSTER, LARS: *Kejser Julian mod Galilæerne*, Kopenhagen 1990. – Zusammen mit den griechischen Philosophen Kelsos und Porfyr ein hervorragender Repräsentant der aufgeklärten Heiden, die dagegen angingen, daß die Galiläer *„den Teil der Menschenseele ausnutzen, der fantastische Erzählungen liebt und im Ganzen gesehen kindisch und töricht ist"* (S. 73).

RANKE-HEINEMANN, UTA: *Nein und Amen. Anleitung zum Glaubenszweifel*, Hamburg 1992. – Behauptet zu Recht, daß die Evangelien größtenteils aus Märchen bestehen, übersieht aber die literarischen (buddhistischen) Quellen dieser Märchen. Hält trotzdem am Glauben an einen erhabenen Christus *„hinter den Mythen"* fest.

RAO, B.S.L. HANUMANTHA u.a.: *Buddhist Inscriptions of Andradesa*, Secunderabad 1998. – Sammlung von Inschriften seit König Asoka. Zeigt u.a., wie aktiv und gut-organisiert die internationale Mission der Buddhisten bereits ab dem 3. Jahrh. v.d.Ztr. war.

SMITH, MORTON: *Jesus the Magician*, San Francisco 1978. – Meint, daß man in der damaligen Zeit den historischen Jesus in erster Linie für einen Zauberer hielt, und daß die Christen diese Seite Jesu unterdrückt haben. Übersieht, daß man alle Wunder Jesu bereits in den buddhistischen Quellen findet.

THUNDY, ZACHARIAS P.: *Buddha & Christ. Nativity Stories & Indian Traditions*, Leiden 1993. – Behandelt einige der indischen Quellen zur Legende von Jesu Geburt und Kindheit aus einem literaturhistorischen Blickwinkel. Gute Kapitel über den Gnostizismus und die Verbindungen nach Indien. Gute Bibliographie (S. 278–290).

VAN DEN BERGH VAN EYSINGA, G.A.: *Indische Einflüsse auf evangelische Erzählungen*, Göttingen 1904 (und später). Erörtert Parallelen und historische Beziehungen.

VASSILIADES, DEMETRIOS TH.: *The Greeks in India. A Survey in Philosophical Understanding*, New Delhi 2000. – Vortreffliches Werk über den griechischen Einfluß in Indien.

VIKLUND, ROGER: *Den Jesus som aldrig funnits* [Der Jesus, der nie gefunden wurde], Röbäck (Schweden) 2005.

VON BRÜCK, MICHAEL & WHALEN LAI: *Buddhismus und Christentum. Geschichte, Konfrontation, Dialog*, München 1997. – Meint nicht, daß man mit Sicherheit Aussagen über den Einfluß des Buddhismus auf das Christentum machen kann (S. 316).

WETTER, GILLIS PETERSSON: *„Der Sohn Gottes". Eine Untersuchung über den Charakter und die Tendenz des Johannes-*

Evangeliums, Göttingen 1916. – Sammelt sehr viel Material über *„Gottes Sohn"*, aber übersieht sanskrit *Deva-putras.*

WILKEN, ROBERT L.: *The Christians as the Romans Saw Them*, New Haven 1984. – Klare Übersicht darüber, was gebildete Heiden vom Aberglauben, dem Grabkult, der Intoleranz usw. der Christen hielten.

III. Primärquellen u.a.

BAYS, GWENDOLYN (Übers.): *The Voice of the Buddha: The Beauty of Compassion*, I-II, Berkeley 1983. – Übersetzung des *Lalitavista-ra-Sûtra* (aus dem Französischen). Eine 27 Kapitel umfassende hübsche Nachdichtung der Legenden in Verbindung mit den drei ersten Hauptbegebenheiten in Buddhas Leben. Sehr nützlich, wenn man es parallel, Seite für Seite, zu einer modernen Synoptiker-Ausgabe liest. Kapitel 4 über die sogenannten 108 Dharma-Türen ist eine Hauptquelle für die christliche Verehrung der Zahl 108.

BRUUN, JENS, CHRISTIAN LINDTNER u. PETER BOILE NIELSEN: *Buddhismen. Tanker und livsformer,* Kopenhagen 1982 (und später). – Von besonderer Bedeutung sind die Erlasse und Inschriften des Königs Asoka über das Dharma, Übersetzung ins Dänische, S. 78-84. Asoka kannte die hellenistischen Könige Antiochos, Ptolemäus, Antigonos, Magas und Alexander.

EDGERTON, FRANKLIN: *Buddhist Hybrid Sanskrit Grammar and Dictionary,* New Haven 1953. – Wichtiges Wörterbuch mit Verweisen auf mehrere der Texte, die von den Evangelisten benutzt wurden.

FRANKE, R. OTTO: *Dîghanikâya. Das Buch der Langen Texte der Buddhistischen Kanons*, Göttingen 1913. – Enthält u.a. eine genaue Übersetzung der Pâli-Rezension des Mahâ-Parinibbâna-Sutta, eine Hauptquelle zu der Schilderung der letzten Tage Jesu in den Evangelien.

GNOLI, RANIERO (Hrsg.): *The Gilgit Manuscript of the Samghabhedavastu, Being the 17th and Last Section of the Vinaya of the Mûlasarvâstivâdin.* Part I-II, Rom 1977–1978. – Hauptquelle für Jesu Abstammung, Geburt, die drei Weisen, die Flucht nach Ägypten, den Kindermord, die Heimkehr, Bodhisattva in der Wüste, die Taufe, die Versuchung, Jesus in Galiläa, die ersten Jünger, die Bergpredigt usw. usf.; endet mit dem Tod zwischen zwei Jüngern und zwei Bäumen.

Einen auf der tibetischen Übersetzung beruhenden Auszug findet man u.a. bei **JAMPA LOSANG PANGLUNG** und **W.W. ROCKHILL** (siehe dort). – Abgekürzt MSV. Rezensiert in *Acta Orientalia* 43

(1983), S.124-26. Niemand kann sich quellenkritisch mit den Evangelien befassen, ohne sich eingehende Kenntnis vor allem des ersten Bandes verschafft zu haben.

HIKATA, RYUSHO (Hrsg.): *Suvikrântavikrâmi-pariprcchâ-prajnâpâramitâ-sûtra*, Fukuoka 1958. – Quelle der ersten Worte Jesu (Matthäus 3:15): *„Also gebührt es uns, alle Gerechtigkeit zu erfüllen"*, stammt hieraus (Seite 4).

LAMOTTE, ÉTIENNE: *History of Indian Buddhism. From the Origins to the Saka Era*, Louvain-la-Neuve 1988. – Grundlegend und ganz unentbehrlich.

LINDTNER, CHRISTIAN: *Master of Wisdom. Writings of the Buddhist Master Nâgârjuna*, Berkeley 1986 (und später). – Als Einleitung zum Mahâyâna.

LINDTNER, CHRISTIAN: *Hînayâna. Den tidlige indiske buddhisme*, Kopenhagen 1998. – Darin u.a. eine Übersetzung ins Dänische von *„Die vier Versammlungen"* (S. 18-59), aus denen die Evangelisten fleißig geschöpft haben.

LINDTNER, CHRISTIAN: *Buddha alias Jesus, the Fig Tree and the Vine*, in Research Bulletin [Hrsg. ASHVINI AGRAWAL], Vol. 3, Dezember 2004 (S.111-139).

MALALASEKERA, G.P.: *Dictionary of Pâli Proper Names*, I-II, London 1937. – Enthält u.a. fast alle Namen der Orte und Personen, die in den Evangelien nachgeahmt werden. Indische Neuauflage, New Delhi 1983.

MYLIUS, KLAUS: *Wörterbuch Sanskrit-Deutsch*, Leipzig 1992 (und später). – Kann als ein sehr praktisches und umfassendes Wörterbuch empfohlen werden, das keine Kenntnis der indischen Schrifttypen erfordert.

MYLIUS, KLAUS: *Wörterbuch Pâli-Deutsch. Mit Sanskrit-Index*, Wichtrach 1997. – Wie das Sanskritwörterbuch (siehe oben) leicht zu handhaben.

PANGLUNG, JAMPA LOSANG: *Die Erzählstoffe des Mûlasavâstivâda-Vinaya analysiert auf Grund der Tibetischen Übersetzung*, Tokyo 1981. – Eine ganz unentbehrliche Arbeit, die Märchen im MSV analysiert, die von den Evangelisten oft benutzt wurden. Enthält eine ausführliche Bibliographie (S. 235–262).

SALOMON, RICHARD: *Ancient Buddhist Scrolls from Gandhâra*, London 1999. – Über die ältesten, ca. 2000 Jahre alten buddhistischen Handschriften auf Birkenrinde.

SOOTHILL, W.E.: *The Lotus of the Wonderful Law or The Lotus Gospel*, Richmond Surrey 1987 (und später). – Gekürzte englische Wiedergabe der chinesischen Übersetzung des Lotus-Sûtra. Vielleicht die beste Einführung zum Studium der wichtigsten Quelle des N.T. Enthält eine hervorragende Einleitung.

TUNELD, EBBE: *Recherches sur la valeur des traditions bouddhi-*

ques palie et non-palie, Lund 1915. – Vergleicht die verschiedenen Überlieferungen über Buddhas „Taufe“ und „Gottes Gebet“ [daß er das Dharma verkünden wird] (entspricht Matthäus 3; 11:25-30; 17:1-13 u.a.). Ein wichtiger Beitrag zur „synoptischen“ Forschung.

VAIDYA, P.L. (Hrsg.): *Saddharmapundarîkasûtram*, Darbhanga 1960. – Sanskrittext der wichtigsten Quelle des N.T. Verweist auf die früheren Ausgaben von **H. KERN** und **B. NANJIO** (1908-12) und **C. TSUCHIDA** (1934), samt **N. DUTT** (1953). Der Text umfaßt hier 27 Kapitel [27 x 4 = 108]. Eine wirklich kritische Ausgabe des Sanskrittextes liegt noch nicht vor. In Japan gibt es ein Institut für die Erforschung des Lotus-Sûtra.

VAIDYA, P.L. (Hrsg.): *Mahâyâna-Sûtra-Samgraha*, Darbhanga 1961. – Zusammenstellung originaler Sanskrittexte, darunter das *Sukhâvatîvyûha* (S. 250), das die Quelle für Lukas 10:17 über *„die Zweiundsiebzig“* enthält, die (nicht) zurückkehrten.

WALDSCHMIDT, ERNST: *Die Legende vom Leben Buddhas. In Auszügen aus den heiligen Texten*, Berlin 1929. – Sehr gute Auswahl von Texten.

WALDSCHMIDT, ERNST (Hrsg.): *Das Catusparisat-Sûtra,* Teil I-III, Berlin 1952–53. – Ist Bestandteil des MSV. Hauptquelle für den Täufer in der Wüste Judäas, die Taufe, die Versuchung, den Missionsbefehl, Jesu Freudenruf, die Verklärung auf dem Berg usw.

WALDSCHMIDT, ERNST u.a. (Hrsg.): *Sanskrit-Wörterbuch der buddhistischen Texte aus den Turfan-Funden*, Göttingen 1973. – Herausgegeben von HEINZ BECHERT u.a. – Unentbehrliches Wörterbuch für mehrere der Texte, die Grundlage für die Evangelisten bilden. Mit Literaturhinweisen.

F. Bibliographie des Verfassers Christian Lindtner

Geboren am 14. Juni 1949.

Studium klassischer und orientalischer Sprachen, Religion und Philosophie, Universität Kopenhagen. MA 1979 (Indische Philologie). Ph.D. 1982 (Buddhistische Studien).

Wissenschaftliche Studien im Ausland einschließlich Schweden, Deutschland, Indien und den U.S.A.

Lehraufträge an den Universitäten von Lund, Kopenhagen, Washington (Seattle), Virginia (Charlottesville) für das Gebiet asiatische Sprachen und Literatur; buddhistische und religiöse Studien, indische Philologie (Sanskrit und Pâli).

Forschungsaufträge an den Universitäten Kopenhagen und Göttingen, der Dänischen Akademie der Wissenschaften (Carlsberg Foundation), des Dänischen Forschungsinstituts, des Deutschen Akademischen Austauschdienstes (DAAD) usw.

Administrative und redaktionelle Tätigkeiten:

- A Critical Pâli Dictionary (dänischer Hrsg.)
- Indiske Studier (Editor-in-Chief)
- Buddhist Tradition Series (Editorial Advisory Board)
- Institute of Indian Philology, Direktor
- Institute of Oriental Philology, Direktor

Gastvorlesungen u.a. an folgenden Universitäten

- in Deutschland: Hamburg, Bonn, Berlin, München
- in Estland: Tartu (Dorpat)
- in England: Oxford
- in Australien: Wien, Graz
- in Polen: Krakow
- in Schweden: Stockholm, Lund, Gothenburg
- in den U.S.A: Boston, Austin, Harvard, Berkeley
- in Kanada: Vancouver, Calgary, Toronto
- in Indien: Poona, Delhi, Vârânasî, Madras
- in der Schweiz: Lausanne
- in Finnland: Helsinki

Veröffentlichungen von 1978 bis 2004:

- 1978a: *Nâgârjuna – Ægte og Uægte*, Københavns Universitet, 393 Seiten (Ph.D.)
- 1979a: *Narakoddharastava*, in „Acta Orientalia" 40, Seite 146-155
- 1979b: *Candrakîrti's Pancaskandhaprakarana*, in „Acta Orientalia" 40, Seite 87-145
- 1980a: *Forklaring af Bodhicitta (Bodhicittavivarana)*, in „Stupa" 4, Kopenhagen, Seite 5 ff.
- 1980b: *Apropos Dharmakîrti* – Two New Works and a New Date, in „Acta Orientalia" 41, Kopenhagen, Seite 10 ff.
- 1980c: *Nâgârjuna: Juvelkæden og Andre Skrifter*, Kopenhagen: Sankt Ansgars Forlag, 106 Seiten
- 1981a: *Buddhapâlita on Emptiness*, in „Indo-Iranian Journal" 23, Leiden, Seite 187-217
- 1981b: *Atisa's Introduction to the Two Truths, and Its Sources*, in „Journal of Indian Philosophy" 9, Dordrecht, Seite 161-214 ff.
- 1981c: *Dhammapada: Buddhas Læreord*, Kopenhagen: Sankt Ansgars Forlag, 82 Seiten
- 1981d: *To Buddhistiske Læredigte. Nâgârjunas Suhrllekha og Sântadevas Bodhisattvacaryâvatâra*, Kopenhagen: Akademisk Forlag, 164 Seiten
- 1982a: *Adversaria Buddhica*, in „Wiener Zeitschrift für die Kunde Südasiens" 26, Wien, Seite 167-194
- 1982b: *Nâgârjunas Filosofiske Værker*, Kopenhagen: Akademisk Forlag, 262 Seiten
- 1982c: *Poul Tuxen: Yoga*, Kopenhagen: Akademisk Forlag, 321 Seiten (Nachschrift, Seite 3 ff.)
- 1982d: *Nagarjuniana. Studies in the Writings and Philosophy of Nâgârjuna*, Kopenhagen: Akademisk Forlag, 327 Seiten (5. Aufl., New Delhi 1999)
- 1982e: *Buddhismen. Tanker og Livsformer*, Kopenhagen: Gyldendal, 218 Seiten (5. Aufl., Kopenhagen 1998)
- 1982f: *Astavakras Sang (Astâvakra-gîtâ)*, Kopenhagen: Sankt Ansgars Forlag, 60 Seiten
- 1983a: *Nâgârjuna's Vyavahârasiddhi*, in „Proceedings of the Csoma de Körôs Symposium, Velm/Wien, 13.-19. Sept. 1981", Wien, Seite 147-159
- 1984a: *Indiens Religioner*, in Gads Religionshistoriske Tekster, Kopenhagen: Gads Forlag, Seite 98-169 (2. Aufl., 1992)
- 1984b: *Marginalia to Dharmakîrti's Pramânaviniscaya*, in „Wiener Zeitschrift für die Kunde Südasiens" 28, Wien, Seite 149-175

- 1984c: *Sanskrit Studies in Denmark*, in Sanskrit outside Denmark, Thane, Seite 18 ff. (chinesische Ausg., Beijing 1987)
- 1984d: *Bhavya's Controversy with Yogâcâra in Prajnâpradîpa*, in „Acta Orientalia Hungarica" 29, Budapest, Seite 77-97
- 1984e: *Mâtrceta's Pranidhânasaptati*, in „Études Asiatiques" 38, Bern & New York, Seite 100-128
- 1985a: *Remarks on the Gaudapâdîya-Kârikâs*, in „Indo-Iranian Journal" 28, Leiden, Seite 275-279
- 1985b: *A Critical Pâli Dictionary*, in „Indo-Iranian Journal" 28, Leiden, Seite 299-302
- 1985c: *Kambala's Âlokamâlâ*, in Miscellanea Buddhica, Kopenhagen, Akademisk Forlag, Seite 109-220
- 1986a: *Bhavya's Critique of Yogâcâra in Madhyamakaratnapradîpa, IV*, in Buddhist Logic and Epistemology, Dordrecht, Seite 239-263
- 1986b: *Materials for the Study of Bhavya* in Kalyânamitrârâganam, Oxford & Oslo, Seite 179-202
- 1986c: *Master of Wisdom*, Berkeley: Dharma Publishing, Seite 436 (2. verb. Ausg. 1997)
- 1986d: *On Bhavya's Madhyamakaratnapradîpa*, in „Indologica Taurinensia" 12, Torino, Seite 163-184
- 1987a: *Bhavya, the Logician*, in „The Adyar Library Golden Jubilee Volume", Madras, Seite 58-84
- 1987b: *An Old Error in Asoka's First Pillar Edict*, in „Sramana Vidyâ. Prof. Jagannath Upadhyaya Comm. Volume", Sarnath, Varanasi, Seite 297-281
- 1988a: *Centralasiatiske Studier i Danmark*, in „Dannebrog på Stepperne", Kopenhagen: Museum Tusculanums Forlag, Seite 5 ff. (Vorwort)
- 1988b: *Buddhist References to Old Iranian Religion*, in „Acta Iranica" 12, Leiden, Seite 433-444
- 1988c: *Dalai Lama som Buddhistisk Filosof*, in „Tillæg til Humanist", Kopenhagens Universität, Seite 2 ff.
- 1989a: *V. Bhattacharya: The Âgamasâstra of Gaudapâda*, New Delhi, 308 Seiten (Vorwort zum Nachdruck, Seite 4 ff.)
- 1989b : *Bhikkhu Pâsâdika: Nâgârjuna's Sûtrasamuccaya*, Kopenhagen: Akademisk Forlag, 250 Seiten (Vorwort, Seite 2 ff.)
- 1989c: *The Yogâcâra Philosophy of Dignâga and Dharmakîrti*, in „Studies in Central and East Asian Religions" 2, Kopenhagen, Seite 27-52
- 1990a: *Madhyamaka – The Philosophy of Great Humor?*, in „Journal of Indian Philosophy" 18, Dordrecht, Seite 249-260
- 1990b: *Om Gud og det ondes ophav ifølge Buddhismen*, in „Living Waters. Scandinavian Orientalistic Studies", Kopenhagen: Museum Tusculanum Press, Seite 237-248

- 1991a: *The Initial Verses of the Pramânasiddhi Chapter of the Pramânavârttika*, in „Studies in the Buddhist Epistemological Tradition", Wien, Seite 155-159
- 1991b: *Textcritical Notes on Sanskrit Texts*, in „Papers in Honour of Prof. Dr. Ji Xianlin", Beijing, Seite 651-660
- 1992a: *Tibets gemte sanskrittekster*, in „Humaniora" 1/6, Kopenhagen, Seite 4 ff.
- 1992b: *Danish Contributions to Avesta Studies*, in „Acten des Melzer-Symposiums 1991", Graz, Seite 170-189
- 1992c: *The Lankâvatârasûtra in Early Madhyamaka Literature*, in „Études Asiatiques" 46, Bern & New York, Seite 245-279
- 1992d: *Kâlidâsa and Nâgârjuna*, in „The Adyar Library Bulletin" 56, Madras, Seite 1-6
- 1992e: *On the Date of Dharmakîrti etc.*, in „The Adyar Library Bulletin" 56, Madras, Seite 56-62
- 1992f: *The Mayûrâstaka of Mayûra*, in „The Adyar Library Bulletin" 56, Madras, Seite 177-185
- 1992g: *On Nâgârjuna's Epistemology*, in „Proceedings of the XXXII. International Congress for Asian and North African Studies Hamburg", Stuttgart, Seite 168-169
- 1993a: *Linking up Bhartrhari and the Bauddhas*, in „Études Asiatiques" 47, Bern & New York, Seite 195-213
- 1993b: *A Rare Anthology of Nice Sanskrit Verses: Srî-Sûktâvalî*, in „Indo-Iranian Journal" 36, Leiden, Seite 211-233
- 1993c: *Bhartrsârasvata's Sûktâvalî: Srngâra-Paddhati*, in „The Adyar Library Bulletin" 57, Madras, Seite 89-112
- 1993d: *A Note on Vâkyapadîya, 2.484*, in „The Adyar Library Bulletin" 57, Madras, Seite 1-6.
- 1994a: *The Central Philosophy of Ancient India*, in „Asian Philosophy" 3, Abingdon, Seite 89-93
- 1994b: *Yoga in Mahâyâna and Mahâvajrayâna*, in „The Esoteric Buddhist Tradition. Selected Papers from the 1989 SBS Conference", Kopenhagen & Aarhus, Seite 1-30
- 1994c/d: *Nâgârjuna and the Problem of Precanonical Buddhism*, in „Studia Religiologica" 26, Kraków (Seite 9-22) & in „Religious Traditions" 15-17, Montreal & Sydney (Seite 112-136)
- 1994e: *Sumati's Subhâsitâvalî*, in „Asiatische Studien" 48/4, Bern & New York, Seite 1177-1212
- 1995a: *Bhavya's Madhyamakahrdaya (Pariccheda Five) Yogâcâratattvaviniscayâvatâra*, in „The Adyar Library Bulletin" 59, Madras, Seite 37-65
- 1995b: *Bhavya, Legs ldan 'byed – Quoting and Quoted*, in „Studies in Central & East Asian Religions" 8, Kopenhagen, Seite 90-98

- 1995c: *Editors and Readers*, in DOBOOM TULKU (Hrsg.), „Buddhist Translations. Problems and Perspectives", Delhi, Seite 194-204
- 1995d: *Lokasamgraha, Buddhism and Buddhiyoga in the Gîtâ*, in S.P.NARANG (Hrsg) „Modern Evaluations of the Mahâbhârata" (Prof. R.K.SHARMA Felicitation Volume), Delhi, Seite 199-220
- 1996a: *Sangîtiparyâya & Prakaranapâda*, in POTTER, KARL (Hrsg.), „Encyclopedia of Indian Philosophy", Bd. VII: *„Abhidharma Buddhism to 150 A.D"*, Princeton & Delhi, Seiten 203-216 & 375-379
- 1996b: *Lov og ret i det gamle Indien*, in „Humaniora" 10/4, Kopenhagen, Seite 30-32
- 1996c: *Die Vier Hymnen des Nâgârjuna*, in „Der Kreis. Zeitschrift für Buddhismus im Westen", Nr. 222 / Winter 1996, Dortmund, Seite 9-36
- 1997a: *Nâgârjuna*, in „Companion Encyclopedia of Asian Philosophy", hrsg. von BRIAN CARR und INDIRA MAHALINGAM. Routledge: London & New York 1997, Seite 349-370
- 1997b: *cittamâtra in Indian Mahâyâna until Kamalasîla*, in „Wiener Zeitschrift für die Kunde Südasiens" 41, Wien, Seite 159-206
- 1997c: *Polemika z wypowiedziami papieza Jana Pawla II na temat buddyzmu ...*, in JACEK SIERADZAN (Hrsg.), „Przekroczyc prog madrosci", Krakau 1997, Seite 60 (in polnisch)
- 1997d: *The Problem of Precanonical Buddhism*, in „Buddhist Studies Review" 14/2, London, Seite 109-139
- 1997e: *Nâgârjuna's Hymns to the Buddha*, in KAMESHWAR NATH MISHRA (Hrsg.), „Glimpses of the Sanskrit Buddhist Literature", Vol. I, Sarnath, Varanasi 1997, Seite 33-36
- 1997f: *Bhavya on Mîmâmsâ*, in AGATA BAREJA-STARZYNSKA & MAREK MEJOR (Hrsg.), „Aspects of Buddhism. Proceedings of the International Seminar on Buddhist Studies", Liw, 25. Juni 1994, Orientalisches Institut der Warschauer Universität 1997, Seite 91-123
- 1997g: *Master of Wisdom* (zweite verb. Aufl.), Berkeley: Dharma Publishing, 413 Seiten
- 1998a: *Buddhism as Saddhâtuvâda*, in „The Adyar Library Bulletin" 62, Madras, Seite 1-24
- 1998b: *Hînayâna. Den tidlige indiske buddhisme*, Kopenhagen: Spektrum Forlag, 228 Seiten
- 1998c: *Mahâyâna. Den senere indiske buddhisme*, Kopenhagen: Spektrum Forlag, 255 Seiten
- 1998d: *Nâgârjuna: Siebzig Verse über Leere*, Gelterkinden (Schweiz), 56 Seiten

- 1999a: *Buddhism in Relation to Science and World Religions,* Secunderabad, 15 Seiten
- 1999b: *Madhyamaka Causality*, in „Hôrin. Vergleichende Studien zur japanischen Kultur“ 6, Düsseldorf, Seite 37-77
- 1999c: *What is the dharmas caturbhadrah?*, in „Indo-Iranian Journal“ 42, Dordrecht, Seite 121-140
- 1999d: *From Brahmanism to Buddhism*, in „Asian Philosophy“ 9/1, Abingdon, Seite 5-37
- 1999e: *Buddhism in Relation to Science and World Religions,* in „Suhrullekha“, April-Juni 1999, Secunderabad, Seite 24-26
- 1999f: *A Goal Worth Going For!*, in „Suhrullekha“, Juli-September 1999, Secunderabad, Seite 8-12
- 1999g: *Madhyamakakârikâs; Vaidalyaprakarana; Ratnâvalî; Vyavahârasiddhi; Mahâyânavimsikâ; Catuhstava; Mahârâjakaniskalekha; Varnârhavarna; Satapancâsatka; Visesastava,* in KARL H. POTTER (Hrsg.): „Encyclopedia of Indian Philosophies“, Vol. 8: *Buddhist Philosophy from 100 to 350 A.D.*, Princeton & Delhi, Seite 98-235
- 1999h: *Magnanimity of Madhyamaka*, in „Communication and Cognition“ 32/ 1/2, Ghent, Seite 127-148
- 1999i : *Observations on the Brâhmanavagga*, in „Buddhist Studies Review“ 16/2, London, Seite 181-188
- 1999j: *Bhavya on Mîmâmsâ: Mîmâmsâtattvanirnayâvatârah*, in „The Adyar Library Bulletin“ 63, Chennai, Seite 245-302 (auch einzelne Broschüre als Sonderdruck)
- 2000a: *Romersk guld i Indiens muld*, in „Fællesmønt“ 47, Skive, Seite 10-15
- 2000b: *Replik til Kritik*, in „Chaos“ 32, Kopenhagen, Seite 115-125
- 2000c: *Buddhism as Brahmanism*, in „Indologica Taurinensia“ xxiii-xxiv, *„Professor Gregory M. Bongard-Levin Felicitation Volume“* [„Gratulationsband“], Torino, Seite 217-246
- 2000d: *The Dhammapada*, hrsg. – mit einer wörtlichen lateinischen Übersetzung – von V. FAUSBØLL, Secunderabad, Seiten xvi & 94 (Vorwort zum Nachdruck, Seite 2 ff.)
- 2000e: *J.W. de Jong. In Memoriam*, in „Suhrullekha“, April-Juni 2000, Secunderabad, Seite 68; ebenso in „The Adyar Library Bulletin“ 63, Chennai, Seite 307-308
- 2000f: *King Jagajjyotirmalla's Slokasârasamgrahah*, in „Asiatische Studien“ liv/1, Bern & New York, Seite 45-62
- 2000g: *Âmrapâli in the Gospels*, in „The Adyar Library Bulletin“ 64, Chennai, Seite 151-170
- 2001a: *Madhyamakahrdayam of Bhavya*, in „The Adyar Library“, Chennai, 169 Seiten

- 2001b: *The Bible and the Buddhists*, in „Buddhist Studies Review“ 18/2, London, Seite 229-242 (Review-Artikel)
- 2001c: *Some Sanskritisms in the New Testament Gospels*, in „The Adyar Library Bulletin“ 65, Chennai, Seite 101-109
- 2001d: *Vigrahe krte*, in „The Adyar Library Bulletin“ 65, Chennai, Seite 121-133
- 2002a: *Buddhist Bhagavatism*, in „The Adyar Library Bulletin“ 66, Chennai, Seite 15-65
- 2003a: *Comparative Gospel Studies*, in „Suhrullekha“, April-Juni 2003, Secunderabad, Seite 61-64
- 2003b: *A Garland of Light – Kambala's Âlokamâlâ*, Asian Humanities Press, Fremont, California, x & 189 Seiten
- 2003c: *Gematria in the Gospels*, in „Acta Orientalia“ 64, Seite 1-32 und Seite 7-37
- 2003d: *Hemligheten om Kristus*, Hägglunds förlag, Klavreström, 267 Seiten (auf schwedisch)
- 2003e: *Nâgârjuna: Mûlamadhyamakakârikâh*, in „The Adyar Library“, Chennai, 124 Seiten
- 2003f: *Âlokamâlâ; Madhyamakaratnapradîpa* usw., in KARL H. POTTER (Hrsg.), „Encyclopedia of Indian Philosophies“, Bd. 9: *„Buddhist Philosophy from 350 to 600 A.D.“*, Princeton & Delhi, Seiten 274-280, 372-379, 409-417, 419-422, 438-457
- 2003g: *King Jagajjyotirmalla's Slokasârasamgraha*, in ASHVINI AGRAWAL (Hrsg.): *Sarupa-Saurabham: Tributes to Indology Prof. Kakshman*, Sarup Centenary Volume, Neu Delhi 2003
- 2003h: *Gematria in the Gospels*, in „Research Bulletin“, Vishveshvaranand Vedic Research Institute, Vol. 2, Seite 113-143
- 2004a: *A New Buddhist-Christian Parable*, in COUNTERS, LINDTNER, RUDOLF (u.a.), *Exactitude – Festschrift für Robert Faurisson*, Chicago 2004, Seite 27-56
- 2004b: *Problems of Philosophy: Haribhadra Sûri's Sâstravârta-samuccayah*, in SEMUSÎ, Padmabhûsana, Prof. Baladeva Upâdhyâya Birth Centenary Volume, Varanasi 2004, Seite 686-704
- 2004c: *The Humanism of Haribhadra*, in *Jambû-jyoti Munivara Jambûvijaya* Festschrift (Hrsg. M.A. DHAKY, J.B. SHAH), Seite 203-268
- 2004d: *Buddha alias Jesus. The fig tree and the Vine*, in „Research Bulletin“, Vishveshvaranand Vedic Research Institute, Vol. 3, Dez. 2004, Seite 109-139

Besprechungen, Rezensionen:

Seit 1980 etwa 100 Besprechungen (mit über 300 Seiten) vorwiegend in wissenschaftlichen Büchern und Zeitschriften über Buddhismus, Sanskrit und indische Philosophie und Philologie; wissenschaftlicher Berater der Zeitschriften: Indo-Iranian Journal, Acta Orientalia, Journal of the American Oriental Society, Orientalische Literaturzeitung, Studies in Central and East Asian Religions, Cahiers d'Extreme-Asie, Kratylos, Buddhist Studies Review, The Adyar Library Bulletin usw.

G. Stichwortverzeichnis

A

Abendmahl, -zweites große christl. Ritual (Matth. 26:26-29), 1, 197-199, 225; = Wort für Wort eine Kopie von Tathâgatas letzter [sanskr. *pasci-ma* = „letzte"] großer Mahlzeit mit seinen Jüngern, 197; Höhepunkt: Die Jünger sollen das Brot essen als ob es Jesu Leib wäre u. den Wein trinken als ob es Jesu Blut wäre, 198 f., 206

Abendmahl-Verräter, 198

abhi-sam-buddhas (sanskr.) = „vollständig" [*abhi-sam*] „auferweckt" (zum Dharma), 172

abhisambodhi (sanskr.) = Erleuchtung, Erkenntnis, Erweckung, 37 f.; vollständiges Erwachen, 172; wird im N.T. nachgeahmt u. assimiliert zu griech. *baptisma* [„Taufe"], 172, 191

abhisambodhi-Taufe = Erwekkung, Erleuchtung, 38, 191

Abmessungen früher christlicher Kirchen, 1

Abraham, 133, 138, 146, 225

„Abrahams Sohn" = Sohn von Brahma = Bodhisattva, 48; = Name von Jesus, 48; = Brahmas Sohn in Verkleidung, 48

abysson (griech.) = „Hölle", „Abgrund", 158; assimiliert von sanskr. *Avîcim* (Akk. von *Avîci*) [„Feuerhölle"], 158

(der) „achtteilige Pfad" = freie und irreführende Übersetzung von „Weg mit acht Ekken" [sanskr. *anga*], 99

Acta Orientalia, 76 F.

adelphoi mou (griech.) = „meine Brüder", 126

Adlige(n), Versammlung von, 142; = sanskr. *parisadi ksatriyas*, 168

„Adliger" = sanskr. *ksatriyas*, 35, 168; Buddha ist geboren als *ksatriyas*, 35

adrâksît (sanskr.) = „er sah" [übliche Satzeinleitung, wenn Bhagavat das Subjekt ist], 254; wird von den Evangelisten nachgeahmt mit griech. *kai idou* [„und siehe"], 254

Agrippa, 28 f.

Agrippas (griech. mit Endungs-s), 28 f.; Zahlenwert = **475**, 28 f., 104 F.

Ägypten = griech. *Aigupton*, 37

„Ähnlichkeit, enge sprachliche", 18 ff.

Aigupton (griech.) = Ägypten, 37

Aiguptos (griech.) = Ägypten, 249

Ajâtasatrus, König von Magadha, 183, 233; Zahlenw. = **1514**, 233; fester Beiname = *Vaidehî-putras* [„Sohn der Vaidehî"], 183, 233

Âjîvakas (sanskr.) = Name eines Asketen, 233

ta, 68 f., 234; Zahlenw. = **775**, 234; wird im N.T. zum Jünger *Andreas* verwandelt, 67
anthrôpon (Matth. 9:9) = abgeleitet von sanskr. *âyusmân* [„Leben haben"], 75 f.
anthrôpon Kurênaios (griech.) = „ein Mann aus Kyrene" (Matth. 27:32), 244; abgeleitet von sanskr. *Krsnadvaipâyanas* [= Lehrer des Gautama], 244
anthrôpos (griech., Nom.) = „Mensch", 56; Zahlenwert = **1310**, 56
anthrôpou (griech., Gen.) = „eines Menschen", 56, 180; Zahlenwert = **1510**, 56; im N.T. abgeleitet von sanskr. *pundar* [„Lotus"], 53 f.
ânu-bhâvas (sanskr.) = „Macht", 190 f.
Anuruddha(s)[1] = Apostel des Tathâgata [diese Schreibweise kommt ebenfalls im Sanskrit vor], 67
anya-tamas (sanskr., Adj.) = [unbestimmtes Pronomen] „der eine oder der andere" (von), 234
a-pistia (griech.) = „Unglauben" (Matth. 13:58), 249
apôleia (griech.) = „Vergeudung", 110
Apollôn (griech.) = Apollo, 96 f.; = Sonne [griech. *Hêlios*], 96, 201; = Sohn von Zeus, 130; Zahlenwert von *A.* = **1061**, 96; = Jesu Gott, 96, 260
Apostel, 8, 66
Apostelgeschichte, 28, 29

[1] Eine andere Schreibweise von *Aniruddhas*.

apo-stolos (griech.) = Apostel, 66; bedeutet bei Matthäus „Gesandter", 66
apo tribolôn (griech.) = „von Disteln", 126
aprasâdas (sanskr.) = „Unglauben", 249
Ârâdas = indischer König, 49, 234; wird im N.T. zu *Herodes*, 49; bzw. *Hêrôdês*, 234 f.
aramäische Quelle, die es nicht gibt, 52
„Arbeiter" = griech. *ergatês*, 259; abgeleitet von sanskr. *dhârakas* [„Träger" des Sûtra], 259
Arhat, arhân (sanskr.) = „würdig", Titel der ersten fünf Jünger Tathâgatas, 235
Arimathaias (griech., Genetivform) = indischer Familienname, 42; Mann aus Arimathaias kümmert sich um Jesu Leichnam, 42, 88, 91
arithmos (griech.) = „Zahl", sanskr. *saddharma(s)*, 58
arkhê (griech.) = „Anfang", 206; Zahlenwert = **709**, 206
âroha-parinâhas (sanskr.) = „Höhe und Umfang" der verwandelten Gestalt, 254 f.; z.B. Ksatriyas ⇒ *ho khristos*, 255
Artemis = griech. Göttin der Jagd, 154, 213; als Jungfrau bekannt, 213; Zahlenw. = **656**, 154, 213
artos (griech.) = „Brot", 171 F.
arton (griech., Akk.) = „Brot", 171 F.
Ârya-putras (sanskr.) = „Sohn eines Edlen", „edler Sohn", 235; Anredeform = *Ârya-putra*, 235; Zahlenw. = **993** [wie *Aphroditê* = **993**], 235

[2] Das ist der *Putras*, der zu griech. *Petros* [„Petrus"] wird, den man mit dem Stein oder Fels [griech. *petra* = 486] vergleicht, auf den Jesus seine Kirche bauen will.

[3] Manchmal wird die Bedeutung des Titels, andere Male sein Lautwert wiedergegeben.

B

Elia(s) [*Lindas*], (Matth. 17:3), 224
Bhallika(s) = indischer Kaufmann, 116; wird zu *Iakôbos* assimiliert, 116, 247
Bharadvâjas, indischer König, 164, 236; verurteilte den unschuldigen Gautama [einer der Vorväter des Sâkyamuni] zum Tode, 164, 236; im N.T. assimiliert zu griech. *ho Peilatos* [„der Pilatus"], 164, 236; traf das Todesurteil aufgrund des Rates *„der Hohepriester und der Ältesten im Volke"*, 164, 169
Bhârgavas (sanskr.) = bekannter Weiser, 236
biblos geneseôs (griech.) = Stammbaum, 35; die ersten beiden Worte des Matth.-Evang. = wörtl. Übers. von sanskr. → *kulasya* [griech. *geneseôs*] *vamsas* [griech. *biblos*], 256
Bildkunst, buddhistische, 47
Bimbisâras oder Bimbasâras, König von Magadha, 130, 236, 251; Zahlenw. = **557**, 236 bot dem Königssohn Sâkyamuni alle Reiche und Herrlichkeiten der Welt an (vgl. Matth. 4:5), 130
Blasphemie [d.i. schlecht von Lotus-Sûtra u. seinen Sendboten zu sprechen], 217; = größte u. nicht vergebbare Sünde, 217; = Gotteslästerung, die zur Hölle u. schlechter Wiedergeburt führt, 217
Blasphemie gegen den Geist soll nicht vergeben werden (Matth. 12:31), 217
(die) Blinden, 43
„Blumen-Kinder", 53
„Blut" = griech. *haima*, 104, 184 f.
bodhi (sanskr.) = [persönliche] „Erleuchtung", 158; = Erwachen von den Toten, 158
Bodhi-Baum [Sitz des Buddha], 206
Bodhighara, 1 F.
Bodhigrhas, achtseitiges, 99
Bodhisa(t)tva(s), das Buddhakind, 53, 55, 58, 174, 191, 215, 257; will der Gerechtigkeit Genüge tun, 37, 172; flieht in Büßerwald, 37; wird zum Buddha verwandelt, 47, 107; hat genug vom Haremsleben, 106; umgab sich mit Freudenmädchen, 107; wird durch *„Verklärung auf dem Berg"* zum Tathâgata, 120; wird durch geistige Reife zum Tathâgata, 172; erlangt das vollständige „Erwachen" [sanskr. *abhisambodhi*], 172; wird im Mahâyâna konsequent als ein *mahâsattvas* [„ein großes Wesen"] bezeichnet, 172; wird durch die Taufe zum *abhisambuddha* ⇒ Kurzform *buddhas* [„erwacht"], 173, 191; erlangt Macht über Feuer u. Wasser, 191; hat laut Mahâyâna zwei Eltern: Vater = Upâyas [wird zu *ho Iôsêph* assimiliert], Mutter = Prajnâ, Mâyâ genannt [wird zu Jesu Mutter *Maria* = *Mâyâ*], 257 f.; siehe Wortspiel mit → Prajnâ [⇒ griech. *prin ê* = „noch bevor"], 258

C

---

[4] Das Sanskritwort *parisat*, das auch *parisa* und *parisada* geschrieben werden kann, stellt einen typischen Fachausdruck buddhistischer Schriften dar.

Auserwählten", „Gottesdiener", „Gottessklaven" u. „Sklaven Jesu Christi", 223; rufen Christus = Ksatriyas an, 224; = Söhne oder Anhänger des „Reichsmannes" [= Ksatriyas], 224
Christenkreuz, 27
Christentum, Kopie des Buddhismus, 4, 10; Charakterisierung, 16; enge Beziehungen zw. Buddhismus u. Christentum, 216; = buddh. Propaganda u. Mission für das Mahâyâna, 217 ff.; = maskiertes Mahâyâna, 227
Christianus (lat.) = „Anhänger des Christus", 222 f.
Christi Auferstehung, 155
christliche Heiligenliteratur, 113
christliche Taufe = sich in Buddhas Namen tauchen lassen, 197
„Christus" = griech. *Khristos*, 35, 48
Christus = Name von Jesus, 48
„Christus, Anhänger des" = griech. *khristianós*, 222
Christus, das Geheimnis von, 35, 61 ff.; = Ksatriyas [dieses Geheimnis darf nicht verraten werden], 131
„(der) Christus" [griech. *ho khristos*] = Sâkyamuni, der bekannte Ksatriyas von Kapilavastu, 222
„Christus, des lebendigen Gottes Sohn", 63; = Anspielung auf *ksatriyas* und auf *Suddhodanas*, 63
Christ zu sein bedeutet: Wenn man Tathâgatas Namen hört u. nennt, wird man erlöst, 199
Codesprache, 94, 124
COUNTESS, ROBERT H. († 2005), Dr., amerik. Theologe u. Historiker, 16
CPS = Abkürzung von *Catusparisat-Sûtra*
Cundas (sanskr.) = die Person, bei der Tathâgata seine letzte Mahlzeit (das Abendmahl) einnimmt, 238
custodia (lat.) = „Bewachung", „Wache", 186; ⇒ griech. *koustôdia*, 186

D

„da habt ihr die Hüter / Wächter" [Pilatus in Matth. 27:65] = griech. *ekhete koustôdian*, 186
DALES, JAMES W., 16
Dänemark, schwierige Verhältnisse seit 1968 in, 13
darsana (sanskr.) = „Schauspiel", 83
„das Blut" = *to haima*, 104
„das Blut, meines, des Testamentes" = griech. *to haima mou tês diathêkês*, 104
„das Gesetz" = griech. ho nomos, 214 f.; Zahlenwert = **500**, 214 f.
„das Netz" = griech. *to tiktuon*, 101, 178; Zahlenw. = **1224**, 101, 178
„das Neue Testament" = griech. *hê kainê diathêkê*, 217; = „Tathâgatas Körper" [sanskr. *kâyam tathâgatasya*], 217; = anonyme Schrift [wie die buddh. Sutras], 217
Daueid (griech.) = David, 48; lautmäßige Nachahmung von sanskr. → *devas*, 36

[5] Das ist eine wortgetreue Übersetzung des griech. *ho theos tôn theôn* = **2368**.

devas (sanskr., Pl.) = „die Götter", „der „Himmel", „die Himmel", 139
devasya (sanskr., Gen.) = „Gottes", 140
devâtidevas (sanskr.) = „Gott über Götter", 216; Zahlenwert = **1330**, 216
Devendras (sanskr.) = Beiname von → *Sakras* = → *Indras*, 239; Zahlenw. = **769** = *Puthios* [= *Apollôn*], 239
dhârakas (sanskr.) = „Träger" [des Sûtra], 259; ⇒ griech. *eu-aggelistês* [„Evangelist"], 259; im N.T. auch mit griech. *ergatês* [„Arbeiter"] wiedergegeben[6] (Matth. 9:37 u. 38) oder mit griech. *aggelos* [„Engel", d.h. Sendbote] (Matth. 13:39), 259
dhârayitavyâ (sanskr.) = „lehren", „im Gedächtnis behalten", 193
Dharma [sanskr.] (der/das) = Buddhas Lehre [= „sittliche Pflicht", „das Gesetz", „ewige Lehre des Buddha", „Tugend"], 19 + F., 43, 183, 191, 225; Anpassung an die Voraussetzungen der Zuhörerschaft, 32, 190 f.; „Gerechtigkeit" = griech. → *dikaiosunê*, 37, 39 f.; Sâkyamuni = König des Dh., 63 f.; des Buddha = Weg mit acht Ekken [sanskr. *anga*], 99; Tathâgata verkündet für ausgesuchte Schar ein ganz anderes Dh., 131; anderes Dh. besteht „in unbegreiflicher Erkenntnis", 131; handelt von zwei Dingen: der Wiedergeburt im Himmel oder in der Hölle, 132; handelt gleichzeitig vom Nirwana, 132; Gleichnisse vom Dharma, 134
Dharma = Teil der → „drei Juwelen", 192
Dharma-König, 64, 147
Dharma-Lehre [neue Form der] = Lotus-Sûtra, 229
Dharma-Missionar, 136; Charakterisierung im 10. Kap. des Lotus-Sûtra, 136
Dharma-Predigt des Tathâgata in Benares, 171
DHARMARAKSA, frühester Übersetzer des Lotus-Sûtra 286 n.d.Ztr. ins Chinesische, 177
Dharma-Regen, 151
dharmas (sanskr.) = „Lehre", „Gesetz", „Gerechtigkeit" u.ä., 85, 255; im Plural: „Regeln", „Grundbegriffe" u.ä., 255
dharmas (sanskr., Sing.) = griech. *nomos* [„Gesetz"], 255; oder: griech. *dikaiosunê* [„Gerechtigkeit"], 255 f.
dharmâs (sanskr., Pl.) = griech. *artous* [„Brot"], da die fünf *Brote* in Matth. 14:17 die fünf *Dharmas* sind, 256
dharmas (sanskr.) = mongol. *nom* [Lehnwort von griech. *nomos* = „Gesetz"], 256
Dharma-Wolke, 151, 190; = versprüht Dharmas Regentropfen über verschiedene Gewächse [Gras, Büsche, Kräuter u. Bäume], 151
dharmikas (sanskr.) = „gerecht", 130
Dhumra-Geschlecht, 88; Mann des *Dh.* regelt die Vertei-

[6] Es gibt dort auch ein Wortspiel mit *pundarîka*.

[7] Bei dem griech. Wort *koustôdia* handelt es sich um ein Lehnwort aus dem Lateinischen: *custodia* = „Bewachung“, „Wache“.

gelisieren“ [= „das Evangelium ausbreiten“], 220
eu-aggelistês (griech.)[8] = „Evangelium“, 220; = abgeleitet von sanskr. *sûtra-dhârakas* [„Sûtra-Träger“], 220
eu-dokêsa (griech.) = „Wohlgefallen“, 119; assimiliert von sanskr. → *su-gatas* [„gut gegangen“], 119, 208
Evangelien 5, 8, 40, 43, 51, 228; griech. Text der, 5; alles nur Inszenierung 9; Zweck der E., 32; *in* die jüdische Tradition *hinein*geschmuggelt, 32; = Propaganda für das Mahâyâna, 171; strotzen von den Namen *Tathâgatas, Sâkyamunis, Gautamas, Kâsyapas*, 197; enthalten eine Unmenge aus den alten Sûtras ins Altgriechische übersetzte Texte, Namen, Zeit- u. Ortsangaben, 228; = genaue Kopien der alten buddh. Sûtras [daher ihrem Wesen nach *nicht* „einzigartig“], 228 ff.; = in jeder Hinsicht Nachahmungen der buddh. Sûtras, 229 ff.; = wichtigsten Schriften des Christentums, 22
„Evangelist“ = griech. *euaggelistou* (Gen., Apostelgesch. 21:8), 220 f.; = Sendbote Tathâgatas, 225
Evangelist Johannes: Jesus bezeichnet sich selbst als „Weinstock“, sogar: „Ich bin der *wahre* Weinstock“ (Joh. 15:5), 122
Evangelisten (christl.), 44 f., 188; Übersetzungsbeispiel [vom Sanskrit ins Griechische] der, 24; Vorbild der, 31; vier, 33, 42; imitieren sanskr. Original, 35; imitieren und assimilieren, 38, 42, 129, 136; verwischen die Spuren zu ihren Quellen, 42; übernehmen verwirrende Gepflogenheiten, 76; ahmen buddh. Original nach, 103; Zusammenfassung der Nachahmungen, 105; ändern ursprüngliche chronologische Reihenfolge, 115; sprechen von einem „hohen Berg“ [griech. *oros hupsêlon*] = abgeleitet von sanskr. Uru-bilvâyâm (CPS 2:4), 116; haben mit der Verwandlung von sanskr. *udumbaras* zu griech. *ampelos* und *sukê* ein kleines Meisterwerk geliefert [der alte Feigenbaum wurde zu einem neuen Weinstock], 127; folgen dem Mahâyâna, 136 ff., 165; übersetzen Tathâgata mit Namen von Münzsorten, 137; übernehmen alle Worte und Vorstellungen über Himmel, Tod u. Hölle von den buddh. Sanskrit-Originalen, 160; haben bezüglich der Feinde Jesu kopiert u. assimiliert, 161 ff., 164; benutzen als wichtigste Sanskritquelle das MSV zusammen mit dem Lotus-Sûtra, 165; berichten viel über Bodhisattvas u. Mahâsattvas, 172;

[8] Findet man im N.T. nur dreimal: *euaggelistâs* (Akk., Pl.) in Epheserbrief 4:11 und *euaggelistou* (Gen.) in Apostelgeschichte 21:8 und 2. Timotheus 4:5.

F

G

„göttliches Auge" des Buddha, 158
„Grab" = griech. *taphos*, 91, 187
Grabstein (Matth. 27:66) = Symbol für Juwelen-Stûpa [der Tathâgata beinhaltet], 187
grâhayitavyâ (sanskr.) = „einhalten", „beherzigen", 193
grammata oiden (griech.) = „Buchstaben kannte", 211
grammateia (griech.) [= Schreiberamt, Literatur], 25
Grdhrakûta = heiliger Berg in Indien bei der Stadt Râjagrha, 39, 88, 189; = Aufenthaltsort des ewigen Tathâgata [mit seinen Jüngern und 1200 Mönchen], 88, 189, 249; im N.T. assimiliert zu unbekanntem „Berg in Galiläa" (Matth. 28:19-20), 189
Grdhra-kûta-parvata, 249; grundlegend für das Lotus-Sûtra, 249; = Grundlage für Matth. 28:16, 249
„Greif" = sanskr. *garudas*, 143
„Greif" [Fabeltier], 143; in der Versammlungsliste enthalten, 143
griech. Quellen des Buddhismus, 97
griech. Quellen des SDP, 58
„(ein) großes Wesen" = sanskr. *mahâ-sattvas*, 172
„große Freude" = griech. *kharan megalên* (Lukas 2:10), 256; abgeleitet von sanskr. *mahâkarunâ* [„großes Mitgefühl" des Tathâgata], 256
„großes Mitgefühl" = sanskr. *mahâkarunâ*, 256
Grundgedanke des Lotus-Evangeliums, 83 f.
Grundriß eines achtseitigen Bodhigrhas, 99
Gruppe von fünf Mönchen, 39
gunaika (griech., Akk.) = „die Frau", 109; direktes Wortspiel von Lukas mit sanskr. *ganikâ* [= Dirne], 109
gunê hêtis (griech.) = „eine gewisse / bestimmte Frau", 109; abgeleitet von sanskr. *ganîka* [= Dirne], 109
„Gut" = sanskr. *kalyânam* [Bezeichnung für das Dharma von Buddha oder Tathâgata], 99
„gut gesagt" [von Tathâgata] = Synonym für sanskr. *su-bhâsitam*, 255

H

haima (griech.) = „Blut", 104, 184
Haggada (hebr.) = alle nichtreligionsgesetzliche Literatur des Judentums, 25 f.
hagios (griech.) = „heilig", 55; wurde abgeleitet von sanskr. *âryas* [„arisch"], 55
hamartôlos (griech.) = „Sünderin", 110
Haremsleben des Bodhisattva, 106
Hauptbegebenheiten, vier, 33 ff.; Legende der vier, 34 ff.
Hauptgegner Jesu, 165 ff.
Hauptmann von Kaphernaoum[9] (Matth. 8:5-13), 138; liegt

[9] In der Einheitsübersetzung von 1979: *Kafarnaum*; Luther-Revision von 1984: *Kapernaum*; im griech. Original mit $\varphi = f$.

hê mêtêr Mariam (griech.) = „die Mutter Mariam“, 154; Zahlenwert = **656** [= Zahlenwert von *Messias*], 154
hê mêtêr-Quadrat [„Mutter-Quadrat“], 213-215, Abb. 16
Hermês [griech. Gott], 97; = Sohn der *Maia* [griech. *Maias huios* = **932**], 105; = Sohn von Zeus, 130; *Hermês* in Verkleidung [= Sâkyamuni], 105
heôs tês sunteleias tou aiônos (griech.) = „bis an der Welt Ende“ [die allerletzten Worte Jesu], 195
Hê-rô-dês, 49, 234; = abgeleitet vom ind. König *Â-râ-das*, 49
Herodes, König, 37, 49, 234
„Herodianer“ = griech. *hêrôdianoi*, 183; deutsche Übersetzung sehr frei mit „Diener des Herodes“, 183; hinter H. verbirgt sich Vaidehîs Sohn [= König Ajâtasatru], 183
hê-rô-di-a-noi (griech.) = „Herodianer“ (nur Matth. 22:15-16 u. Markus 2:13 u. 3:6), 183; abgeleitet von sanskr. → *Vai-de-hî*, 183
(der) „Herr“ [dessen Name bereits im Titel des N.Ts. genannt wird] = Tathâgata, 223
„Herr des Hauses“ (Markus 13:35) = griech. *kurios oikias* = **1111**, 100
hêtis (griech.) = „ein gewisser“, 110
„Himmel“ = sanskr. *svargas*, 131, 135, 224; zeitweiliger Aufenthaltsort nach buddh. Glaubensvorstellung, 131
„Himmel“ [als Kurzform von „Reich im Himmel“] = sanskr. *buddha-ksetre*, 224
„Himmelreich“, „Reich des Himmels“, 132, 139 ff., 143 ff., 224; wird im N.T. nicht definiert, 132 f.; H. mit Abraham [von dem bei Jesu Besuch in Kapernaum die Rede ist], 140; = ursprünglich die Götterversammlung mit Brahma [während Sâkyamunis Besuch in Kapilavastu], 140; = Ort *„in der Nähe“* [Botschaft Jesu], 157, 224; „Jesu Himmelreich“ = Tathâgatas Reich, 199; = Gasthaus ganz *in der Nähe* mit Dirnen u. Zöllnern, Abraham, Isaak u. Jakob u.a., 225; man gelangt ins H., wenn man Jesu Forderungen nach Gerechtigkeit u. Gesetzestreue erfüllt, 225
„(im) Himmelreich“ wird im N.T. [auf griech.] abgeleitet von sanskr. *„in der Götterversammlung“* [= *devaparisadi*], 139
„(das) Himmelreich leidet Gewalt ...“ (Matth. 11:12), 221
„himmlisches Königreich“, 133; = heißt auch: „Gottes Königreich“, 133
Hinrichtung des *Gautama* am Holzpfahl, 8, 166 ff.
Hinrichtung Jesu = literarische Fiktion, 169
Hînayâna [„kleiner Wagen“], 11, 141, 174, 226; gemäß *H.* sollen buddhist. Mönche *vastrâni* [„Mönchstracht“] tragen, 81; im *H.* bedeutet *Nirwana* soviel wie „Tod“ [wird im *Mahâyâna* zu „ewiges Leben“], 135 f.; ist mit Tathâgatas Dharma-

I

J

Jesu: Verurteilung, 15 F., 166 ff.; Kreuzigung, Tod u. Auferstehung, 88 f.; Besuch bei Maria u. Martha (Lukas 10:42), 187; Salbung in Bethanien, 109; Abschlußworte beim Abendmahl, 122 f.; Verhältnis zu Bäumen, 127; Dornenkrone, 129; Kreuzworte, 96, 185; berühmte Gleichnisse, 134; alle Gleichnisse J. handeln von denselben Parabeln, die Tathâgata verwendet, 135, 148; Auserwählte [= „Zöllner" u. „Dirnen"], 136; Gleichnisse handeln in der Regel vom *Himmelreich*, von *Gottes Reich*, 148; J. Mutter ist gleichzeitig Mutter [griech. *hê mêtêr* = **464**] und Jungfrau [griech. *parthenos* = **515**], 152 u. Abb. 6; Feinde, Gegner, 161 ff., 226; Freunde sind Fischer, Zöllner u. Dirnen, 161; Feinde sind: die Pharisäer, die Schriftgelehrten, die Herodianer, die Hohepriester, die Ältesten des Volkes, die Sadduzäer usw., 161 ff., 226; J. Feinde treten immer paarweise [in zwei Gruppen] auf, 161 ff.; Hauptgegner, 165 ff.; verantwortlich für J. Tod, 166 ff.; Taufe = Nachahmung/Umwandlung von Bodhisattvas *abhisambodhi* [„Erleuchtung"], 172; J. wahre Jünger = Bodhisattvas, die Mahâsattvas sind, 175; Botschaft handelt vom Himmelreich [= Tathâgatas Reich], 199; allerletzten Worte, 195 f.; Abschiedsbotschaft im Matth.-Ev.: alle Menschen sollen zum *Mahâyâna*-Buddhismus bekehrt werden, 195; Becher [des Abendmahls] enthält drei buddh. Worte [*Tathâgatas, Sâkyamunis, Tathâgatasya*], die die Jünger trinken sollen, 198; Aufforderung den Wein im Becher zu trinken = Aufforderung Tathâgata zu trinken [das gleiche wie in Tathâgata getaucht zu werden], 199; Botschaft handelt vom Himmelreich = Tathâgatas Reich, 199; erste Worte über Gerechtigkeit (Matth. 3:15) entstammen direkt aus der sanskr. → *Prajnâ-Pâramitâ*, 210 f.; vollkommenes Wissen, 210 f.; Jesus als Abgesandter des Tathâgata, 219 F.; Jünger waren natürlich „Christen" [griech. Pl. *khristianoi*[10], Sing. *khristianós* (eigentlich „Christ" oder „christlich")], 222; Jünger werden erstmals als „Christen" bezeichnet (Apostelgesch. 11:26), 222; Forderung nach Gerechtigkeit und Gesetzestreue = Voraussetzung für Eingang in das Himmelreich, 225; Verkündung *„das Reich"* sei *„in der Nähe"* ist buchstäblich gemeint, 225; erste Worte stammen von einem *Prajnâ*-

[10] Das Wort wird in den Evangelien selbst nicht verwendet; es findet sich im N.T. dreimal, vgl. Seite 222.

[11] Jesus wird jedoch im Widerspruch zur Weissagung im N.T. niemals *Emmanouêl* [= **644**] genannt.

(Matth. 16:21-23), 115; spricht von seiner Wiederauferstehung, 119; sein Anlitz und seine Haut werden verwandelt [→ Bhagavat], 117; unterhält sich mit Mose(s) [sanskr. *Muci*] und Elia(s) [sanskr. *Lindas* ⇒ Schlangenkönig *Mucilindas*], 315; = im sanskr. Original sind es zwei ungenannte Gottheiten, die sich mit Bhagavat unterhalten (CPS 1), 117, 224; jedes von J. verkündete Gleichnis [griech. *parabolê*] war ursprünglich ein Gleichnis [sanskr. *paryâyas*] aus dem Munde Buddhas, 124; identifiziert sich mit dem „Weinstock" bzw. „der Frucht des Weines" [griech. *ampelos*, abgeleitet von sanskr. *udumbaras* = „der Feigenbaum" als Symbol für Tathâgata] als Tathâgata (Math. 26:29), 125, 199; prädigt bisweilen sogar in Synagogen, 133; appelliert an Profitmentalität, 137; verspricht, daß er in seines Vaters Reich zusammen mit seinen Jüngern neuen Wein trinken wird (Matth. 26:29), 138; geht nach Kapernaoum [= sanskr. Kapilavastu], 138; wendet sich [wie Tathâgata] an Adlige, Offiziere, Familienväter usw., 142; wendet sich an Kentauren, 142 f.; erlöst [ebenso wie Tathâgata] Kentauren, 142 f.; spricht von Geheimnissen [→ Gleichnis vom Sämann], 150 f.; gibt den Jüngern verwirrende Erklärung, 150; stieg selbst zur Hölle hinab, 155; verspricht dem Räuber, daß sie in Kürze am gleichen Ort sein werden [aber nicht im Paradies], 159; wird an einem Holz [griech. *xulon*] aufgehängt (Apostelgesch. 5:30 u. 10:39), 258; betrachtet seine Feinde als Heuchler und Ungerechte, 162 ff.; Jesus gibt „Brot" [griech. *arton* = Dharma], 171; Jesu Gegner geben „Sauerteig", 171; hat „alle Gerechtigkeit" erfüllt (Matth. 3:15), 172; „wurde getauft" [= griech. *baptistheis*] (Matth. 3:16), 172; sah den Geist Gottes wie eine Taube auf sich herabkommen, 172 F.; wird *vor* seiner *Baptisma* [als er noch ein Junge war] als „Jesuskind" [griech. *to paidi-on*] bezeichnet, 173; ist „erwacht" [abgeleitet von sanskr. *buddhas* = „erwacht"], 173; zog sich nach Galiläa zurück (Matth. 4:12), 173; besucht Martha u. Maria [= Âmra in Vaisâlî] (Lukas 10:42), 187; J. ist *„alle Gewalt im Himmel und auf Erden gegeben"*, 189; befiehlt, *„das Evangelium aller Kreatur (zu) predigen"* (Markus 16:15), 189; wird *„aufgehoben gen Himmel"*, 189; Jünger sollen alle Völker zu Jüngern machen, 190; heilt Offizier in Kapernaum u. eine kananäische Frau, 190; wendet sich an einfache Juden [nicht an

K

[12] Der frühe Buddhismus hat griech. Wurzeln.

[13] Ebenso wie lat. *Chrestianus* und *Christianus*, 222.

„Königreich des Himmels“, 133, 146; Informationen des Matth., 133
„Königreich der Himmel“, 139 ff., 143 f., 146
Königsschlösser, 107
Königssohn, Buddha geboren als, 35
Königssohn von Kapilavastu, 130; wird zu Khristos von Kapernaoum verwandelt, 130
König von Magadha = Ajâtasatru, 183
kôphous (griech.) = „Krüppel“, 44
Kopie des Buddhismus, 2, 4 f.
Korea, 82
Kosala (sanskr.) = bekannte ind. Stadt, 250; wird im N.T. zum unbekannten Ort *Chorazin* (Matth. 11:21 u. Lukas 10:13), 250
kosmos (griech.) = „Kosmos“, 224 F.; Zahlenwert = **600**, 224 F.
koti-niyuta (sanskr.) = astronomische Zahl mit vielen nachfolgenden Nullen, 59
koti-niyutâni (sanskr.) = astronom. Zahl, 256; im N.T. wiedergegeben mit griech. *tôn muriadôn tou okhlou* [„von Myriaden einer (noch größeren) Menge“], 256; weitere Erläuterungen: 256
kotis (sanskr.) = 10 in der siebten Potenz, 256
koustôdia (griech.) = „Hüter“, „Wächter“, 186; = seltenes Lehnwort von lat. *custodia* [„Bewachung“, „Wache“], 186; = Konsonanten geben *Tathâgatam / Tathâgatas* [= Wächter u. Beschützer] wieder, 186
kranion (griech.) = „Kopfschale“, „Schädel“, 8; abgeleitet von sanskr. *kapâlam* [„Eierschale“, „Schädeldecke“], 8, 258; entspricht = hebr. *golgata*, 8
KRAUS, FRANZ XAVER, 1
Kräuter, 150 f.; Gleichnis über die Kräuter, 150 f.
Kreis, Beziehung zwischen Umfang u. Durchmesser, 65, 200; = Symbol der Sonne, der Sonnenscheibe, des Rades, des Globus, der „göttlichen Geometrie“, 200; umfassendste Kreis [im Buddhismus, Christentum u. griech. Theologie] hat einen Umfang von **3030** Einheiten, 201; der leere Kreis = perfektes Symbol für die *„Leere aller Dinge“*, 210
„Kreuz“ = griech. (Akk.) *stauron*, 27, 80; zwei verschiedene Bedeutungen, 80 ff.; mit „Kreuz“ [griech. *stauron*] ist immer das Lotus-Sûtra gemeint, 95
„(sein) Kreuz auf sich nehmen“, 80 ff.
„Kreuzigung“, 41, 86
(das) „Kreuz nehmen“ = das Sûtram in die Welt hinaustragen, 86, 92
Kreuztod zwischen zwei Räubern, 8
„Kreuzworte“ Jesu, 96, 185
„Kriegslist“ = sanskr. *upâyakausalyam*, 83, 231; des Tathâgata, 132, 136, 226, 231
„Kriegsmittel“, 226; = Schauspiel und Wortspiele, 226; seelische Vergewaltigung, Seelenmißbrauch, 226;

---

[14] An diesem Ort am Fluß wird Tathâgata etwas zu trinken angeboten.

L

220; Voraussetzung zum Verstehen des N.Ts., 176; Verfasser sind unbekannt, anonym, 177, 227; = Tathâgata in Buchform, 194; Auszüge (M. v. Borsig, S. 211-212), 217-219; wer ein einziges Wort des L. verkündet oder ihm lauscht, wird ein Buddha [also „erweckt“], 220; das beste Sûtra der ganzen Welt, 225; enthält Tathâgatas erlösendes Wort, 225; sagt oft, daß Tathâgata u. Nirwana *„in der Nähe“* seien, 225; entstand vor ca. 2000 Jahren, 227; der Jünger Ânandas soll das L. aus Sâkyamunis eigenem Munde *„gehört haben“* [= frommer Betrug“], 227; wurde auf sanskr. geschrieben, 227; verbindet Inhalte alter Sûtras mit Neuem, 228; tatsächlich neu ist das listige Vorgehen, um die ganze Welt zum Glauben an Tathâgata zu bekehren, 228; = neue Form der Dharma-Lehre, 228; = wichtigste [aber nicht einzige] Quelle der christl. Evangelien, 229 ff.; = (in gewisser Hinsicht) wichtigste Schrift des Christentums, 229; Verbreitung des L. in Ostasien, 229 f.

Lotusthron, 87

„Lotus, weißer“ = sanskr. *pundarîka*, 53, 56, 205, 211

LUDENDORFF, MATHILDE, 226 F.

Lukas [Evangelist], „Synoptiker“, 12, 33, 45 F., 73; viele Frauen *„taten Jesus Handreichungen“* (Lukas 8:1-3), 106; Bericht über die Dirne Âmrapâlir, 109 ff.; die Dirne Âmrapâlir wird zur „Schwester“ Martha, 110 ff.; Maria u. Martha sind dieselbe Frau in verschiedenen Darstellungen, 112; über *„Gottes Königreich“*, 133

Lumbinî, Ortschaft (Geburtsort des Buddhakindes Bodhisattva) in der Nähe von Kapilavastu, 35, 250; wird im N.T. zum Geburtsort *Bêthleem* assimiliert, 36, 250 f.

LXX = *Septuaginta*, 51

M

„Macht“ = sanskr. *ânu-bhâvas*, 190

„Macht“ = griech. *ex-ousia*,[*ex* = „von“; *ousia* = „Sein“], 190

Macht der Gewohnheit, 4

Magadan (Gebiet in Matth. 15:39), 251; = abgeleitet von sanskr. → *Magadha(s)*, 251

Magadha, indischer Ort, 40, 183, 251; wird in Matthäus 15:39 zu *Magadan* [einem unbekannten Ort], 40, 251; von MARTIN LUTHER falsch mit *Magdala(s)* übersetzt, 40 F., 76; König von Magadha, 183

Mâgadhas = Einwohner von *Magadha*, 251

Magdala, unbekannter Ort [→ *Magadha*], 73

Magdalênê = wird oft als Eigenschaftswort gedeutet, das von der im N.T. nicht bekannten Örtlichkeit Magdala abgeleitet worden sein soll, 73

[15] Der Name *Muci-lindas* bezeichnet an anderer Stelle in den buddhist. Sûtras einen mythischen Berg.

namas oder *namo* (sanskr.) = „Huldigung", „Ehrerbietung", 230
„Name" = sanskr. *nâmâ*, 230
naom (griech.) = sanskr. *vastu* = „Stelle", 61
Narâdityas[16] (sanskr.) = „Menschensonne", 89; = Beiname des Sâkyamuni, 89
narakas (sanskr.) = Hölle, 46, 119 + F., 131, 135, 158 ff., 251; wird mit griech. *nekros* [„tot", „verstorben", „ein Toter"] wiedergegeben, 46, 158, 251; wird ebenfalls umgewandelt zu [dem falschen Lehnwort] griech. *geenna* (Nom.) u. *geennês* (Gen.), 158
nârakas = „Söhne der Hölle", „Höllenkinder", eine Person in/aus der Hölle, 119 F., 131 F., 158 f., 251; wird im N.T. (Matth. 23:15) assimiliert zu griech. *huios geennês* [„Kind der Hölle"], 251
narakesu (sanskr., Lokativ, Pl.) = Höllen, 119, 158, 251
Nathanaêl (griech.) = „Nathanaêl, 68 f.
Nathanaêl, Jesus über: *„ein rechter Israelit in welchem kein Falsch ist"*, 69; *„als du unterm Feigenbaum warst"* (Joh. 1:48), 126
nâthas (sanskr.) = „Führer", 245; Zahlenw. = **261** [war ursprünglich *Alkis* = **261**], 245; wird oft mit griech. *kurios* [„Herr"] wiedergegeben, 245

[16] Abgeleitet von sanskr. *naras* [„Mensch"] und *âdityas* [„Sonne"].

Nazarênos = Beiname von Jesus, 250; bezieht sich darauf, daß Jesus als Tathâgata König von Kusâvati [dem späteren Kusinagarâ] war, 250
Nazaret = angeblicher Geburtsort Jesu, 153; Zahlenwert = **464** [wie griech. *hê mêtêr* = **464**], 153
Nazareth [entspricht auch *Nyagrodha*], 37
Nazô-raios = Beiname von Jesus, 250; ist auch [wie → *Nazarênos*] = → *Nâga-râjas*, [Schlangenkönig], 250
nekros (griech.) = „tot", 119, 131, 158 f.; = „ein Toter", 46; „Tote", 159
NESTLE-ALAND [*„Das Neue Testament – Griechisch und Deutsch"*], 5, 40, 226 F.
„(das) Netz" [Fisch–] = griech., Sing. *to diktuon*, 101, 178; Zahlenw. = **1224**, 101, 178; Pl. *ta diktua*, 178; Zahlenw. = **1036**, 178
„(das) Neue Testament" = griech. *hê kainê diathêkê* [bedeutet: „Tathâgatas Körper"], 217; abgeleitet von sanskr. *kâyam tathâgatasya* [= „Tathâgatas Körper"], 217; = Tathâgatas Leib = Jesu Blut u. Leib, 222
Neue Testament [N.T.], 5, 20, 46, 70 f., 73, 76, 98, 176, 179 ff., 188, 226; = *„Buddhas Leib"*, 14; *„autorisierte"* Übersetzungen des, 16; Namenvertauschugen 59; bestehend aus 27 Büchern [ebenso wie buddh. Schriften, z.B. das SDP], 71; zentralste Stelle des N.T. iden-

O

P

[17] Der Text enthält: *„Tathâgatas"*; der Sinn ist: „bevor Tathâgata kommt".

parabolê (griech.) = „Gleichnis", „Parabel" [= lehrhafte Erzählung], 123, 148, 201; = (sanskr.) *paryâyas*, 201; Gleichnisse, 123, 132, 134 f., 137, 148-150

paradeisos (griech.), ist *kein* Lehnwort aus dem Persischen, 159; = Wiedergabe von sanskr. *pradesas* [„Ort", „Örtlichkeit"], 159

„Paradies", 159; Christen glauben oft, daß „Paradies" ein anderes Wort für „Himmelreich" sei, 159; kommt in den Evangelien nur bei Lukas (23:43) vor, 159

„paradoxe Botschaft", 83; „paradoxe Gleichnisse", 84; „paradoxer Gedanke", 94

Paradoxien, 132, 152 f.

Paraklêtos (griech.) = „Advokat", 245

pâramitâ (sanskr.) = [sehr gekünstelt] „vollkommene Form", 209

Parinirvâna [des Tathâgata] = „Jenseits", 250, 258

pari-nirvânam (sanskr.) des Tathâgata = „Tod" des Tathâgata (Lotus-Sûtra 15:7), 257; = nur Schauspiel, Trick usw., 257; weitere Wortspiele: 257

parisat [18] (sanskr.) = „Versammlung", 142 f.; = gemeint ist „die Gemeinde", die der Dharma-Botschaft lauscht, 142

parisadi (sanskr.) = „in der Versammlung", 74 f., 139; wird im N.T. assimiliert zu griech. *telônion* [„Zollhaus"], 75; wird zu griech. *en tê basileia* [= „im Königreich"], 139

paroimia (griech.) = „Gleichnis" [vom Evangelisten Johannes verwendet], 148, 151; = → Homosynonym von sanskr. *upamayâ* [„Vergleich"], 151

parthenos (griech.) = „Jungfrau", 54, 141, 152 f.; Zahlenwert = **515**, 152, 215 F.

paryâyas (sanskr.) = „Vortrag" [über das Dharma], „Gleichnis", 123, 148, 150, 257; entspricht in gewisser Weise [= griech. *parabolê* = *paroimia*] = hebr. *mashal*, 148, 257

PÂSÂDIKA, BHIKKHU (alias E. BANGERT), Prof., 15

pasci-ma (sanskr.) = „letzte", 197; wird im N.T. zu griech. *paskha* [„Ostern"], 197 f.; = Ostermahlzeit, 198

paskha (griech.) = „Ostern", 198; assimiliert von sanskr. *pas-ci-ma* [„letzte"], 197 f.

Pâtaliputra, Örtlichkeit in Magadha, 40; Buddhas Aufenthalt in, 40; wird in Markus 13:1 zu griech. *potapoi lithoi* [„welche Steine"], 40; wird in Matthäus 25:9 zu griech. *pros tous pôlountas* [„gehet aber hin zu den Krämern"], 40

Pâtali-putram (sanskr., Akk.) = ind. Stadt [das jetzige Patna], 251; div. Beisp.: 251 f.

pater (griech., Vok.) = „Vater", 29, 101; Zahlenw. = **486**, 29

pâtram (sanskr.) = Tathâgatas Essensschale bzw. Becher,

[18] Auch sanskr.: *parisa* und *parisada* (Seite 142).

[19] Die Legende von der Sünderin *Pelagia* hat Ähnlichkeit mit derjenigen der indischen Dirne *Âmra-pâlir-ganikâ*.

Pilgerreisen, vier Hauptorte der, 33
pippalas (sankr.) = Feigenbaum[20], 68, 245
Pippalas = bekannter Jünger des Tathâgata, 68, 245; wird im N.T. zum Jünger / Apostel *Philippos* verwandelt, 245
PLAESCHKE, HERBERT, 1, 99
Plagiate, 31
PLAUTUS, TITUS MACCIUS [röm. Komödiendichter, geb. um 254 v.d.Ztr.], 31; Nachdichtungen des, 31; gleiche Art Humor, 106
plousios (griech.) = „ein reicher Mann", 149
pneuma (griech.) = „Wind", „Hauch", 55
pneuma theou (griech.) = „Gottes Geist", 208 f., 208 Abb. 12, 209 Abb. 13
pneumatos (griech., Gen.) = „Wind", „Hauch", 54 f.; gibt perfekt sanskr. Gen. *padminyâs* [„Lotus", „Seerose"] wieder, 55, 194 f.
pneumatos hâgiou (griech., Gen.) = „vom heiligen Wind" [⇒ „Heiliger Geist"], 54
Pontius → Pilatus = römischer Statthalter, 9, 186; befiehlt angeblich die Hinrichtung Jesu, des Königs der Juden, 164
pornê (griech.) = vgl. „Porno", Pornografie, 106

[20] Jesus spricht (Joh. 1:47-51) von einem „Feigenbaum" [sanskr. = *pippalas*]. Lautwert und Bedeutung wird im N.T. mit *Philippos* wiedergegeben.

posadhas (sanskr.) [auch: *uposadham*, *posathas* u. *posatham*] = sinngemäß: „fasten", 257; wird im N.T. richtig wiedergegeben mit griech. → *sabbaton* [hieraus entstand der „Sabbat"], 257
Potalaka [21] = ind. Stadt, 164, 252; Hinrichtungsort des Gautama, 164; wird [ebenso wie der Königsname → *Bharadvâjas*] zu griech. *ho Peilatos* [=„der Pilatus"] assimiliert, 164, 252
potapoi lithoi (griech.) = „welche Steine" [abgeleitet von sanskr. → *Pâtaliputras*], 251
Prabhûtaratna(s) = Name eines Tathâgata, 87; ruft aus dem „Juwelen-Stûpa" den *Sâkyamunis* [= die Menschensonne], 90
pradesas (sanskr.) = „Ort", „Örtlichkeit", 159; gemeint sind vor allem die vier heiligen Orte [der vierte heilige Ort ist die Stelle, wo Tathâgata ins Nirwana eingeht], 159; ist ursprünglich etwas ganz anderes als sanskr. *svargas* [„Himmel"], 159
prajnâ (sanskr.) = „Weisheit", „Wissen", 209 ff.; wird gewöhnlich mit griech. *sophia* [„Weisheit"] wiedergegeben, 211
Prajnâ = anderer Name der Mutter Mâyâ, 244

[21] Wird auch *Potala-* geschrieben [Nominataiv-Endung unsicher].

[22] Der Ausdruck griech. *plêroumenon* bezieht sich also auf sanskr. *pâramitâ(m)*, 257.

be] mit der Bedeutung „der abstammt von", „der Sohn ist von", 53 f.; *pundar-îka* (sanskr.) = „Sohn des *pundar*"; 53; *pundar* [„Lotus"] wird im N.T. zu griech. *anthrôpou* [„Mensch"], 53
Pundarîka-Quadrat, 205 f.; Umfang = 2 x 333 = **666**, 205 Abb. 10, 206
PLUTARCH, *„Das E in Delphi"*, 96
purâna (sanskr.) = „alt", „jetzt nicht mehr", „ehemals", 141
purâna (sanskr.) = „alt", wird von Matth. zu *pornai* [= „Dirnen"] assimiliert, 141
purâna-jatilais (sanskr.) = „alte Zopf-Asketen", 141
purusas (sanskr.) = „Mensch", 149 f., 245; wird mit griech. *plousios* [„reicher (Mann)"] wiedergegeben, 245
Puthia (griech.) = Name der Artemis, 214; Zahlenw. = **500**, 214
Puthios = Name des *Apollôn*, 239; Zahlenw. = **769** [ebenso wie → *Devendras*], 239
putras [sanskr.] = „Sohn" [engl. *son*, lat. *filius*, aramäisch *bar*], 20 f., 36
Putras (sanskr.) = Kurzbezeichnung von *âyusmân Sâri-Putros* [führender Jünger des Tathâgata], 59
Python = Drache in der griech. Sage [Sohn der Erdmutter Gäa], 244 F.

Q

Q [wie Q von **Q**uelle] = angenommene unbekannte [fiktive] Quelle, 33

R

rahasi caurenâpi (sanskr.) = „heimlich", „selbst durch Diebstahl", 221
rahasya (sanskr.) = „Geheimnis" [= das Lotus-Sûtra u. die darin enthaltene Botschaft, das sog. „Messias-Geheimnis" (Matth. 16:20)], 258
Râhulas = Sohn des Sâkyamuni mit der indischen Dirne *Yaso-dharâ*, 106
Râjâ (sanskr.) = „König", 245; wird im N.T. zu *Iaïros/ Jaïros* assimiliert (Markus 5:22 u. Lukas 8:41), 245
Râja-grha(m) (sanskr.) = Stadt in dessen Nähe der heilige Berg namens → *Grdhrakûta* liegt, 39, 189; in der Nähe liegt auch der Berg → *Gayâsîrsa*, 252; Hauptstadt im Lande Magadha (Indien), 39, 189, 251 f.; = Wohnsitz des Königs → *Bimbasâras* [auch *Bimbisâras* geschrieben], 130, 236, 251; wird im N.T. zu *Bêth-sa-i-da* assimiliert (Joh. 1:44) u. auf griechisch als *„die Stadt des Andreas und Petrus"* bezeichnet, 252
RAJA, K. KUNJUNNI († 2005), ind. Prof. emeritus in San-

S

= **853** [ergibt sich aus Hermês (**353**) + **500**], 246
„sprechend“ = sanskr. *vâdino*, 182
Sprache, hebräischer Dialekt der griechischen, 34
sramana! = Vokativ von sanskr. *sramanas*, 50; wird zu griech. *'Ieremian* assimiliert, 50
sramana-brâhmanas (sanskr.) = „Wanderasketen und Priester“, 164
Sramanas (sanskr.) = „Wanderasket“, 50, 246; = Bezeichnung des Tathâgata bzw. des Buddha, 50, 246; ist auch in *„Salomos Weisheit“* enthalten (Matth. 12:42), 50, 246
srâvaka-pratyekabuddhas (sanskr.) = „Zuhörer und Einzelbuddhas“, 165; = neue Wortschöpfung im *Mahâyâna* als Nachahmung der alten Zusammensetzung *sramana-brâhmanas*[23], 165
srâvakas (sanskr., Pl.) = „Zuhörer“, 136, 171, 175; wird in altgriech. Evangelientexten zu „Schriftgelehrten“ assimiliert, 136, 144, 171
„Stammbaum“ = griech. *biblos geneseôs*, 256; = wörtl. Übers. von sanskr. *kulasya* [*geneseôs*] *vamsas* [*biblos*] mit 42 Pers. (Matth. 1:1-17), 256; beide Stammbäume gipfeln in derselben Person *ksatriyas* = *ho khristos*, 256

[23] Ein Kompositum aus der Mitte des 3. Jahrh. v.d.Ztr., das schon in Inschriften des Königs Asoka belegt ist.

„Stammbaum“ = sanskr. *kulavamsas*, 256; mit 42 Personen, 35, 256
staphulas (griech., Akk.) = „Trauben“, 126
stauron (griech., Akk.), *stauros* (Nom.) = „Kreuz“, 80 ff., 95
„Stein“ = griech. *lithos* [Akk. = *lithon*], 187
„Steuereinnehmer“, 34; = Zöllner, 34
sthaviras (sanskr.) = „alt“ (Adj.), die „Alten“ (Subst.) u.a., 246; *mahâ-sthavirâs* = „großen Alten“, 246
Stimme [Gottes] aus der Wolke, 118
St. Petri-Kirche in Soest, 2
Streit um Buddhas Reliquien = Streit um Jesu Leiche, 41 f.
Streit um Jesu Leiche, 42
Stûpa(s), 76, 87 ff., 187; Juwelen-Stûpa, 76; kommt geflogen, 87 f., 225; wird zum Symbol für Tathâgata, 87; = Grab in Matth. 27:66, 187; [ein Grabmal] bauen, 225
Su-bhadras (sanskr.) = Name eines der beiden „Räuber“, 247
Subhadras (sanskr.) = Jünger Tathâgatas, 234, 247
su-bhâsitam (sanskr.) = „gut gesagt“ [von Tathâgata], 255, 259; Synoym für *sûtram* [= *su-uktam*, „gut gesagt“], 259; im N.T. übernommen mit griech. *euaggelion* [„Evangelium“, „frohe Botschaft“], 259
Subhûtir = einer der vier „ältesten“ Jünger des Tathâgata, 76 f.
Suddhodanas = Vater des indischen *Ksatriyas*, 63, 138; =

König des Sâkya-Volkes von Kapilavastu, 104, 140, 247; = Sâkyamunis [Tathâgatas] Vater, 104, 138, 194, 247
Suddhodanasya (Gen.), 104
su-gatas (sanskr.) = „gut gegangen", 119, 208; „der Wohlgefallen gefunden hat", 247
Sugatas = Name des Bhagavat = Tathâgata (CPS 8:18), 119; ein berühmter Titel des Buddha, 208; Zahlenw. = **1105** [war ursprünglich *Erôs*, der Gott der Liebe u. des Wohlgefallens], 208, 247; wird im N.T. zu griech. *eu-dokêsa* [„Wohlgefallen"] assimiliert, 119, 208, 247
suka (griech., Pl.) = „Feigen", 126
sukê (griech.) = „Feigenbaum", 123
sukon (griech.) = „Feige", 123
sukra-bindû sa-rudhire (sanskr.) = „zwei Tropfen Samen mit Blut", 247; wird im N.T. zu den zwei Knaben Alexander u. Rufus (Markus 15:21), 247
sûlam (sanskr.) = „Pfahl", 95; wird im N.T. mit griech. *xulon* [„ein Pfahl"] wiedergegeben, 95
sûle (sanskr., Lok.) = „auf einen Pfahl", 88, 95, 258
„Sünde, größte", 225; = das Lotus-Sûtra bzw. seine Verkünder zu verspotten, 225
„Sünderin" = griech. *hamartôlos*, 110
Sünderin, berühmte, Maria Magdalena, 72; übergoß Jesus mit Öl, 129
sun-teleia tou aiônos (griech.) = „Ende der Welt/Zeiten", 195; assimiliert von sanskr. *samvarta-kalpas*, 195
sûnyas (sanskr.) = „leer", „inhaltslos", 259; im *Mahâyâna* werden alle Dharma(s) als *„leer"* – inhaltslos – angesehen, 259; Jesus ist ebenfalls *„leer"* [keine Person, sondern nur eine Figur], 259
sûtra (sanskr.) = „heilige Schrift", 81, 95
sûtra-dhârakas (sanskr.) = „Sûtra-Träger", 220, 259; wird im N.T. zu griech. *euaggelistês* [„Evangelist"] assimiliert, 220, 259; *dhârakas* wird im N.T. auch mit griech. *ergatês* [„Arbeiter"] wiedergegeben (Matth. 9:37 u. 38), 259
sûtram [24] (sanskr., Akk.) = „heilige Schrift", 81, 86
Sûtranta-dhârakas (sanskr.) = wörtl.: „Lehrbuch-Träger", 259; = Missionar des Lotus-Sûtra, 259
sûtrântam (sanskr., Akk.) 259; wird assimiliert zu *to hrêthen* [„was geäußert ist"] (Matth. 8:17), 259
sûtrântas (sanskr., Gen.), *sûtrântasya* (Gen.) = „Lehrbuch", 259; wird (in Matth. 9:38) zu *ho therismos* und *tou therismou* [= „der Herr der Ernte"], 259
„Sûtra-Träger" = sanskr. *sûtra-dhârakas*, 220; = Missionar des Lotus-Sûtra, 220

---

[24] *Sûtram*, als ob aus *su* [„gut"] und *uktam* [„gesagt", „verkündet"] gebildet = gleiche Bedeutung wie „Evangelium".

svargas (sanskr.) = „Himmel“, 131, 135, 146, 159
Svastikas (sanskr.) = berühmte Person [die den Sitz am Bodhi-Baum mit Gras versorgte], 206; Zahlenwert = **1332**, 206
Symbole, buddhistische, 2, 10
Symbol/Siegel für Tathâgata = der Juwelen-Stûpa, 187
Synagoge(n), Jesus predigt bisweilen in, 133
Synopse der drei Evangelien, 116
Synoptiker, 115
Syrien, 161

T

ta deka talenta (griech.) = „die zehn Talente“, 102
ta diktua (griech., Pl.) = „die Netze“, 178
Taila-pûrnâ ayo-dronî (sanskr.) = mit „Öl“ [*taila-*] „gefüllte“ [*pûrnâ*] „Eisenkiste“ [*ayo-dronî*], in die Tathâgatas Leichnam gelegt wurde (MPS 36:7), 252; = im N.T. assimiliert zu: Jesus kam nach *Bêth-phagê*[25] *„zum Berg der Olivenöle“*, griech. *eis ... to oros to ... elaiôn* (Lukas 19:29 u. 21:37), 252
Talente Silbergeld, 102
Talkshows [Vergleich], 227
Tamâla-patra-candana-gandhas (sanskr.) = anderer Name von → *Mahâ-Maudgalyâyanas*, 247; wird im N.T. zu Matthäus, der am Zoll sitzt (Matth. 9:9), 247
tamâlas (sanskr.) = Name eines Baumes mit sehr dunkler Rinde [möglicherweise Xanthochymus pictorius], 76
Tamâlas = Name des Jüngers Mahâ-Maudgaly-âyanas, 76 f.; wird im N.T. lautmäßig zu [Matth. als] Zöllner = griech. *telônes* assimiliert, 77
Tanz, Gesang u. Musik, 106
taphos (griech.) = „Grab“, 91, 187
tapo-vanam (sanskr.) = „Büßerwald“, 37, 249
tapo-vane (sanskr., Lok.) = „im Büßerwald“, 249; wird im N.T. assimiliert zu *topos*, *Aiguptos* usw., 249
tasyâm eva parisadi (sankr.) = „in genau der Versammlung“, 74 f.; wird im N.T. in griechisch *epi to telônion* = „beim Zollhaus“ verwandelt, 74 f.
Tathâgata, bekanntester = Sâkyamuni, 176, 188
Tathâgata (Name des Buddha, Vokativ), 6, 7, 18, 43, 50, 52, 81, 89 ff., 95, 103, 105, 119, 135, 172, 176 ff., 188; einer von vielen Titeln = Jina [„Sieger“], 59, 67f., 172; lobt einen seiner Jünger wegen seiner Vollkommenheit beim Zählen [sanskr. *ganite krtâvî*], 70; macht Prophezeiungen, 76; stirbt nie, 83, 176; sein Sterben war Theater, 83; in Wirklichkeit lebt

[25] *Bêth-phagê* (griech.) = „Feigenort“, „Feigenstelle“; da Tathâgata = dem Feigenbaum ist, ist der Eisensarg mit dem Öl = dem „Feigenort“, 252

er ewig, 83, 176, 221; Glaube an T., 84; viele Wortspiele im Matth.-Ev., 84, 178-187; stirbt in Kusinagarâ zwischen zwei Sal-Bäumen, 88, 258; im Stûpa = Jesus, der vom Kreuz herab rief, 90, 194; mit seinen Mönchen in Vaisâlî, 108; Name wird im N.T. mit „Menschensohn" wiedergegeben, 120; ein T. kommt nur außerordentlich selten zur Welt, 122; ist König über zwei Reiche, 130; verkündet ein ganz anderes Dharma für eine kleine ausgesuchte Schar, 131, 135; = Dharma-König, 132; = Erlöser, 132; stellt seine Jünger auf die Probe, 135; unterrichtet über das gute und das schlechte Dharma, 135; als „König der Juden" verkleidet [bekommt er den Namen *„Jesus"*], 136, 222; wendet sich [wie Jesus] an Adlige, Priester, Götter, Familienväter usw., 142; gießt sein Dharma ohne Unterschied über alle lebenden Wesen aus [→ Gleichnis vom Sämann], 150 f.; wird mit Regenwolke verglichen, die Dharmas Wassertropfen auf vier verschiedene Arten von Kräutern und Bäumen herabsprüht, 151; steht in den ältesten Texten [*„Hînayâna"*] ständig im Gegensatz zu den *sramana-brâhmanas* [„Wanderasketen und Priester"], 164; befindet sich im *Mahâyâna* ständig im Gegensatz zu den *srâvaka-pratyekabuddhas* [„Zuhörer und Einzelbuddhas"], 164 f.; predigt dasselbe Dharma mit verschiedenen Auslegungen, 143; = Hauptperson im bekanntesten u. wichtigsten Evangelium des *Mahâyâna*, nämlich dem Lotus-Sûtra, 176, 194, 221; tritt unter vielen Namen in unzähligen Formen an unzähligen Orten auf, 49, 176; Legende über zwei nachwachsende Fische in früherer Inkarnation, 180; gehört der Zukunft u. der Gegenwart an, 181; T. u. sein Dharma, 183; wendet sich an alle Lebewesen [nicht nur an Menschen] u. auch Kentauren, 190; hat eine Botschaft an alle, 190, 221; als Dharma-Wolke, 190; T. in Gestalt des Sâkyamuni = Teil der heiligen „Dreieinigkeit" im N.T., 194 f.; in Buchform = Lotus-Sûtra, 194; wurde [wie alle seine Söhne u. Bodhisattvas] in einem Lotus geboren, 194 ff.; sein Tod ist nur ein Schauspiel, 195; verspricht, daß die Jünger im Buddha-Reich auf(er)stehen werden, 224; wendet sich anfangs an eine kleine Schar von Mönchen, 228; wendet sich später im *Mahâyâna* an die ganze Welt, 228

Tathâgata(s) = das große Zauberwort im Buddhismus und Christentum, 176-188, 195-197; Zahlenwsert = **816**, 53; das Zauberwort *T.* wur-

de von den Evangelisten möglichst oft in das sogen. Neue Testament eingebracht, 188; durch die Anrufung des Names *Tathâgatas* wird man erlöst, 217; durch das Glaubensbekenntnis an Tathâgata wird man selbst ein Buddha, 221

Tathâgata im Stûpa = Jesus am Kreuz, 95

Tathâgata trinken = in T. getaucht zu werden, 199

Tathâgatam (sanskr., Akk.), 102, 181; *T.* zu haben, bedeutet Buddha zu besitzen, 103; wird im N.T. zu griech. *ta didrakhma* [„die Zweidrachmenstücke"] (Matth. 17:24) bzw. griech. *ta deka talanta* [„den zehn Talenten" (Zentnern)] (Matth. 25:28) assimiliert, 137, 181; *T.* zu empfangen, ist als ob man Geld empfängt, 137; [unpersönlich] „so vereinbart", „Abmachungsvertrag", „so ist es", 181

tathâgatam (sanskr., Neutrumsform, d.h. substantiv. Adj.) = „so wie vereinbart", „so ist es vereinbart", „wie es geschehen ist" u.ä., 259; wird zu griech. *touto estin*, die männl. Form zu griech. *houtos estin* [„er ist"], 259

Tathâgatas (Sanskrit-Schreibweise, Nom.) = Name des Buddha, 18; = *„der, der gekommen ist", „der, der kommen wird"*, 52, 177; bedeutet auch „so [*tathâ*] ist es (zugegangen) [*gatam*]", „das ist die Vereinbarung", „so ist es abgesprochen", „wie abgemacht", „Abmachung", „Pakt", 184; = Titel – kein Eigenname, 176

Tathâgatas hat viele Ableitungen und Assimilierungen in den Evangelien des N.Ts., 176-188, 288-290

Tathâgatas Erkenntnis, 7; Söhne, 7, 194; 1200 Jünger, 66; „Bevollmächtigte" [sanskr. → *vasîbhûtas*], 66; wirkliche Identität ist unbegreiflich [außer für die engsten Jünger], 83; Tod = nur ein Schauspiel, 88; Leib wurde in Laken gehüllt und in einen Sarg mit Öl gelegt, 88; Leiche wurde verbrannt [der Rauch steigt hoch zu Brahmas Welt], 88; Sarkophag, 91; Stûpa, 90 f.; Epoche in Gestalt des Gautama ist abgelaufen, 123; alle Gleichnisse T. handeln vom Dharma, 135; Gleichnis mit der Schildkröte [sanskr. *kûrmas*], 149 f.; Feinde oder Gegner treten [wie Jesu Feinde] immer in Gruppen auf, 164; Lehre vom Weg [sanskr. *mârga*], 183; letzte Ordinationsregel [sinngemäß: *lehren, beherzigen, überreden*], 193; erlösendes Wort ist im Lotus-Sûtra enthalten, 225; Sendboten sind die Evangelisten, 225; Anrufung von T. Namen, 226

„Tathâgatas Körper" = sanskr. *kâyam tathâgatasya*, 217, 247; von den Evangelisten assimiliert zu griech. *hê kainê diathêkê* [= „das Neue Testament"], 217

U

Universitätsangestellte, unqualifizierte, 13
Universitätsbibliothek, Benutzungsverbot der, 13
Unterhaltungsprogramme [Vergleich], 227
„Untersetzung", 23 ff.; Übersetzungsprobleme beeinflussen die Kulturgeschichte Europas, 24; des Matth., 119; Definition, 119 F.; liegt dem Gleichnis von Kamel u. Nadelöhr zugrunde, 150
unwissende Massen, 226; sollen blind den Glauben an Tathâgata übernehmen, 226
upamayâ (sanskr.) = „Vergleich", 150
upasampadâ = sanskr. „Einweihung", „Aufnahme", 191 f.; alle Völker sollen *upasampadâ* empfangen, 192
upasampâdayitavyas (sanskr.) = buddh. Fachausdruck [Terminus technicus] für denjenigen, *„der geweiht werden soll"*, 259; wird im N.T. mit der gleichen Anzahl Silben usw. wiedergegeben: *tou baptisthênai hup' autou* [„daß er sich von ihm taufen ließe"], 259
Upasampadâ-Zeremonie, 192; wurde von Buddha selbst oder seinen Jüngern vorgenommen, 192; bedeutet, daß man zu den → *drei Juwelen* [Buddha, sein Dharma u. sein Orden] Zuflucht nimmt[26], 192
upa-sthâyakas[27] (sanskr.) = „Diener", 66, 248; Bezeichnung der ersten fünf Jünger des Tathâgata, 66; wird zu griech. *apostolos* [„Gesandter"] assimiliert, 66, 248
upa-sthâya (sanskr.) = „dienen", „helfen", „zur Hand gehen", „Dienst", 66
upa-sthâya(ka)s wird im N.T. assimiliert zu griech. *apostolos* [mit Bedeutungsverschiebung von „Diener" zu „Gesandter"], 66
Upa-tisyas = anderer Name von *Sâri-Putras*, 59, 248
upâya (sanskr.) = „bei den Methoden", 227
upâya-kausalyam (sanskr.) = „taktische Geschicklichkeit", „Kriegslist", 83, 171, 226; um Juden dazu zu bringen, an Tathâgata zu glauben [der als neuer jüdischer Messias u. als Moses verkleidet auftritt], 171
upâyas (sanskr.) = „bewußte Kniffe", 32; = „Methode", „Strategie", „Plan", „List", 227
u-ru(s) (sanskr.) = „breit", „groß", „gewaltig", 116; wird im N.T. zu griech. *o-ros* [„Berg"] assimiliert, 116
Urubilvâ (sanskr.) = Land in Indien, 37, 116, 253; am Fluß *Nairanjanâ* gelegen, 253

[26] Im Matth.-Evangelium wird aus der Einweihung / Zuflucht zu den (sanskr.) *tri-ratnas* [„drei Juwelen"] lat. *tri-nitas* [„Dreieinigkeit"] und die Taufe im Namen des Vater und des Sohnes und des Heiligen Geistes.

[27] Das Suffix *-kas* bedeutet: männliches Substantiv.

V

Verkleidungen Tathâgatas, 7
„Verkleidungskomödie", evangelische, 227
Verkündung des Evangeliums richtet sich an einfache, abergläubische u. rachsüchtige Juden, 137
Verlogenheit in religiösen Fragen (Römerbrief 3:7), 226 f., 226 F.; typisch für das Mahâyâna, 226
„(in einer) Versammlung" = sanskr. Lok. *parisadi*, 168
„Versammlung" = sanskr. Lok. *parisat*, auch *parisa* und *parisada* [typischer Fachausdruck buddh. Schriften], 142, 168
Versammlungen [in denen Tathâgata vom Dharma predigt] bestehen abwechselnd aus Adligen, Priestern, Göttern, Familienvätern, aber auch Versammlungen mit Fabeltieren wie Schlangen u. Kentauren, 142
Versammlungshaus der Sâkya = sanskr. *samsthâgâre*, 168
„Verstand und Weisheit" bezüglich der Zahl **666**, 56 f.
Versuchung, 108 f.; durch indische Dirne Âmrapâlir, 108
Verurteilung u. Hinrichtung Jesu = literarische Fiktion, 169
Verwandlungskünstler, Buddha als, 47; die Gestalten der griech. und indischen Mythologie sind V., 47
Verwechselungen, 227
Vézelay, franz. Ort mit berühmten Kloster, 112; Name wurde abgeleitet von der indischen Stadt Vaisâlî, 112; erhielt 882 n.d.Ztr. vom Mönch Badilon Reliquien Maria Magdalenas, 112
vier Bäume wuchsen aus der Asche des Tathâgata, 128
vier Hauptbegebenheiten im Leben des Buddha, 35 ff., 115
vierte Hauptbegebenheit [Buddhas letzte Tage], 40, 115
vijayas (sanskr.) = „Kampf", „Sieg", 231
Visva-karman (sanskr.) = Name des Baumeisters der Götter, 248; wird zu griech. *Panto-kratôr* [(der) „Allmächtige"], 248
vivarta-kalpas (sanskr.) = „neuentfaltetes Zeitalter", 195
„voller Weisheit" = griech. *plêroumenon sophias* (Lukas 2:40), 211
„Vollkommenheit beim Zählen" = sanskr. *ganite krtâvî*, 70
„von Diesteln" = griech. *apo tribolôn*, 126
Vorgänger des Tathâgata, 7
Vulgarisierung durch Assimilierung u. Judaisierung im Verhältnis zum buddh. Original, 137 f.

W

Wahrheiten, vier „edle", 33
WALDSCHMIDT, ERNST: *„Das Catusparisat-Sûtra"* (**CPS**), 115 f., 116 F., 141
WALLESER, MAX, *„Prajnâ Pâramitâ – Die Vollkommenheit der Erkenntnis"* (Göttingen/Leipzig 1914), 211

menstellung von Assimilierungen, 288-290
Wunder, um große Menschenmassen zu gewinnen, 135; antike Rethorik kennt div. Arten paralleler Wortspiele, 255
www.jesusisbuddha.com, 200 F.

X

xulon (griech.) = „Pfahl", „Holz", 95, 258

Y

Yasas (sanskr.) = Name eines *Kula-putras* [wird fast wie „Jesus" ausgesprochen], 117 f.
Yaso-dharâ = Name eines Freudenmädchens des jungen Sâkyamuni, 106; schenkt Sâkyamuni den Sohn *Râhulas*, 106
ye te dharmâ (sanskr.) = „alle Dharmas", „Grundbegriffe", 193; wird im N.T. assimiliert zu griech. *panta hosa* [„all das"], 193
Ynglinge-Saga, 255
yogas (sanskr.) = „Gott", 251; Zahlenw. = **284** [= griech. *theos*, „Gott"], 251
yogas (sanskr.) = „Joch", 149, 260; = griech. *zugos* (Matth. 11:29 u. 30), 149, 260

Z

„Zahl" = griech. *arithmos*, 58; = sanskr. *saddharma(s)*, 58
„Zahl des Tieres" = griech. *psêphisato*, 56
„zählender Holländer" J. SMIT SIBINGA, 28 f.
Zahlenspielereien in buddh. Texten u. in den Evangelien, 173, 200
Zählen von Wörtern u. Silben in Sanskrittexten u. im N.T., 200
Zahlenwerte, 59, 62, 70
„Zahlenwert" = entspricht griech. *psêphos*, 29, 48, 50; von Buchstaben, 20; Beispiel in Wandanschrift von Pompeji, 20
Zahlenwert von *Sâkyamunis* = **932**, 104; Beispiele, 105
Zahlenwerte der 12 Jünger = **11.999**, 65
Zahlenwerte des Evangelisten Matthäus, 28;
Zahlenwerte des Pentagramms = **108**, 215
Zahlenwerte werden von buddh. Vorlage bestimmt, 102, 200 ff.
Zahlenwert vieler buddh. u. christl. Texteinheiten = **108**, 215
Zauberworte, 84, 86
Zauberwort *„Tathâgatas"*, 176-188, 195-197
zehn Jungfrauen, 140
„(die) zehn Talente = griech. *(ta) deka talanta*, 102, 184
„Zeichnung", „Graphik" = griech. *graphê*, 211; Zahlenw. = **612** [wie Buddha], 211
„Zeitalter" = sanskr. *kalpas*, 195; (Akk.) *kalpam*, 185, 195
„Zeitalter, neuentfaltetes" = sanskr. *vivarta-kalpas*, 195

H. Zahlenwerte von Wörtern, Silben und Sätzen

1,4142 = Quadratwurzel aus 2, 215

1,62 = Verhältnisfaktor des Goldenen Schnittes, 215

1,732 = Quadratwurzel aus 3

7 = Teiler in den Evangelien, 70

9 = Teiler in den Evangelien, 70

27 = wichtige Zahl = 3 x 3 x 3, 71; das N.T. besteht aus 27 Büchern, 71; viele buddh. Schriften bestehen aus 27 Kapiteln oder Büchern, 71

37 = „heilige" buddhist. Zahl, 1

70 = *ho* [Artikel], 62

72 = (griech.) *hê alêtheia* [„die Wahrheit"], 100

72 = (sanskr.) *kâyam* [„Körper"], 206 f., 207 Abb. 11

108 = heilige Zahl des Buddhismus [= 4 x 27], 71

108 = 1332 [*alpha* + *ô*] abzüglich 1224, 180 F.

108 = charakteristische Zahl des Pentagramms, 215

108 = Zahlenwert für viele buddh. u. christl. Texteinheiten, 215

116 = Seitenlänge des *„hê mêtêr"*-Quadrats, 152

142 = 164/2 x √3 = Zahlenwert des Augenlids, 153 Abb. 7

153 = Zahl von großer Bedeutung, 70, 98 ff., 101

153 = Summe der Zahlen von 1 bis 17 = 1 + 2 + 3 + ... + 17, 101

153 = Anzahl der Fische im Netz (Joh. 21:11), 101

153 = (sanskr.) *kalyânam* [„Gut"], 99

153 und 1224 sind eng mit Jesus und seinem Dharma verbunden (Joh.), Zusammenhang mit Buddhas Testament, 102

154 = (griech.) *Gabriêl* [Engel „Gabriel"], 213

164 = Seitenlänge des Messias-Quadrats, 152 f.

164 = Diagonale des Mutter-Quadrats, 213, 214 Abb. 16

192 = Zahlenwert von *Mariam,* 154 F., 213

231 = (griech.) *onoma* [„Name"], 120

232 = Diagonale des Messias-Quadrats, 213, 214 Abb. 16

238 = Anzahl der verschiedenen Wörter des zweiten Kapitels des Matthäus-Evangeliums [= 34 x 7], 71

245 = Seitenlänge des Davidsterns im 888-Jesuskreis, 154

261 = (sanskr.) *nâthas* [„Führer"], 245

261 = [ursprünglich] Alkis, 245

274 = *Nairanjanâ* [ind. Fluß], 251

284 = (griech.) *theos* [„Gott"], 65, 215 F., 251; = 2 x 142, 153 f.

[1] Linie des „Augenlides“ beträgt $^d/_2 \times \sqrt{3}$.

557 = *Bimbasâras*, König, 236
600 = (griech.) *Kosmos*, 105
605 = (griech.) *telos* [„Ende"], 206
612 = 4 x 153, 98
612 = *Buddhas*, 58, 98 ff., 209, 211
612 = (griech.) *graphê* [„Zeichnung", „Graphik"], 211
612 = $\sqrt{\textit{Hermês} \times \textit{Apollôn}}$ = $\sqrt{353 \times 1061}$, 130 F.
612 = (sanskr.) *nirvâna*, 257
612 = *Zeus*, 58, 65, 146 F., 211
612 Silben = Matth. 25:14-30 mit der Hauptperson *Tathâgatas* [= Buddha = 612]
612 = *Tathatâ*, 257
644 = *Emmanouêl*, 46, 215 F.
656 = *Artemis*, 154, 213
656 = *hê mêtêr Mariam*, 154, 213
656 = *Messias*, 103, 137 F.
656 = 4 x 164, 152, 171 F., 215
656 = Messias-Quadrat, 213, 214 Abb. 16
656 = *Tathâgatam*, 103, 154, 171 F., 178 F.
666 = (griech.) *ho Dios aggelos* [„der Gottesengel", nämlich *Hermês*], 58
666 = (sanskr.) *pundarîka* [„weißer Lotus"], 56 f., 205 Abb. 10, 211, 263
666 = *Pundarîka*-Quadrat, 205 Abb. 10, 206
666 = (griech.) *to mega thêrion* [„des großen Tieres"], 57
680 = (griech.) *huios* [„Sohn"], 215
680 = *Temenios* [Name des *Apollôn*], 260
680 = (griech.) *zugos* [„Joch"], 149, 260
682 = (sanskr.) *ksatriyas*, 130 F., 223 F.
682 = *ho Zeus* [„der Zeus"], 130 F.
700 = *Munis* [Kurzform von *Sâkyamunis* = 932], 58
709 = (griech.) *arkhê* [„Anfang"], 206
728 = *Kuberas* [indische Gottheit], 139, 213, 214 Abb 16
728 = (griech.) *Mariam* [= 192] + *ho aggelos* [= 382] + *Gabriêl* [= 154], 213 f.
729 = *Kêphas* [Petrus] = 9 x 9 x 9 [= Würfel, Kubus], 26, 62, 216
733 = (sanskr.) *ksatriyânas* [„Anhänger des Ksatriyas"], 223 + F.
750 = (griech.) *ho uios* [„der Sohn"], 215
769 = *Devendras* [Beiname von *Sakras* = *Indras*] = $\sqrt{2} \times \sqrt{3} \times \pi \times 100$, 239
769 = *Puthios* [= *Apollôn*], 239
775 = *Aniruddhas*, 234
775 = (sanskr.) *Prajnâ-Pâramitâ* [„Wissen in vollkommener Form"], 210 f., 210 Abb. 14
800 = griech. *kurios* [„Herr"], 28
816 = Zahlenwert von *tathâgatas* [Buddhas häufigster Titel], 53, 99, 178, 200 F., 204, 206, 207 Abb. 11; = **2/3** von 1224, 99, 178 f.
816 = Umfang des „Fisches", 179 + Abb. 8
816 = Summe zweier „Augenlider"= 2 x 408 [= Zahlenwert von *tathâgatas*], 206
853 = *Sambuddhas*, 246
853 = (griech.) *spoudaios* [Bezeichnung hellenist. Philosophen], 246
853 = *Hermês* [= 353] + ***500***, 246

100, 203; = (griech.) *ho theos tôn theôn* [Zahlenwert = 2368], 100
1111 = (griech.) *kurios oikias* [„Herr des Hauses“], 100
1119 = *Iôannês* [„Johannes“], 120 F.
1119 = *onoma* [= 231] + *Iêsous* [= 888] = *Iôannês* [Johannes], 120 F.
1188 = *Bodhisatvas*[2] [gebräuchlicher Name des Buddha], 58, 212
1188 = *Bodhisatvas*-Quadrat, 212 Abb. 15
1212 = (griech.) *Iêsous apo Nazareth* [„Jesus *aus* Nazareth“], 58, 100
1212 = *Srâvastî* [einer der heiligsten Plätze des Buddhismus], 58
1212 = 888 [*Iêsous*] + 324 [*ho Êleias* = „der Elias“], 100
1212 = 867 [*âryâstângas*] + 345 [*mârgas* = „Weg“], 100
1224 = 8 x 153, 98
1224 = 2 x 612, 98
1224 und seine Faktoren = Bestandteile des Hauptnamens des Buddha, 100
1224 = (griech.) *ho kurios ho theos* [„der Herr der Gott“], 102
1224 = (griech.) *ikhthues* [„Fische“], 101
1224 = *Kurios Daueid* [„Herr David“], 102
1224 = (griech.) *to diktuon* [„das Netz“], 101, 178

[2] In den sanskritischen Originalhandschriften ist *satvas* gebräuchlicher als *sattvas*!

1242 = *aryâstângikas* + *mârgas*, [„edler achtteiliger Weg“], 100
1242 = 888 [Iêsous] + 354 [*ho agathos* = „der Gute“], 100
1275 = *Agrippas* [= 475] + *kurios* [= 800; „Herr“], 29
1310 = (griech., Gen.) *anthrôpos* [„eines Menschen“], 56
1312 = Umfang des Quadrats von 4 x 328, 214 f.
1312 = *Buddhas* [= 612, also Zeus] + *Munis* [= 700, Kurzform von *Sâkya-munis*], 215
1330 = (sanskr.) *devâtidevas* [„Gott über Götter“], 216
1332 = *alpha* + *ô*, 180 F., 205 f.
1332 = (sanskr.) *Kusâvatî* [berühmter Platz], 206
1332 = (sanskr.) *Svastikas* [berühmte Person], 206
1415 = (griech.) *ho theos Apollôn!* [„der Gott Apollo(n)“], 223 F.
1415 = *ksatriyânas* [= 733] + *ksatriyas* [= 682], 223 F.
1443 = (sanskr.) *Kapilavastu* [Geburtsort des Buddha], 215 F.
1470 = (griech.) *ho lôtos*, 154; = 6 x 245, 154
1480 = (griech.) *Khristos*, 201, 204
1480 = Umfang der *Khristos*-Kreise, 205 Abb. 10, 206
1510 = (griech., Gen.) *anthrôpou* [„eines Menschen“], 56
1514 = *Ajâtasatrus* [König von Magadha], 233
1515 = *Bodhisatvo Bhagavân* [Bezeichnung des Buddha bevor er Buddha wurde; halber Wert von Buddha = 3030], 58

1532 = (sanskr.) *kula-putras*, [„Söhne aus guter Familie"], 46, 117 F., 219 F.
1532 [*kula-putras*] = 888 [*Iêsous*] + 644 [*Emmanouêl*], 46, 219 F.
1550 = (griech.) *ho khristos* [„der Christus"], 29, 201
1550 = 2 Kreise zu je 775 [sanskr. *Prajnâ-pâramitâ*], 210 f., 210 Abb. 14
1925 = *Simôn ho Petros* [„Simôn der Petros"], 62
2059 = (sanskr.) *Saddharma-pundarîka-Sûtram* (SDP), 216 + Abb. 17
2059 = (sanskr.) *devâtidevas* [= 1330] + *Kêphas* [= 729], 216
2120 = (griech.) *phôtismos* (2. Kor. 4:4 u. 4:6) [„Erleuchtung"], 212; weitere Übers. siehe 212 F.
2368 = (griech.) *ho theos tôn theôn* [„der Gott der Götter"], 100, 203
2368 = (griech.) *Iêsous Khristos*, 100
2664 = (griech.) *tous duo ikhthuas* [„die zwei Fische"], 180 F.
2968 = *Iêsous Khristos* [= 2368] + *Kosmos* [= 600], 105, 207
3030 = Summe aus den gebräuchlichsten Namen des Sohnes der Königin *Mâyâ* [des Buddha] = 700 [*Munis*] + 530 [*Siddhâr-thas*] + 612 [*Buddhas*] + 1188 [*Bodhisatvas*], 58
3030 = Summe aus *Khristos* [= 1480] + *ho Khristos* [= 1550], 201, 202 Abb. 9
3030 = Umfang des umfassendsten Kreises [in Buddhismus, Christentum u. griech. Theologie], 201
3030 = Zahlenwert von griechisch: *ho huios tou anthrôpou* [„*der Menschensohn*"], 53, 58, 201, 203
3030 = weitere div. Beispiele Seite 203 Ziff. a) – e), 206 F.
9320 = 10 x 932 [*Sâkyamunis*] als Kreisumfang U mit einem Durchmesser D = 2968 Einheiten[3] = Summe aus 2368 [*Iêsous Khristos*] + 600 [*Kosmos*], 105
9320 [= 10 x 932] hat als Kreisumfang U einen Durchmesser D von 888 [= Iêsous] + 600 [= Kosmos] + 1480 [= Khristos] = 2968 Einheiten, 105, 207; Bedeutung = „die Welt", 207
9.639 = Summe der Zahlenwerte der von Markus angeführten Namen der 12 Jünger des N.Ts. = 7 x 9 x 153 [nach Berechnungen von IVAN PANIN], 70
12.387 = Summe der Zahlenwerte der 12 Jünger des Markus-Evangeliums = ca. 12 x 1000 [1000 = „Zeus als Sonne"], 65, 70 F.
123529 = numerischer Wert sämtlicher Buchstaben des zweiten Kapitels des Matth.-Ev. [= 7 x 17647], 71

[3] U : π = D; 9320 : 3,14 = 2968.

Abkürzungen

→ siehe unter
⇒ Bedeutung; wird zu
Abb. Abbildung
abgek. abgekürzt
abgel. abgeleitet
Abk. Abkürzung
abz. abzüglich
Adj. Adjektiv
Adv. Adverb
Akk. Akkusativ
Apost.-Gesch. Apostelgeschichte
Assimil. Assimilierung
A.T. Altes Testament
buddh. buddhistisch
bzw. beziehungsweise
christl. christlich
CPS *Catusparisat-Sûtra*, Ernst Waldschmidt, Berlin 1962, 116
D Durchmesser
dän. dänisch
Dat. Dativ
d.h. das heißt
d.i. das ist
div. diverse, verschieden
Einh. Einheiten, Zahlenw.
evtl. eventuell
F. Fußnote, z.B. zus. mit Seitenangabe
franz. französisch
Fußn. Fußnote
bebräuchl. gebräuchlich
gem. gemäß
Gen. Genetiv
geometr. geometrisch
griech. griechisch
hebr. hebräisch
hellenist. hellenistisch
H.M. Harm Menkens
ind. indisch
japan. japanisch
Joh. Johannes
Joh.-Ev. Johannes-Evangelium
jüd. jüdisch
Kap. Kapitel
lat. lateinisch
Lex. Lexikon
lfd. laufend(e)
Lok. Lokativ (Ortsfall)
lt. laut
männl. männlich
Matth.-Ev. Matthäus-Evangelium
MPS *Mahâparinirvâna-vinaya* [Sûtra], veröffentlicht 1977
MSV *Mûlasarvâstivâda*
n. Nomen, Hauptwort
Nom. Nominativ
N.T. Neue Testament
N.Ts. N.T., Genetiv
Offenb. Offenbarung
Pers. Person
Pl. Plural
rel. religiös
röm. römisch

sanskr. sanskrit
SBV *Samghabhedavastu*
SDP *Saddharmapundarîka-Sutra*
Sing. Singular
sog. sogenannt(e)
sogen. sogenannt(e)
Subst. Substantiv
u. und
U [Kreis-] Umfang
u.a. unter anderem
u.ä. und ähnliches
Übers. Übersetzung(en)
unbek. unbekannt
urspr. ursprünglich
usw. und so weiter
vgl. vergleiche
Vok. Vokativ
weibl. weiblich
wörtl. wörtlich
Zahlenw. Zahlenwert
z.B. zum Beispiel
Ziff. Ziffer
zus. zusammen

Bücher aus dem Lühe-Verlag

Th.J. Plange: *„Christus – ein Inder?“* (1906), Nachdruck zur Entstehung des Christentums, 272 Seiten, 18,– EURO, **ISBN 3–926328–03–7**.

Richard Garbe: *„Indien und das Christentum – Eine Untersuchung der religionsgeschichtlichen Zusammenhänge“*, Faksimile-Druck der Ausgabe von 1914 mit einem Vorwort zur Neuausgabe von Christian Lindtner, 328 Seiten, 22,– EURO, **3–926328–05–3**.

Oskar Fischer: *„Der Ursprung des Judentums im Lichte alttestamentlicher Zahlensymbolik“* und weitere Beiträge zur orientalischen und griechischen Zahlensymbolik (1917-1920), Nachdruck mit einem Vorwort von Harm Menkens, 302 Seiten, 21,– EURO, **ISBN 3–926328–04–5**.

Wolfgang Seeger: *„Ausländer-Integration ist Völkermord“* (1980), Nachdruck mit einem Vorwort zur Neuausgabe von Elke und Dr. Gundolf Fuchs, 40 Seiten, 3,– EURO, **ISBN 3–926328–62–2**.

In der Reihe *„Internationale Literatur zur Erforschung politischer Hintergrundmächte“* sind bisher erschienen:

Band 1: Jack Bernstein: *„Das Leben eines amerikanischen Juden im rassistischen, marxistischen Israel“*, Übersetzung aus dem Amerikanischen von H. Menkens, 100 Seiten, 10,– EURO, **ISBN 3-926328-20-7**.

Band 2: B. Uschkujnik [alias Larikow]: *„Paradoxie der Geschichte – Ursprung des Holocaust“* [in der UdSSR], Übersetzung aus dem Russischen von G.R. Orter, 126 Seiten, 12,– EURO, **ISBN 3-926328-21-5**.

Lühe-Verlag GmbH, Postfach 1249, D-24390 Süderbrarup

Band 3: Harm Menkens: *„Wer will den Dritten Weltkrieg? – Dokumentation eines privaten Briefes"*, ein Schlüsselbuch für politisch Interessierte, 344 Seiten, 19,– EURO, **ISBN 3-926328-24-X**.

Band 4: Boris Baschanow: *„Ich war Stalins Sekreträr"*, Übersetzung aus dem Russischen von Josef Hahn, 270 Seiten, 48 Abb., 13,– EUR, **ISBN 3-926328-23-1**.

Band 5: Israel Shahak: *„Jüdische Geschichte, jüdische Religion – Der Einfluß von 3000 Jahren"*, Übersetzung aus dem Englischen von H. Menkens, 232 Seiten, 18,– EURO, **ISBN 3-926328-25-8**.

Band 6: Prof. Reuben Clarence Lang (USA): *„Das Spektrum der Deutschen Judenheit 1933-1939"*, 52 Seiten, 5,– EURO, **ISBN 3-926328-26-6**.

Band 7: F.E. von Langen (Mitglied des Reichstages): *„Das jüdische Geheimgesetz und die deutschen Landesvertretungen"*, Faksimile-Druck der Ausgabe von 1895, 114 Seiten, 12,–, **ISBN 3–926328–27–4**.

Band 8: August Rohling: *„Der Talmudjude – Zur Beherzigung für Juden und Christen aller Stände"*, Faksimile-Druck der 6. Auflage von 1877, 136 Seiten, 12,– EURO, **ISBN 3-926328-28-2**.

Band 9: August Rohling: *„Meine Antworten an die Rabbiner"* (fünf Briefe), Faksimile-Druck der Ausgabe von 1883, 120 Seiten, 12,– EURO, **ISBN 3-926328-29-0**.

Band 10: Christian Lindtner: *„Geheimnisse um Jesus Christus – Das Neue Testament ist Buddhas Testament"*, 396 Seiten, 24 Abb., 29,– EURO, **ISBN 10: 3-926328-06-1**, **ISBN 13: 978–3–926328–06–9**.

Lühe-Verlag GmbH, Postfach 1249, D-24390 Süderbrarup